Karl-Heinz Brillowski | Claudia Thürmer

Angelparadies

Mecklenburg-Vorpommern

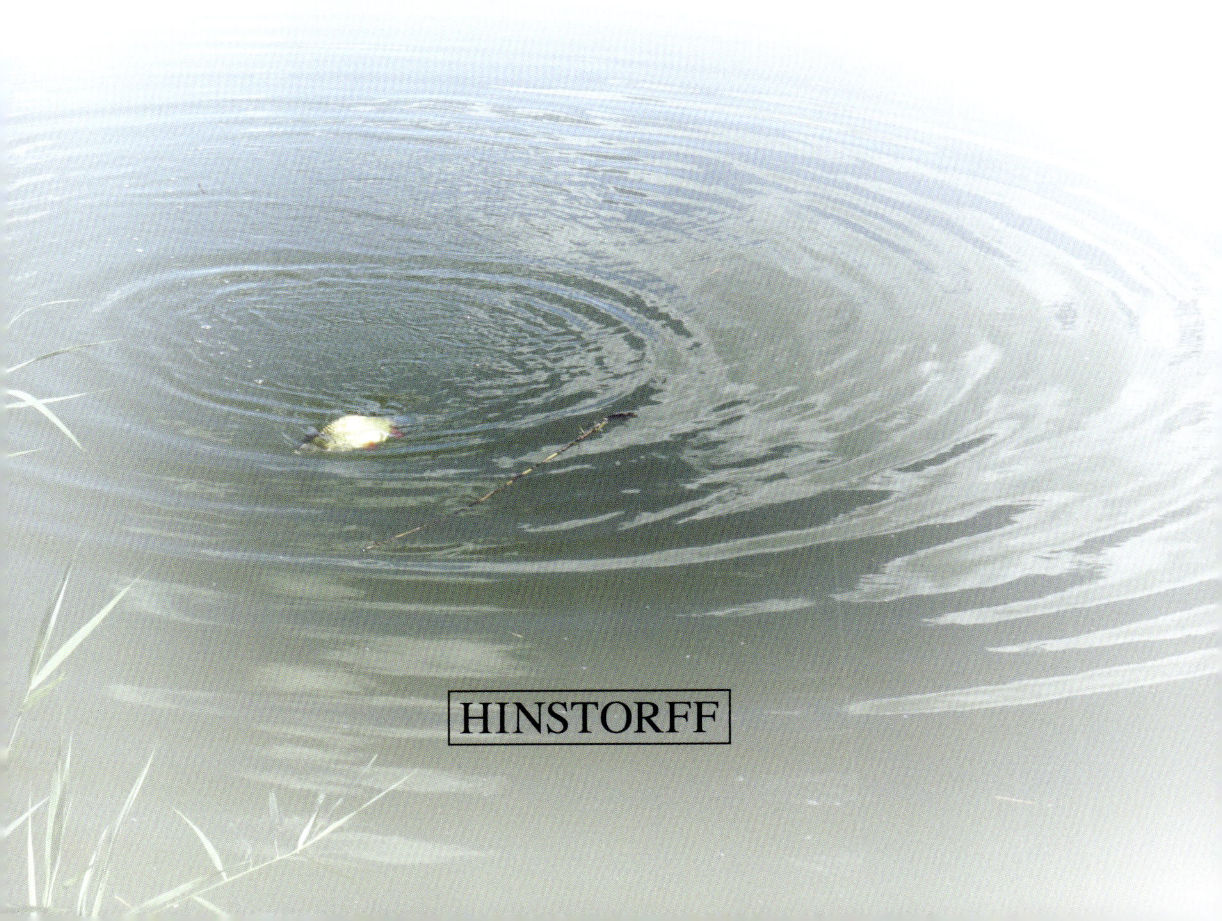

HINSTORFF

Inhaltsverzeichnis

Wie mich das Angel-Fieber packte

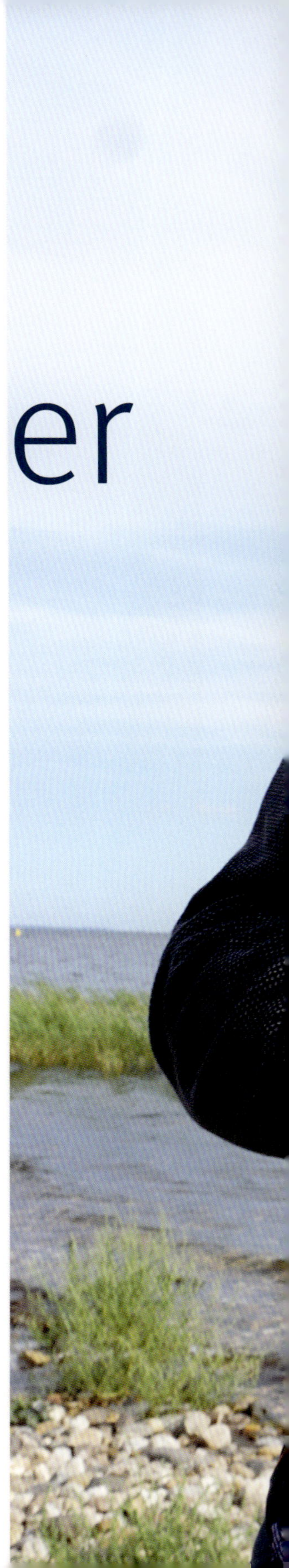

Meine erste Begegnung mit dem Angeln hatte ich im zarten Kindesalter von sieben Jahren. In den Sommerferien 1948 war ich mit meiner Großmutter zu Besuch bei meiner Urgroßmutter im kleinen Örtchen Sülfeld in Schleswig-Holstein. Unsere Familie, ursprünglich in Danzig ansässig, hatte sich zum Ende des 2. Weltkriegs zerstreut und westwärts über ganz Deutschland verteilt. Bereits die Reise zur Uroma von unserem Wohnort Markkleeberg bei Leipzig nach Sülfeld war aufregend. Auf dem Hinweg hatten wir die deutsch-deutsche Grenze südlich von Lübeck »schwarz« überquert, was ein kleines Nachspiel auf der Rückreise zur Folge haben sollte. Jene erfolgte hingegen legal über einen offiziellen Grenzübergang. Dabei wurde von den aufmerksamen Grenzern die illegale Einreise bemerkt und mit einem entsprechenden Eintrag in die Personaldokumente geahndet. Für meine Person war dieses Dokument meine Geburtsurkunde. Der so darin entstandene Makel wurde zu Hause mit einem dicken, blickdichten Streifen Klebepapier verdeckt.

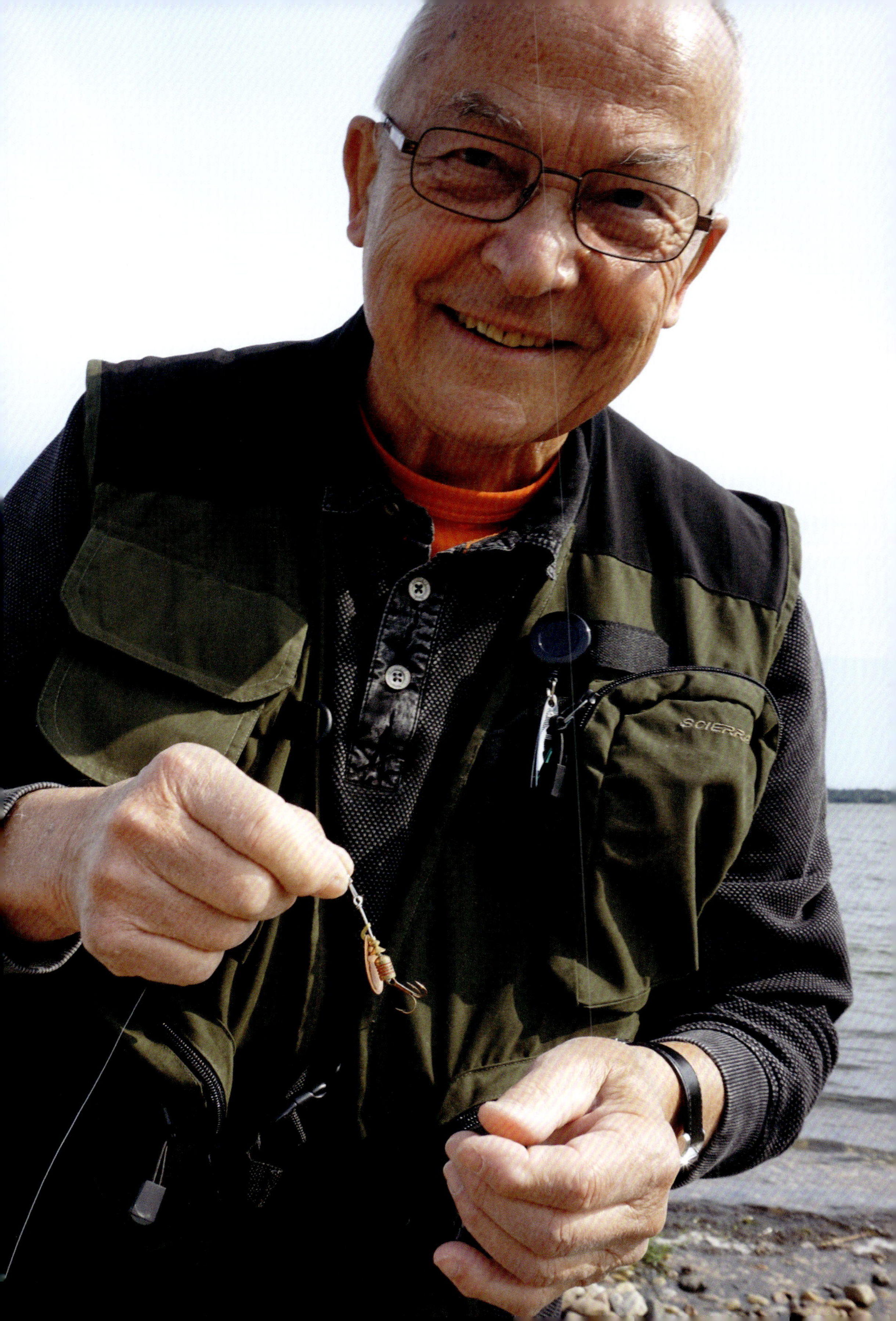

Der Aufenthalt in Sülfeld war für mich ein einziges Abenteuer. Die Lebensbedingungen in einer dörflichen Flüchtlingsbaracke mit Lehmfußboden und Strohsack, der gesamte Alltag im Dorf und die Streifzüge durch den Wald zum Sammeln von Heizmaterial und Pilzen, das alles war neu und aufregend. Als besonderes Ereignis durfte ich eines Tages die größeren Jungen mit ihren Angelruten an ein Flüsschen begleiten. Es müsste die Norder Beste gewesen sein. Obwohl Hochsommer war, herrschte Hochwasser und die Akteure wateten weit in die überflutete Wiese hinein. Folgen durfte ich nicht, aber aus sicherer Entfernung konnte ich bewundern, dass etliche, in meinen Augen stattliche Fische angelandet wurden. Das war wohl die Initialzündung für meine spätere Leidenschaft.

Die zweite Begegnung mit dem Angeln hatte ich Anfang der 1950er-Jahre bei einem Besuch von Verwandten, die auf einem Bauernhof in der Nähe von Fürstenberg lebten. Dort standen stets griffbereit die fertig montierten Angeln der beiden Töchter der Familie. Diese aus einem schlanken Ast bestehenden Ruten durfte ich benutzen und habe damit so manche Stunde an der Steinhavel zugebracht. Obwohl ich die Schwärme der Fische im klaren Wasser sehen konnte, waren sämtliche Fangversuche erfolglos. Das entmutigte mich jedoch überhaupt nicht – die Leidenschaft hatte sich offenbar manifestiert. Das sollte sich bei der nächsten Gelegenheit auch zeigen, die sich 1957 bei einer Urlaubsreise mit einem Schulfreund nach Devin bei Stralsund ergab.

Die Fahrt von Leipzig dorthin hatten wir per Fahrrad in drei Tagesetappen bewältigt und Unterkunft in einem großen Zeltlager gefunden. Beim Erkunden der Umgebung waren natürlich die Stadt Stralsund und vor allem das Hafenareal ein bevorzugtes Ziel. Die dort stets anzutreffenden Angler waren uns Anreiz. Aus dünnen Holzleisten, bestückt mit einem selbstgebogenen Ring an der Spitze und zwei Nägeln als Schnurhaspeln in Griffnähe saßen wir so manchen Tag an einem der Kanäle und angelten auf Barsche.
Und dieses Mal mit gutem Erfolg. Danach dauerte es noch circa zwei Jahre, bis ich mich offiziell dem Angeln verschrieb.
Mit Datum 10.01.1960 wurde ich als Mitglied der Ortsgruppe Markkleeberg in den Anglerverband aufgenommen.
Seitdem hat mich diese Tätigkeit in einer Weise durchdrungen, dass ich mich einmal

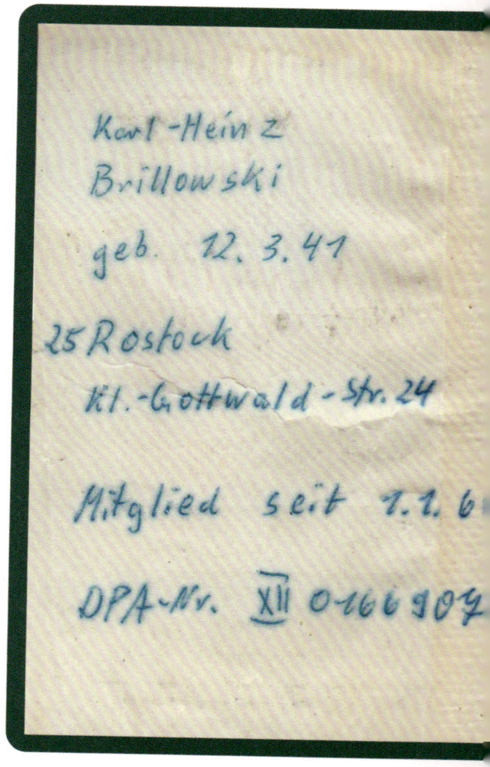
Karl-Heinz
Brillowski
geb. 12. 3. 41
25 Rostock
Kl.-Gottwald-Str. 24
Mitglied seit 1.1.6
DPA-Nr. XII

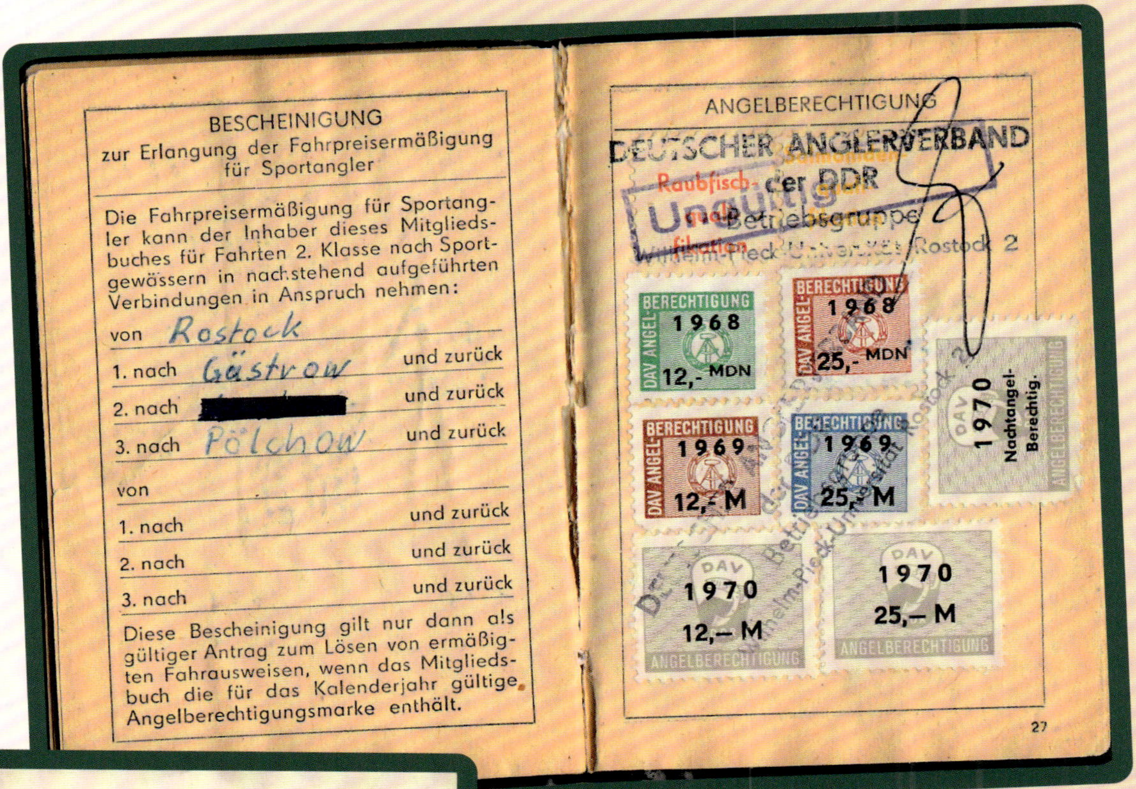

BESCHEINIGUNG
zur Erlangung der Fahrpreisermäßigung für Sportangler

Die Fahrpreisermäßigung für Sportangler kann der Inhaber dieses Mitgliedsbuches für Fahrten 2. Klasse nach Sportgewässern in nachstehend aufgeführten Verbindungen in Anspruch nehmen:

von Rostock
1. nach Gästrow und zurück
2. nach und zurück
3. nach Pölchow und zurück
von
1. nach und zurück
2. nach und zurück
3. nach und zurück

Diese Bescheinigung gilt nur dann als gültiger Antrag zum Lösen von ermäßigten Fahrausweisen, wenn das Mitgliedsbuch die für das Kalenderjahr gültige Angelberechtigungsmarke enthält.

ANGELBERECHTIGUNG
DEUTSCHER ANGLERVERBAND der DDR Betriebsgruppe Wilhelm-Pieck-Universität Rostock 2
Raubfisch-
Ungültig
fikation

BERECHTIGUNG 1968 DAV ANGEL- 12,- MDN
BERECHTIGUNG 1968 DAV ANGEL- 25,- MDN
DAV 1970 Nachtangel-Berechtig. ANGELBERECHTIGUNG
BERECHTIGUNG 1969 DAV ANGEL- 12,- M
BERECHTIGUNG 1969 DAV ANGEL- 25,- M
DAV 1970 12,– M ANGELBERECHTIGUNG
DAV 1970 25,– M ANGELBERECHTIGUNG

27

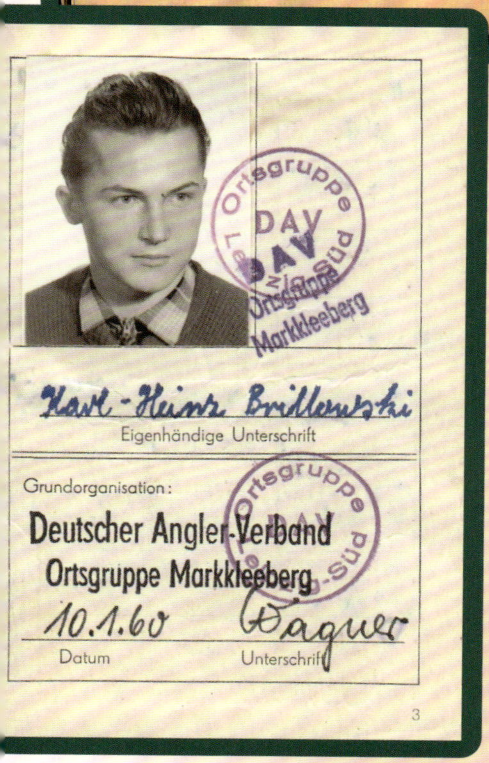

Ortsgruppe DAV Leipzig-Süd
Ortsgruppe Markkleeberg
Karl-Heinz Brillowski
Eigenhändige Unterschrift
Grundorganisation:
Deutscher Angler-Verband
Ortsgruppe Markkleeberg
10.1.60 Wagner
Datum Unterschrift

3

Ermäßigung als Zusatznutzen:
Das Verbandsmitglied erhielt für selbst gewählte Streckenverbindungen vergünstigte Fahrtkarten zweiter Klasse.

Im Ausweis vermerkt:
Die Raubfisch- und die Salmoniden-Qualifikation; aktualisiert mit Marken, ungültig gestempelt im Zuge der Wende.

Karl-Heinz Brillowski mit 19 Jahren.
Blutjung und noch Angel-Azubi.
Mitgliedsausweis des DFV aus dem Jahr 1960.

zu dem Ausspruch habe hinreißen lassen: »Jeder Tag, an dem ich nicht angeln kann, ist für mich ein verlorener Tag.« Sehr bald wurde mir bewusst, dass eine solche Auffassung lebensfremd ist. Deshalb wandelte ich sie in mein Motto:

Jeder Tag, an dem ich mich nicht mit dem Angeln beschäftigen kann, ist für mich ein verlorener Tag.

Welche Konsequenz hat eine solche Sicht? Dazu eine Anekdote aus meinem Leben: In einer Gesprächsrunde mit Bekannten und weniger Bekannten wurde meine Person als Angler »geoutet«. Daraufhin eine Dame: »Mein Mann war auch einmal Angler, aber der ist heute keiner mehr.« Meine Reaktion darauf: »Entschuldigen Sie bitte, Ihr Mann hat eine Zeit lang geangelt, aber heute angelt er nicht mehr. Ein Angler war er jedoch nie, sonst wäre er heute noch einer.« Wegen dieser meiner Sicht auf das Angeln mag ich auch nicht die Bezeichnung Hobby für das Angeln. Zutreffender wäre schon die Charakteristik als Passion. Für mich ist das Angeln eine Berufung und ich kenne viele Gleichgesinnte.
Die Erfolge als »ordentlicher« Angler, also als in Verein und Verband integrierter, waren in den Anfangsjahren eher bescheiden. Mit meinen ersten Fängen an kleinen Karauschen, Giebeln und Plötzen konnte ich vor allem die Hechtangler erfreuen, die meine Fische als Köder verwendeten. Im Laufe der Zeit kamen dann tatsächlich hin und wieder einige Schleie und Hechte zu Hause auf den Küchentisch.
Eines jedoch möchte ich aus meiner Leipziger Zeit nicht missen: Sie hat mich die Ausdauer gelehrt, ohne die ein Angler nicht erfolgreich sein kann. Allerdings ist Ausdauer allein keine Garantie für einen Fangerfolg, dazu muss auch das sehr vielseitige Handwerk des Angelns erlernt werden. Das wurde mir bestens möglich, nachdem berufsbedingt das Lebensumfeld unserer Familie im Jahr 1966 Mecklenburg-Vorpommern geworden und geblieben ist.

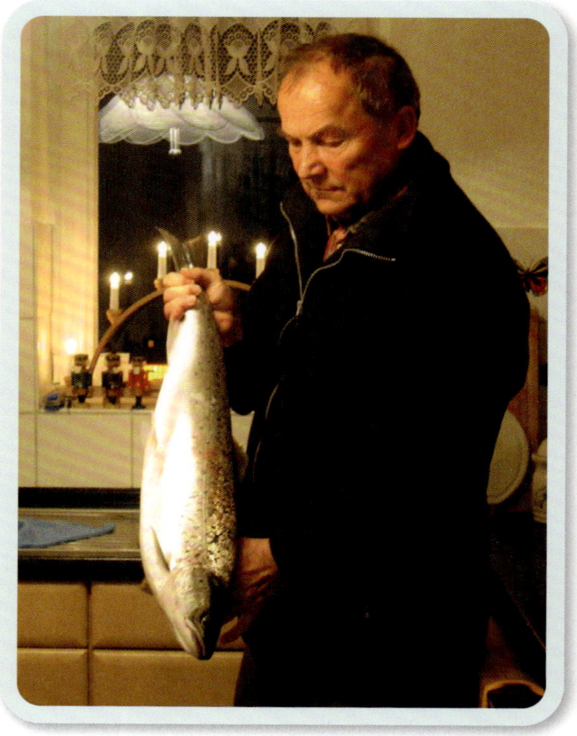

Mitte der 1980er-Jahre: Brillowskis größte Meerforelle mit 77 cm. Geangelt vom Ufer aus, was den Erfolg erschwerte.

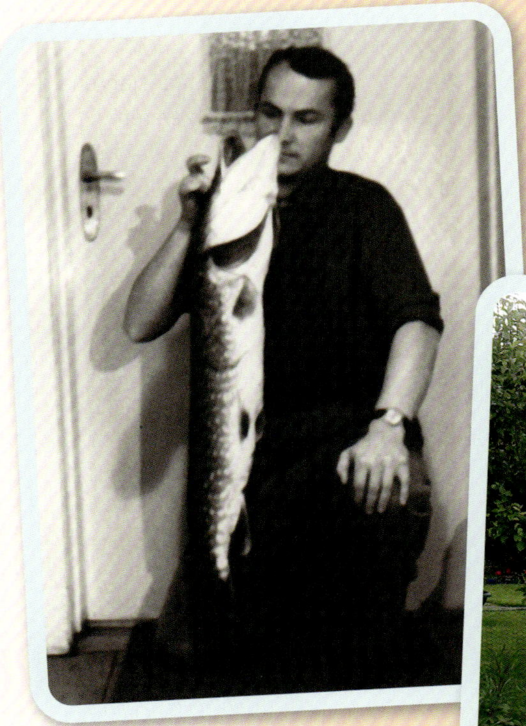

Uniassistent Karl-Heinz im Jahr 1968. Sein erster »vernünftiger« Hecht, geangelt in der Warnow.

Ein kapitaler Bursche aus dem Krakower See im Jahr 2012. Für so einen Fang wird man schon geachtet – ein Hecht von mehr als 1,10 m Länge.

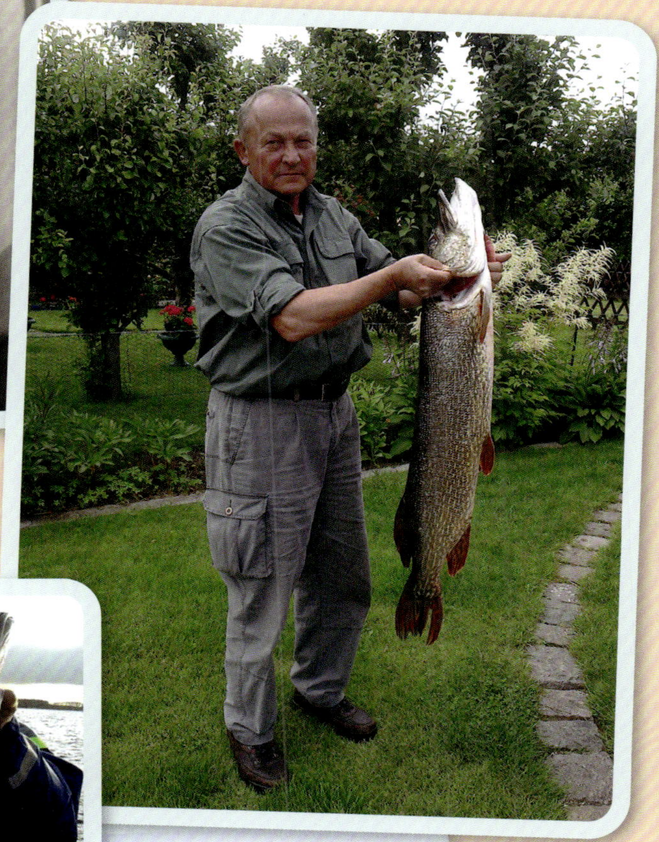

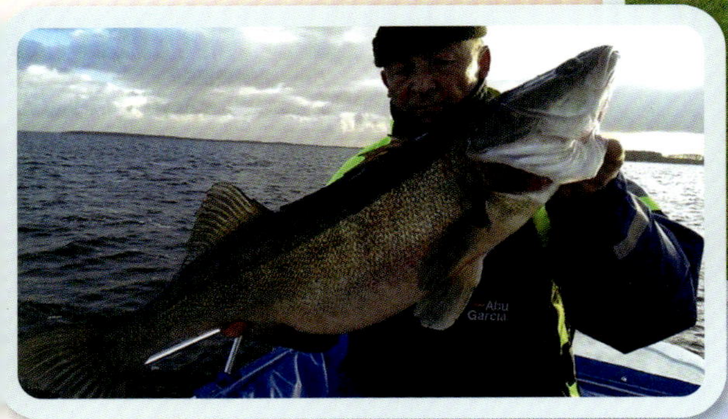

Der Zander aus der Müritz ging im November 2015 an den Haken.

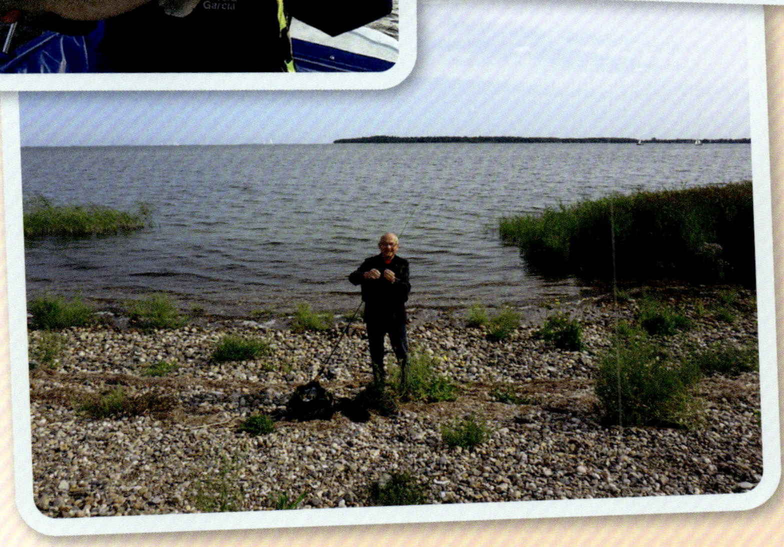

Solche Fische leben hier im Greifswalder Bodden.

Was bietet dieses Buch?

Literatur über das Angeln, sowohl in Form von Fachbüchern und -zeitschiften als auch Belletristik, gibt es bereits sehr umfangreich.
Das vorliegende Exemplar soll etwas von beidem bieten – Fachinformation und Unterhaltung.
Den Rahmen setzt die Beschreibung der verschiedenen Gewässertypen in Mecklenburg-Vorpommern und der darin hauptsächlich vorkommenden Fischarten. Darin eingebettet finden sich Hinweise, Empfehlungen und Tipps, zum Fang der heimischen Fische mit passender Angel sowie notwendiger Ausrüstung.
Diese meine gut gemeinten Ratschläge entstammen einem halben Jahrhundert persönlicher Erfahrungen an den Gewässern MVs. An der einen oder anderen Stelle holte ich auch das spezifische Wissen ortsansässiger Angelfreund*innen ein.

Gerichtet ist dieses Buch vor allem an Anglerinnen und Angler, die sich ohne fundiertes Vorwissen an die Gewässer unseres schönen Bundeslandes wagen wollen. Absolute Neulinge finden ordentlich Stoff für erste eigene Angelversuche. Abgeklärte Angelprofis erleben hier ein »Fachgespräch«. Sie werden dabei typischerweise über manches schmunzeln und ganz eigene Erfahrungen haben. Auch für diese Klientel wird dies Buch, wie immer in solchen Unterredungen, ebenfalls manches Nützliche bereithalten. Selbst Leserinnen und Leser ohne jegliche anglerische Ambitionen könnten angeregt werden, die Vielfalt der Gewässer und deren weitestgehend naturbelassene Umgebung unseres wunderschönen Landes zu erkunden und dabei Entspannung wie Erholung zu finden.

Allen zusammen wünsche ich Freude und Unterhaltung beim Lesen. Allen Anglerinnen und Anglern wünsche ich hernach den Fisch des Lebens hier in Mecklenburg-Vorpommern – in Deutschlands unumstrittenen Anglerparadies Nr. 1.

Petri Heil!
Ihr Karl-Heinz Brillowski

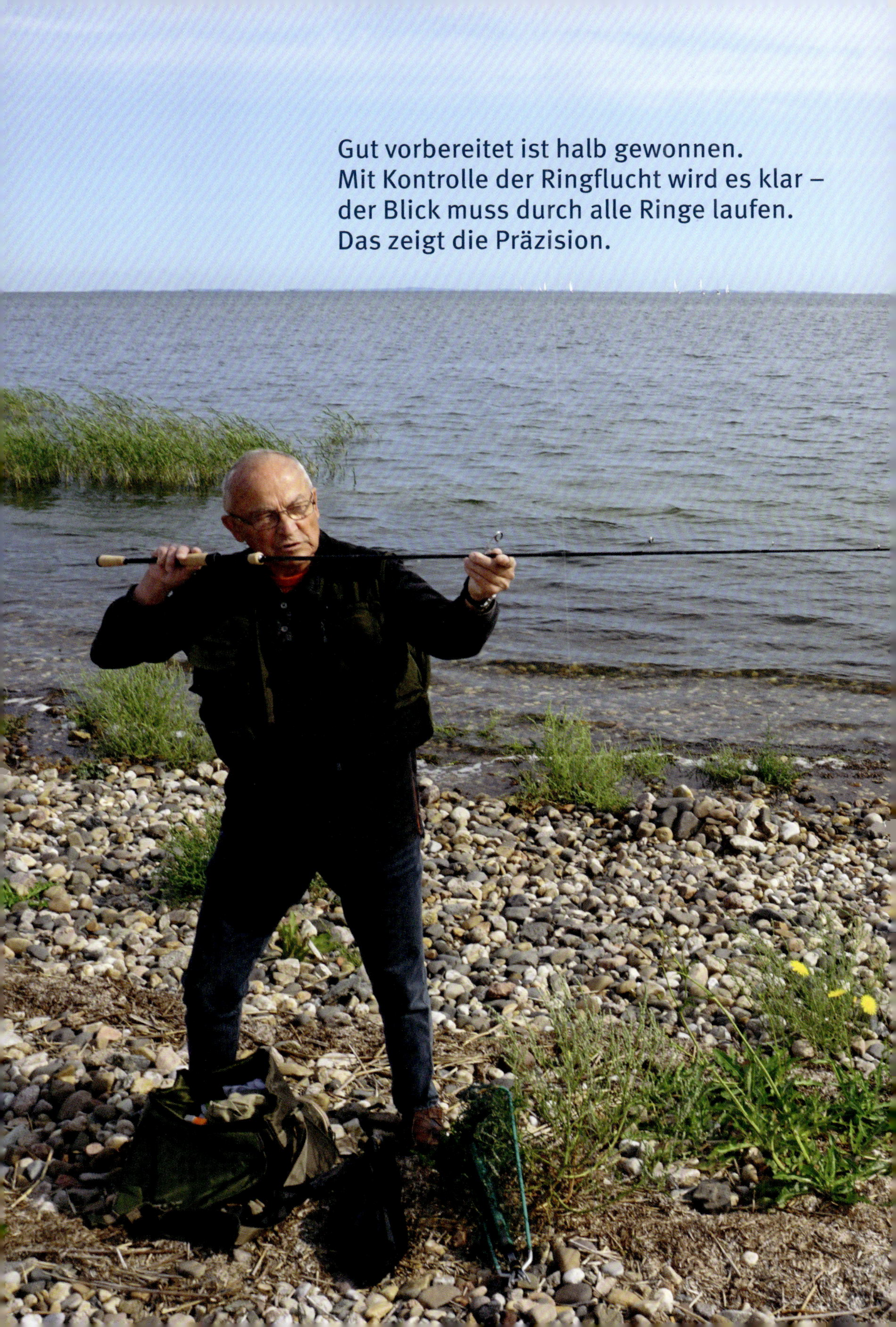

Gut vorbereitet ist halb gewonnen.
Mit Kontrolle der Ringflucht wird es klar –
der Blick muss durch alle Ringe laufen.
Das zeigt die Präzision.

Grundvoraussetzungen zum Angeln in MV

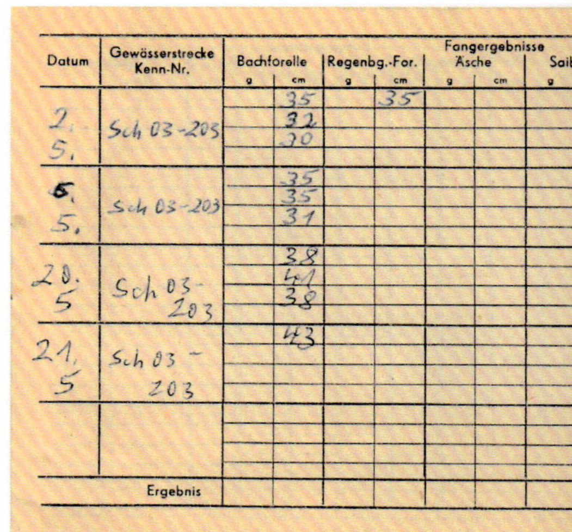

Datum	Gewässerstrecke Kenn-Nr.	Bachforelle g	Bachforelle cm	Regenbg.-For. g	Regenbg.-For. cm	Fangergebnisse Äsche g	Äsche cm	Saibl g
2. 5.	Sch 03-203		35		35			
			32					
			30					
6. 5.	Sch 03-203		35					
			35					
			31					
20. 5	Sch 03-203		38					
			41					
			38					
21. 5	Sch 03-203		43					
	Ergebnis							

Eine Person, die in in Deutschland den Fischfang mit der Angel ausüben möchte, muss über zwei gesetzlich vorgegebene Voraussetzungen verfügen:

1. Jede Anglerin/ jeder Angler muss einen gültigen Fischereischein besitzen (in MV ab dem vollendeten 14. Lebensjahr). Dieses Dokument wird nach erfolgreichem Bestehen einer Fischereischein-Prüfung auf Lebenszeit erteilt. Mit diesem Fischereischein wird die Sachkunde für den Fischfang ausgewiesen. In MV besteht die Möglichkeit, ohne Prüfung einen zeitlich befristeten Fischereischein, den sogenannten »Touristenfischereischein«, für die Dauer von 28 Tagen zu erwerben.
2. Der Fischereischein allein berechtigt nicht zum Fischfang in irgendeinem Gewässer, in MV auch nicht in den vorgelagerten Küstengewässern. Der Angler muss deshalb für das jeweilige Gewässer auch eine gültige Angelerlaubnis besitzen. Diese sogenannte Angelkarte erhält er entweder vom Eigentümer oder Pächter des Fischereirechts. Letztere sind überwiegend Angelvereine bzw. -verbände und Berufsfischer.

Wer also nach MV reist, um hier sein Glück mit der Angel zu versuchen, muss die beiden Dokumente vorweisen. Gestandene Angler haben in der Regel einen Fischereischein. Neulinge erwerben an Ausgabestellen vor Ort oder über das Internet einen Touristenfischereischein. Der Erwerb der Angelerlaubnis sollte sorgfältig und rechtzeitig vorbereitet werden. Das beginnt mit der Auswahl der zu beangelnden Gewässer. Über Recherchen in Gewässerverzeichnissen unter www.lallf.de und www.lav-mv.de ist zu erfahren, von wem und auf welche Weise die erforderliche Angelerlaubnis zu beziehen ist. Die Auswahl der Angelgewässer gibt gleichzeitig die Region für den Aufenthalt vor oder umgekehrt. Damit kann die Suche nach geeigneten Unterbringungsmöglichkeiten verbunden werden. Fischereiunternehmen verfügen zum Teil über solche Möglichkeiten oder können sie vermitteln.

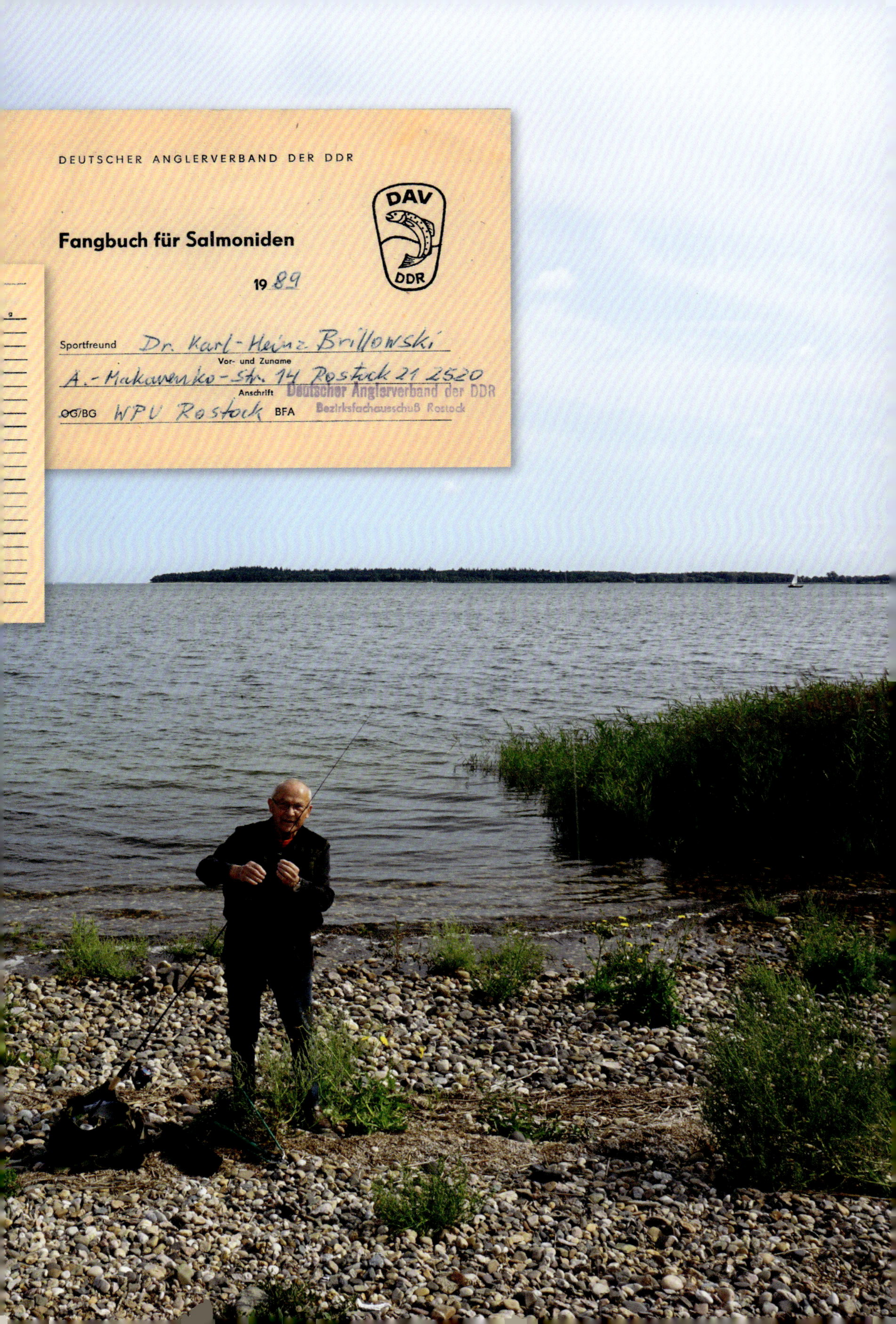

DEUTSCHER ANGLERVERBAND DER DDR

Fangbuch für Salmoniden

DAV DDR

19 89

Sportfreund Dr. Karl-Heinz Brillowski
Vor- und Zuname

A.-Makarenko-Str. 14 Rostock 21 2520
Anschrift

OG/BG WPU Rostock BFA

Deutscher Anglerverband der DDR
Bezirksfachausschuß Rostock

Schlaufenknoten

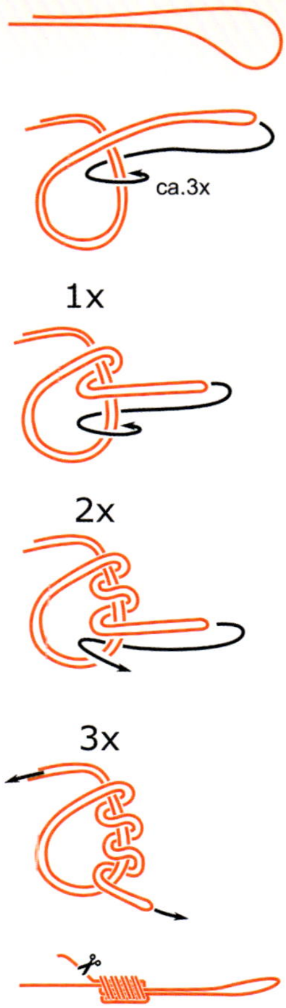

Grinnerknoten

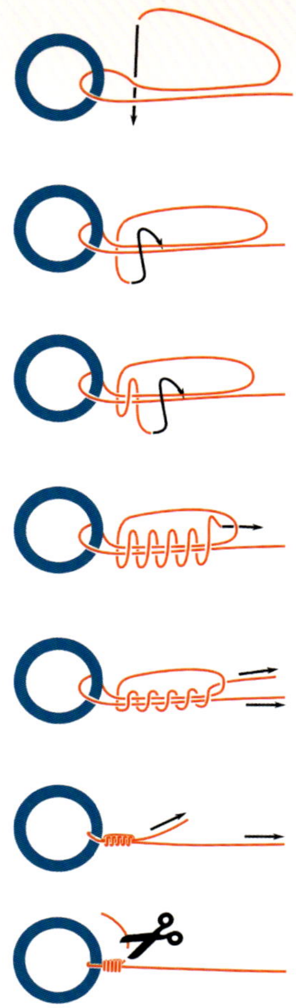

No-Knot- Verbindung

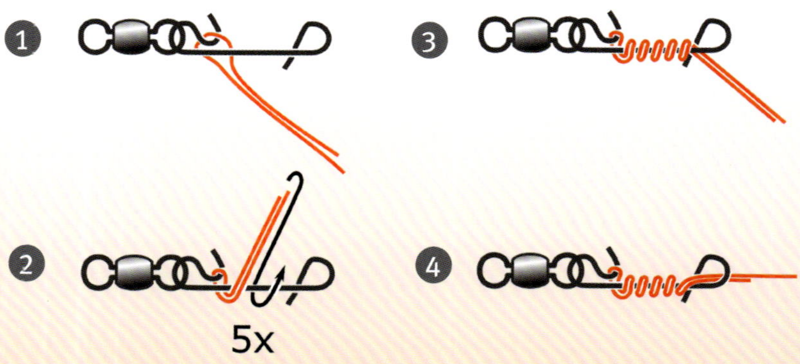

Grundausstattung Angeln

Wer nach MV reist und die Absicht hat, sich dort erstmals mit dem Angeln zu beschäftigen, sollte über folgende Geräte, Kenntnisse und Fertigkeiten verfügen:

Angelruten und Zubehör

(Angaben sind Empfehlungen des Autors)

- **Stippangel (auch Handangel):** unberingt, Länge 3 bis 5 m (besonders geeignet für Kinder)
- **Wurfangel:** bestehend aus beringter Angelrute, Länge 2,40 bis 2,70 m, Wurfgewicht bis 40 g und einer Angelrolle (sog. Stationärrolle), möglichst mit Ersatzspule; davon eine Spule bestückt mit monofiler Angelschnur 0,25 bis 0,30 mm Ø
- **Zubehör für Stippangeln:** Fertigangeln auf Wickelbrettchen, passend für Rutenlängen; Reservehaken, fertig gebunden
- **Zubehör für Wurfangel:** Je nach angestrebter Angelmethode
  - Posen, Material zum Beschweren, gebundene Haken
  - Beschwerungen zum Grundangeln ohne Pose
  - div. Kunstköder (Blinker, Spinner, Wobbler, Gummiköder)
  - Kleinteile (Wirbel, Einhänger, Klemmringe für Posen u. a.)

Außer dem unmittelbaren Angelgerät sind zum Angeln immer mitzuführen: Landegerät – Fischbetäuber – Maßband – Messer – Hakenlöser. Dies wird von der Fischereiaufsicht kontrolliert!

Auch der Angel-Einsteiger sollte die wichtigsten Knoten, die für den Aufbau der angeführten Angelgeräte unerlässlich sind, kennen und beherrschen (zu Hause üben):

- **Schlaufenknoten, doppelt gebunden:** erforderlich für Verbindung Hauptschnur mit Vorfach
- **Grinnerknoten:** geeignet für jegliche Verbindung von Angelschnur mit Ösen von Haken, Wirbeln, Kunstködern usw.

Beide Knotenarten sind vor allem für monofile Schnüre geeignet. Geflochtene Schnüre verlangen spezielle Knoten, die nicht jedem gleich gelingen werden. Deshalb wird dem Anfänger für geflochtene Schnüre die Verwendung eines sogenannten »No-Knot- Verbinders« empfohlen vgl. Illustrationen S. 14.

Dem Einsteiger ist dringend angeraten, vor dem erstmaligen Gebrauch einer Wurfangel einige Probewürfe auf dem Trockenen durchzuführen. Dazu ist an die Angelschnur ein Wurfgewicht anzuknoten. Zum Beispiel ein kleiner 20 g leichter Blinker, an dem der Haken entfernt worden ist.

Als Wurftechnik empfiehlt sich für den Anfang der Überkopfwurf.

Es sollte eine Wurfweite von mindestens 20 m angestrebt werden, nach oben sind natürlich keine Grenzen gesetzt.

Zur Orientierung: Die Weltbestleistung im Weitwurf mit Spezialgerät liegt bei 257 m.

Na dann: Petri Heil!

Angelköder

Neben den Angeln werden vor allem Köder benötigt, um einem Fisch an den Haken zu locken. Grundsätzlich ist zwischen natürlichen Ködern und Kunstködern zu unterscheiden. Letzteren ist ein eigenständiger Abschnitt gewidmet. Im Folgenden werden einige für Einsteiger geeignete natürliche Köder beschrieben.

Wurm: Es ist der geradezu symbolische natürliche Köder. Angler und Wurm – das ist die auch Laien sofort geläufige Einheit. Für die Anglerin und den Angler gibt es jedoch nicht schlechthin »den Wurm«. Es wird unterschieden zwischen dem gewichtigen Tauwurm sowie dem kleineren Rot- oder Laubwurm und seinem nahen Verwandten, dem Mist- oder Kompostwurm. Wenngleich Würmer die wohl am ehesten bekannten Angelköder sind, so sind die vielseitig verwendbaren Köder die Maden.

Maden: Die häufigsten darunter sind die Larven von Schmeißfliegen, die auf tierischem Substrat heranwachsen.

Wattwurm: Dies ist ein spezieller Köder für das Angeln im Meer- und Brackwasser. Die genannten Köderarten sind allesamt tierische Köder. Zum Angeln werden jedoch auch Köder auf pflanzlicher Basis mit Erfolg eingesetzt.

Angelteig: Wegen der Vielseitigkeit der Anwendung steht der ganz oben an.

Dosenmais: Dieser zu einem weiteren beliebten pflanzlichen Köder, insbesondere beim Angeln auf Brachsen.

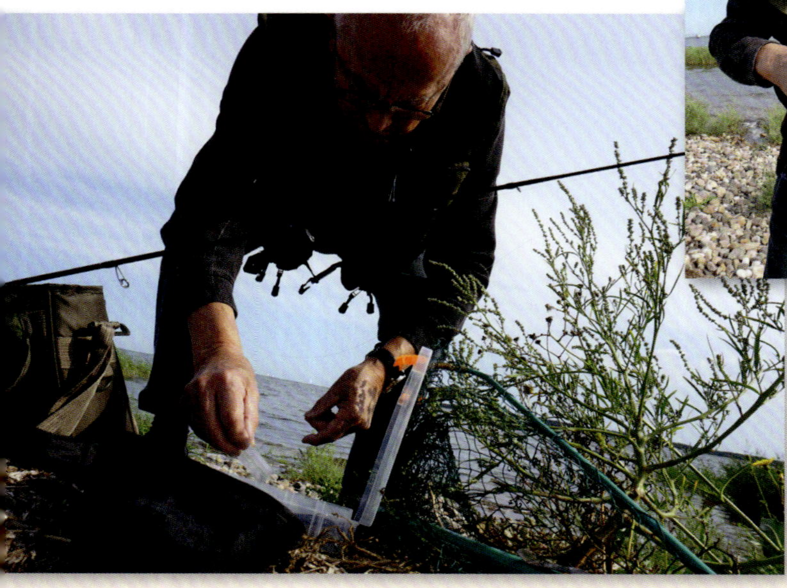

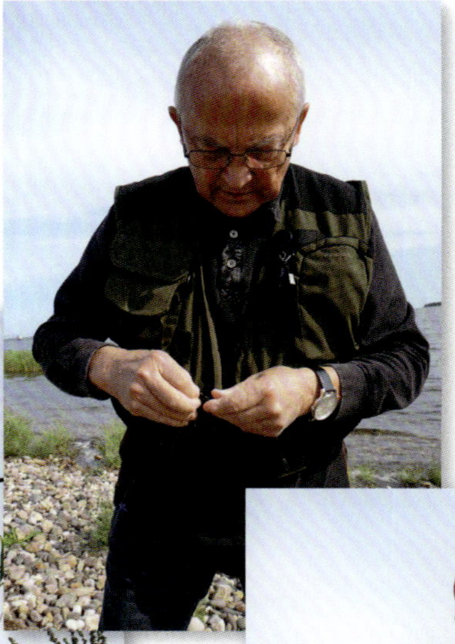

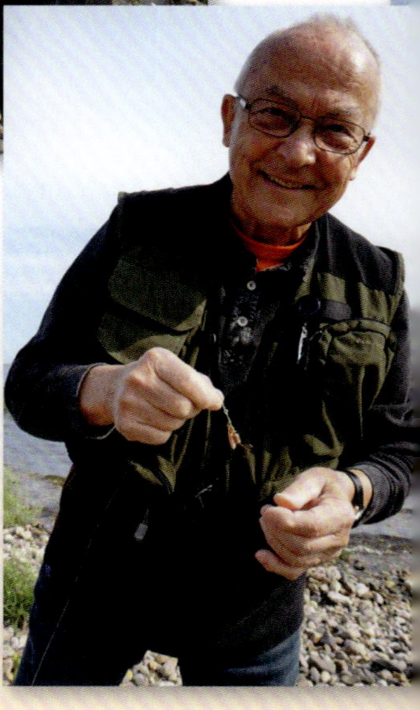

Alle genannten Köderarten gibt es heutzutage in den Angelgeschäften zu kaufen, teilweise bereits aus Automaten in Selbstbedienung. Wer jedoch gezwungen ist oder Lust verspürt, einige der Köder selbst zu beschaffen bzw. herzustellen, erhält nachstehend einige Tipps.

Selbst ist der Angler

Wurmjagd: Alle Arten der oben aufgezählten Würmer lassen sich sammeln. Nach Mistwürmern und auch Laubwürmern wird im Komposthaufen gegraben. Wer keinen Zugang dazu hat, muss sammeln. Laubwürmer sind, wie der Name es vermuten lässt, in verrottendem Laub von Parks und Wäldern zu finden, dort oftmals besonders unter Steinen und Holzstücken. Für das Sammeln von Tauwürmern müssen einige Nachtstunden geopfert werden. In der warmen Jahreszeit kriechen die Tierchen mehr oder weniger weit aus ihren Wohnröhren und können aufgesammelt werden. Dazu wird der Boden mit einer Taschenlampe abgeleuchtet, wobei vorsichtiges Bewegen angesagt ist, denn bei Erschütterungen ziehen sich die Würmer sehr schnell in ihre Behausungen zurück. Hat man einen Wurm erfasst, der teilweise noch im Boden steckt, ist vorsichtiges Ziehen in Wuchsrichtung nötig, sonst wird das Exemplar zerrissen. Voraussetzung für eine erfolgreiche Wurmsuche ist genügend Feuchtigkeit (Tau) am Boden. Die ist in der Regel kurz vor Sonnenaufgang am größten oder jederzeit bei Regenwetter. Wenn beides nicht vorhanden ist, hilft auch das Gießen des ausgewählten und ungestraft zugängigen Areals. Die gewonnen Würmer lassen sich über längere Zeit in verschließbaren Behältern aufbewahren. Für Lüftung über kleine Löcher im Deckel ist zu sorgen. Der Behälter ist mit lockerer Komposterde und Fetzen gut durchfeuchteten Zeitungspapiers zu versehen und kühl zu lagern.

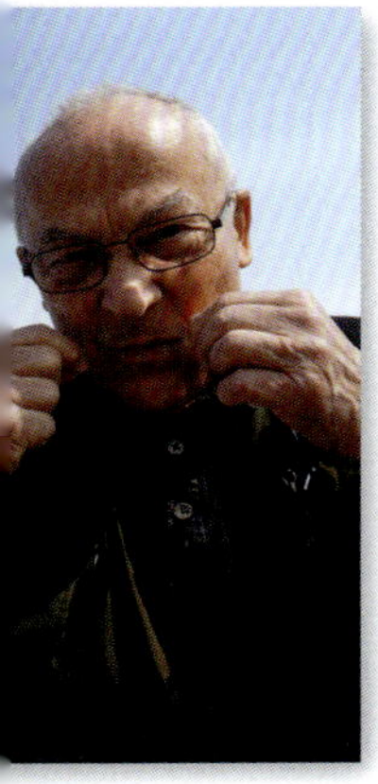

Angelteig: Ein guter Teig kann mit wenig Aufwand und Zutaten selbst hergestellt werden. Für die Grundmasse wird trockenes Weißbrot (einige Tage alt) ohne Rinde benötigt. Das Brot wird grob zerkleinert und mit Wasser befeuchtet. Die Feuchtigkeit wird mittels eines zusammengedrehten Tuches weitestgehend entfernt und der verbliebene Klumpen kräftig durchgeknetet. Sollte die Masse zu feucht sein, also an den Händen kleben, lässt sie sich durch das Einarbeiten von etwas Grieß trocknen. Bei Zugabe von Butter oder Speiseöl wird der Teig geschmeidiger und löst sich im Wasser nicht zu schnell auf. Um den Teig attraktiver für die Fische zu machen, können Aromastoffe wie Vanille oder Anis eingearbeitet werden, aber in Maßen! Angelteig par excellence: Zum Abschluss ein Geheimtipp für einen exquisiten Angelteig. Wer Beziehungen zu einer Bäckerei hat, die noch selbst Zwieback herstellt, bittet um das Vorprodukt – den sogenannten Einback – und verarbeitet diesen wie oben anstelle von Weißbrot.

Der Köder muss dem Fisch schmecken.
Dies ist keine Wurmverkostung, hier wird der Knoten der Schnur zum Köder verzurrt – wenn nötig, mit den Zähnen – Hauptsache FEST!

Welche Kunstköder gibt es?

Unter der »Grundausstattung Angeln« werden pauschal verschiedene Arten von Kunstködern wie Blinker, Spinner, Wobbler und Gummiköder aufgeführt. Besonders der Einsteiger sieht sich hier mit einer Vielfalt konfrontiert. Hier ist Aufklärung geboten, indem nachfolgend konkrete Muster und Hersteller genannt werden. Die jeweiligen Bezeichnungen als charakteristisches Beispiel, das durch andere Hersteller variiert und mit anderem Namen versehen worden ist. Solche Modelle sind selbstverständlich gleichermaßen einsetzbar.

Blinker:

Ein seit mehr als 80 Jahren bewährter Klassiker unter den Blinkern ist der EFFZETT [Bild]. In den Längen 45, 65 und 80 mm ist er unter den unterschiedlichen Bedingungen erfolgreich einsetzbar. Dieser Blinker ist relativ kompakt und lässt sich mit dieser Eigenschaft sehr gut sowohl weit als auch – bei entsprechender Übung – zielsicher werfen, sogar gegen den Wind. Er kann sowohl gleichmäßig als auch mit einigen Stopps eingeholt werden und sein Lauf ist gut über die Rutenspitze spürbar. Das Laufverhalten von Blinkern reicht je nach Einholgeschwindigkeit von taumelnd bis rotierend.
Um auf unterschiedliche Wasser- und Lichtverhältnisse reagieren zu können, sollten als Standard die Farben Silber, Gold/Silber und Kupfer vorgehalten werden. Das ergibt, kombiniert mit den verschiedenen Abmessungen, bereits ein ordentliches Sortiment. Es muss aber auch nicht alles auf einmal sein. Gold / Silber genügt für den Anfang und für den Hecht ist die mittlere Größe meist richtig.

Spinner:

Bei dieser Köderart rotiert ein an einem Ende aufgehängtes Spinnerblatt um eine Achse, sobald der Köder durch das Wasser gezogen wird. Diese Rotation erzeugt einen Widerstand an der Angel und ist deutlich zu spüren. Spüren Anglerin und Angler nichts, dann »klebt« das Blatt an der Achse. Hier hilft ein Ruck mit der Rute, um den Spinner zu aktivieren. Nutzt auch das nichts, ist ein solcher Spinner unbrauchbar. Zuverlässige Spinner liefert beispielsweise die Firma MEPPS. Zu empfehlen ist hier auch ein Klassiker, das Modell MEPPS AGLIA, dazu die schlankere Variante MEPPS AGLIA LONGUE. Für den Hechtfang gut geeignet sind die Größen vier und fünf, Barsche mögen eher die Größe drei oder kleiner. Als Grundfarben für den Einstieg sind Gold und Kupfer zu empfehlen. Anderen Farbangeboten sind keine Grenzen gesetzt.

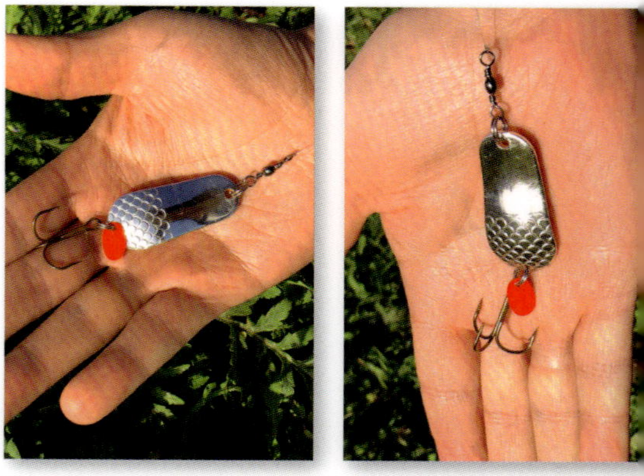

EFFZETT-Blinker Vorderseite (l.) und Rückseite

Wobbler:

Im Unterschied zu Blinkern und Spinnern sind Wobbler eher naturnahe Nachbildungen von Beutetieren, die Raubfische zum Anbiss verleiten sollen, vor allem Modelle

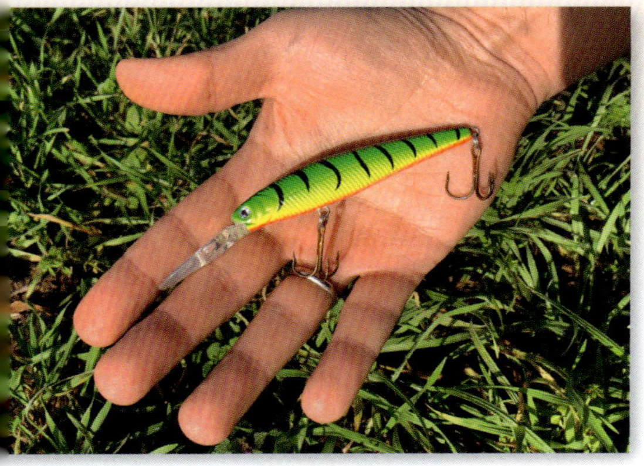

Wobbler

in Fischform. Das typische Laufverhalten ist, wie die englische Bezeichnung andeutet, ein mehr oder weniger starkes Wackeln oder Flanken mit gleichzeitigen Zick-Zack-Bewegungen beim Einholen. Das Sortiment an Wobblern ist nahezu so groß wie das der Blinker und Spinner. Das Material der Wobbler ist entweder Holz oder Hartplastik. Durch Kombination mit Metallen im Inneren können neben schwimmenden Wobblern auch schwebende (suspending) oder sinkende hergestellt werden. Zumeist sind Wobbler am Kopf mit einer Tauchschaufel versehen. Die bewirkt, dass sich der Köder beim Einziehen mehr oder weniger tief unter der Wasseroberfläche bewegt. Die Wobblerkörper sind einteilig. Es werden zur Steigerung der Beweglichkeit auch mehrteilige angeboten. Sie haben einen meist voluminösen Körper im Gegensatz zu Blinkern und Spinnern. Deshalb sind die meisten Wobbler mit mindestens zwei Drillingshaken versehen, die ein sicheres Festhalten des Fisches garantieren sollen. Diese Ausstattung und das größere Körpervolumen führen dazu, dass sich Wobbler relativ schwierig werfen lassen. Oft verfängt sich ein Haken in der Angelschnur, bevor der Wobbler auf das Wasser trifft. Das allein deutet schon an, dass Wobbler nicht unbedingt Köder für Angel-Einsteiger sind. Dazu gesellen sich noch die recht stattlichen Preise.

Ein Glück, dass es noch die Gummiköder gibt!

Blinker, Spinner und Wobbler werden unter dem Sammelbegriff »Hardbaits« (harte Köder) zusammengefasst. Die letzte Gruppe der Kunstköder, die Gummiköder sind demzufolge »Softbaits« (weiche Köder).

Gummiköder: Deren Palette dürfte inzwischen die aller Hardbaits an Vielfalt überschritten haben. Konkurrenzlos sind alle Gummiköder in ihrem Imitationswert. Die Nachbildungen sind teils so natürlich, dass man im Einzelfall fast verleitet wird, selbst hineinzubeißen. Das große Angebot ist kaum noch überschaubar und befindet sich in ständiger Veränderung und Er-

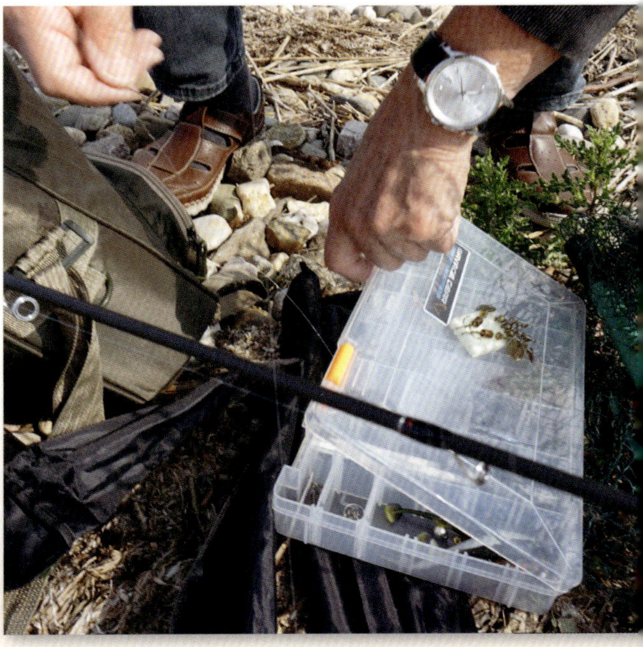

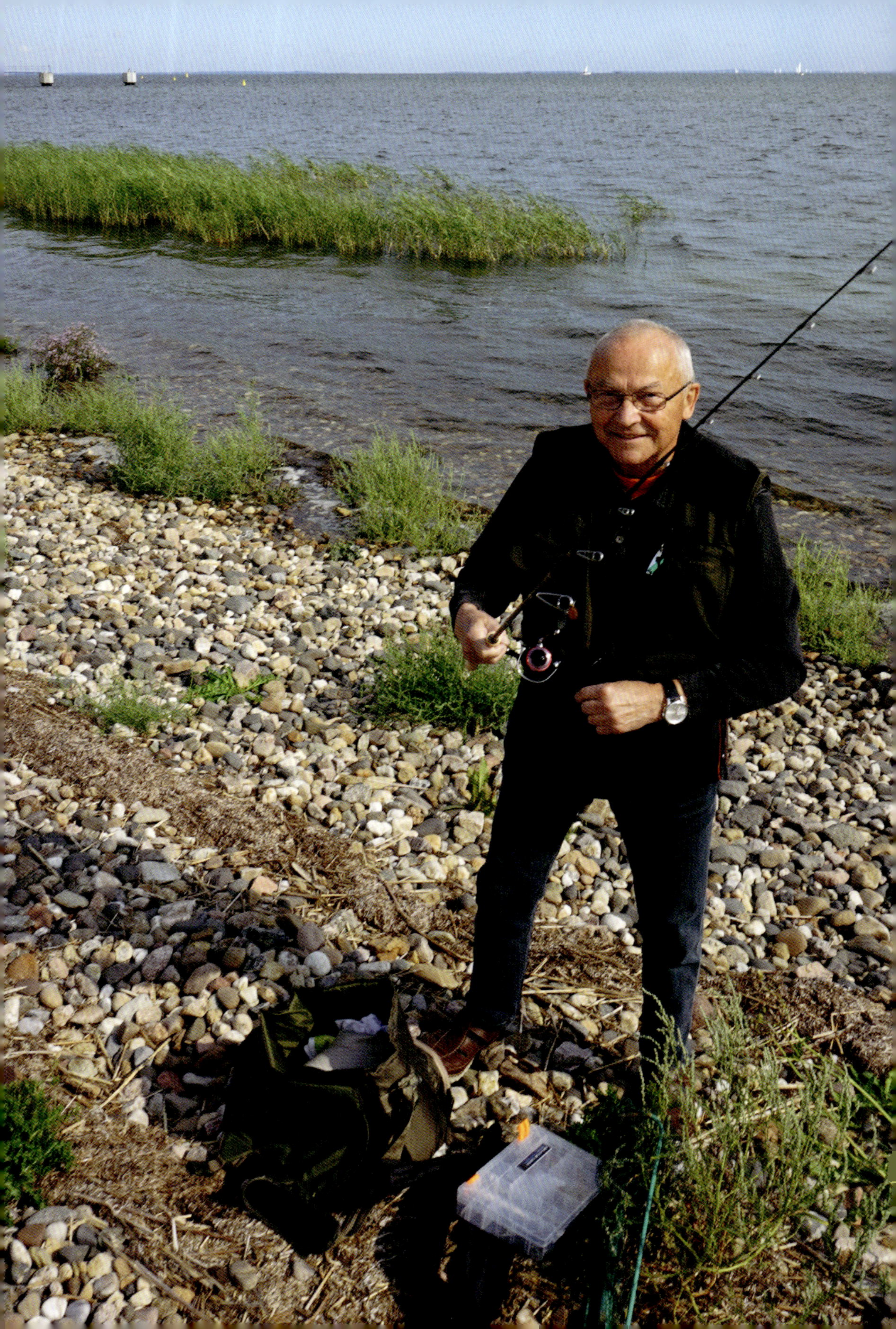

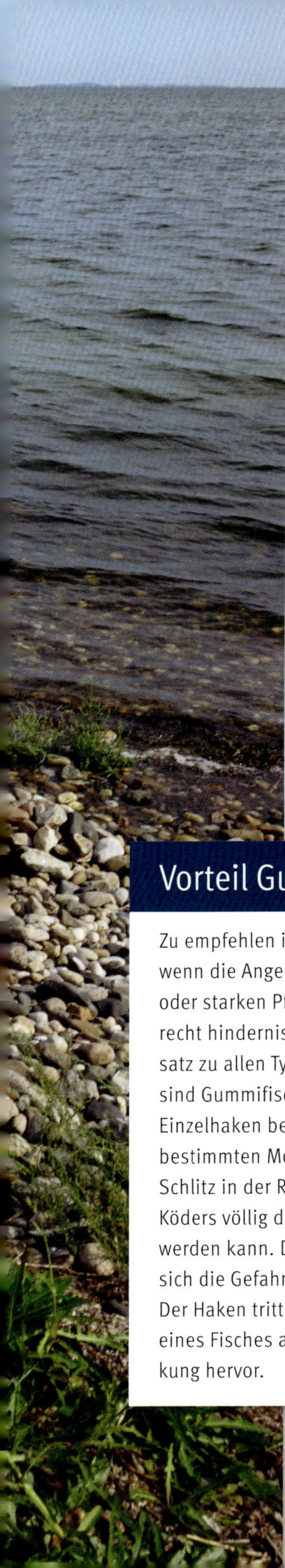

weiterung. Daher beschränken wir uns bei der weiteren Beschreibung auf die Gummifische.

Gummifische: Sie werden sowohl mit eingearbeiteten Haken als auch in Form von hakenlosen Ausführungen angeboten. Erstere ähneln in ihrem Aufbau eher einem Wobbler. Die Sortimente der hakenlosen Gummifische sind weitaus umfangreicher. Detaillierte Ausführungen dazu würden ein eigenes Buch erfordern. Deshalb nur einige grundsätzliche Hinweise. Hakenlose Modelle müssen also durch Aufziehen auf Haken erst einmal »scharf« gemacht werden. Allein das verlangt einige Übung. Zur Auswahl der Haken ist die Beratung im Fachgeschäft gefordert. Der Umgang mit Gummifischen beim Angeln ist relativ unkompliziert, was das Werfen und Einholen angeht. Gewöhnungsbedürftig ist eventuell der geringere Widerstand beim Einholen.

Vorteil Gummifisch

Zu empfehlen ist der Gummifisch, wenn die Angelstrecke durch Steine oder starken Pflanzenbewuchs recht hindernisreich ist. Im Gegensatz zu allen Typen von Hardbaits sind Gummifische nur mit einem Einzelhaken bestückt, der bei bestimmten Modellen durch einen Schlitz in der Rückenpartie des Köders völlig darin verborgen werden kann. Dadurch verringert sich die Gefahr von »Hängern«. Der Haken tritt erst beim Biss eines Fisches aus seiner Versenkung hervor.

Nachteil Gummifisch

Während Hardbaits, wenn auch manchmal mit etwas handwerklichem Geschick, praktisch ein Leben lang halten, sind Softbaits vergänglich. Ein großer Hecht kann einem Gummifisch, der 30,00 € oder mehr gekostet hat, so zusetzen, dass er nicht mehr zu retten ist. Dazu muss dieser Hecht am Ende nicht einmal im Kescher landen. Andererseits schauen wir Angler ja nicht so auf das Geld, sonst könnten wir uns gemütlich am Ufer eines Sees den Sonnenuntergang ansehen und den Fisch kaufen.

Zum Umgang mit Kunstködern

Der Einsatz von Kunstködern setzt in der Regel die Verwendung einer Wurfangel voraus. In dem Buchteil »Grundausstattung Angeln« wird Angel-Neulingen dazu geraten, vor dem ersten Gang zum Gewässer das Auswerfen von Ködern mit diesem Gerät zu üben. Falls die dabei erreichten Wurfweiten noch nicht befriedigen konnten, ist der Wurfstil zu verbessern.

Wurftechnik – aller Anfang ...

Der häufigste Anfängerfehler besteht darin, dass beim Wurf mit der Angelrute deren Elastizität nicht genutzt wird. Die steil nach oben gehaltener Rute wird mit dem Wurfarm wie beim Kugelstoßen nach vorn geschoben. Die gesamte Energie für den Abwurf des Köders kommt aus der Schulter und die erreichte Weite ist bescheiden. Für den zum Anfang empfohlenen Überkopfwurf sollte der Köder an leicht nach hinten geneigter Rute in die Ausgangsposition gebracht werden. Daraus wird er mit der Rute zügig nach vorn geschwungen und im rechten Zeitpunkt zum Abflug freigegeben. Durch das Vorschnellen der Rute wird diese mehr oder weniger stark gekrümmt – im Fachjargon »aufgeladen« – und setzt die dadurch gespeicherte Energie durch ihre Streckung im Augenblick des Abflugs des Köders frei. Dieser wird regelrecht geschleudert und nicht mehr nur gestoßen. Das richtige Gefühl für diese Art des Werfens kann ganz ohne Angelrute geübt werden. Wem es gelingt, einen auf ein elastische Weiden- oder Haselnussstöckchen gespießtes Lehmklümpchen ausreichend weit zu schleudern, beherrscht den richtigen Bewegungsablauf für das Werfen mit einer Angelrute. Fällt das Klümpchen bereits vor dem Abwurf rücklings ab, war die Beschleunigung zu heftig, fällt es nach wenigen Metern vor die Füße, war der Versuch zu lasch.

Köderführung – Einkurbel, Rucken und Faulenzen

Inzwischen sind wir mit unseren Würfen zufrieden und der Köder ist im Wasser gelandet. Jetzt wird er durch das Einholen der Angelschnur mithilfe der Rolle wieder zurückgeholt. Innerhalb der Zeitspanne, die der Köder im Wasser ist, hoffen wir auf den Anbiss eines Fisches. Um den Reiz des Köders auf den Fisch zu erhöhen, kann der Angler dem Kunstköder verschiedene Bewegungsarten verleihen.

Die grundlegende und einfachste ist das stetige gleichmäßige Einkurbeln. Eine Abwechslung dabei sind sogenannte Spinnstopps, das Einholen des Köders wird in Intervallen kurz unterbrochen. Je nach verwendeter Köderart sind die Bewegungen dabei unterschiedlich. Blinker taumeln nach unten. Wobbler, je nach Art, sinken ab, steigen auf oder schweben in der gerade geführten Tiefe. Bei Spinnern ist ein Stopp sinnvoll, wenn sie mit einer Kopf-

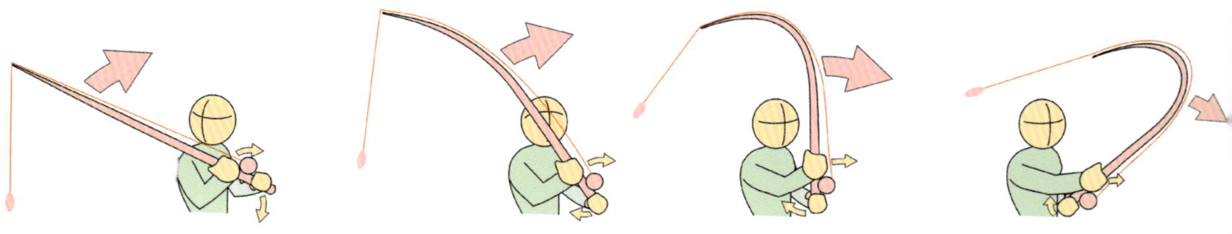

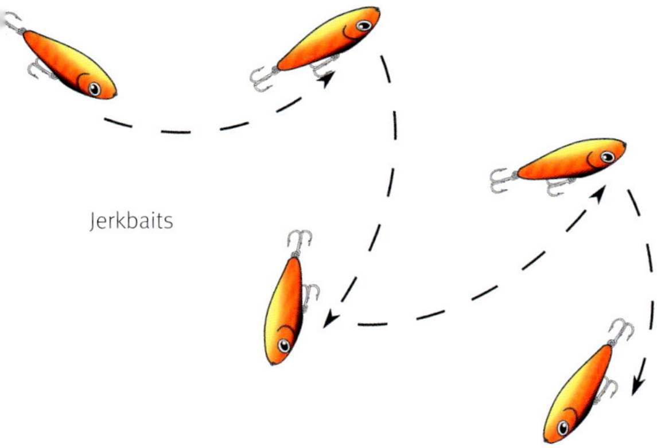

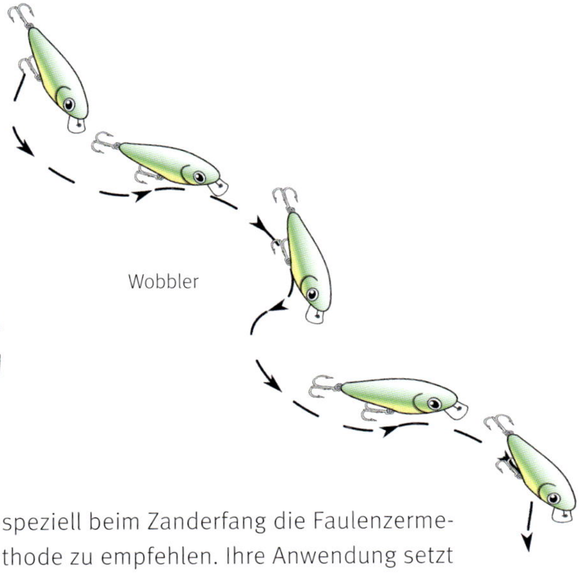

beschwerung versehen sind. Sie laufen dann »Kopf voran« in Richtung Gewässergrund. Spinner mit Achsbeschwerung verlieren ihr gewünschtes Laufverhalten beim Absinken. Die genannten Abweichungen vom stetigen Einholen können unentschlossene Interessenten für unseren Köder zum Anbiss verleiten.

Eine andere Art des Laufverhaltens unsere Köder ist durch einen Wechsel der Einholgeschwindigkeit erreichbar. Die von den Ködern ausgehenden Druckwellen und optischen Reize variieren dabei.

Eine ganz spezielle Art der Köderführung verlangen sogenannte Jerkbaits. Bei diesen Ködern handelt es sich um eine Sonderform von Wobblern, die jedoch im Gegensatz zu diesen beim gleichmäßigen Einholen keinerlei Eigenbewegung aufweisen. Um diese Eigenschaft zu wecken, müssen Jerkbaits beim Einholen ständig geruckt werden, daher auch ihr Name (engl. to jerk = rucken). Meine Empfehlung für Anfänger: Finger weg davon.

Die aufgeführten Variationen der Köderbewegung sind auch beim Einsatz von Gummifischen üblich. Für diese Köderart ist speziell beim Zanderfang die Faulenzermethode zu empfehlen. Ihre Anwendung setzt einen weitestgehend hindernisfreien Gewässergrund voraus. Beim »Faulenzen« erfolgt die Köderbewegung ausschließlich über die Angelrolle. Die Rute wird völlig stillgehalten und die Angelschnur mit jeweils wenigen Kurbelumdrehungen eingeholt. Dabei löst sich der Köder kurz vom Grund und sinkt sofort wieder darauf zurück. Der Kontakt zum Köder ist über die Angelschnur ständig gegeben und auf den Anbiss eines Fisches kann sofort reagiert werden.

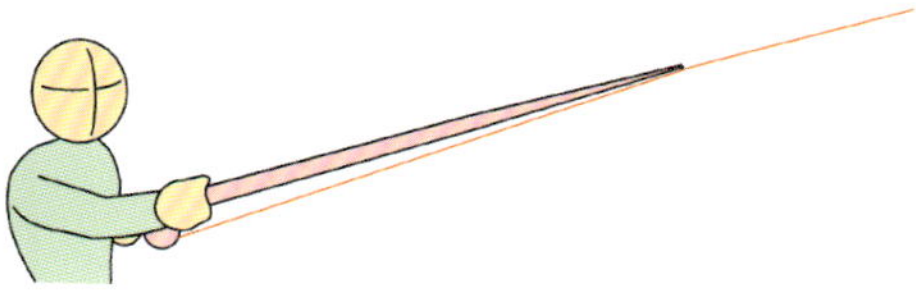

Tiefenblick

Zum Abschluss ein Tipp zum Auffinden der gewünschten Angeltiefe, wenn kein Echolot verfügbar. Die Methode ist besonders dort brauchbar, wo über unterschiedlich hohem Pflanzenwuchs oder anderweitig hinderniströchtigem Grund geangelt werden soll: Nach dem Einfall sofort mit dem Zählen während des Absinkens beginnen, gestartet wird mit »einundzwanzig, zweiundzwanzig« usw. Begonnen wird mit dem Einholen nach wenigen Zählern, mit jedem weiteren Wurf um einen erhöhen. Sobald unerwünschter Kontakt erreicht ist, kann etwas höher ohne ständige Hänger geangelt werden.

Jetzt kann es losgehen!

Der schönste Moment beim Angeln: Die Angel ist vorbereitet, der Fisch wartet, der Angler kommt ...

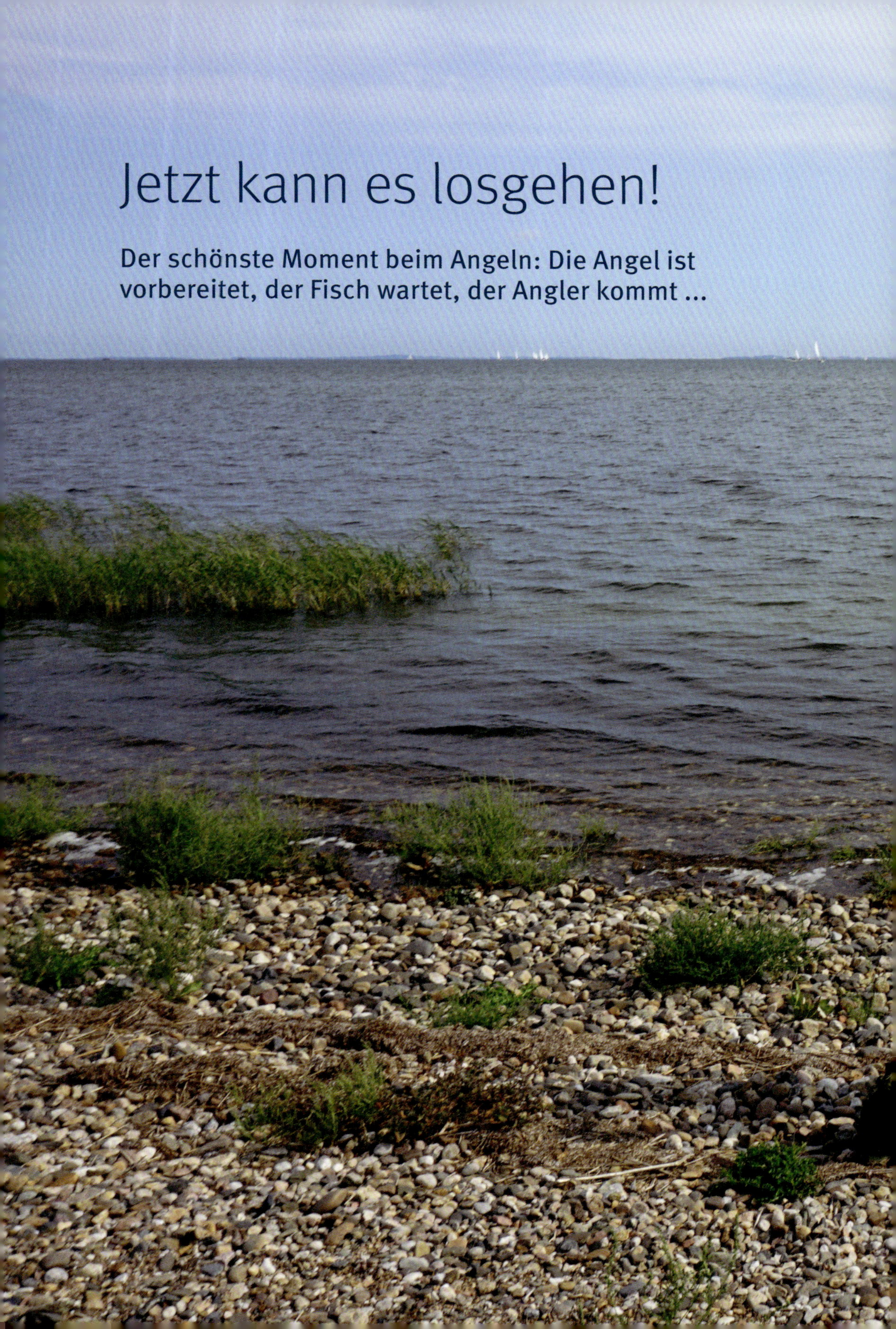

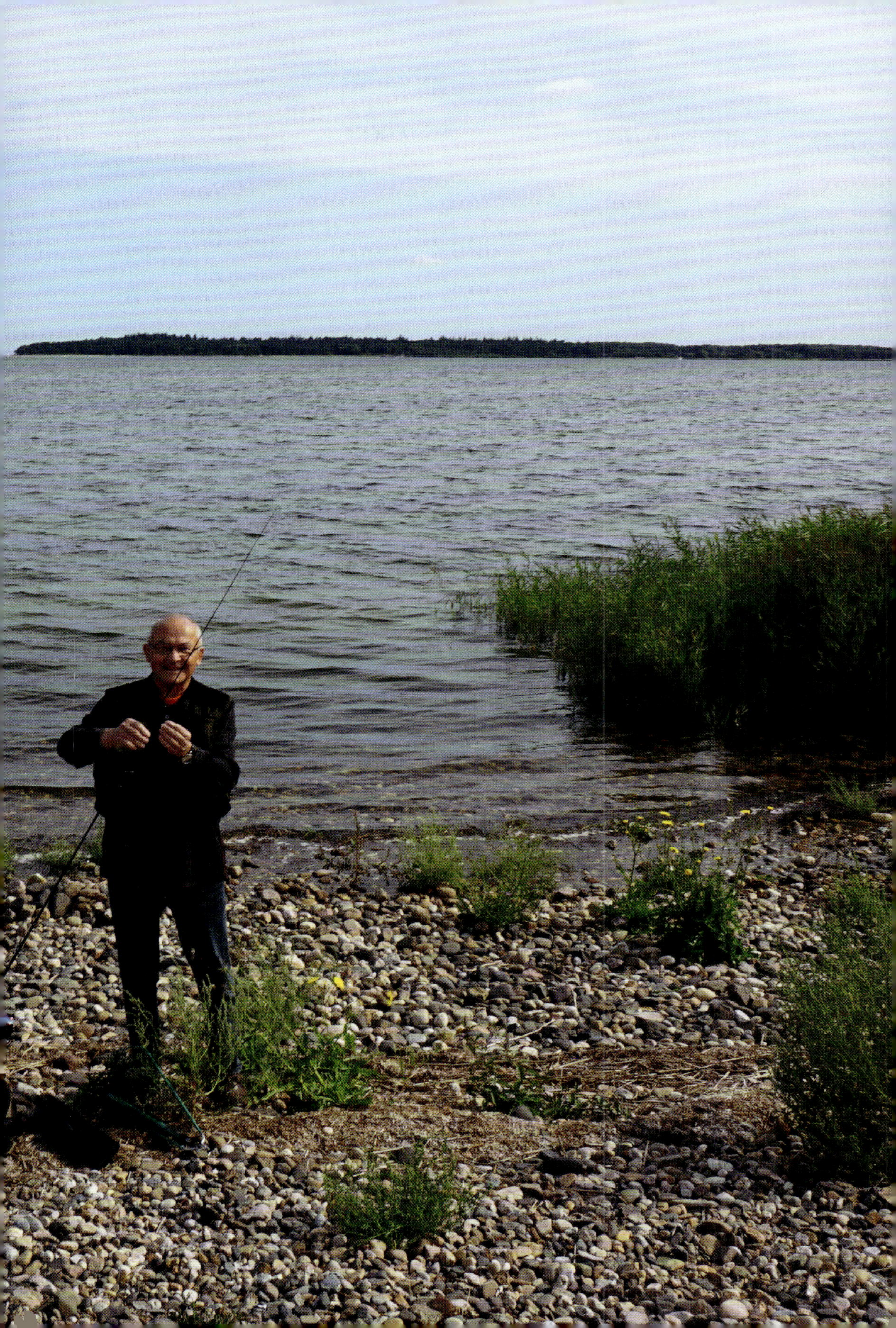

Die Schönsten und die Größten Seen in MV

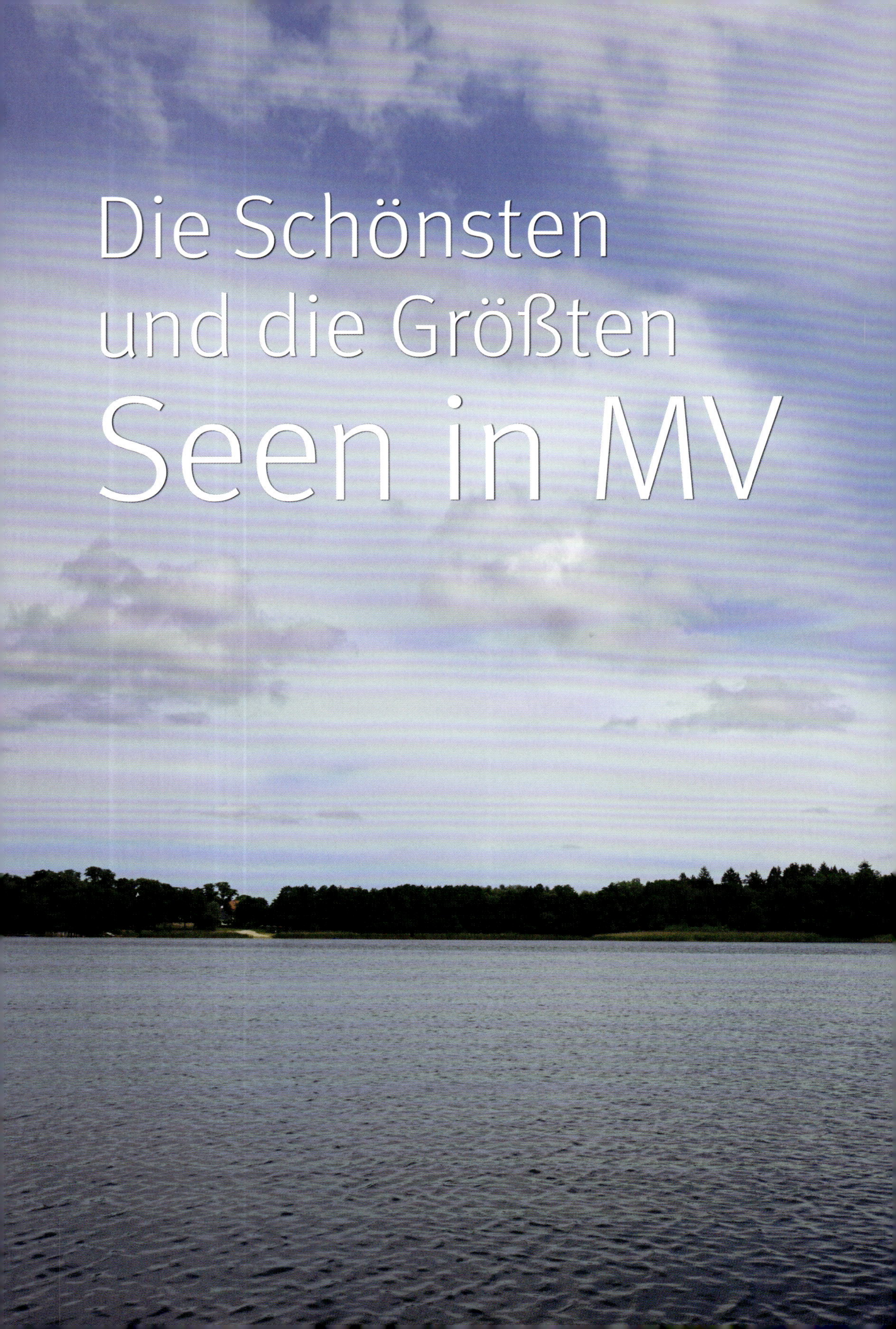

Mehr als 1000 der über 2000 Seen Mecklenburg-Vorpommerns gehören zur Mecklenburgischen Seenpatte. Sie ist das größte zusammenhängende Seengebiet Europas.
Zwischen der Müritz im Süden und dem Schweriner See im Nordwesten erstreckt sich der Bereich der Mecklenburger Großseen. Die Müritz ist hier mit einer Fläche von 117 km^2 der größte Binnensee Deutschlands, der ausschließlich auf deutschem Territorium liegt. Der Schweriner See mit 62 km^2 ist der zweitgrößte See der Seenplatte. Aber auch Plauer See und Kölpinsee können sich neben den beiden Größten sehen lassen. Damit ist die Liste der Großen jedoch noch nicht vollständig. Nordöstlich der Seenplatte liegen im Gebiet der Mecklenburgischen Schweiz der Kummerower See mit 32,5 km^2 und der Malchiner See mit 13,9 km^2. Beide Seen werden von der Peene durchflossen, die sich ihren Weg zum Stettiner Haff bahnt. Ich bin besonders gern im Gebiet Nossentiner und Schwinzer Heide unterwegs, an deren Nordrand der Krakower See anschließt. Ein landschaftlich überaus reizvolles Gebiet. Der Krakower See besteht aus zwei Teilen. Davon ist der südliche Teil, Obersee genannt, Naturschutzgebiet seit 1932. Dort fühlen sich neben Seeadlern weitere geschützte Vogelarten wohl.

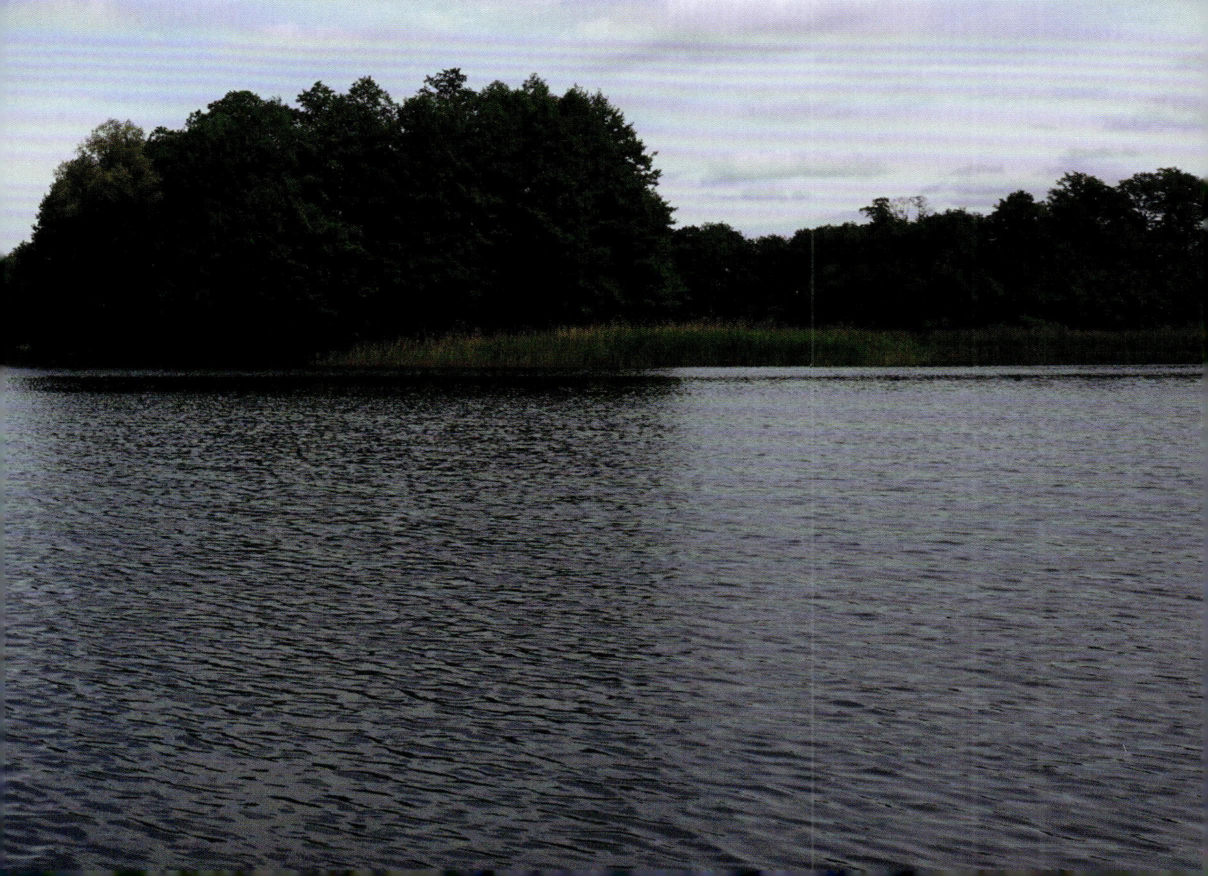

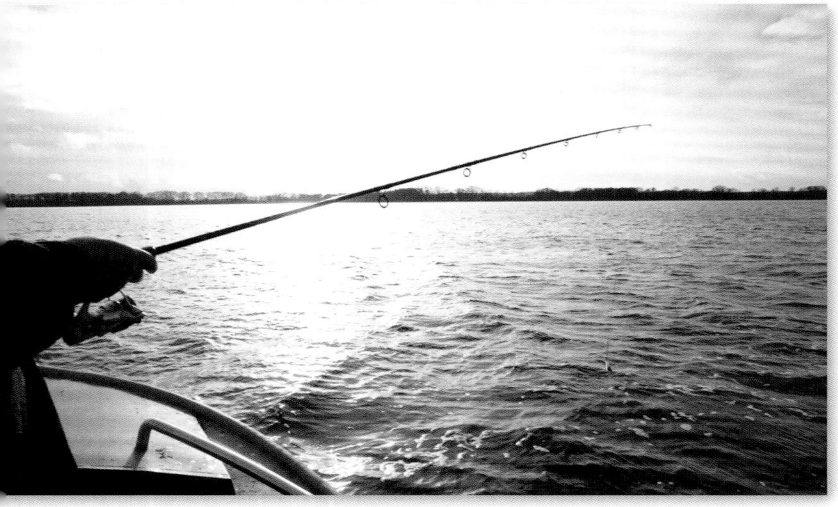

Unterwegs im Binnenland gehört die Angel immer mit ins Gepäck. Den Köder auszuwerfen lohnt hier überall. Diesen Grundsatz habe ich schon sehr früh beherzigt und das hat mir bleibende Erlebnisse am Krakower Obersee beschert. Als Student der TU Dresden war ich Anfang der 1960er-Jahre zum Ernteeinsatz in MV abgeordnet worden. Unser Einsatzgebiet war der Ort Dobbin, gelegen am Ostufer des Sees.

Ein Augenblick der Idylle mitten auf dem See. Das Wasser leicht bewegt, die Sonne sucht sich Wolkenlücken. So könnte es auf vielen Seen im Bundesland aussehen. Dies ist der Kölpinsee; bestes Angelrevier.

Mein Angelzeug hatte ich natürlich dabei.

Auf dem Obersee war das Angeln zwar nicht erlaubt, aber die Bewohner des Ortes hatten wohl ein Gewohnheitsrecht und machten davon Gebrauch. Eines Tages fasste ich mir ein Herz und suchte mit zwei Kommilitonen eine markante Stelle am

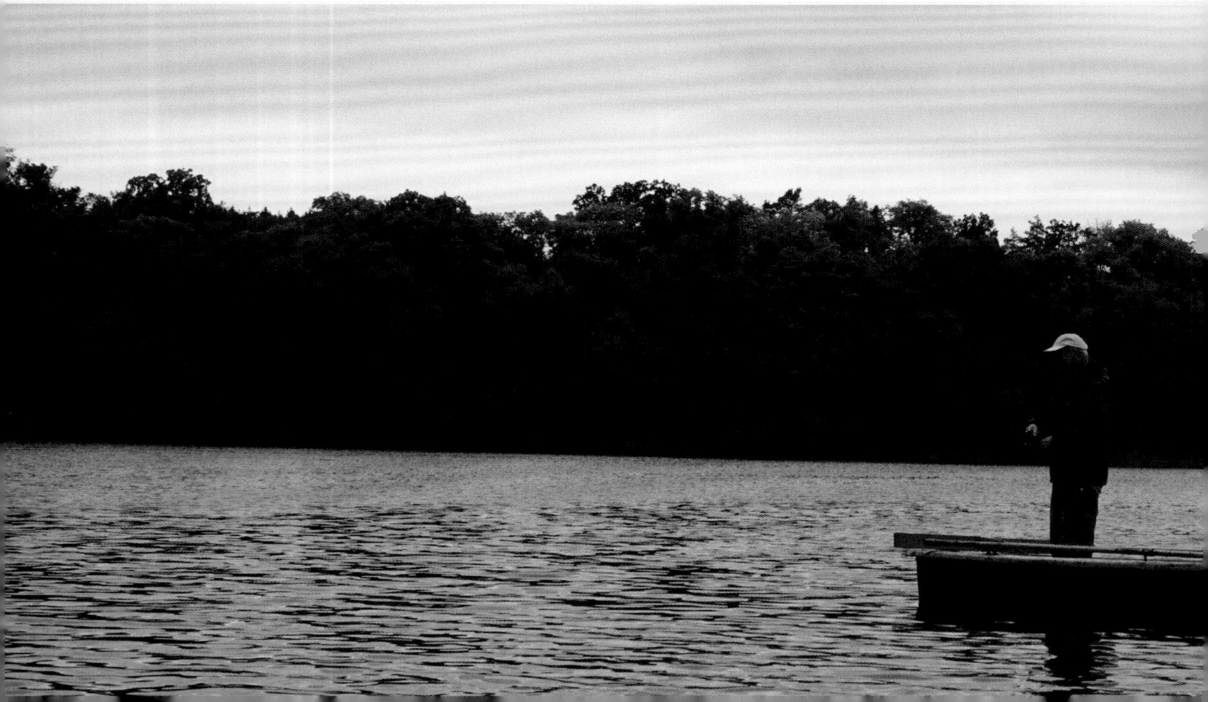

Seeufer auf. Dort hatten wir einige größere Jungen aus dem Ort schon beim Angeln angetroffen. Beeindruckend war ihr Angelgerät: Sauber geglättete, schlanke Fichtenstämmchen von fünf bis sechs Meter Länge mit fest angeknoteter Angelschnur, versehen mit Pose und Haken.
Da diese Handangeln auf Dauer ziemlich schwer waren, legten die Jungen sie einfach auf dem Wasser schwimmend ab. Damit fingen sie mittelgroße Plötze und Barsche und sogar den einen oder anderen Hecht. Um ausreichend nahe an die abfallende Kante des Ufers heranzukommen, wateten sie mit nackten Beinen bis an die Schmerzgrenze in den See hinein, im Oktober! Wir rückten mit meiner leichten Wurfrute und Würmern als Köder an und konnten die sogenannte Scharkante trockenen Fußes mit Würfen erreichen. Wir wechselten uns an der Angel ab und konnten auch einen Eimer mit Plötzen und Barschen füllen. In unserer Unterkunft angekommen – wir wohnten im Ort verteilt auf den Höfen der Bauern – wurden die Fische geschuppt und ausgenommen. Um die Schuppen rissen sich die herumlaufenden Hühner. Die Innereien erhielten die Schweine in ihr Futter. Unsere »Wirtin« bereitete die Fische zum Abendessen zu.

Heute ist übrigens der Krakower Obersee endgültig für Anglerinnen und Angler tabu.

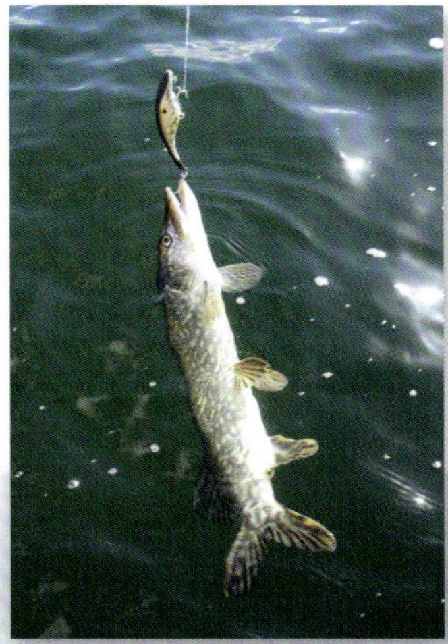

Ein Hecht hat nach einem Hecht geschnappt. Der Köder ist dem Jäger nachempfunden. Sobald das Maul über einen Artgenossen passt, wird der gefressen.

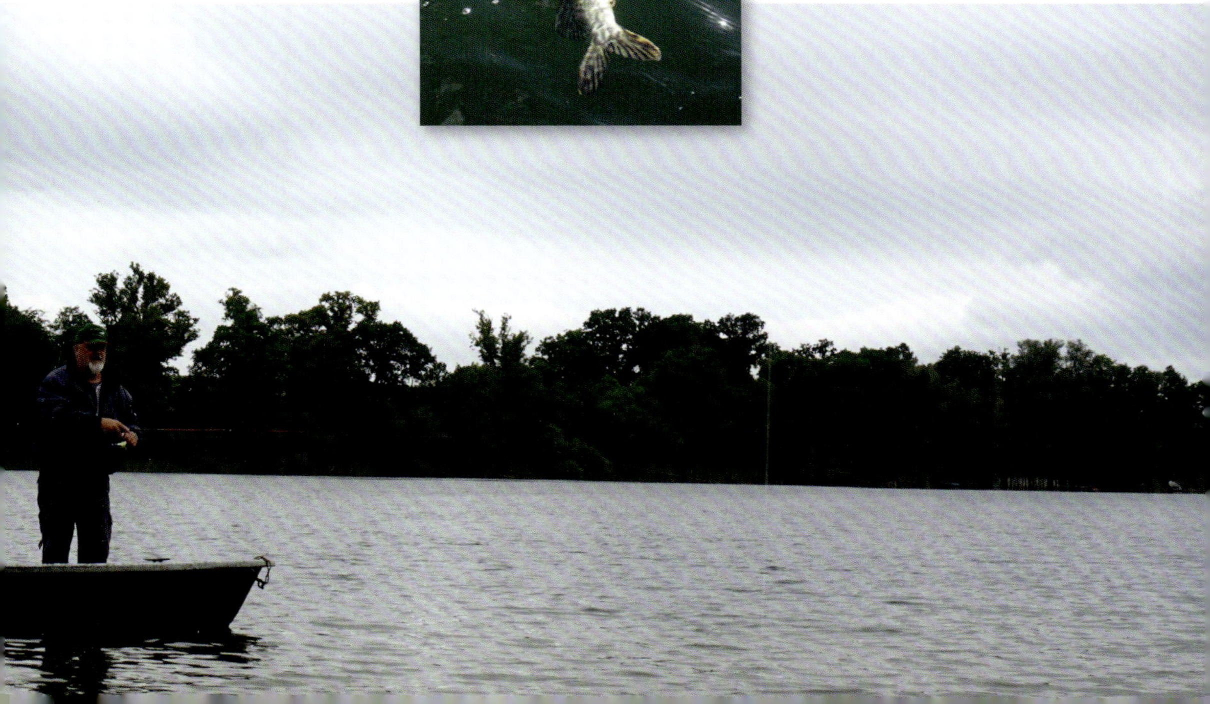

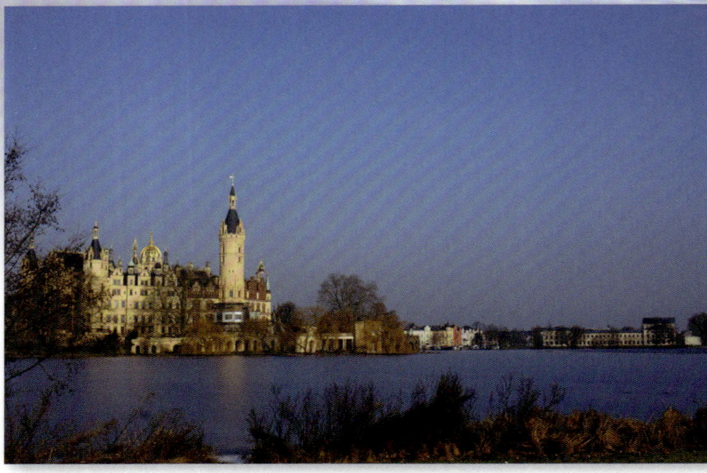

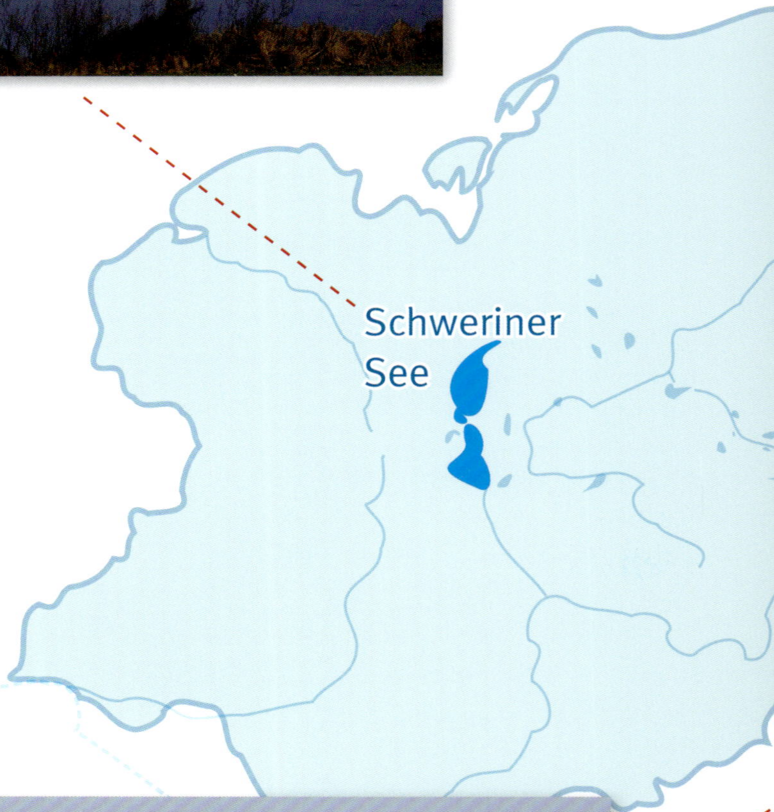
Schweriner
See

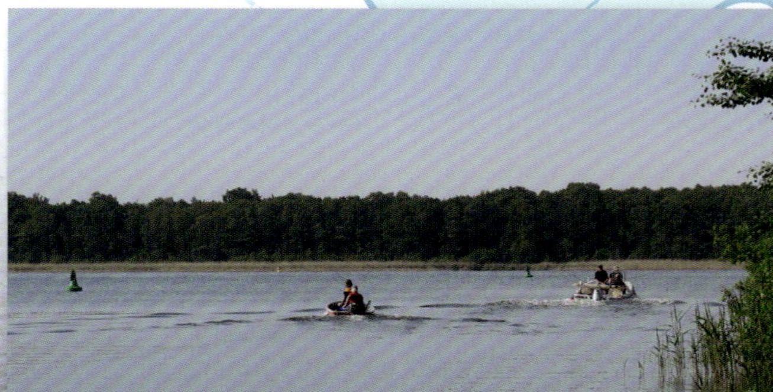

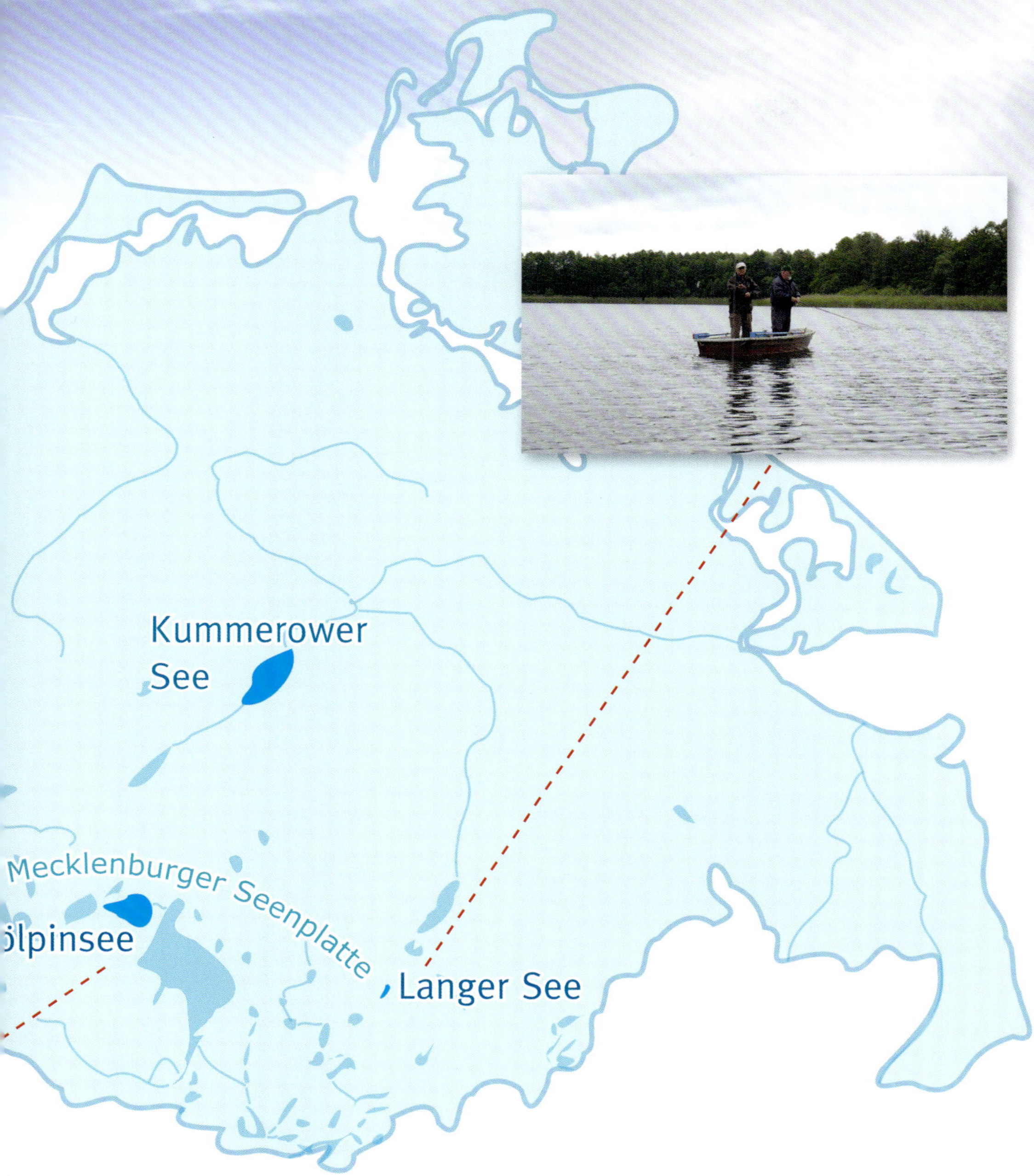
Kummerower
See
Mecklenburger Seenplatte
ölpinsee
Langer See

Seen wie Perlen an der Kette

Im Verlauf der Seenplatte liegt zwischen Krakower See und Schweriner See die Sternberger Seenlandschaft. Neben dem gleichnamigen, artenreichen Sternberger See sind dort auch der Neuklostersee, der Große Wariner See, der Barniner See und der Groß Labenzer See beheimatet.

Im Süden und Südosten wird die Seenplatte ergänzt um mehr als 300 Seen der Neustrelitzer und Feldberger Kleinseenregion. Unter diesen »Kleinen« sind jedoch etliche Seen mit Flächen zwischen 2 bis 5 km^2. In der Feldberger Seenlandschaft weisen einige der Seen beachtliche Tiefen auf, darunter hat der Breite Luzin bei einer Fläche von 3,5 km^2 eine Tiefe von 58 m.

Graureiher auf Beobachtungsposten.

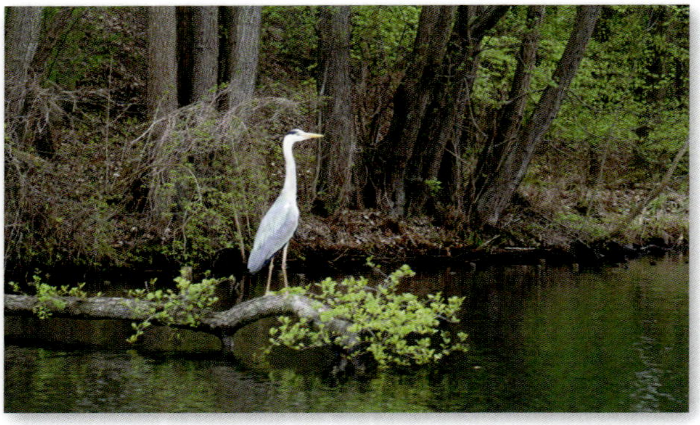

Nördlich dieser Region liegt in einem eiszeitlichen Tal mit einer stattlichen Fläche von 17,9 km^2 der Tollensesee. Er speist den gleichnamigen Fluss Tollense, der Richtung Nord-Nordost der Peene zufließt. Etwas abseits der Seenplatte und der genannten angrenzenden Gebiete befindet sich ganz im Westen in der Grenzregion zu Schleswig-Holstein der Schaalsee, mit 72 m der tiefste See Mecklenburg-Vorpommerns. Durch seine Lage im unmittelbaren Grenzgebiet und der damit verbundenen langjährigen Abgeschiedenheit konnte sich eine vielfältige schützenswerte Fauna und Flora erhalten, die es heute zu bewahren gilt.

Auch im äußersten Nordosten des Landes befindet sich in Richtung Stettiner Haff ein wasser- und waldreiches Areal, das von den Flüssen Uecker und Randow geprägt wird und das ebenso über fischreiche Seen wie z. B. den Galenbecker See, den Torgelower See oder den Ivenacker See aufzuweisen hat.

Welcher See – welcher Fisch?

Unter der Vielzahl der Seen sind alle Seentypen vertreten – vom glasklaren, tiefen Maränensee bis zum flachen und trüben Zandersee. Die meisten Seen, insbesondere die großen, sind von einem mehr oder weniger breiten geschlossenen Pflanzengürtel über, auf und unter Wasser umgeben. Für den Angler bedeutet das: Ohne Boot nix los. An den großen Seen ist das Angeln vom Ufer begrenzt auf Hafenanlagen, sofern gestattet. Zum anderen sind gerade die großen Seen oft miteinander verbunden. So vernetzt etwa die Müritz-Elde-Wasserstraße im Kernbereich der Seenplatte die Gewässer, die Havel dagegen die Seen der Kleinseenregion. An solchen kanalartigen Strecken ist das

Angeln vom Ufer grundsätzlich möglich. Andererseits sind diese aber auch Verkehrswege für Wasserwanderer und Bootstouristen und damit in der Hochsaison stark frequentiert. Hier ein ruhiges Plätzchen zu finden wird für den Angler nicht gerade leicht. Eine Alternative für die »Landangler« kann die Vielzahl der kleinen Seen sein. Hier kann der Ansitzangler auf der Suche nach einem Platz am Ufer fündig werden.

Angeln mit Erfolg

Die Gewässerfläche allein garantiert noch keinen Angelerfolg. Dazu gehört auch der Fischbestand, und der ist nach wie vor in den Gewässern von MV beeindruckend. Das betrifft sowohl die Artenvielfalt als auch Biomasse des Bestandes, auch wenn letztere durch die Verbesserung der Wasserqualität tendenziell rückläufig ist. Mit dieser Tendenz geht auch eine Verschiebung des Artenspektrums einher. Insgesamt sind für die Binnengewässer MVs 53 Fischarten nachgewiesen, 16 davon halten sich i.d.R nur in Fließgewässern auf. Von diesen 53 Arten gilt für 13 (laut Binnenfischereiverordnung) ein totales Fangverbot. Das betrifft beispielsweise die Rundmäuler Bach-, Fluss- und Meerneunauge sowie die beiden Stör-Arten. Ferner sind unter den 53 Arten 13 Kleinfischarten wie Elritze, Schlammpeitzger und Schmerle. Einige dieser »Kleinen«, wie Gründling oder Ukelei, sind auch für Angler und Anglerinnen als Köderfisch von Interesse. Außerdem findet der Ukelei als Speisefisch seine Liebhaber. Als ganzer Fisch frittiert wird er verspeist wie Sprotten – mit allem Drum und Dran. Ein Beispiel für die Verschiebung des Artenspektrums sind die Verhältnisse an der Müritz. Vor 30 Jahren und länger gab es dort einen beträchtlichen Zanderbestand. Mit der Verringerung von Nährstoffeinträgen und der damit verbundenen Abnahme der Wassertrübung ging der Zanderbestand zurück. Dafür entwickelte sich jedoch die Maräne prächtig. Ihre Schwärme dienen heute der zunehmenden Zahl der Hechte. Die sind eigentlich Lauerräuber. Inzwischen begleiten sie aber eher untypisch die Maränenschwärme im Freiwasser. Dort erbeuten wir solche Hechte beim Schleppangeln. Dem Bestand an Weißfischen wie Plötz und Brachsen schadet die Reduzierung des Nahrungsangebotes wenig. Ihr Bestand ist weiterhin mehr als ausreichend. Diese Arten werden von der Berufsfischerei in geringerem Maße als früher befischt, für sie existiert kaum noch ein Markt. Für den Angler ist also ein mehr als ausreichendes Beutespektrum vorhanden. Das begehrteste Objekt ist und bleibt der Hecht.

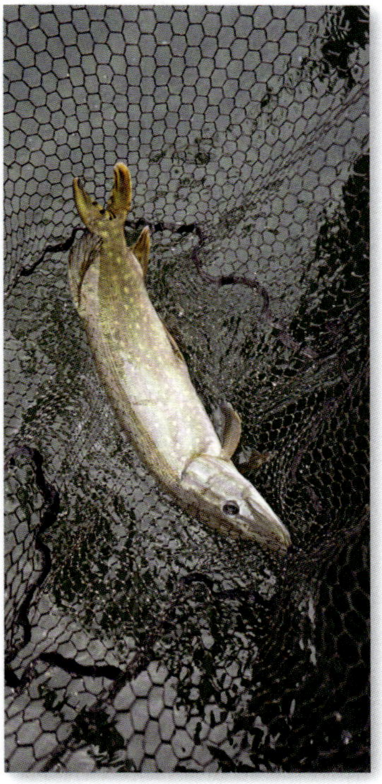

Hecht am Haken. Er hatte den Köder aus der Tiefe attackiert.

Der imposante Räuber kommt praktisch in allen Gewässer MVs vor – den großen und kleinen Seen, den Flüssen und vor allem im Brackwasser der Bodden. Er wächst hier zu stattlichen Exemplaren heran, sodass der ersehnte Meter-Hecht beinahe nichts Besonderes mehr ist. Binnenfischer schonen den großen Hecht aus zweierlei Gründen: Zum einen sind die großen Exemplare

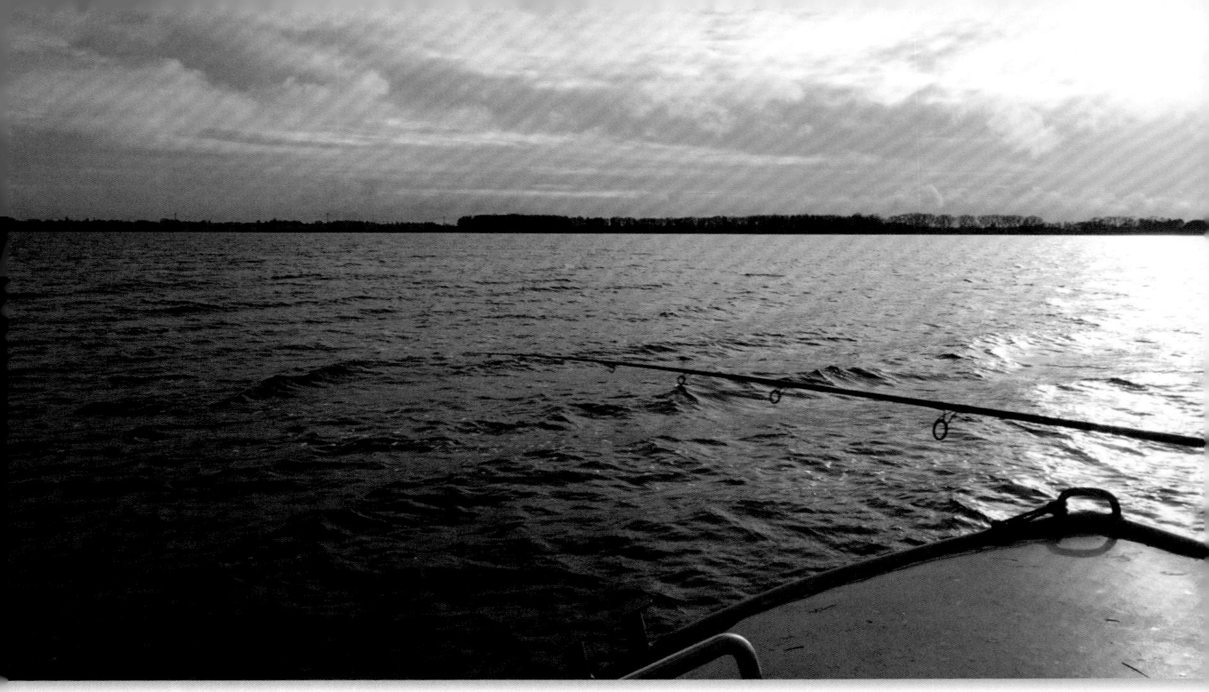

In diesem See sind all die hier aufgezählten Fischarten und weitere zu Hause.

schwer absetzbar, als ganzer Fisch zu teuer für einen Haushalt und in Stücke geschnitten optisch unattraktiv. Ein zweiter Grund besteht im Wert der Tiere als Laicherpotenzial. Letzteres hat dazu geführt, dass Fischereiunternehmen als Angelregelung für den Hecht eine sogenannte Fensterregelung eingeführt haben. Das bedeutet, dass zusätzlich zum allgemein üblichen Mindestmaß für die Entnahme auch ein Höchstmaß festgelegt ist. Hechte über diesem Höchstmaß sind nach dem Fang schonend in das Gewässer zurückzusetzen. So hat die Fischerei Müritz-Plau als Entnahmefenster die Maße zwischen 60 und 90 cm festgelegt. So ein 90er-Hecht bringt im Normalfall sechs Kilogramm auf die Waage.

Begehrter Barsch

Um den Platz eins in der Liste des begehrtesten Angelfisches muss der Hecht mit dem Barsch konkurrieren, wird doch letzterer kulinarisch höher geschätzt als der Hecht. Dieser punktet bei all jenen, denen es selbst beim Angeln um das Prinzip »Größer-Höher-Weiter« geht, durch seine Größe. Barsche sind praktisch in allen Gewässern MVs zu fangen, mit Ausnahme von besonders trüben. Die großen Seen mit klarem Wasser, abwechslungsreicher Struktur und gutem Pflanzenbewuchs lassen die Barsche zu beachtlicher Größe heranwachsen. Exemplare der Gewichtsklassen von 0,5 bis 2 kg sind zu erwarten. Kleinere dürfen aber auch entnommen werden. Das Mindestmaß gemäß Binnenfischereiverordnung beträgt 17 cm.

Stachelritter

Der dritte im Bund der beliebtesten Angelfische ist der Zander. Er bevorzugt größere, durch Plankton getrübte Seen und Fließgewässer und ist auch in den Brackwasserzonen der Ostsee – Bodden und Flussmündungen – mit harten Untergründen zu finden. In klaren Gewässern sucht der Zander bevorzugt die tieferen Zonen auf.

Wegen dieser besonderen Ansprüche kommt der Zander nicht in allen Seen gleichermaßen vor. Als ein Beispiel für einen hervorragenden Zandersee gilt der Goldberger See.

Und die Weißen

Ebenso wie der Barsch sind dagegen die allseits bekannten, allerdings leider nur von wenigen geschätzten Weißfischarten in allen Seen anzutreffen. Zu ihnen zählen u. a. Plötzen, Brachsen, Rotfedern, Güstern und Karauschen. In zahlreichen Seen sind auch Karpfen heimisch. Sie stammen aus Besatzmaßnahmen, da der Karpfen sich unter den klimatischen Bedingungen des Nordens in der Regel nicht natürlich fortpflanzt. Allerdings nehmen seit einigen Jahren Nachweise der natürlichen Vermehrung von Karpfen zu. Voraussetzung dafür sind neben längeren Wärmeperioden im Frühjahr auch geeignete flache Gewässerteile, die gut durchwärmt werden. Einige Berufsfischer besetzen einige ihrer Seen sowie ausgewählte kleinere Gewässer mit Karpfen. Durch den LAV werden alle geeigneten Gewässer regelmäßig mit Karpfen besetzt. Ein von Anglern gern gesehener Fisch und dem Karpfen ähnlich ist die Schleie. Sie gehört zum natürlichen Bestand von Seen mit klarem Wasser und reichlichem Pflanzenwuchs und ist insbesondere in vielen kleinen Seen heimisch, die wegen ihrer geringen Größe von Anglern oft als unattraktiv angesehen werden. Hier stehen die Chancen zum Fang von Schleien gut.

Schlangentanz

Als letzter im Bunde soll der Aal genannt werden. Er ist trotz erheblicher Bestandsrückgänge in den vergangenen 30 Jahren

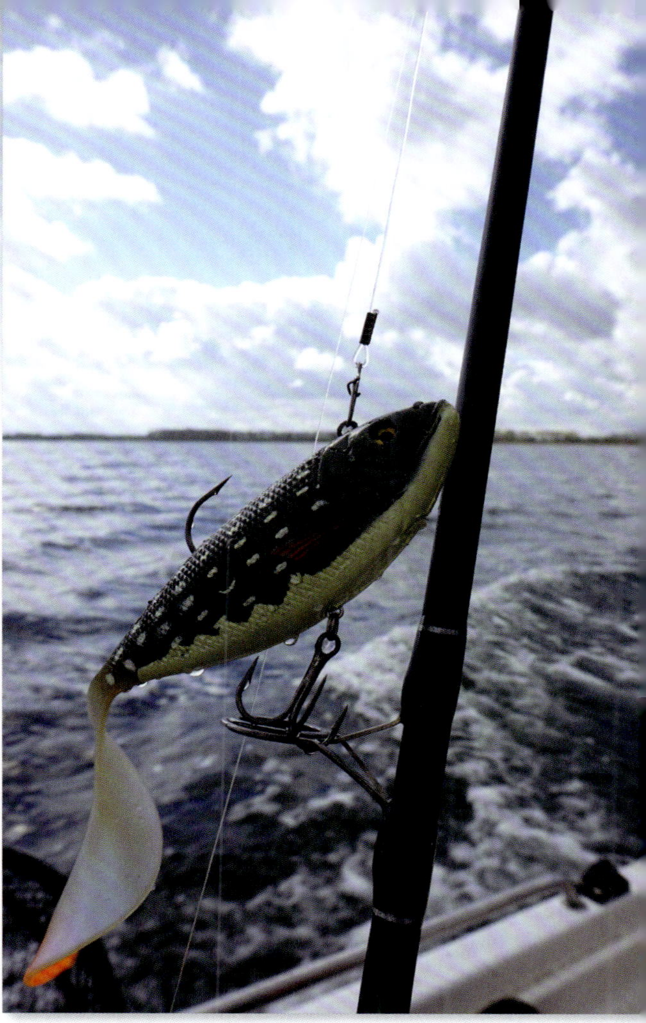

Großer Gummiköder lockt große Hechte.

immer noch ein wichtiger Brotfisch der Binnenfischer. Wenn in früheren Jahren nahezu jeder Fisch, der von einem Angler gefangen wurde, in den Augen der Fischer einer zu viel war, so trifft das heute höchstens noch für den Aal zu. Wer ohne diesen Vorwurf einen Aal fangen möchte, darf das gern an einem Gewässer des LAV tun. Bestandskontrollen belegen immer wieder: Der Aalbestand in unseren Gewässern ist gut. Das Vorkommen des Aals wird durch umfangreiche Besatzmaßnahmen seitens der Fischer und Angler gestützt. Die Kosten dafür werden durch das Land MV aus Mitteln der EU gefördert.

Bett und Angel und außerdem

Für all diejenigen, die bereits durch die wenigen allgemeinen Ausführungen zu Angelgewässern in MV Lust bekommen haben, es einmal zu versuchen, abschließend einige Hinweise zu wichtigen Rahmenbedingungen. Eine erste betrifft die Unterbringung vor Ort. Wie der Überblick über die Seen schon angedeutet hat, werden die meisten davon durch Unternehmen der Binnenfischerei bewirtschaftet. Diese Unternehmen sind heute weitestgehend auf Gäste, die gern bei ihnen angeln möchten eingestellt. Häufig verfügen sie auch selbst über geeignete Unterkünfte oder können zumindest eine solche vermitteln. Die Palette reicht von Camping- und Wohnmobilstellplätzen über Bungalows und Pensionen bis hin zu Hotels. Wer es ganz exklusiv möchte, kann auch das Chartern eines Hausbootes in Betracht ziehen. Bei der Auswahl bitte auch an die Möglichkeiten der Bearbeitung und Aufbewahrung gefangener Fische denken.
Vor der Bearbeitung und Aufbewahrung der Fische kommt natürlich der Fang. Auf welche Angelmethoden sollte sich der Gast einstellen? Angesichts der bevorstehenden Jagd auf Hecht, Barsch und Zander dominiert beim Angeln auf den Seen das Spinnangeln mit dem Kunstköder.
Das heißt, es kommt die Wurfrute, bestückt mit Blinker, Spinner, Wobbler oder Gummifisch zum Einsatz. Beim Aufbau der Montage zwischen Hauptschnur und Köder das bissfeste Vorfach nicht vergessen. Auch wenn die Jagd eigentlich den Barschen gelten sollte, ist auf den Seen immer mit dem Anbiss eines Hechtes zu rechnen, und der macht mit unserer Angelschnur kurzen Prozess und verabschiedet sich über kurz oder lang mit unserem Köder. Hoffentlich wird er den auch ohne unsere Hilfe bald wieder los.
Wem nach einem intensiven Angeltag mit der Wurfrute der Arm schmerzt, möchte es zum Regenerieren etwas gemütlicher angehen. Der versucht es von einem geeigneten Plätzchen an Land mit der Stipprute und fängt mit Teig oder Maden als Köder überraschend viele, gut handlange Plötze. Die entsprechend gesäubert und scharf gebraten schmecken ganz vorzüglich. Die paar Gräten sind beim Braten so spröde geworden, dass sie mitgegessen werden können. Besonders Penible können den Fisch auf dem Teller auch vorsichtig sezieren. Zumindest wird dann das Essen einmal nicht so heruntergeschlungen. Für alle, die erstmals mit der Stipprute angeln wollen einige praktische Hinweise. An der Rute wird eine vorgefertigte, auf einem Wickelbrett aufbewahrte Montage befestigt. Dazu haben Stippruten an ihrer Spitze i.d.R. eine geschlossene Öse. In diese wird die noch auf dem Wickelbrett fixierte Montage eingeschlauft, wobei das Wickelbrett durch die Schlaufe geschoben wird. Sollte die am oberen Ende der Montage befindliche Schlaufe dazu nicht groß genug sein, ist das durch das Binden einer neuen Schlaufe zu verändern. Der entstehende Schnurverlust ist zu verschmerzen. Von der Verwendung von allen möglichen Formen von Schnurverbindern wird abgeraten. Sie führen im Verlauf des Angelns meist zu unangenehmen »Verwicklungen« an der Rutenspitze. Nach dem Befestigen der Montage ist deren gesamte Länge an der Rute zu prüfen. Grundsätzlich gilt, dass die Montage auf keinen Fall länger sein sollte als die Rute. Die Landung eines Fisches

artet sonst in ungewöhnliche artistische Übungen aus und der Arm, der die Rute hält, ist dazu meist zu kurz. Beim Einsatz von längeren Stippruten ist die Montage gegenüber der Rutenlänge sogar etwas kürzer zu halten. Für Fische, die wegen ihrer Größe nicht mehr mit der Rute ausgehoben werden können, ist ein Kescher angeraten. Sofern der Angelplatz an Land es gestattet, kann anstelle der Stipprute auch die Wurfrute mit Posenmontage oder Grundbeschwerung eingesetzt werden. Bestückt mit einem ordentlichen Happen von Wurm ist der Fang eines großen Brachsens, eines Barsches oder sogar eines Aals möglich. Das gemütliche Ansitzangeln ist nicht nur vom Ufer, sondern auch vom verankerten Boot aus möglich.

Soweit einige Tipps für die Angler, aber was kann den nicht angelnden Begleitpersonen geboten werden? MV ist das Bundesland mit der geringsten Besiedlungsdichte. Die Vielfalt der Gewässer ist eingebettet in weitestgehend unverbaute und einsame Landschaften. Hier kann nicht nur der Angler vom Alltag abschalten und die Seele baumeln lassen.

Wer es lieber aktiv mag, dem steht eine reichliche Auswahl von Routen zum Wandern, Radeln, Kajakfahren oder sogar zum Reiten zur Verfügung. Auch weniger Aktive finden Platz für Muße und Entspannung. So wählen sie vielleicht eine Ausflugsfahrt mit dem Schiff oder dem Bus, den Besuch von Sehenswürdigkeiten in größeren oder kleinen Städten eingeschlossen.

Traumhafter Blick aus der Luft auf das Schweriner Schloss mitten im Wasser. Hier lohnt ein Spaziergang zu jeder Jahreszeit.

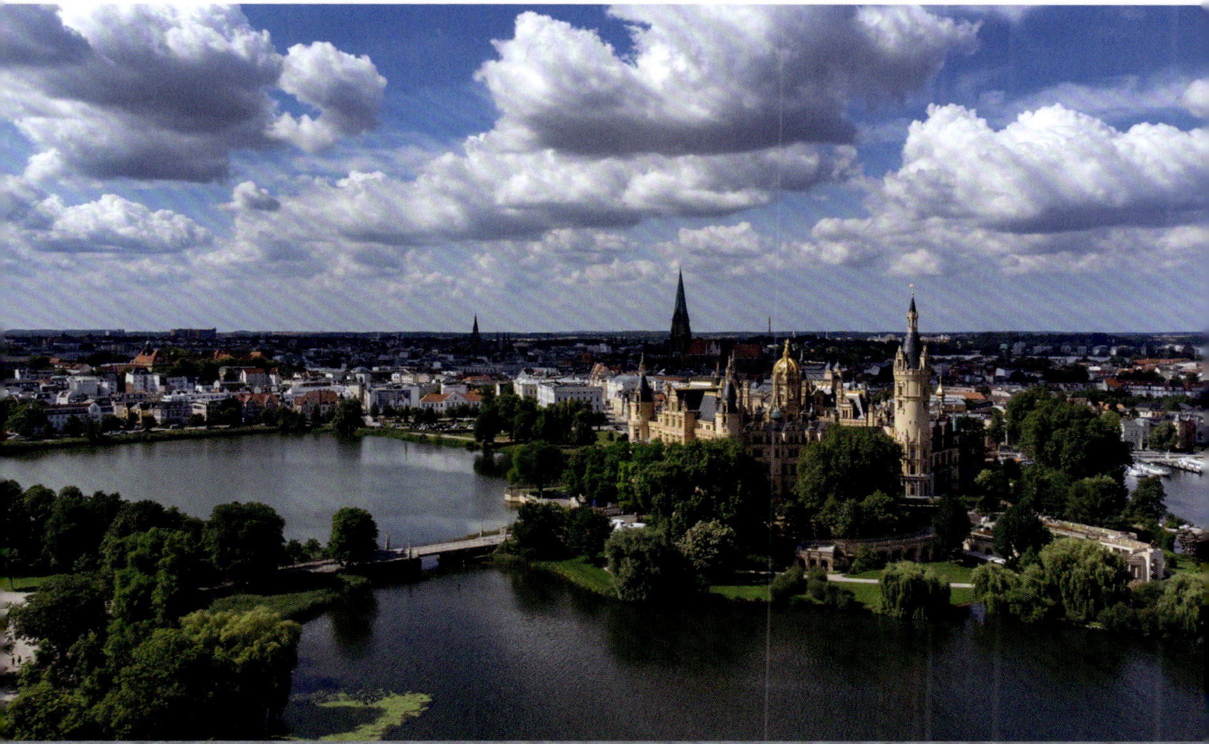

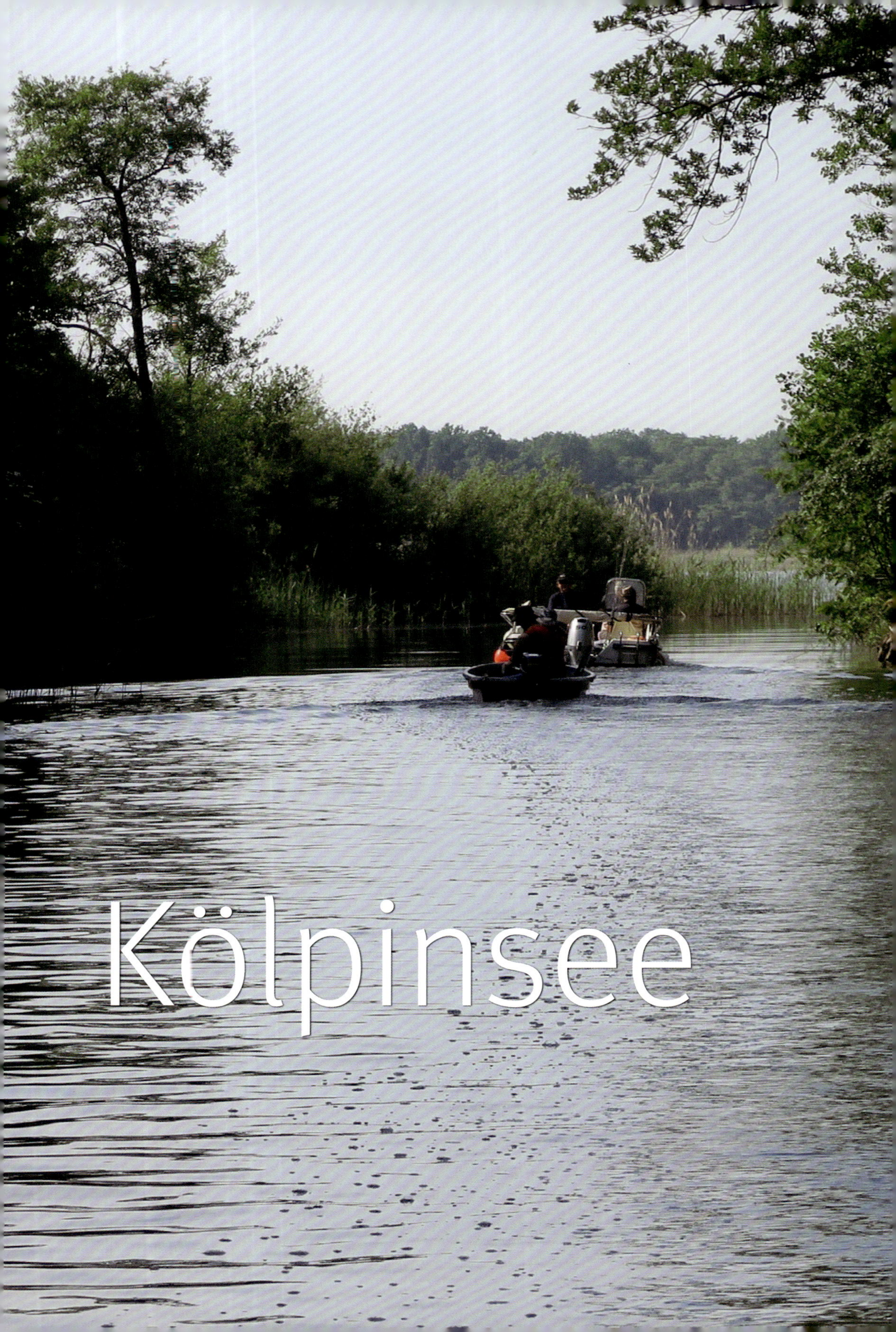

Kölpinsee

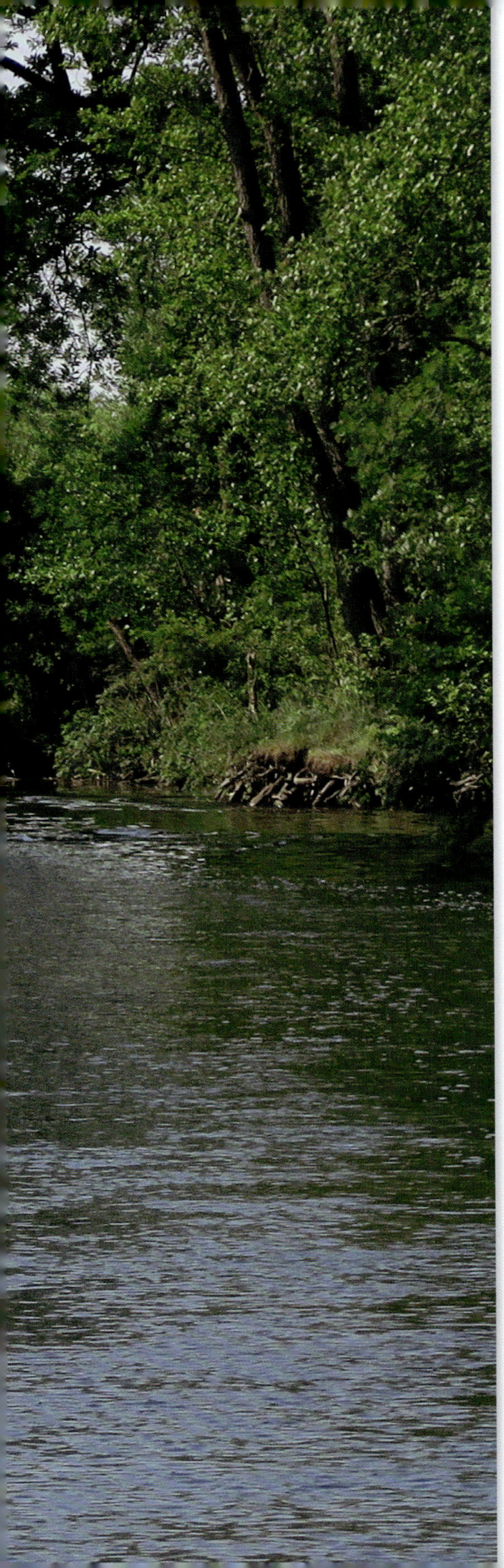

Die Vorstellung einzelner Seen als Angelgewässer in diesem Abschnitt enthält bewusst nicht den größten der mecklenburgischen Seen, die Müritz. Für Neulinge des Angelns in MV sollte die Müritz gerade wegen ihrer erheblichen Ausmaße und vielgestaltigen Struktur nicht die erste Wahl sein. Mit dem Kölpinsee sind wir schon besser beraten und er ist auch nicht gerade ein »Kleiner«. Mit einer Fläche von etwas über 20 km^2 bei einer Länge von etwa 7 km und einer Breite von 5 km rangiert der Kölpinsee auf Platz fünf der Größenskala der Seen.

Kleiner attraktiver Nachbar

Der Kölpinsee ist der unmittelbare westliche Nachbar der Müritz und mit dieser im Osten über den Reeckkanal verbunden. Am Westende besteht eine Verbindung zum Fleesensee und von diesem weiter über den Malchower und den Petersdorfer See zum Plauer See. Am westlichen Ende des Kölpinsees gibt es einen für Sportboote befahrbaren Wasserweg in nördlicher Richtung zum Jabelschen See. Der Kölpinsee ist zum großen Teil von Wald umgeben und liegt abseits von Ortschaften. Das allein empfiehlt ihn als ideales Gewässer für Angler, die neben der Aufregung beim Angeln auch Entspannung suchen. Das Fischereirecht für den Kölpinsee ist in der Hand eines Binnenfischereiunternehmens. Eine Angelerlaubnis ist unkompliziert online oder auf einem der Fischerhöfe im Umfeld zu erwerben.

Der Kölpinsee ist für seine Größe auf weiten Flächen ein relativ flaches Gewässer mit einer durchschnittlichen Tiefe von 2 bis 3 m. Seine tiefste Stelle mit 30 m liegt etwa mittig auf einem Drittel seiner Länge von Ost nach West. Die ausgedehnten flacheren Gewässerbereiche sorgen für einen üppigen Pflanzenwuchs unter Wasser, der in der warmen Jahreszeit zum Ufer hin bis an die Wasseroberfläche reicht. Das erschwert zum einen das Angeln in den flachen Bereichen. Andererseits räumt es beispielsweise dem Kormoran kaum Chancen ein, hier Fische zu erbeuten. Das kommt vor allem dem Aal zugute. Der Hauptfisch im Kölpinsee ist für den Angler allerdings der Hecht. Die Chance auf einen der ganz großen ist zwar geringer als in der Müritz, aber die begehrten »Meterhechte« (die manchmal auch nur 95 cm betragen) sind durchaus zu erwischen. In der Zeit bis zum Anbiss eines solchen Exemplars wird der Angler durch die häufigen Attacken kleinerer Hechte bei Laune gehalten.

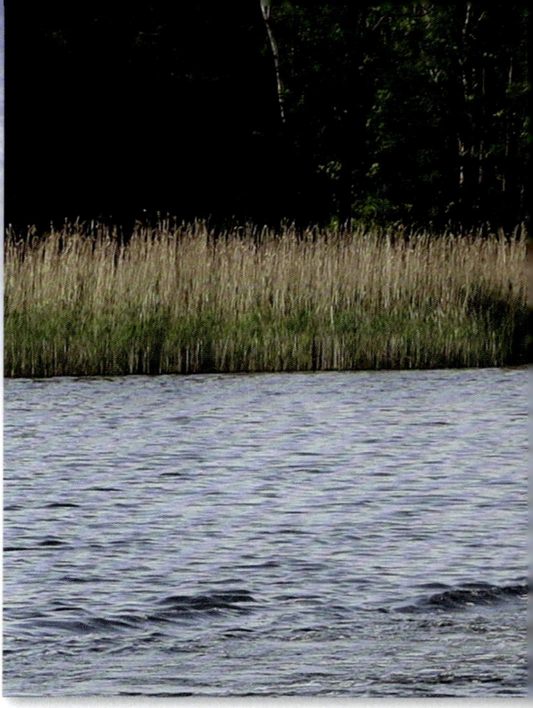

Ein Anglerboot tuckert durch die Wellen.
Der Kölpinsee lädt zum Fischfang ein.

Neben dem Hecht ist der Barsch, als ein weiterer von Anglern überaus begehrter Fisch, recht zahlreich im Kölpinsee zu erbeuten, und das weitestgehend überall auf dem See. Ein Indiz dafür ist die Ausstattung der meisten Angelboote mit je zwei Ruten pro Person: Eine ist für den Barschfang, die andere für den Hecht hergerichtet. Ähnlich wie beim Hecht sind auch die Barsche im Schnitt eine Nummer kleiner als ihre Artgenossen in der Müritz und auch im Kölpinsee. Aber dafür sind sie flächendeckend zu erbeuten. Deshalb kommen die Petrijünger gern hierher und auch wegen der Auswahl. Denn neben Hechten und Barschen hat der Kölpinsee als weitere Fischarten die bereits genannten Aale sowie Zander, Karpfen und die gängigen Vertreter der Weißfische aufzuweisen.

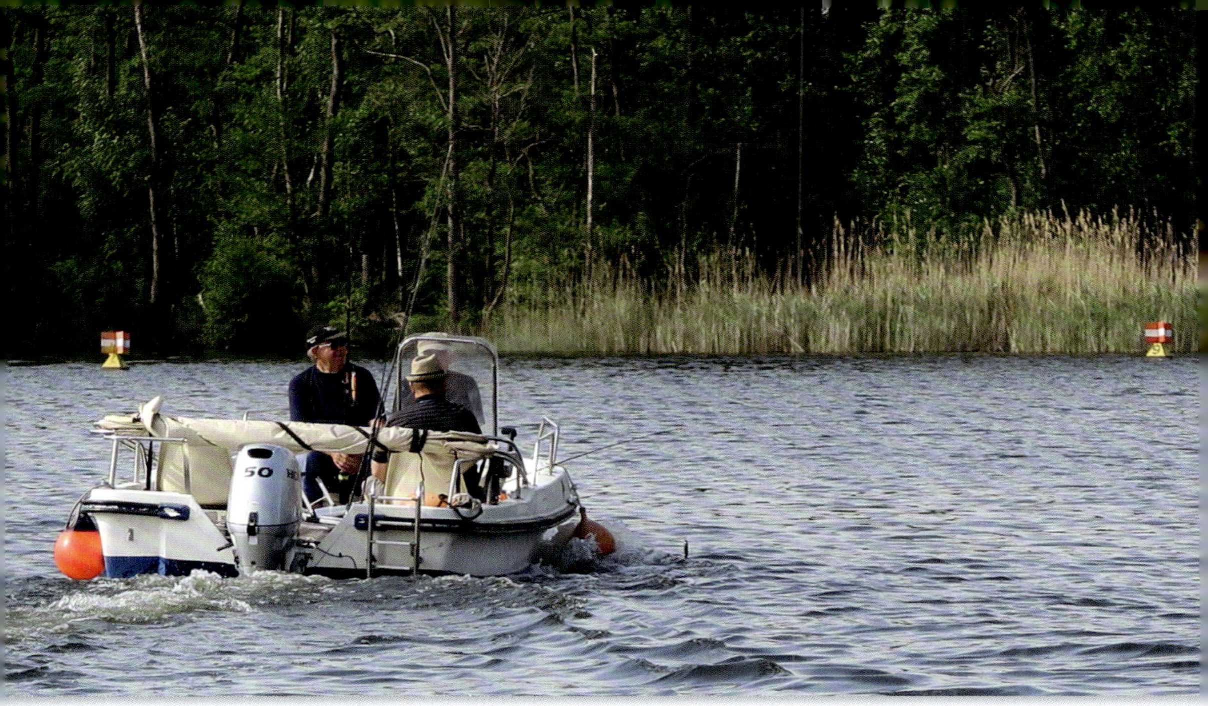

Die Angel angepackt

Die hauptsächlich ausgeübte Angelmethode ist das Spinnangeln mit allen dafür üblichen Kunstködern. Geheimtipps zum Kölpinsee für deren Auswahl gibt es leider nicht. Je nach Jahreszeit und Wetterlage gilt es, verschiedene Köder auszuprobieren oder dem Rat eines Insiders zu folgen. Ein paar stattliche Gummifische oder Wobbler sollten dabei sein. In jüngster Vergangenheit scheint das gute, alte Blech, d. h. Spinner und Blinker, eine gewisse Renaissance zu erleben, und das nicht nur auf dem Kölpinsee. Der üppige Pflanzenwuchs zum Ufer hin lässt das Angeln von Land aus praktisch nicht zu. Die Chance für einen Ansitz mit Naturködern bietet der bereits o.g. Reeckkanal. Der rege Bootsverkehr auf dieser Teilstrecke der Müritz-Elde-Wasserstraße beeinträchtig das Angeln zum Teil erheblich. Der Kanal weist einige Erweiterungen auf, die etwas Entspannung bieten können. Fazit: Auf dem Kölpinsee ist das Angeln vom Boot angesagt.

An Bord unterwegs

Beste Voraussetzungen für das Angeln von Boot bietet die Marina Eldenburg. Dort besteht die Möglichkeit der Buchung geführter Angeltouren als auch der Ausleihe von Booten für Selbstfahrer. Die Fahrzeit vom Bootsverleih bis zum Kölpinsee durch den Reeckkanal beträgt etwa zehn Minuten. Wie auf allen großen Seen sind die Wetterbedingungen zu beachten. Ausfahrten von Eldenburg auf den Kölpinsee sind bei westlichen Winden ab Stärke vier nicht angeraten. Sicherlich würde auch eine Ausleihe von Booten verwehrt. Wenn die Ausfahrt endlich stattfinden kann, bekommt jeder, der erstmals aus dem Reeckkanal auf den Kölpinsee fährt, einen beeindruckenden Anblick geboten. Vor ihm tut sich der See in seiner vollen Länge auf und seine größte Breite wird nahe dem Ostufer gemessen. Auf beiden Seiten des Sees erstrecken sich sehr bald zwei Naturschutzgebiete: Das NSG Blüchersches Bruch und Mittelplan an der Südseite und das NSG Damerower Werder an der Nordseite. Über den gesamten Verlauf dieser Gebiete ist das Befahren der Uferzonen nicht gestattet, und das sollte auch strikt befolgt werden. Dieser Hinweis schützt nicht nur vor Strafe, sondern dient in einem bestimmten Bereich auch der eigenen Sicherheit. Das NSG Damerower Werder ist vor dem Wasserweg zum Jabeler See der Standort eines Freigeheges für Wisente. Die Tiere haben manchmal das Bedürfnis, sich im Flachwasser etwas abzukühlen und waten dazu in das Wasser hinein. Wasserseitig ist das Reservat nicht eingezäunt. Besonders neugierige Besucher wollen diese imposanten Tiere aus unmittelbarer Nähe betrachten und missachten das Befahrensverbot. Es sind auch schon Interessenten gesehen worden, die aus den Booten ausgestiegen und in Richtung Ufer gewatet sind. Die Wildrinder fühlen sich und vor allem ihre Jungtiere durch die Nähe der Menschen bedrängt und attackieren sie. Ein Wisent hat längere Beine als ein Mensch und kann auch schneller laufen! Also, gehörigen Abstand halten und die Wisente in aller Ruhe für beide Seiten auf dem Landweg von Damerow aus besuchen. Die Führungen durch den Förster inklusive Schaufütterungen sind bei Touristen sehr beliebt. Das kleine Museum im Eingangsbereich zeigt interessante Details aus der Geschichte der Anlage und beeindruckende Bilder über die Wehrhaftigkeit ihrer Bewohner, selbst gegen einen einzelnen Wolf. Nach ausgiebigem Rundgang lädt die Gaststätte des Fischerhofes Damerow vor dem Reservat zu einem leckeren Imbiss und erfrischenden Getränken ein. Von der Südseite des Sees steigen recht häufig Seeadler zu ihren Erkundungsflügen auf. Davon einen in Kameranähe jagen zu sehen ist allerdings ein absoluter Glücksfall. Ab und an ist vielleicht der dumpfe Ruf der Rohrdommel zu hören, zu Gesicht bekommt man diesen sehr seltenen Vogel leider nicht. Der Kölpinsee war für mich persönlich der Ort eines besonderen Erlebnisses.

Mit dem MP on Tour

Im Jahr 2015 war es mir gelungen, den damaligen Ministerpräsidenten MVs, Erwin Sellering, zum Angeln einzuladen. Die Gelegenheit ergab sich in Neustrelitz während seiner jährlichen Sommertour durch das Bundesland. Ein Jahr später wurde daraus Realität. Zum vereinbarten Termin pünktlich um 8 Uhr traf der hohe Gast in der Marina Eldenburg ein und die gesamte Mannschaft, bestehend aus MP, persönlicher Referentin und Security sowie einigen Begleitern aus unserem Landesanglerverband, fuhr mit zwei Booten auf den

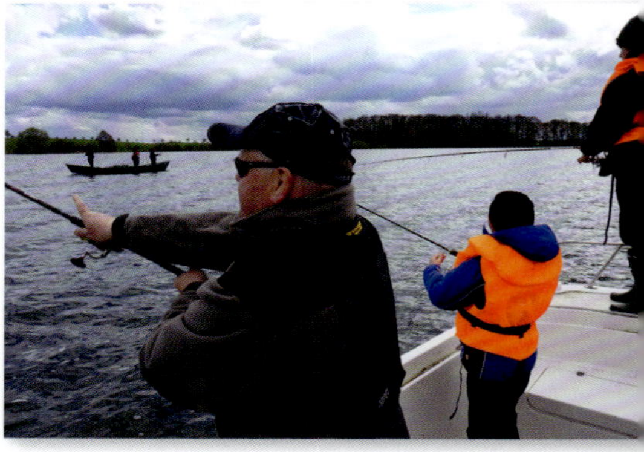

Auswerfen – Einholen – Auswerfen – Einholen – oft über Stunden. Die Kinder werden nicht müd

Kölpinsee. Vom größeren, dem MS »Wolldüp«, sollte geangelt werden. Ein kleineres, flinkes Motorboot begleitete die Ausfahrt zur Sicherheit des hohen Gastes. Auf dem Kölpinsee angekommen durfte ich dem MP das erste Mal in seinem Leben eine Angelrute in die

Hand geben. Nach kurzer Einweisung in den Umgang mit dem ungewohnten Gerät konnte ich nur staunen. Der Mann war als Angler ein Naturtalent. Geschickt und unermüdlich warf er den Kunstköder aus und holte ihn wieder ein. Der Schiffsführer, ein gestandener Angelguide, unterstützte mit nützlichen Tipps zur Verbesserung der Wurftechnik. Die Fänge ringsum auf dem Schiff hielten sich in Grenzen: Ein kleiner Hecht und einige noch kleinere Barsche gingen an die Angeln. Alle wurden unbeschadet wieder ihrem Element zurückgegeben. An der ministeriellen Angel hatte leider kein Fisch angebissen, irgendwann sollte es aber vielleicht klappen. Zum versöhnlichen Abschluss der Angeltour wurde vom Kölpinsee zum Jabeler See gewechselt und dort die bereits erwähnte Fischgaststätte in Damerow aufgesucht. Bei einem zünftigen Fischermahl mit leckerem Räucher- und Bratfisch fand dieser unvergessliche Tag in angenehmen Gesprächen seinen Abschluss.

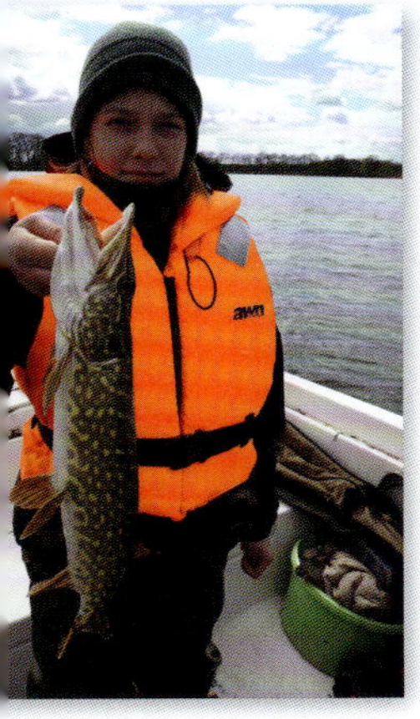

Lohn der Mühe – ein schön gezeichneter Hecht.

Etwas erfolgreicher verlief auf dem Kölpinsee eine Angeltour mit zehn Kindern zum Auftakt der Frühjahrs-Hechtsaison 2017. Initiator war Günter, einer der Hauptakteure der Jugendarbeit im LAV. Unterstützt wurde er von einigen Vätern der Kinder. Sehr früh am Morgen trafen alle auf dem Parkplatz der Marina in Eldenburg ein. Als erste Handlung wurden alle Kinder mit Schwimmesten ausgestattet. Die mussten sofort angelegt werden, ohne durfte in kein Boot eingestiegen werden. Mit zwei mitgebrachten und zwei in der Marina geliehenen Booten ging es aufs Wasser. In jedem Boot saßen neben den Nachwuchsanglern mindestens zwei Erwachsene. Unter ihnen war auch Peter, ein legendärer Angelguide für die Gewässer von MV. Nach Verlassen des Reeckkanals wurden die Angler vom Kölpinsee recht ruppig empfangen. Es herrschte verspätetes Aprilwetter: Grauer Himmel und Nieselregen wechselten über den Tag mit sonnigen Phasen. Was immer blieb, war der böige Wind. Aber keiner hat gemurrt. Für Angler gibt es kein schlechtes Wetter, nur falsche Kleidung und alle waren gut vorbereitet. Die Hechte allerdings ließen sich lange bitten. Die Bootsführer standen ständig in Verbindung, dann kamen erste Erfolgsmeldungen. So wurde der Angeltag für alle zum eindrucksvollen Erlebnis. Die Boote steuerten den Rückweg zur Marina an. Dort wurden die Fangergebnisse gemeinsam ausgewertet. Der Kölpinsee hatte wieder einmal seine typische Seite gezeigt: Viele kleine Hechte, die alle wohlbehalten ihrem Element zurückgegeben werden konnten, dagegen wenige zum Mitnehmen. Die Großen waren wohl noch nicht so richtig aktiv. Manch einer aus der Runde hatte keinen Fisch an der Angel gehabt. Das einzige Mädchen – Emma – kam mit ihrem größeren Hecht auf das Titelbild von »angeln in MV«, Heft 2/2017. Peter ist seinem Ruf als erfolgreicher Guide gerecht geworden. Er hatte allein fast 20 Hechte an seiner Angel. Alle wurden von ihm wieder in die Freiheit entlassen. Angesichts dieser Nachlese waren sich alle einig: Ob Fang oder kein Fang – der Kölpinsee ist immer gut für einen abwechslungsreichen Angeltag.

Die Müritz haben wir wegen ihrer Größe mit Rücksicht auf die Einsteiger in das Angeln gemieden und sind beim zweitgrößten See in MV angelangt, dem Schweriner See. Er ist der nördlichste der Großseen der Mecklenburgischen Seenplatte in der Kette Müritz – Kölpinsee – Fleesensee – Plauer See – Schweriner See. Der Schweriner See hat eine Fläche von ca. 62 km^2, ist ca. 24 km lang und bis zu 6 km breit. Die tiefste Stelle mit 51 m liegt im Nordteil des Sees. Der Schweriner See hat seinen natürlichen Abfluss im Süden mit der Stör und dem Störkanal über eine Verbindung zur Elde, damit zur Elde-Müritz-Wasserstraße weiter in die Elbe und in die Nordsee. Im Norden verfügt der Schweriner See mit dem Wallensteingraben auch über einen Abfluss durch den Lostener See nach Wismar in die Ostsee. Am Westufer des Südteils des Schweriner Sees liegt die namensgebende Stadt Schwerin, der Landeshauptstadt von MV. Beinahe im See befindet sich auf der Schlossinsel das Schweriner Schloss. Das imposante Gebäude ist der Sitz des Landtages von MV. In unmittelbarer Nähe des Schlosses befindet sich eine Anlegestelle der Weißen Flotte für Ausflugsfahrten auf den Schweriner See. Schwerin ist auf jeden Fall einen Besuch wert, die Anfahrt erfolgt über die B 104.

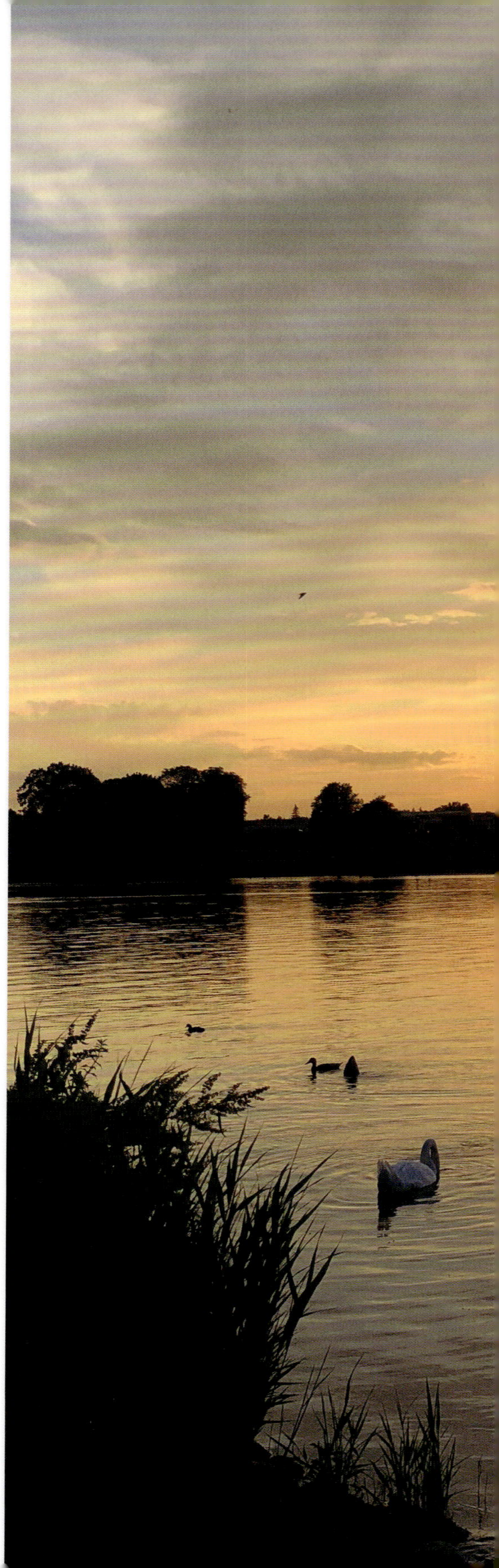

Schweriner See

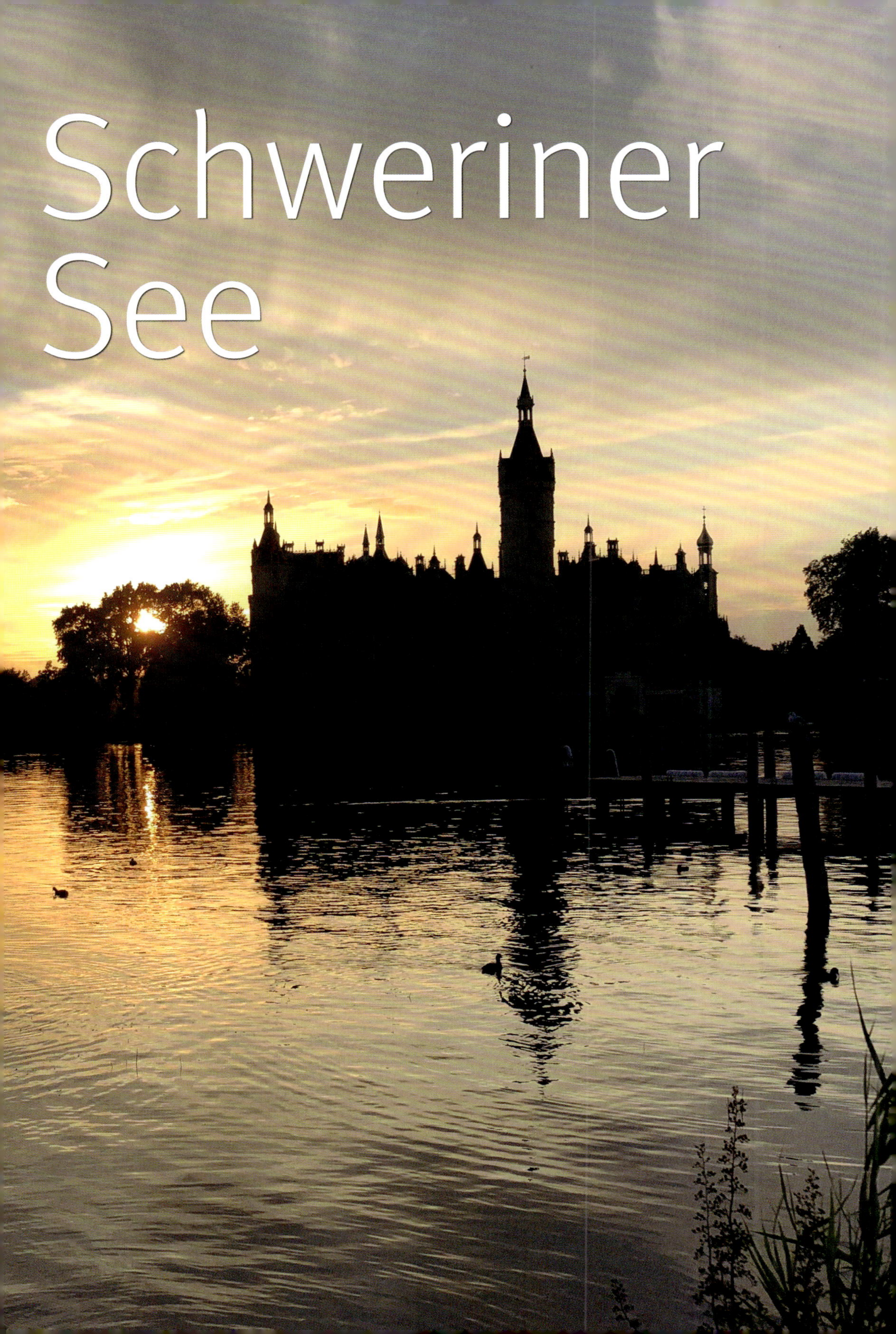

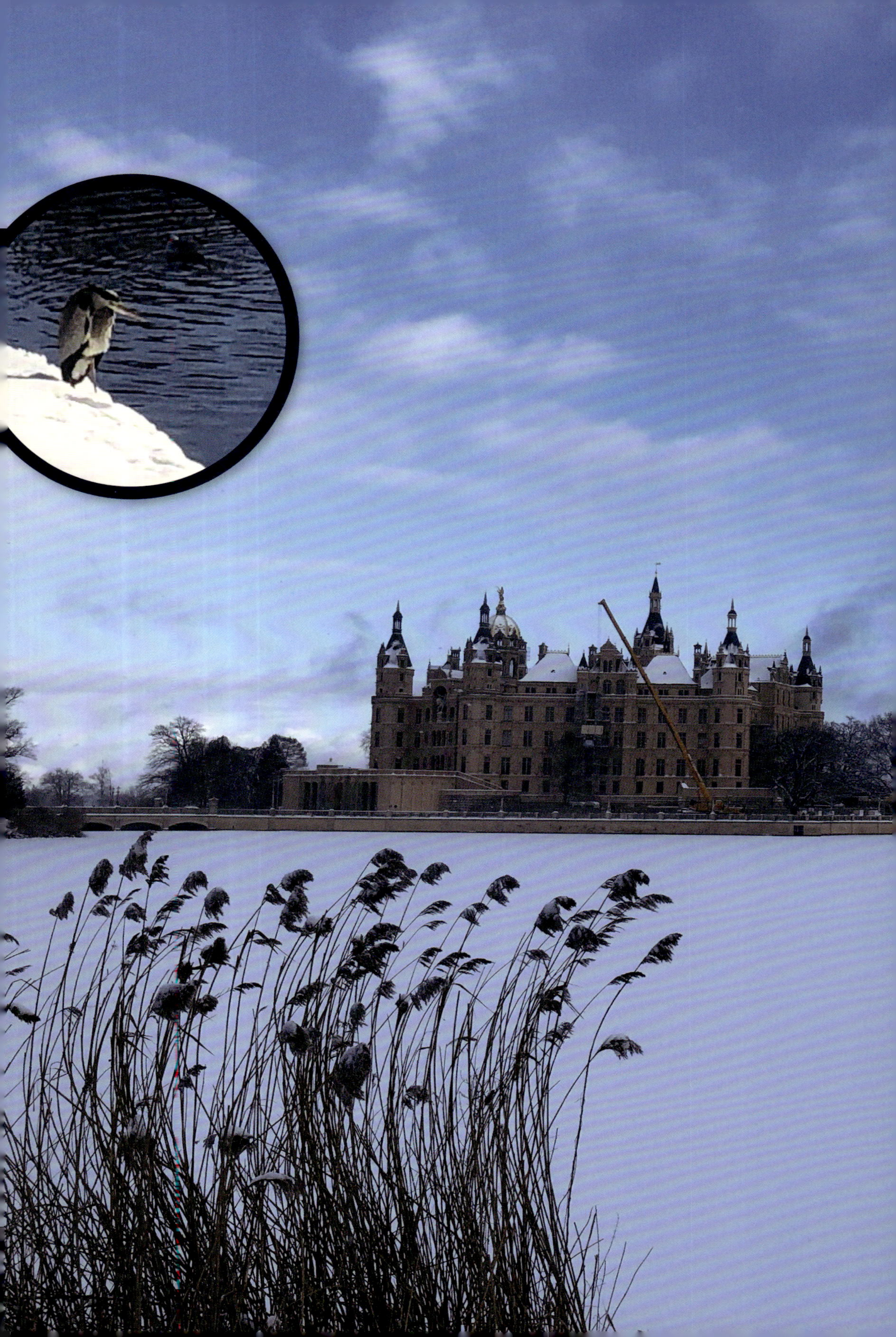

Bizarre Winterschönheit.
Die Natur schlummert unter Schnee und Eis.
Der Graureiher hockt und wartet auf ein Fischlein.

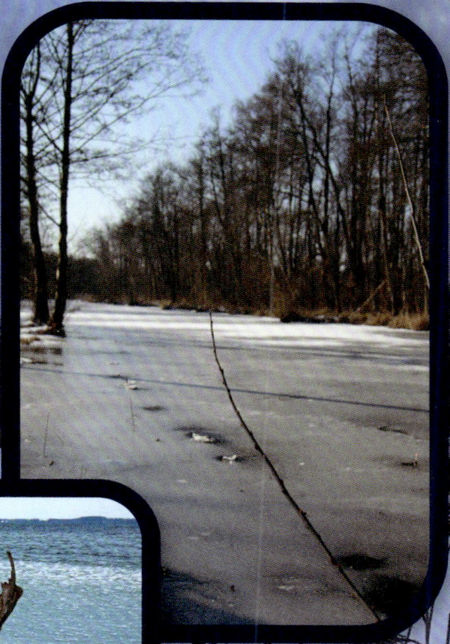

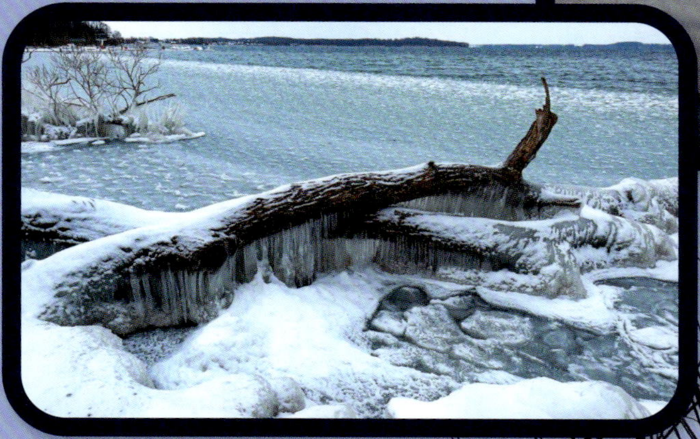

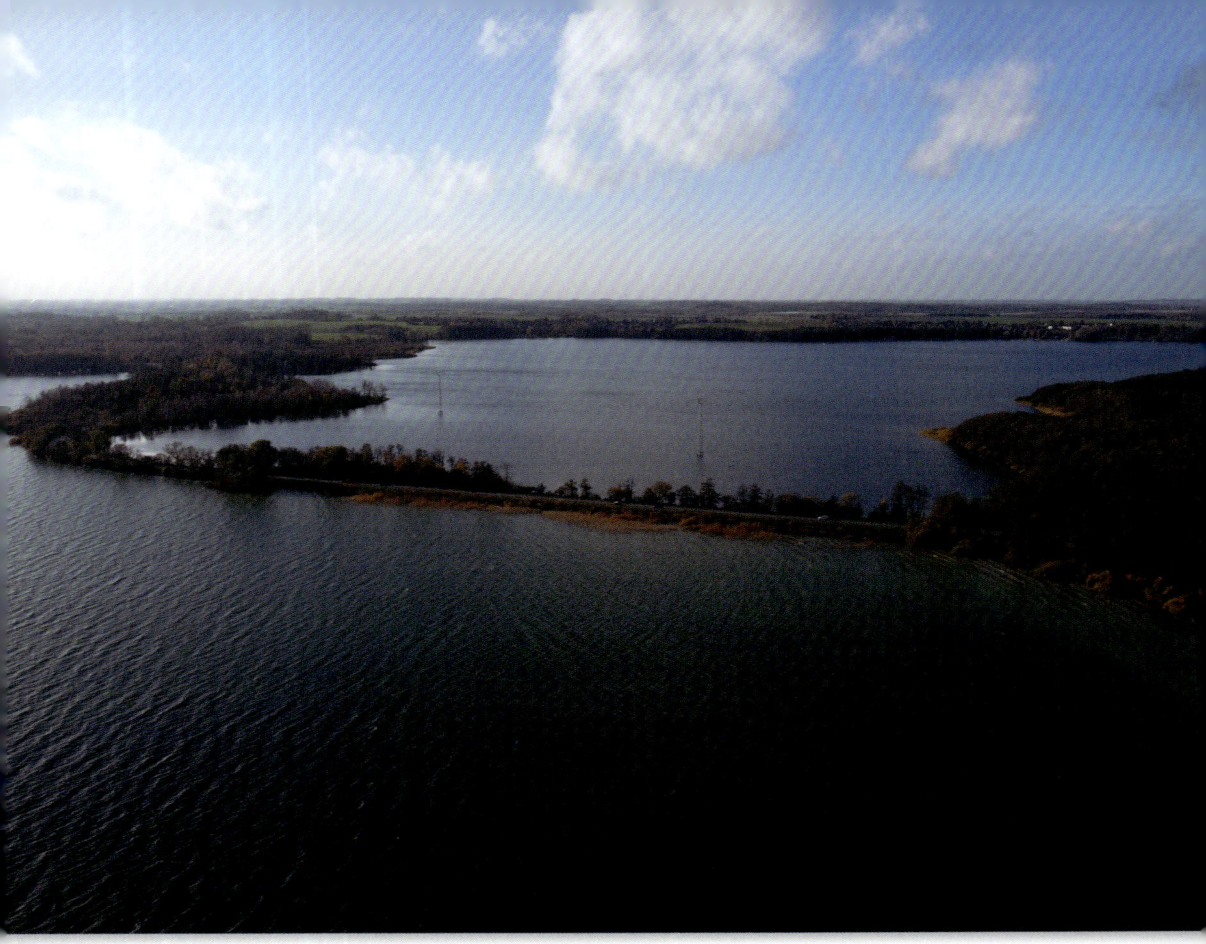

Geteilte Fluten – Innen und Außen

Mitte des 19. Jahrhunderts wurde der Schweriner See durch den Bau des Paulsdamms geteilt in den Außensee im Norden mit 35 km^2 und den Innensee im Süden mit 27 km^2. Zur Aufrechterhaltung des Schiffsverkehrs sind die beiden Seenteile direkt durch den Paulsdammkanal verbunden. Eine weitere Verbindung, nur für Sportboote passierbar, führt an der Westseite des Innensees durch den Heidensee und den Ziegelsee über den Langen Graben auf Höhe des Paulsdammkanals in den Außensee. Durch die für den Wasseraustausch sehr eingeschränkten Verbindungen haben sich in den beiden Seeteilen mit ihren ohnehin bereits gegebenen natürlichen Strukturen unterschiedliche Gewässerverhältnisse entwickelt. So erwärmt sich das Wasser des Außensees im Frühjahr wegen seiner ausgedehnten Flachwasserzonen wesentlich schneller, als das im Innensee der Fall ist. Dem entsprechend ist auch das Beißverhalten der Fische in den beiden Seeteilen unterschiedlich.
Fischbestand und -artenzusammensetzung sind in beiden Seeteilen grundsätzlich gleich. Hecht, Zander, Barsch, Aal, Karpfen, Schleie und die allgegenwärtigen Weißfischarten sind vertreten. Speziell im Schweriner See ist als eine weitere Fischart der Stint von Bedeutung für den Angler. Warum, das wird an anderer Stelle aufgerufen.

Zwei Hälften eines Wassers

Zurück zu den beiden Seeteilen: Im Innensee ist der Barschbestand stärker, der Außensee verfügt über das höhere Hechtaufkommen. So stammen die größten Hechte der vergangene vier Jahre auf der Rangliste der LAV-Aktion »Fisch des Jahres« aus dem Schweriner Außensee. Der Innensee mit seiner abwechslungsreichen Unterwasserstruktur galt lange Zeit als ein hervorragendes Zandergewässer. Mit der Verringerung des Nährstoffeintrags seit den 1990er-Jahren und der damit einhergehenden Erhöhung der Sichttiefe ist der Bestand jedoch schwächer geworden und auch der Barschfang mit der Angel wird zunehmend komplizierter. Ein intensiveres Suchen der Fische und das Variieren der Angelmethoden sind gefragt. Der Schweriner See ist nicht nur ein für Angler attraktives Gewässer. Wegen der hohen Wasserqualität und dem damit verbundenen Artenreichtum an Fauna und Flora, sowohl über als auch unter der Wasseroberfläche, wurde der Schweriner See zum europäischen Vogelschutzgebiet erklärt. Zu den Brutvögeln zählen neben See- und Fischadler auch zahlreiche Enten- und Taucherarten. Um Störungen der Vögel während ihrer Brut- und Rastzeiten zu vermeiden, wurde im Oktober 2020 nach mehr als drei Jahren intensiver Arbeit die »Freiwillige Vereinbarung (FV) Schweriner See« verabschiedet. Darin geht es für alle Wassersportler um Rücksichtnahme in sensiblen Bereichen. Dazu gehören u. a. gedrosselte Bootsgeschwindigkeiten und Abstände bei Brutgeschäften und rastenden Vogelschwärmen oder Anfahr- und Anlegeregeln für Uferbereiche. Mittels Schautafeln und Ausgabe von Flyern erhalten alle Wassersportler, Touristen und Bürger der Stadt Anweisungen, die verständlich und leicht einzuhalten sind. Auf diese Weise konnten umfangreiche Schutzmaßnahmen, die zu Nutzungseinschränkungen geführt hätten, abgewendet werden. Jeder, der auf dem Schweriner See angeln möchte ist angehalten, sich über die genannten Regelungen zu informieren und diese auch konsequent zu befolgen. Der Erwerb einer Angelerlaubnis für Nichtmitglieder des LAV hat bei den jeweiligen Fischereiunternehmen zu erfolgen. Sowohl auf dem Außen- als auch auf dem Innensee sind je zwei Berufsfischer die Fischereiberechtigten in voneinander abgegrenzten Teilen der Seen.

Trockenen Fußes angeln?

Wie bereits in der Einleitung zum Kapitel »Seen« vermerkt, sind auch am Schweriner See die Angelstellen vom Ufer sehr rar. Recht erfolgversprechend für das Ansitzangeln ist der Bereich beidseits der Brücke über den Paulsdammkanal. Eine weitere Möglichkeit, vorzugsweise für das Spinnangeln im Uferbereich, ist die ausgedehnte Flachwasserzone am Ostufer des Außensees, von der aus in den See gewatet werden kann. In diesem Bereich befinden sich zwei Campingplätze, aber auch eine ausgedehnte Wasserskianlage, der natürlich ausgewichen werden muss. Fazit: Ein Boot ausleihen. Für »Einsteiger« auf dem Schweriner See wird geführtes Angeln (Guiding) empfohlen. Dazu gibt es mehrere Angebote. Die Unternehmen leihen auch Boote zum Selbstfahren aus.

Angelmethoden für die Zwillinge

Die mit Abstand begehrtesten Fischarten für die Angler am Schweriner See sind

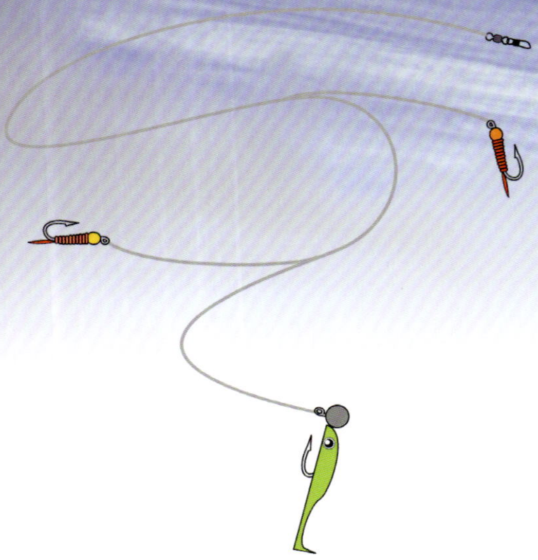

Hechte und Barsche. Angelmethode für beide Arten ist das Spinnangeln, allerdings mit unterschiedlichen Montagen. Beim Angeln auf Hecht werden Gummifische bevorzugt. Wegen des klaren Wassers sollten natürliche Farben der potenziellen Beutefische Plötz und Barsch gewählt werden, bei grellem Sonnenschein ein dunkler Farbton. Wenn nichts geht, ist auch mal ein »Schocker« in Orange und Rot einen Versuch wert.
Neben der Farbwahl ist auch ein abwechslungsreiche Köderführung gefragt, nicht nur monotones »Einkurbeln«.
Das Angeln auf Barsche wird auf dem Schweriner See mit einer besonderen Montage ausgeführt. Der Grundaufbau ist ein sog. Paternoster mit zwei Seitenarmen, bestückt mit kleinsten Gummifischen oder ähnlichem Getier.
Als Wurfgewicht erhält das Paternoster am Ende einen Minipilker ähnlich dem Angeln im Meer, aber nur max. 20 g schwer oder einen kleinen Gummifisch am Jighaken. Diese Montage wird nach dem Einwurf und unterschiedlich tiefem Absinken abgestoppt und – begleitet durch ständiges Heben und Senken – an die Oberfläche zurückgeholt. Irgendwo unterwegs halten sich die Barsche auf und attackieren hoffentlich einen der Köder. Auf der Suche nach den Barschen helfen dem Angler auch ohne Echolot zwei »natürliche« Indikatoren: Andere Angler und die Möwen. Stellen auf dem Wasser mit einer auffälligen Konzentration von Anglerbooten sollten etwas näher inspiziert werden. Sofern dort noch ein Plätzchen zu ergattern ist, ohne die Anwesenden zu behindern, ordnen wir uns ein. Vielleicht erwischen wir auch noch den einen oder anderen guten Barsch. Machen wir frühzeitig Flächen aus, über denen sich eine größere Anzahl Möwen versammelt, aus denen immer wieder einzelne Tiere zur Wasseroberfläche »stechen«, dann nichts wie hin! Bald allerdings haben das auch andere Angler bemerkt und die Situation sieht bald aus wie vorab beschrieben: Konzentration von Booten. Das bekommen die Fische natürlich auch mit. Sie tauchen ab und unsere Suche beginnt von neuem.

Fische aufspüren mit dem Profi

Zum Aufspüren der Barsche haben wir uns mit einem Profi verabredet, einem Berufsfischer, der heute beim LAV in Lohn und Brot ist. Wir treffen uns nach Feierabend mit ihm zu viert am Südostende des Schweriner Innensees. Das Boot, einen echten Fischerkahn, hat er gleich mitgebracht und wir setzen es mit vereinten Kräften ins Wasser. Alle haben das typische Paternoster montiert und die Suche beginnt. Natürlich hat unser Profi den ersten Barsch in Windeseile an der Angel, das macht uns zuversichtlich auf mehr. Die Barsche sind irgendwo in der Tiefe. Mit abnehmendem Tageslicht kommen sie aber immer höher. Die besten Fänge

erzielen wir kurz vor Beendigung der Angeltour direkt unter der Wasseroberfläche. Die Barsche haben ihre Beutefische, die fingerlangen Stinte, nach oben gedrückt. Die Fischlein durchbrechen in Panik den Wasserspiegel. Beim Anwurf auf diese Stellen kommt die Montage gar nicht mehr zum Sinken. Die Köder werden sofort nach dem Einfall von den Barschen attackiert. So wird unser Ausflug ein toller Erfolg, ganz ohne die üblichen Indikatoren. Das Ergebnis wird zwar nicht mehr wie vor 20 oder 30 Jahren in Eimern gemessen, aber jeder hatte für seine Familie eine reichliche Portion leckeren Barsch in Portionsgröße und so manches Exemplar etwas größer gefangen. Dass es beim Angeln auf Barsche im Schweriner See auch tolle Überraschungen geben kann, soll Folgendes belegen. Im Herbst 2019 war ein Mitarbeiter unseres Verbandes, selbst ein über Jahrzehnte erfahrener Angler, mit einem Bekannten zum Barschangeln auf dem Schweriner Außensee unterwegs. Ihr Angelgerät war für den Barschfang entsprechend fein ausgelegt, zur Sicherheit jedoch mit einem bissfesten Vorfach bestückt. Eine solche Vorsichtsmaßnahme ist beim Raubfischfang allgemein üblich. Auf diese Barsch-Montage erhielt der Gast einen sehr energischen Anbiss. Der Fisch zog das Boot der Angler über den See und tauchte dabei ab in die Tiefe. Entsprechend vorsichtig musste der Angler den Drill gestalten. Nach einer als endlos empfundenen Zeitspanne bekamen die beiden Angler ihren Fisch – einen Hecht – das erste Mal zu Gesicht. Seine Ausmaße waren Respekt einflößend. Mit Besonnenheit und Einfühlungsvermögen wurde der Fisch in die Nähe des Bootes manövriert und mit vereinten Kräften an Bord gebracht: Hecht, 134 cm lang und 15 kg schwer. Das war der größte Hecht in der LAV-Aktion »Größter Fisch 2019«.

Fazit mit Moral

Aus diesem Ereignis können folgende Lehren gewonnen werden: Die Dimensionierung des Angelgerätes bezüglich Wurfgewicht der Rute und Tragkraft der Angelschnur wird primär durch das Gewicht der verwendeten Köder bestimmt. Dieses ist wiederum auf den sogenannten Zielfisch – im konkreten Fall den Barsch – ausgerichtet. Ein außergewöhnlicher Fang kann auch damit angelandet werden. Ein bewusstes, übertrieben feines Angeln auf beabsichtigte große Fische ist nicht waidgerecht. Der damit unweigerlich verbundene langandauernde Drill eines Fisches ist mit Rücksicht auf die Kreatur abzulehnen. Mit dieser Erkenntnis verabschieden wir uns vom Schweriner See.

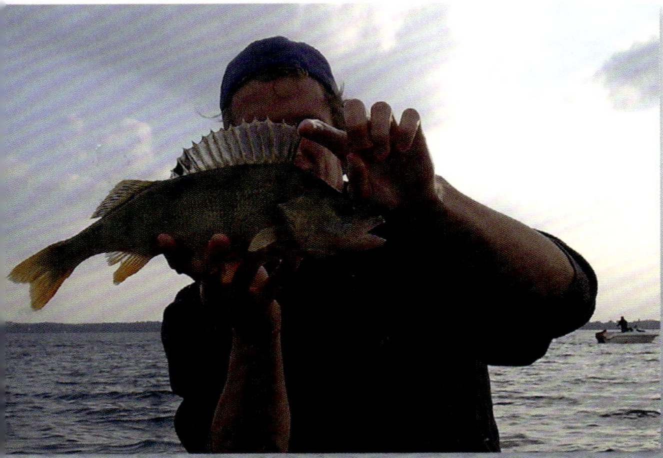

Anglers Liebling – ein wirklich schöner Barsch.

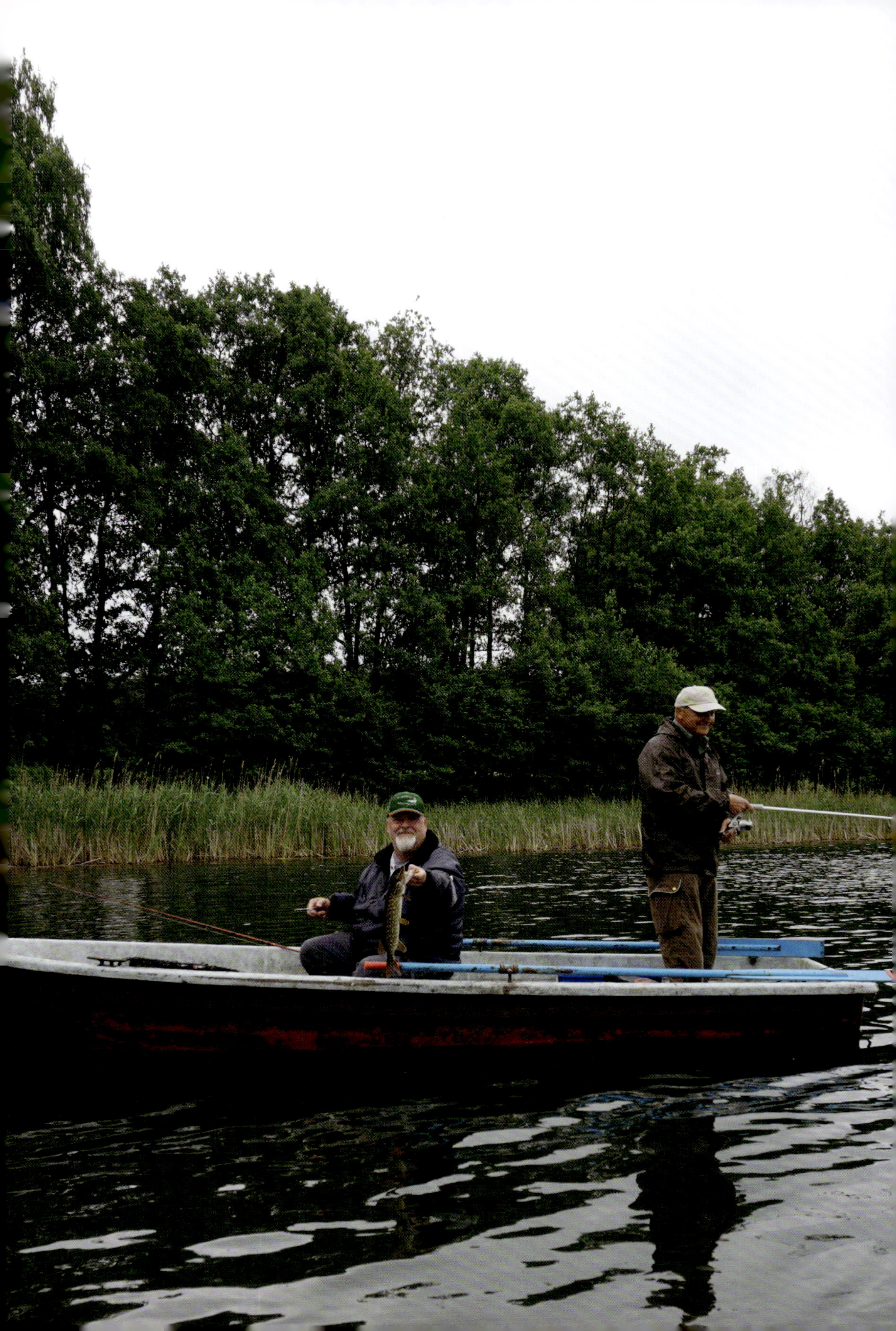

Langer See

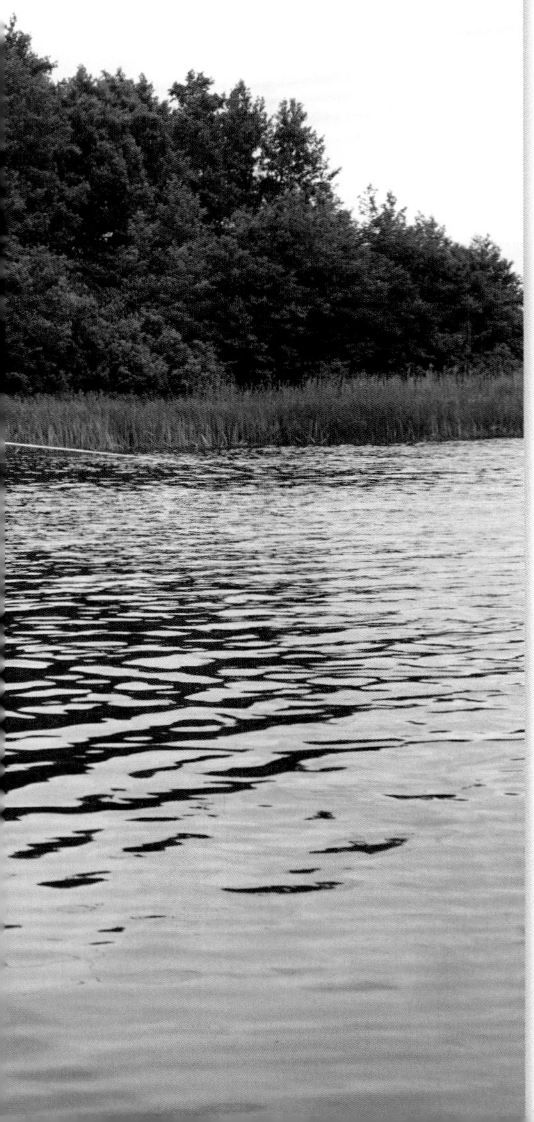

Der Kölpinsee und der Schweriner See waren zwei der schönsten und größten Seen in MV, denen wir einen Besuch abgestattet haben. Als letzter im Bunde soll mit dem Langen See ein Exemplar der Neustrelitzer Kleinseenregion vorgestellt werden. Der See ist Pachtgewässer des LAV und wurde auf Empfehlung der Anlieger als Referenzgewässer für die gesamte Region vorgestellt. Der Fischbestand im See ist sehr attraktiv und eine Herausforderung für Angler und Anglerin. Dominanter Fisch und bevorzugtes Objekt der Angler ist der Hecht. Neben diesem Räuber sind als weitere Arten Barsch und Zander, ferner Plötz, Schlei und Aal, vereinzelt sogar der Wels vertreten. Da ich selbst das Gewässer noch nicht kannte, nahm ich eine Einladung zum Angeln zusammen mit der Pressesprecherin unseres Verbandes gern an. Beflügelt wurde unser Abstecher an den Langen See durch die Information über den Fang eines Hechtes von 1,16 m Länge einige Wochen zuvor. Der erfolgreiche Angler war genau wie wir das erste Mal auf dem Langen See zum Angeln gewesen.

Nomen est Omen

Der Lange See befindet sich wenige Kilometer nordöstlich der Stadt Neubrandenburg unmittelbar an der B 96. Am Nordende des Sees liegt der Ort Weisdin. Der Lange See wird mit seiner Gestalt seinem Namen gerecht. Bei einer Länge von 1,7 km ist der See am Ende des oberen Drittels ca. 400 m breit, danach verjüngt er sich nach Süden relativ gleichbleibend auf etwa 200 m. Der See bedeckt eine Fläche von 48 ha. Die tiefste Stelle im Nordteil beträgt 18 m, die nach Süden anschließende Rinne ist zwischen acht bis zwölf Meter tief. Nahezu die gesamte Uferzone des Sees fällt steil ab, unterbrochen von wenigen flacheren Zungen, vor allem auf der Ostseite. Am Ende des oberen Drittels liegt zum Ostufer hin eine Insel mit einer umgebenden Flachwasserzone. Bis auf die beiden Badestellen am Nord- und Südende ist der Lange See von einem Rohrgürtel mit nur wenigen Lücken umgeben. Damit weist der See nur wenige Stellen auf, an denen er vom Ufer aus beangelt werden kann. Eine davon befindet sich am Ostufer im Bereich der Trasse einer Hochspannungsleitung. Auf dem Langen See wird folglich überwiegend von Booten aus geangelt. Ausleihmöglichkeiten dafür sind vorhanden. Als Angelmethode dominiert das Spinnangeln. Ausgerüstet mit diesen Informationen reisten wir an und wurden vor Ort vom Vorsitzenden des betreuenden Vereins für den Langen See und einem weiteren Insider herzlich empfangen.

Ortskundig zum Angeln

Beide Alteingesessene standen uns als Guides und als Ruderer zur Verfügung. Nachdenklich betrachteten wir Neulinge den Liegeplatz der Boote. Der befand sich mindestens zwei Meter unter unserem Standort nahezu senkrecht unter der Uferkante. Die Boote waren von dort aus über entsprechend lange Leitern zu erreichen. Der Vorsitzende des Vereins berichtete, dass bis zum Jahr 2006 das Wasser des Langen Sees bis an die obere Uferkante gereicht hat. Seitdem ist es kontinuierlich bis auf den heutigen Stand abgesunken. Wir mussten als Gäste die Boote übrigens nicht über die Leitern besteigen. Unsere Gastgeber legten nach einem kleinen Manöver neben einem Schwimmsteg an. Von dort bestiegen wir jeder ein Boot und ab ging es zu den Fanggründen.

Regen – wie schön!

Mit dem Wetter war uns Petrus hold: Der Himmel war bewölkt und anfangs fielen sogar einige Tropfen. Begonnen wurde das Angeln im Bereich der Insel in relativ flachem Wasser. Mein Begleiter nutzte einen seiner Lieblingsköder, einen weißen Gummifisch. An meiner Angel befestigte ich einen kleinen silberfarbenen Wobbler. Mein Begleiter schwor auf eine Bucht am Ostufer gegenüber der Insel als einen Hotspot, und er sollte damit richtig liegen. Genau dort fing er den ersten Hecht, einen Halbstarken. Er wurde nach vorsichtigem

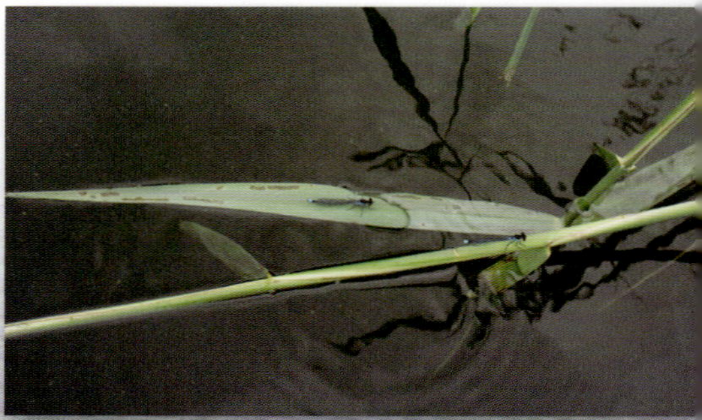

Libellenlandeplatz mitten auf dem Wasser.

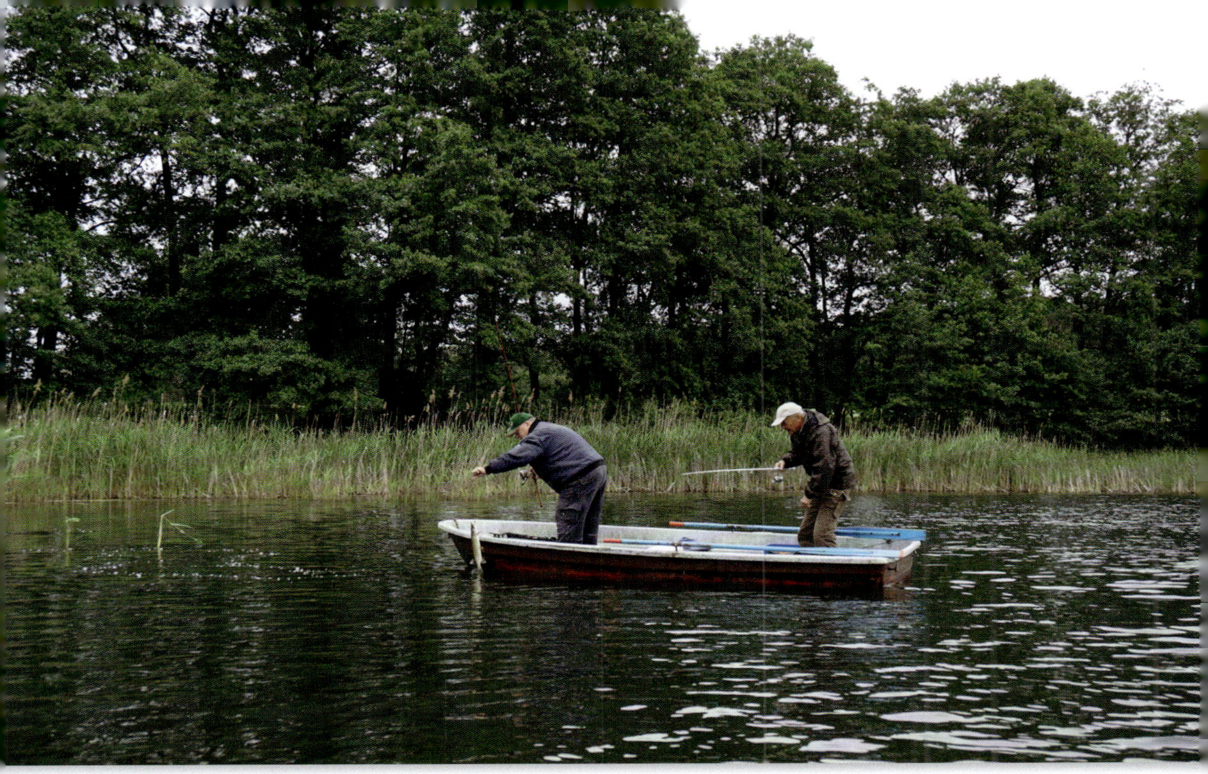

Hecht am Haken – jetzt schlagen zwei Anglerherzen höher.

Lösen vom Haken wieder in den See entlassen. Im gleichen Areal griff sich kurz darauf auch ein Hecht meinen Wobbler. Es war wohl der kleinste Hecht, den ich je an der Angel gehabt habe. Durch Lockern des Zugs an der Angel gab ich dem Hechtlein die Chance, sich selbst des Hakens zu entledigen, und er hat sie genutzt. Hechtnachwuchs im See ist offenbar gesichert. Unterstützt von einer leichten Brise aus Nordwest trieben unsere Boote langsam in den Südteil des Sees.

Der üppige Bestand an Unterwasserpflanzen und die stark abfallende Uferzone gestalten das Angeln im Langen See nicht ganz einfach. Das mussten wir im weiteren Verlauf der Tour auch erleben, und kehrten ohne weiteren Fangerfolg zum Steg zurück. Unsere Stippvisite endete damit unter dem jedem Angler geläufigen Motto: Jeder Tag ist ein Angeltag, aber nicht jeder Angeltag auch ein Fangtag.

Keinen Fisch gefangen? Reden hilft!

Gewissermaßen als Trostpflaster und Anreiz für weitere Besuche am Langen See hatte der Vereinsvorsitzende noch eine schöne Anekdote parat. Vor wenigen Jahren hatten sich zwei Jungen zum Angeln auf dem See verabredet. Ihr Angeltag war im Grunde wie der unsrige verlaufen. Sie hatten jedoch noch keine Lust, den See zu verlassen und legten ihr Boot an einer in den See reichenden Landzunge am Westufer fest. In ihrem Köderkasten hatten sie einige Pilker entdeckt. Diese wurden an ihre Angeln gebunden und in die vor ihnen liegende Rinne des Sees bis zum Grund abgelassen. Dort ließen sie die Köder auf und ab tanzen, bis einer davon sehr festhing. Dieser Hänger entpuppte sich jedoch als recht lebendig. Die Jungen zogen mühsam, rollten ein, zogen mühsam, rollten

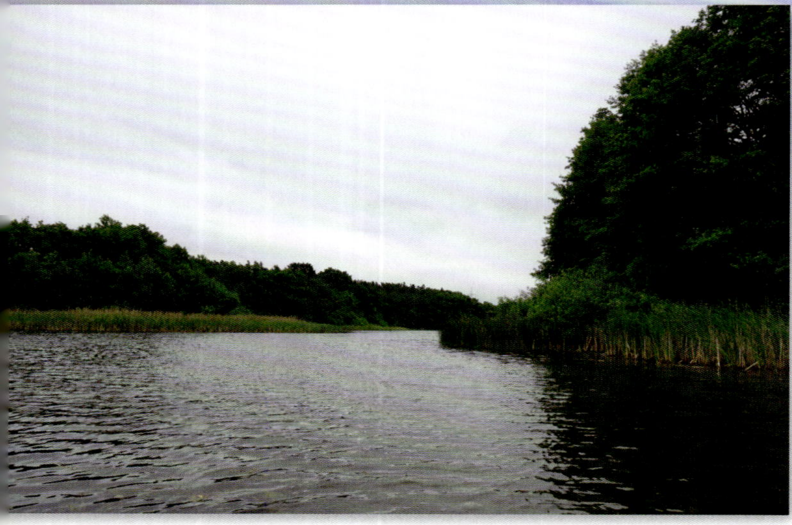

Stille Wasser – hier schlummerte der 1,5-Meter-Wels.

Planschen vom Steilufer in das Gewässer und durchqueren den See schwimmend. Nachtbaden ist im See allgemein nicht üblich, zumindest nicht außerhalb der Badestellen.

Der Lange See ist nicht das einzige Gewässer, das an diesem Standort zum Angeln einlädt. Richtung Norden schließen unmittelbar der Mittelsee und weiter der Mürtzsee an. Jenseits der B 96 Richtung Westen befindet sich der Krebssee. Alle diese Seen sind ebenfalls Pachtgewässer des LAV und können mit nur einer Angelerlaubnis genutzt werden. Mittelsee und Krebssee sind ohne große Mühen vom Langen See aus zu Fuß zu erreichen. Der Mittelsee hat eine Größe von 18 ha und ist durchgängig relativ flach bis maximal fünf Meter Tiefe. Auf dem See ist die Benutzung von Booten nicht erlaubt. Endlich ein Gewässer zum Ansitzangeln vom Ufer, z. B. auf Karpfen! Der nächste im Bunde ist der Mürtzsee – nicht verwechseln mit Müritzsee – ca. 27 ha groß mit einer zentralen Senke von bis zu zwölf Metern Tiefe im breiteren Bereich des Sees. Der letzte, der Krebssee ist bei einer Fläche von 10 ha bis zu acht Meter tief. Alle Angaben über die genannten Seen sind über das digitale Gewässerverzeichnis des LAV abrufbar, einschließlich der Tiefenkarten und Satellitenbilder. Die Vorstellung des Langen Sees und der benachbarten Gewässer hat hoffentlich gezeigt, dass auch die kleinen Seen ganz groß sein können. Leserinnen und Leser sind herzlich eingeladen, das persönlich zu beurteilen.

ein. Nach einer als endlos empfundenen Zeitspanne erschien an der Wasseroberfläche ein Wels. Das typisch breite Maul mit den Barteln und die kleinen Knopfaugen waren klar zu erkennen. Für die Prozedur der Anlandung war der Vater eines der Jungen zu Hilfe gerufen worden. Das dann genommene Maß war beeindruckend: 1,5 m!

Angelgäste willkommen

Wer die Herausforderungen des Langen Sees annehmen möchte, ist dort gern gesehen. Am See bestehen Möglichkeiten zum Übernachten, auch mit Familie. Wer diese Möglichkeit nutzt und sich zum Ausklang des Tages noch für einen Spaziergang am See entschließt, erlebt mit etwas Glück Aufregendes: Die gesamte Umgebung ist auch eine wald- und wildreiche Gegend. Insbesondere das Schwarzwild hat die Angewohnheit, beim Wechsel von einem Ufer zum anderen am Langen See eine Abkürzung direkt durch den See zu nehmen. Die Tiere springen mit lautem

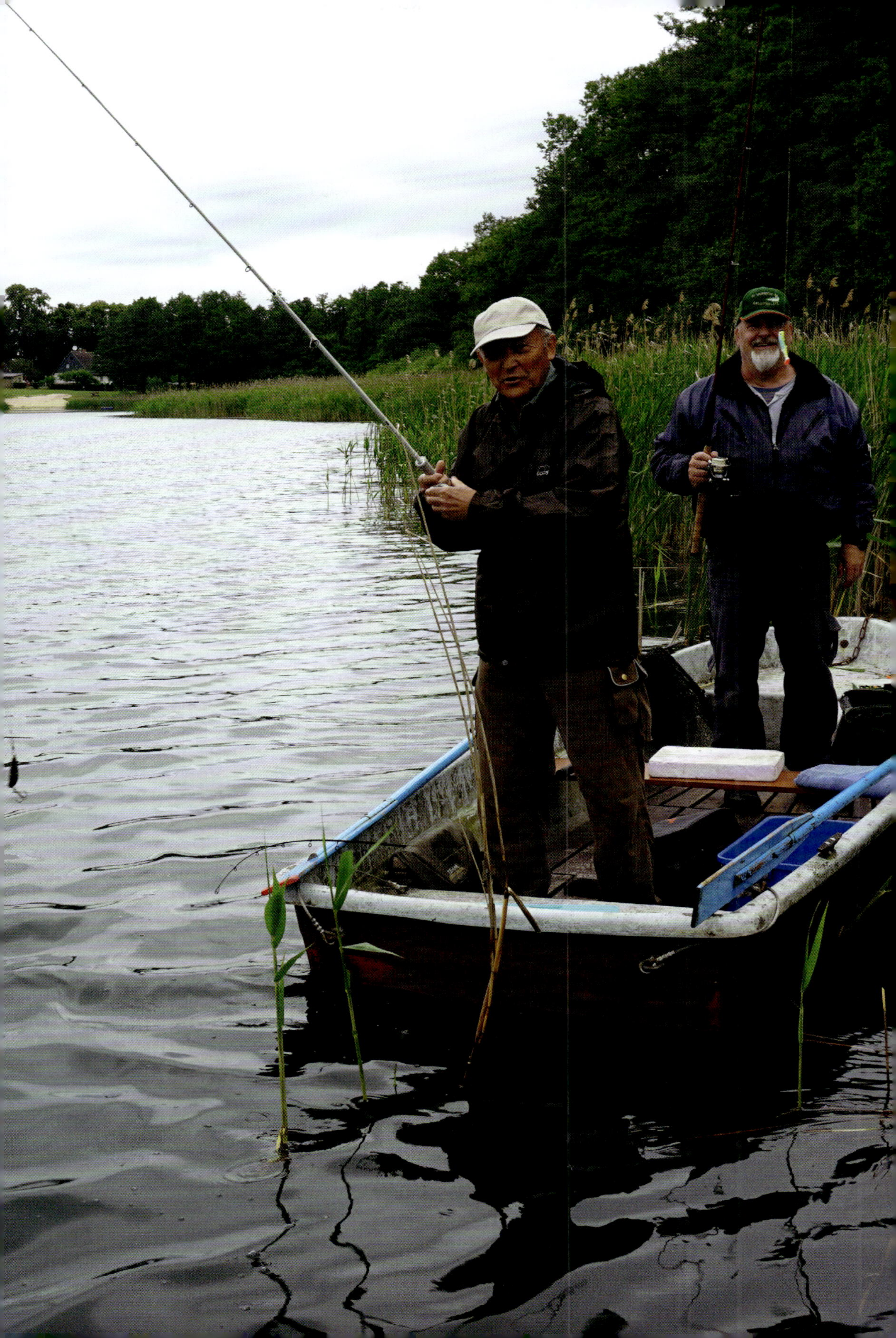

Zirkulation und Stagnation in Binnenseen

Eiszeit

»Still ruht der See«, diesen Satz kennt fast jeder, aber über die meiste Zeit des Jahres ist das Wasser in unseren Seen in Bewegung. Die Ursache ist in einer physikalischen Besonderheit des Wassers begründet. Wasser hat seine höchste Dichte bei einer Temperatur von plus 4 Grad Celsius. Das bedeutet, dass in einem ausreichend tiefen See auch im kältesten Winter das Wasser in der Tiefe mindestens 4 Grad Celsius warm ist und nach oben bis hin zu einer möglichen Eisdecke immer kälter wird.
Die kalte Oberflächenschicht kann sich bei Eisbedeckung nicht mit dem Tiefenwasser mischen, es herrscht Winterstagnation.

Frühlingserwachen

Mit dem Verschwinden der Eisdecke im Frühjahr erwärmt sich auch das Oberflächenwasser, sodass der gesamte Wasserkörper annähernd die gleiche Temperatur aufweist und – ausgelöst durch Wind und Wellen – eine Durchmischung des Wassers bis in die Tiefe erfolgen kann. Dieser Prozess wird als Vollzirkulation bezeichnet. Das Tiefenwasser wird dadurch wieder mit Sauerstoff versorgt und freigesetzte Nährstoffe in die oberen Wasserschichten befördert. Die fortschreitende Sonneneinstrahlung erwärmt das Wasser zuerst in den flachen Uferregionen. Dort halten sich jetzt die Fische auf, werden zunehmend aktiver und beißfreudiger. So bietet die Frühjahrssaison dem Angler gute Aussichten auf Fangerfolge.

Sommerlaunen

Mit Beginn der warmen Sommerzeit ändern sich die Verhältnisse in allen hinreichend tiefen Seen. An der Oberfläche erwärmt sich das Wasser relativ schnell und bildet eine Schicht über dem immer noch kühlen Tiefenwasser. Beide Schichten werden durch die sogenannte Sprungschicht voneinander getrennt. Ihren Namen hat sie von dem relativ starken Temperaturunterschied (Sprung) sowohl zum über ihr liegenden warmen Oberflächenwasser als auch zum unter ihr liegenden kalten Tiefenwasser. Diese Temperaturunterschiede bewirken so starke Dichteunterschiede zwischen den Wasserschichten, dass ein Austausch zwischen ihnen nicht möglich ist.

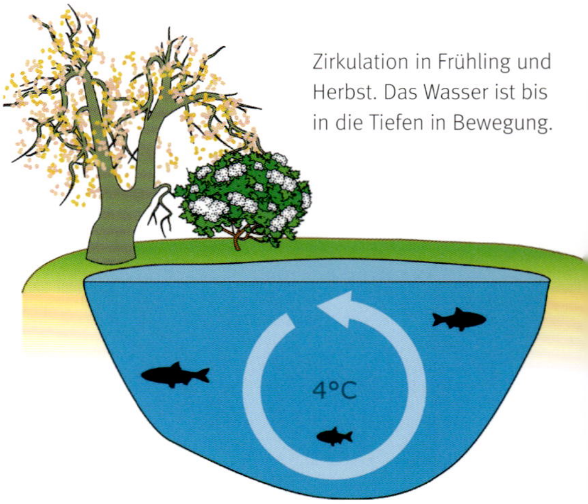

Zirkulation in Frühling und Herbst. Das Wasser ist bis in die Tiefen in Bewegung.

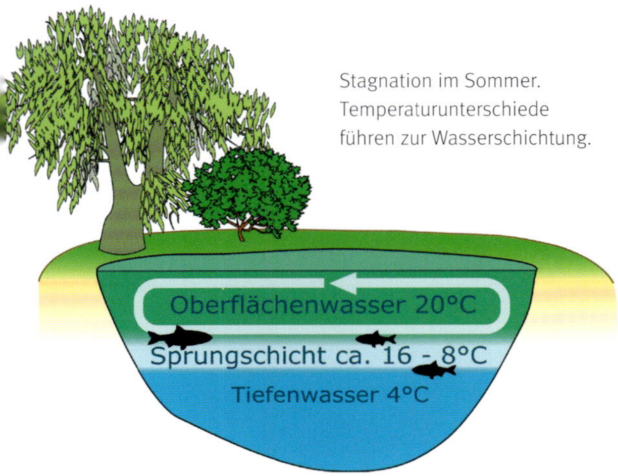

Stagnation im Sommer. Temperaturunterschiede führen zur Wasserschichtung.

Die auch im Sommer durch Wind und Wellen angeregte Zirkulation findet nur noch in der oberflächennahen Schicht als sogenannte Teilzirkulation über der Sprungschicht statt. Die Sprungschicht verhindert nicht nur den Wasseraustausch. Sie erschwert absinkenden Nahrungspartikeln auch den Durchtritt. Deshalb verteilen sich über der gesamten Sprungschicht im Sommer Fische, also auch im Freiwasser.

Das bedeutet für den Angler: Im Sommer sind auf der gesamten Fläche eines Sees Fische zu finden, jedoch lediglich bis zur Tiefe der Sprungschicht. In mehr als 20 Meter tiefen Seen liegt die Sprungschicht in etwa bei 6 bis 8 Meter Wassertiefe. Abhängig von der Temperatur des Oberflächenwassers kann sich die Lage der Sprungschicht ändern, bei hohen Temperaturen in die Tiefe, bei niedrigeren in Richtung Oberfläche. In durchgängig flachen Seen bildet sich beschriebene Schichtung gar nicht. Hier wird der Wasserkörper unter dem Einfluss von Temperatur, Wind und Niederschlägen ständig »umgerührt«.

Herbstes Frische

Mit der einsetzenden Abkühlung des Wassers im Herbst beginnt auch wieder eine Durchmischung in Richtung Tiefe, bis der gesamte Wasserkörper wieder einheitlich bei 4 Grad Celsius angelangt ist und wie im Frühjahr eine Vollzirkulation eintritt. Damit einher geht eine Zunahme des Nahrungsangebotes und des Sauerstoffgehaltes im Gewässer. Der Herbst bietet erneut gute Angelmöglichkeiten auf nahezu alle Fischarten in den Seen. Bei Hecht und Zander nimmt die Beißlust in der kalten Jahreszeit sogar zu.

Frost und Eis

Sobald im Winter die Temperaturen unter 4 Grad Celsius fallen und das Wasser entsprechend abkühlen, bleibt dieses kalte Wasser an der Oberfläche, das Tiefenwasser hat konstant eine Temperatur von 4 Grad Celsius, auch bei einsetzender Eisbildung. Eine Eisdecke unterbindet endgültig jegliche Zirkulation. Der See befindet sich wieder im Zustand der Winterstagnation.

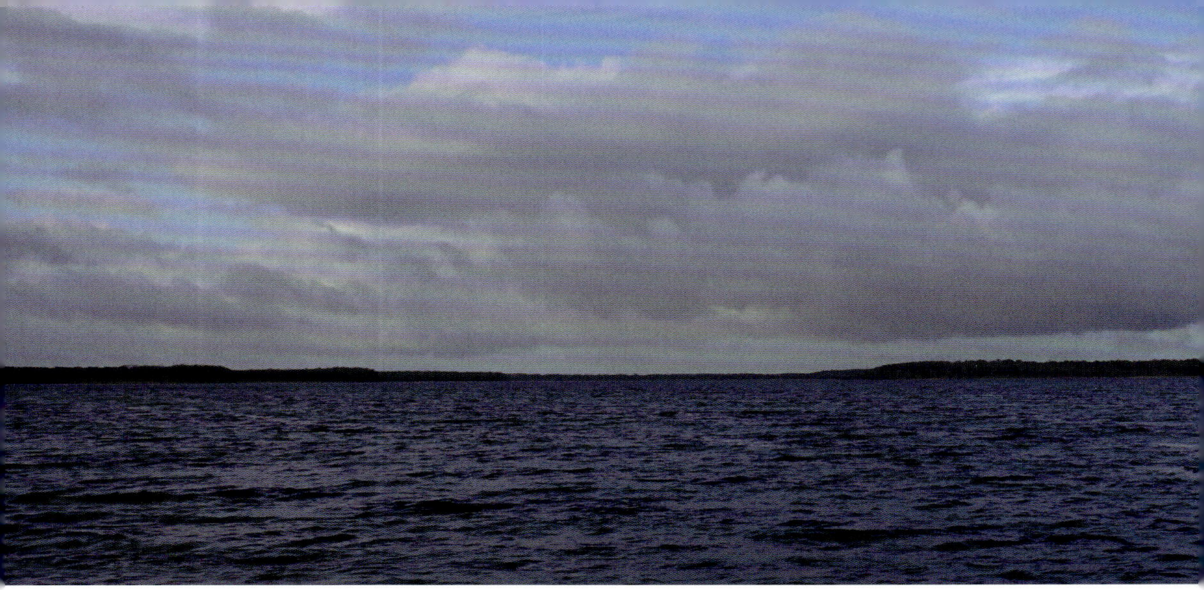
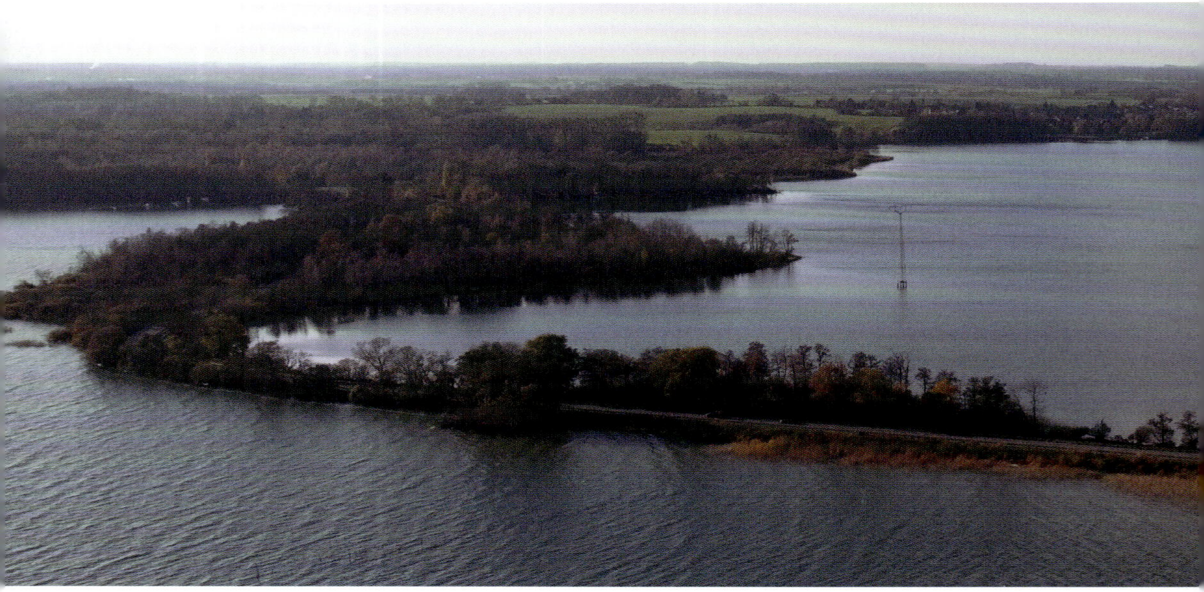
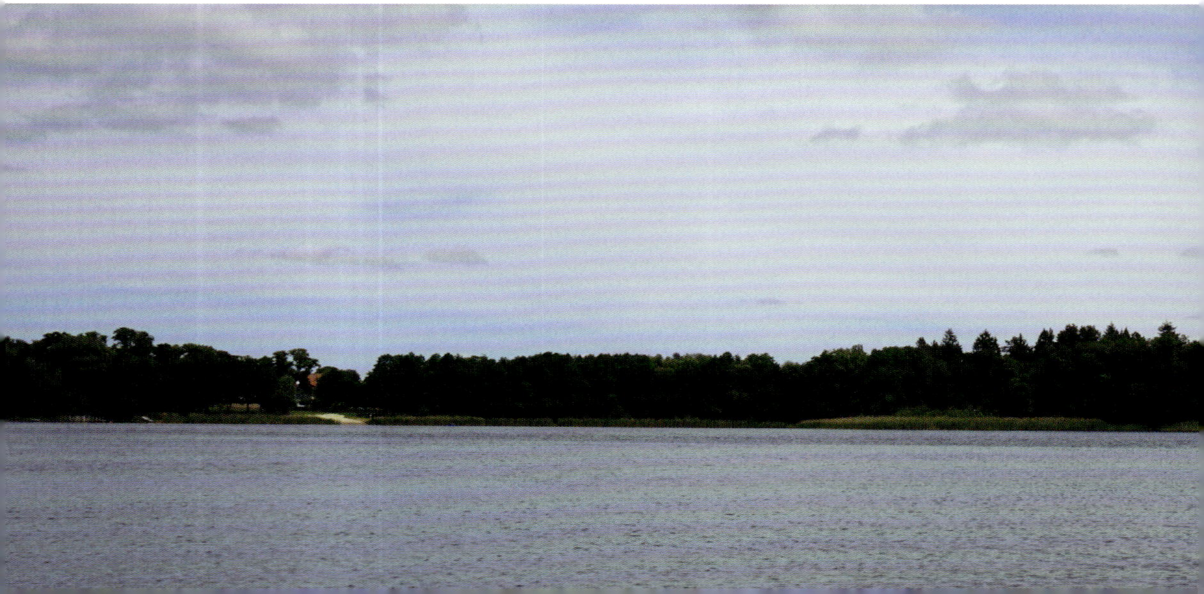

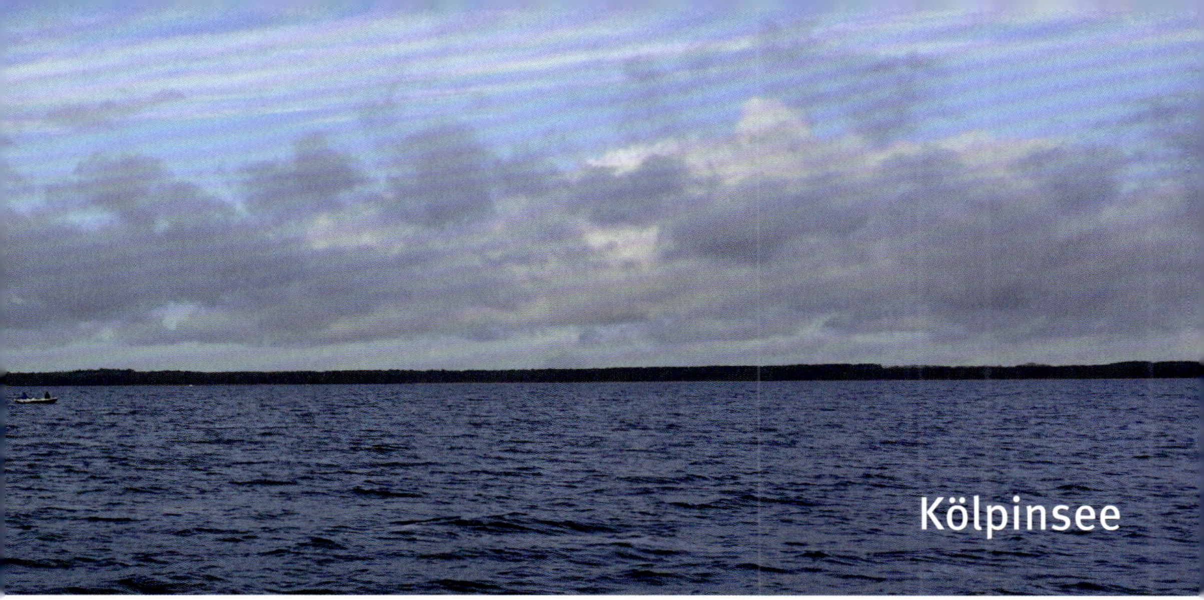

Kölpinsee

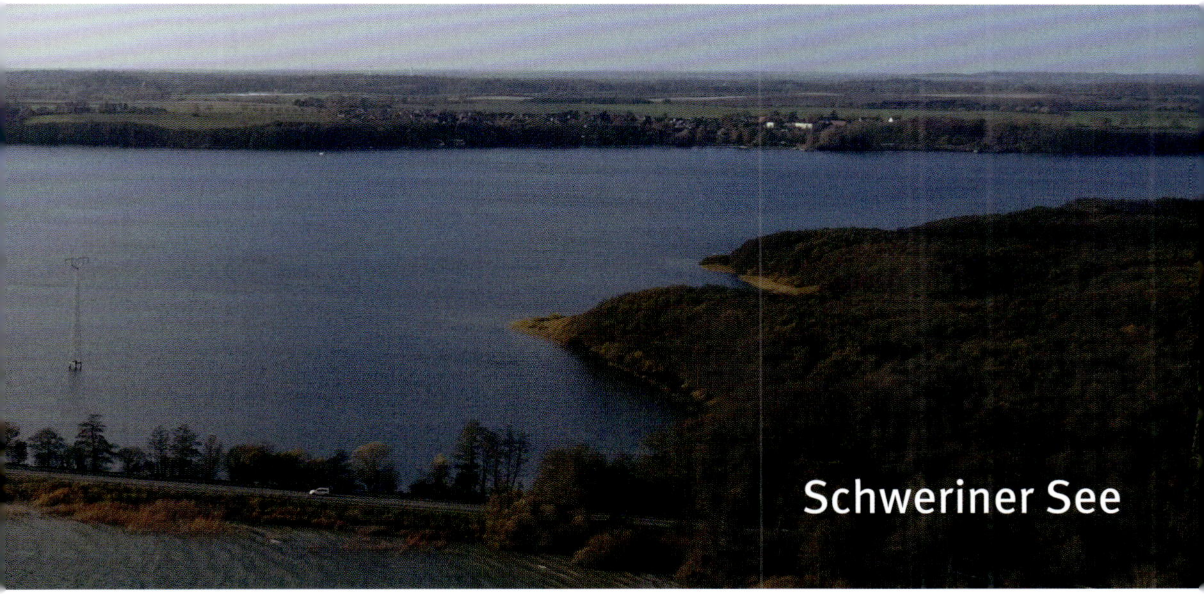

Schweriner See

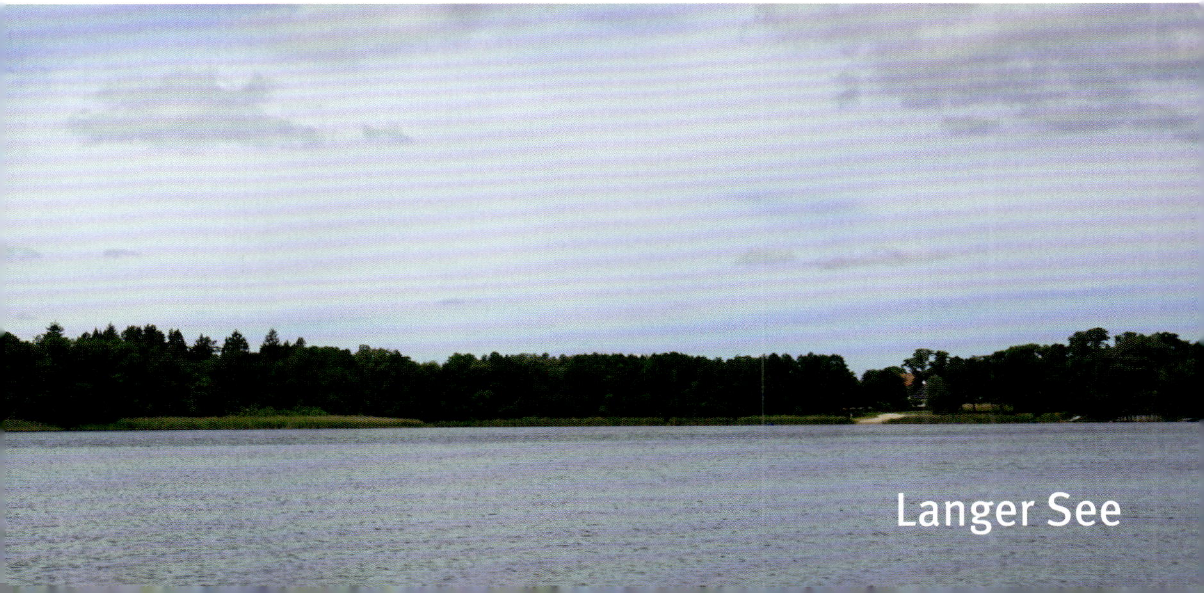

Langer See

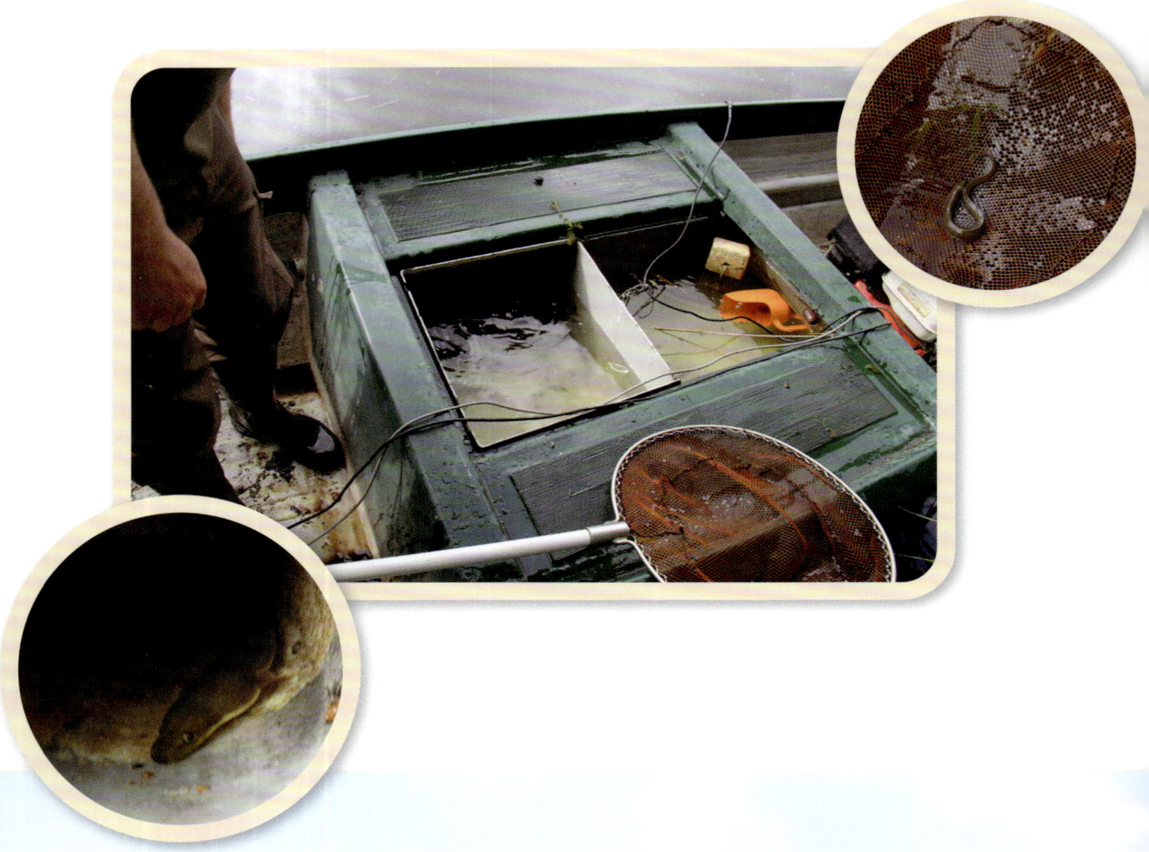

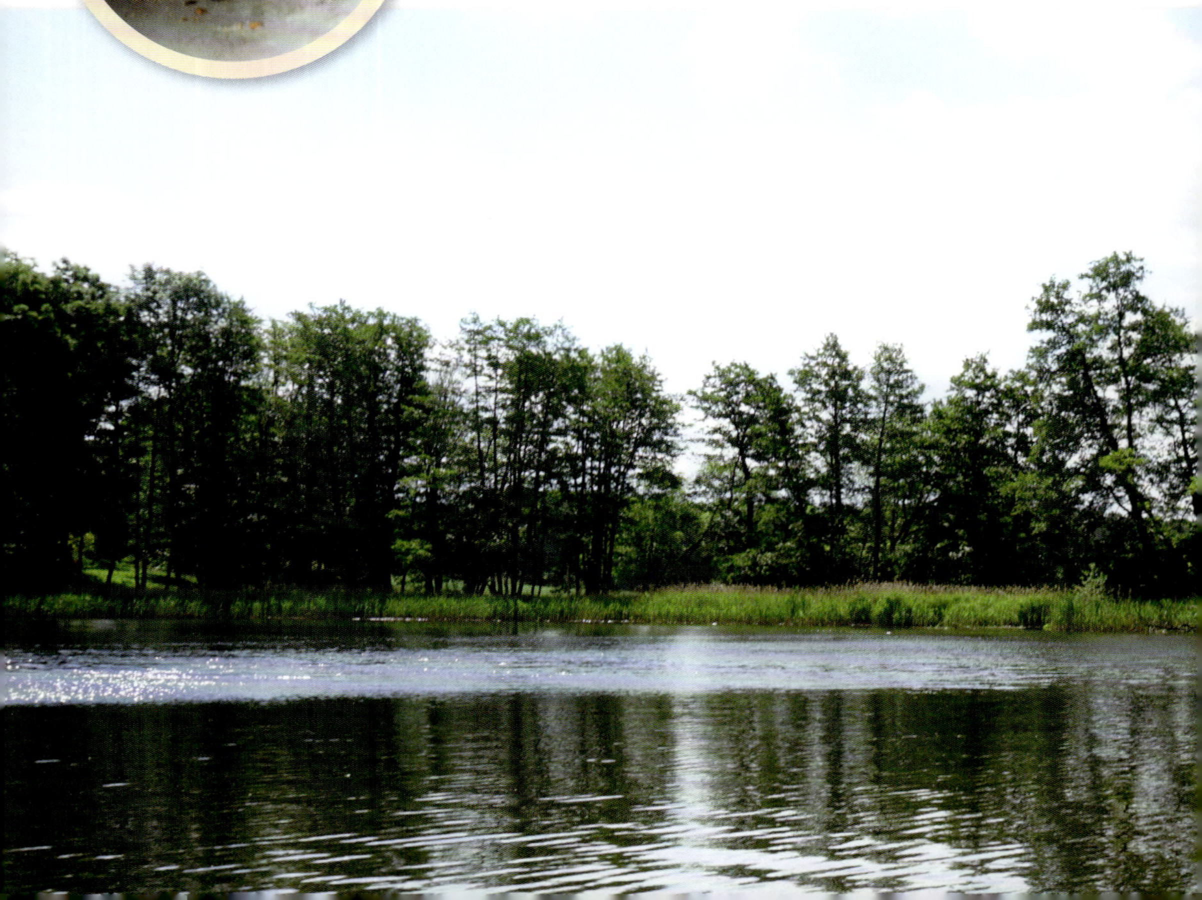

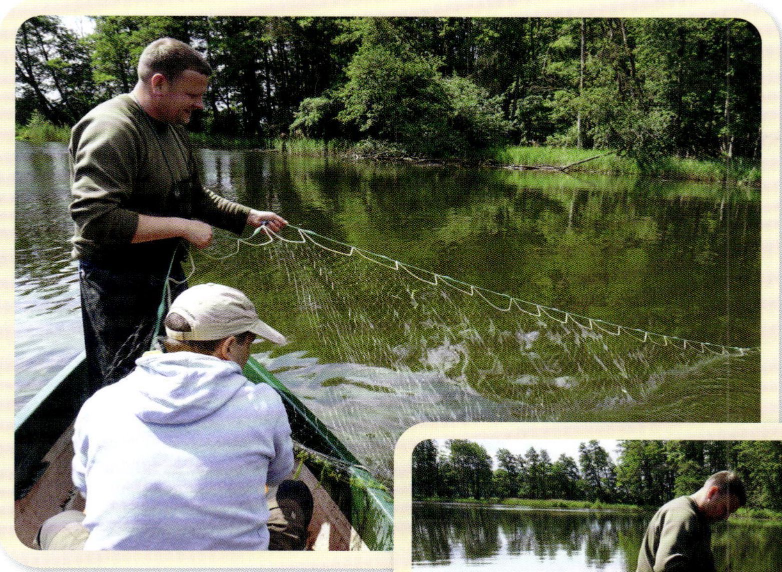

Der Landesanglerverband MV führt regelmäßig Kontrollen der Fischbestände durch. Viele Meter lange Netze werden gestellt. Die Anzahl und Zusammensetzung der vorhandenen Arten gibt Aufschluss über den Zustand der Tiere und des Gewässers.

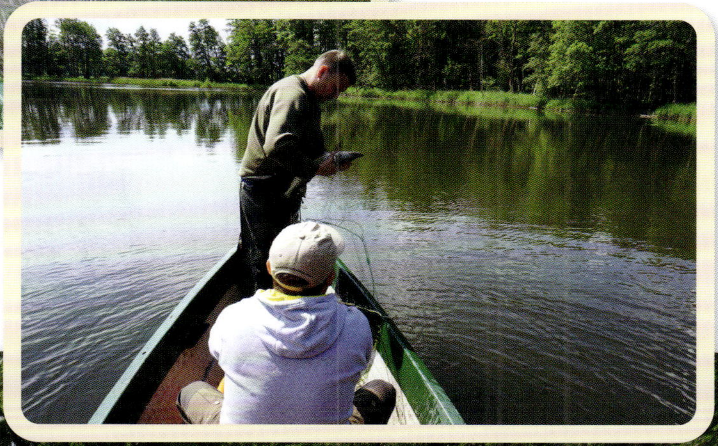

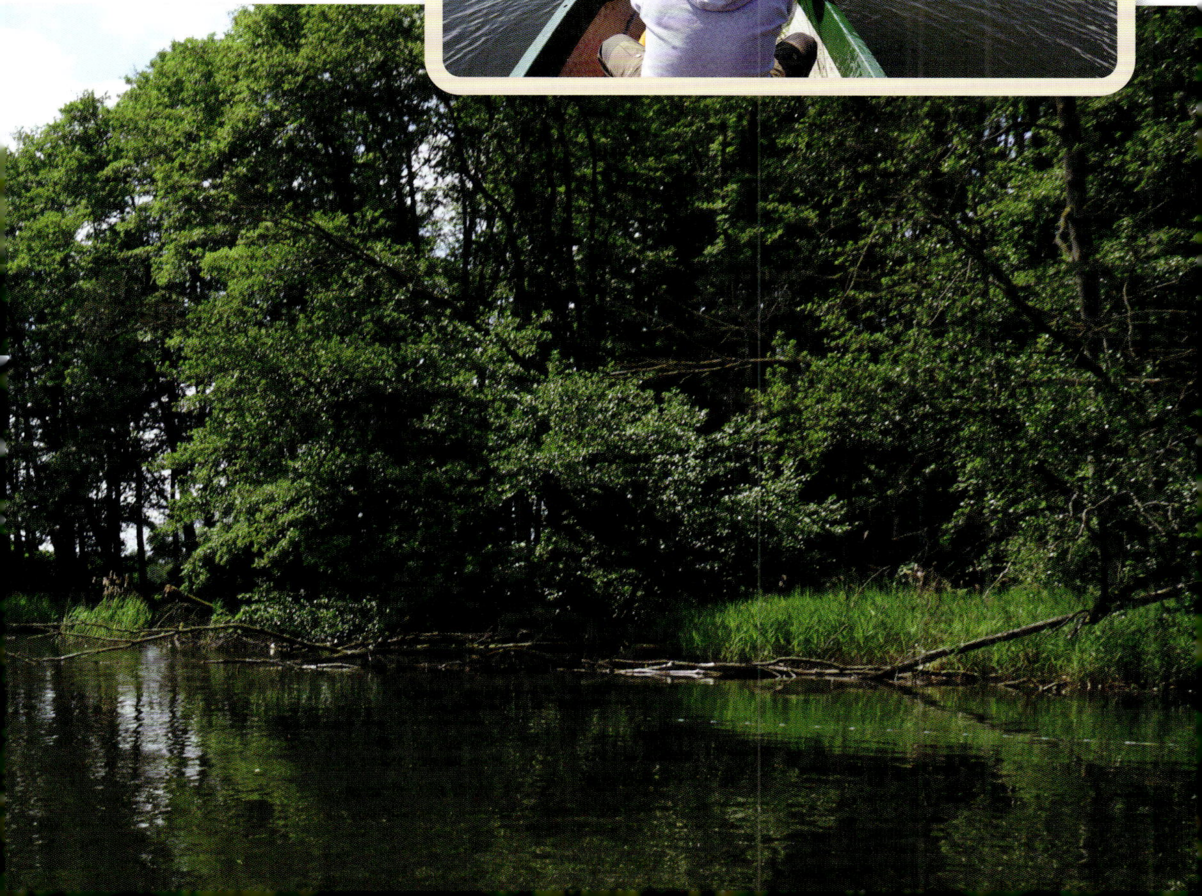

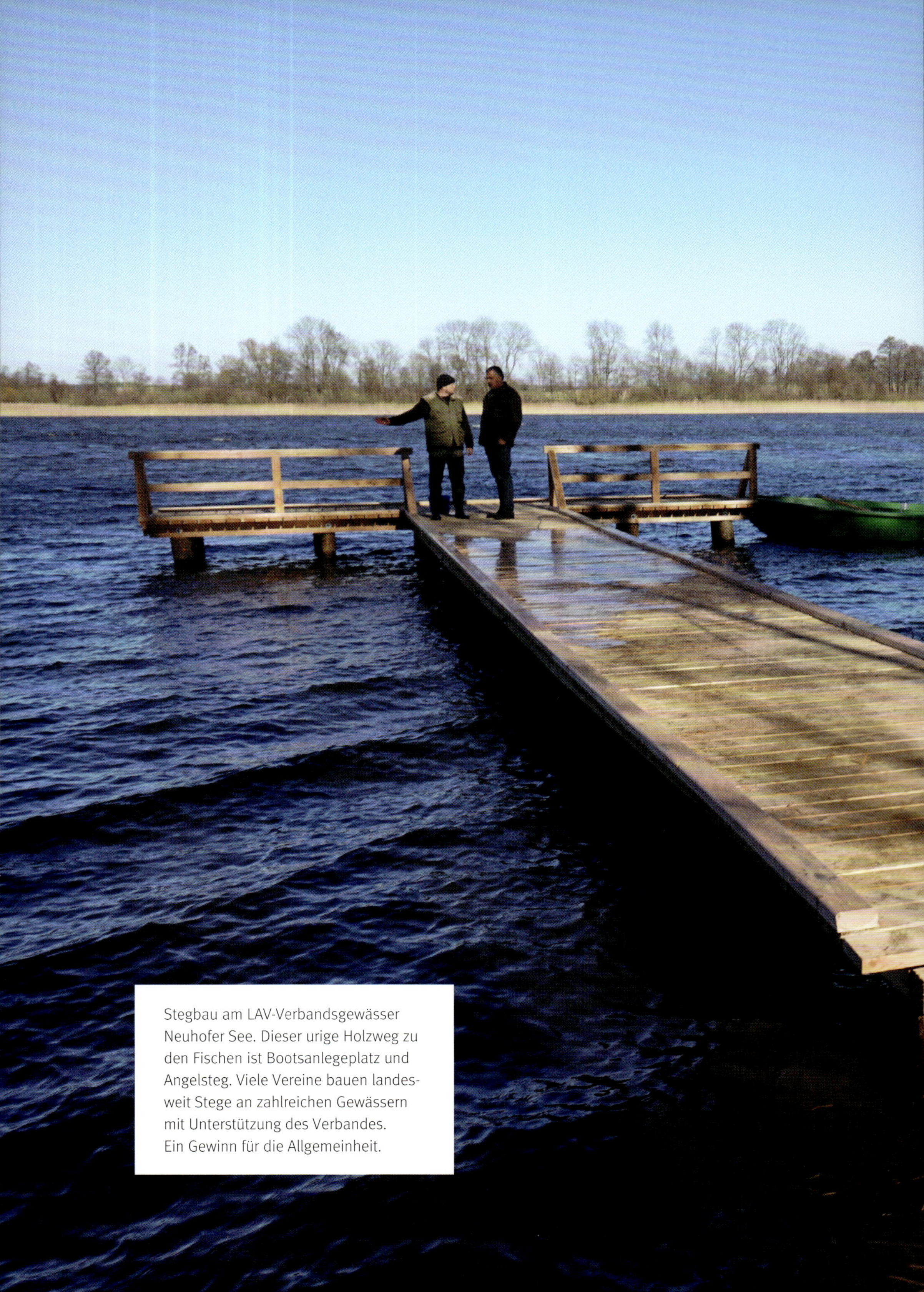

Stegbau am LAV-Verbandsgewässer Neuhofer See. Dieser urige Holzweg zu den Fischen ist Bootsanlegeplatz und Angelsteg. Viele Vereine bauen landesweit Stege an zahlreichen Gewässern mit Unterstützung des Verbandes. Ein Gewinn für die Allgemeinheit.

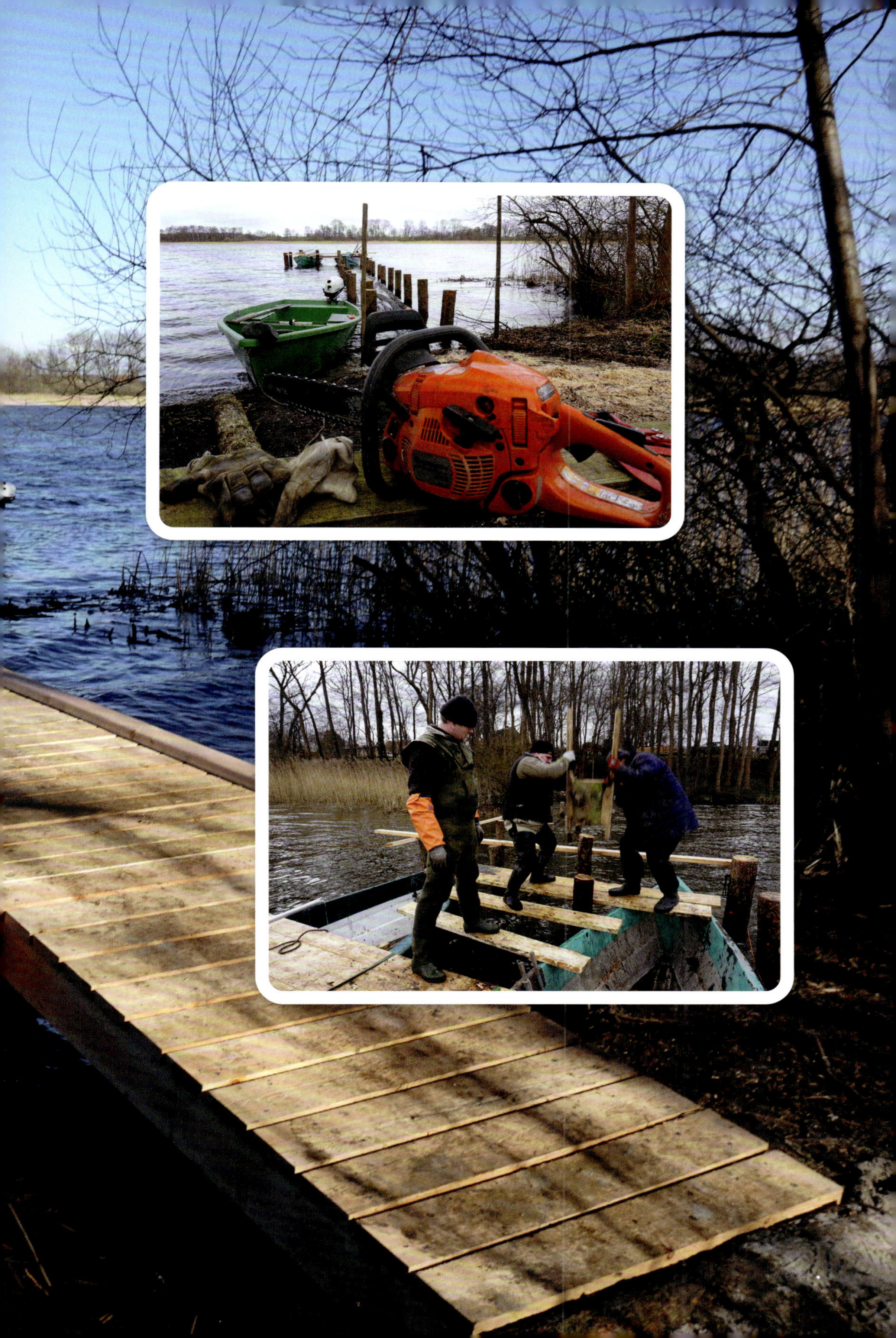

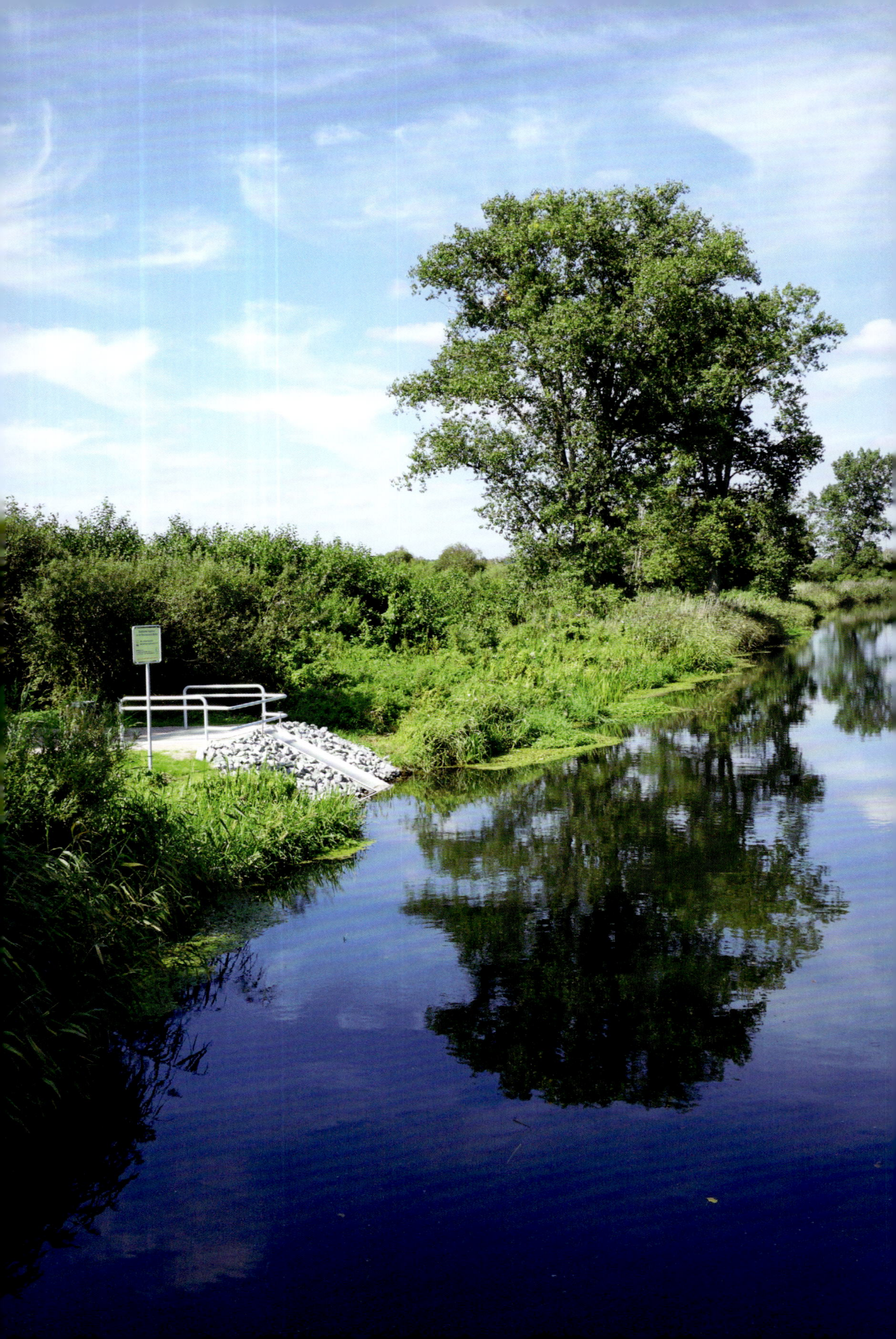

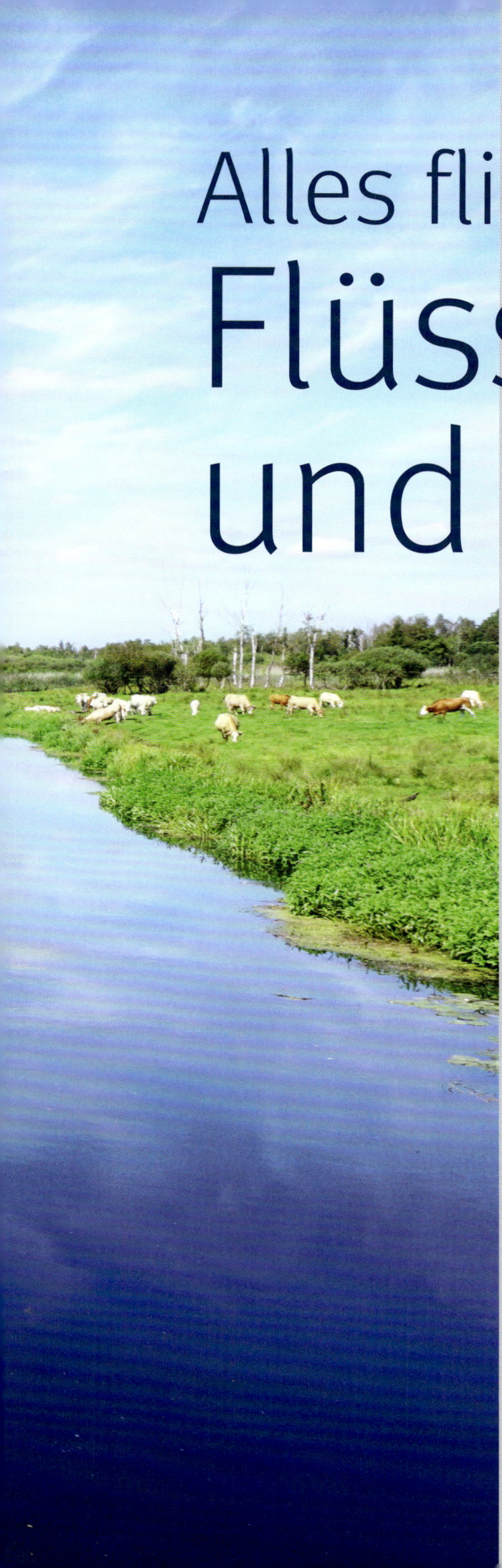

Alles fließt
Flüsse und Bäche

Das Beeindruckende an der Wasserwelt Mecklenburg-Vorpommerns sind die nahezu 2000 großen und kleinen Seen. Dazu kommen fast 200 Flüsse und Bäche. Zur Unterscheidung in Fluss oder Bach gilt: Ab einer mittleren Breite von fünf Meter beginnt ein Fluss. Für beide gemeinsam verwendet die Fischerei den Begriff »Fließgewässer«. Die nachstehende Karte Vermittelt einen ersten Überblick über die wichtigsten Fließgewässer in MV.

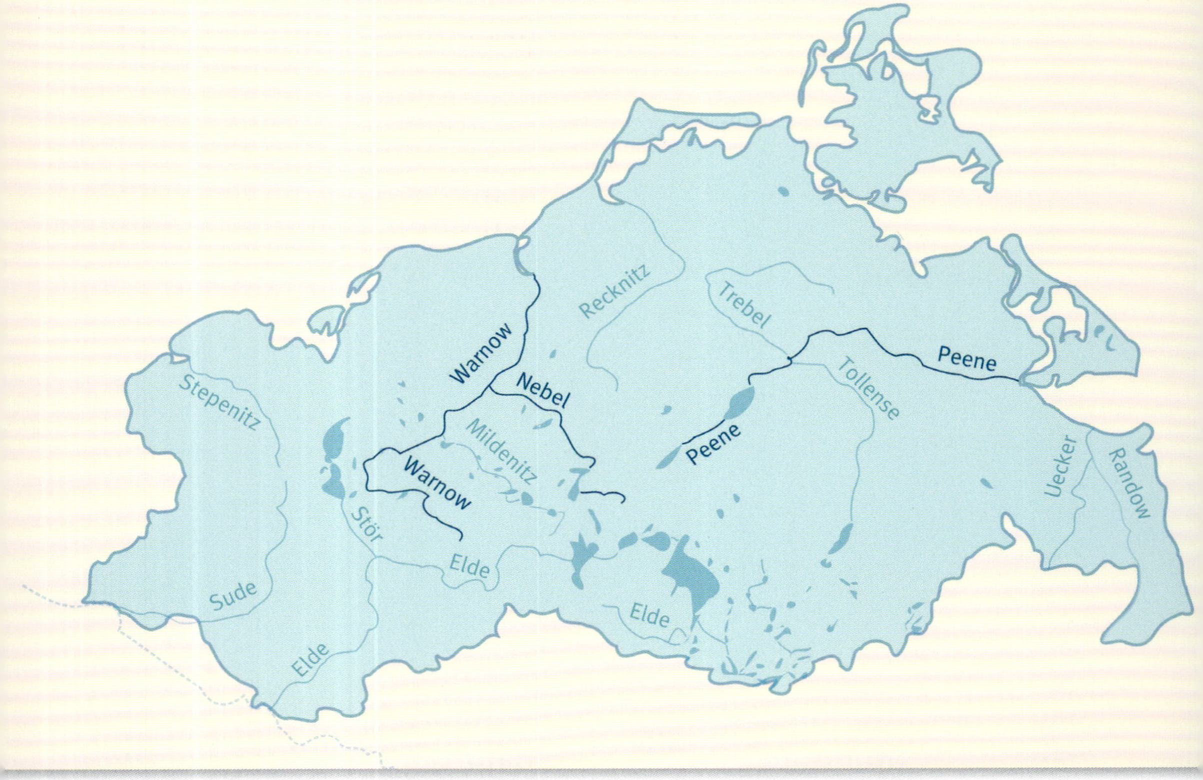

Lediglich drei der aufgeführten Flüsse haben ihre Quellen außerhalb der Landesgrenzen von MV. Es handelt sich um die Uecker, die Randow und natürlich die Elbe. Alle Fließgewässer in MV sind für Anglerinnen und Angler gleichermaßen von Interesse. Der LAV MV hält an allen von ihnen anteilig Fischereirechte. Zur Information über deren konkrete geografische Lage an den Fluss- bzw. Bachläufen wird auf das digitale Gewässerverzeichnis des LAV MV (https://www.lav-mv.de/gewaesserverzeichnis/) verwiesen. Hinsichtlich der in den Flüssen vorkommenden Fischarten besteht weitestgehende Übereinstimmung mit denen in den Seen. In den meisten Fließgewässern mit Ausnahme der Salmonidengewässer sind die Hauptfischarten Plötz, Barsch, Brachsen, Hecht und Aal zu Hause. Hinzukommen, als typische Vertreter von Fließgewässern, die Arten Aland und Döbel, in Gewässern mit Abschnitten stärkerer Strömung dort auch Rapfen. Zander halten sich dagegen nicht in allen Fließgewässern auf. Deren Vorkommen wird gesondert beschrieben, das gilt ebenso für den Wels.

Der längste Fluss in MV ist mit 208 km die Elde. Sie entspringt südlich des Plauer Sees und fließt anfangs Richtung Südosten. Südlich der Müritz schwenkt der Eldelauf nach Norden und mündet in die Müritz. Von dort an ist die Elde Bestandteil der Müritz-Elde-Wasserstraße. Sie durchfließt nach der Müritz weitere große Seen in Richtung Westen (siehe Kapitel 2. Seen). Nach Aufnahme des Wassers aus dem Störkanal nahe Friedrichsmoor schwenkt der Eldelauf erst nach Süden, danach hinter Ludwigslust nach Südwesten und mündet dann bei Dömitz in die Elbe. Die kanal- und flussähnlichen Teilstrecken der Elde sind ideale Reviere für das Ansitzangeln.

Der mächtigste Fluss in MV ist die Peene.

Diese Einstufung bezieht sich auf Breite und Tiefe ihres Unterlaufes vom Austritt aus dem Kummerower See bis zu ihrer Mündung in den Peenestrom. Die Längenangaben zur Peene sind äußerst widersprüchlich. Sie bewegen sich zwischen 75 bis 185 km. Im weiteren Verlauf dieses Kapitels wird auf die Peene detailliert eingegangen, dort werden die Ursache dieser unterschiedlichen Angaben genannt.
Der dritte große Fluss in MV ist mit 155 km Länge die Warnow. Sie gilt auch als wasserreichster Fluss des Landes. Auch ihr und einigen ihrer Nebenflüsse sind im Weiteren noch Ausführungen gewidmet.
An den Landesgrenzen zu Schleswig-Holstein und Niedersachsen grenzt die Elbe für einige Kilometer an MV. In diesen Bereichen und sogar in einem Elbabschnitt auf niedersächsischem Gebiet hat der LAV Fischereirechte. Obwohl die Palette der vorkommenden Fischarten gut bestückt ist, stellen die Angler bevorzugt dem Aal und dem Zander nach. Wer an der Elbe sein Glück mit der Angel versuchen möchte, muss vor allem zwei Dinge beachten: Bezüglich des Betretens oder gar Befahrens der Elbregion die Allgemeinverfügung im Biosphärenreservat Elbtalaue und beim Angeln die Strömungsverhältnisse in einem so mächtigen Fluss wie der Elbe.
Nach einem Blick auf die größeren Flüsse, wenden wir uns den kleineren zu und beginnen im Westen des Landes. Dort fließt die Sude, ein Nebenfluss der Elbe. Mit ihren 85 km Länge fließt sie sogar ein kurzes Stück durch Niedersachsen. In der Sude wurde die Barbe erfolgreich wieder eingebürgert. Ein echter Knochenfisch, der zu den Karpfenartigen gehört. Dass sich diese Art im Fluss wohlfühlt, ist ein Zeichen für seine gute Qualität. Die Barbe

Ein typischer Abschnitt der Peene. Von vereinzelten Stellen aus, kann der Angler das Wasser erreichen. Diese Plätze sind durch die Naturschutzordnung geregelt. An anderen Stellen versperrt ein Schilfgürtel oder auch Gehölz den Weg.

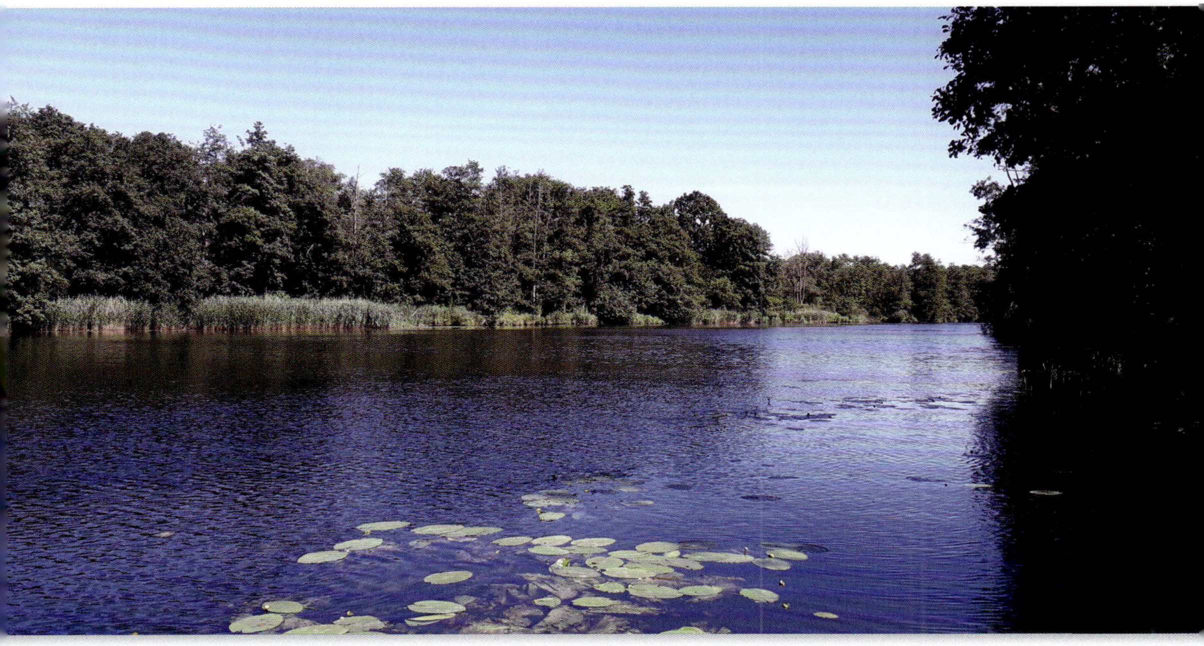

benötigt schnell fließendes, sauerstoffreiches Wasser und im Flusslauf kiesigen Untergrund. Diese Bedingungen sind auch Voraussetzung für das Vorkommen weiterer geschützter Arten wie beispielsweise die Neunaugen. Wegen ihrer Indikatorfunktion ist auch die Barbe eine geschützte Art und laut Binnenfischereiordnung ganzjährig geschützt. Auf Barben darf deshalb nicht gezielt geangelt werden.

Eine Forelle schlägt mit der Schwanzflosse eine Laichgrube.

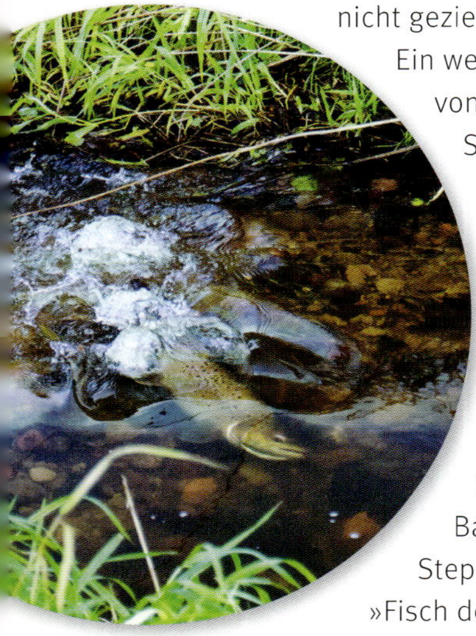

Ein weiterer Fluss im Westen von MV ist die Stepenitz. Sie fließt im Gegensatz zur Sude nach Norden in die Ostsee, genauer in den Dassower See. Bemerkenswert für die Stepenitz ist, dass in den letzten Jahren mehrmals Fangmeldungen großer Bachforellen aus der Stepenitz für die LAV-Aktion »Fisch des Jahres« eingegangen sind. Wegen ihres direkten Zuflusses zur Ostsee gehört die Stepenitz auch zu den Laichgewässern für Meerforellen.

Auf unserem Weg nach Osten überspringen wir die Warnow und erreichen als nächste Flüsse die Recknitz und die Barthe. Beide fließen den Gewässern der Darß-Zingster Boddenkette über den Saaler Bodden zu. Die Recknitz ist fast 90 km lang. Sie entspringt nördlich von Teterow und mündet in Ribnitz-Damgarten in den Saaler Bodden. Ihr Lauf schlängelt sich durch mehrere Naturschutzgebiete. Sie ist jedoch über weite Strecken vom Ufer aus zu beangeln. Hinter der Stadt Marlow auf der Straße nach Semlow befindet sich ein behindertengerechter Angelplatz. Der erste seiner Art des LAV MV. Er ist über eine befestigte Zufahrt von der Straße aus zu erreichen und bietet einen kleinen Parkplatz für zwei Autos. Von dort können Menschen mit Handicap barrierefrei direkt ans Wasser gelangen. Diese Angelstelle darf von jeder und jedem genutzt werden. Menschen mit körperlicher Behinderung haben jedoch Vorrang. Von ihrer Mündung in den Saaler Bodden bis mindestens zu dieser Angelstelle bietet die Recknitz gute Chancen zum Zanderfang. In den angrenzenden Altarmen sind Schleien zu Hause und in den ehemaligen Torfstichen auch Karpfen.

Das mittlere Areal Vorpommerns wird von der Peene und ihren Hauptzuflüssen Tollense und Trebel dominiert. Ganz im Südosten Vorpommerns verbleiben noch Uecker und Randow als bedeutende Flüsse. Beide haben ihr Quellgebiet nicht in MV, sondern in Brandenburg. Die Uecker trägt in Brandenburg den Namen Ucker. Ihre Flussläufe haben jeweils annähernd 60 bis 70 km Länge auf dem Gebiet von MV. Beide Flüsse entwässern in das Stettiner Haff. Davor mündet die Randow zwischen Hoppenwalde und Torgelow in die Uecker. Im Mündungsbereich befindet sich das Fischereirecht der Uecker in der Hand des Landes MV und gehört zu den Küstengewässern. Neben den für Fließgewässer üblichen Fischarten sind für die Uecker Rapfen und auch Karpfen ausgewiesen. Die Fischarten der Randow gleichen denen der Uecker. Es fehlt jedoch der Rapfen.

Zum Abschluss dieses einführenden Abschnitts über die Fließgewässer Mecklenburg-Vorpommerns ein Blick auf eine besondere Kategorie von Fließgewässern: Die Salmonidengewässer. Ihr Name sagt aus, dass in diesen Gewässern Salmoniden, das heißt lachsartige Fische vorkommen. Das sind in MV in erster Linie Bachforellen und

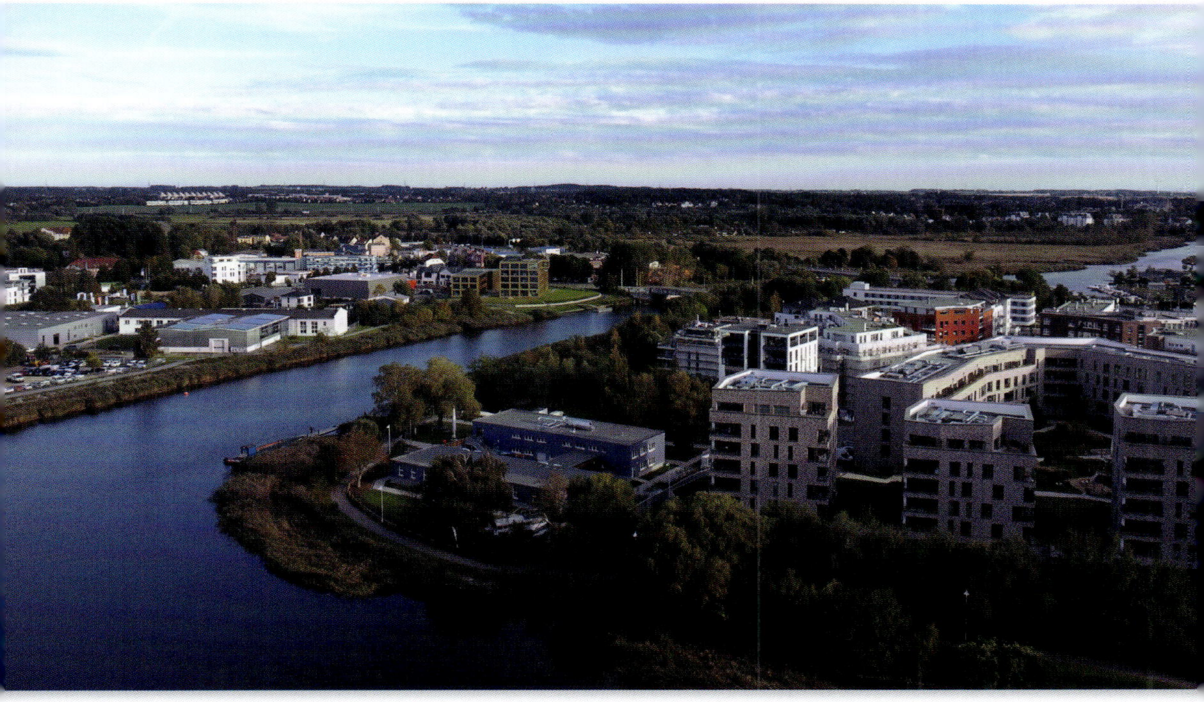

Blick auf die Unterwarnow. Der Fluss schlängelt sich hier entlang der Rostocker Holzhalbinsel. Auch hier darf die Angel ausgeworfen werden.

Meerforellen sowie in zwei Bächen – der Nebel und der Lößnitz – auch Äschen. Die Meerforelle sucht unsere Fließgewässer nur zum Laichen auf. In dieser Zeit genießt die Art im Binnenland auch eine Schonzeit vom 1. September bis 31. März. Regenbogenforellen gibt es in den Binnengewässern kaum und wenn, handelt es sich um Ausreißer aus Aquakulturen. Nachstehend eine Auflistung der Salmonidengewässer in MV in der Reihenfolge von West nach Ost: Wallensteingraben, Warnow im Teilabschnitt des Oberlaufs, Gelsbach, Radebach, Kösterbeck, Nebel, Lößnitz und Goldbach. Auf die Nebel wird als Referenzobjekt der Salmonidengewässer noch näher eingegangen. Unsere Salmonidengewässer unterliegen einer besonderen Sorgfalt. Zum einen befinden sie sich zumindest streckenweise in besonders schützenswerten Regionen. Zum anderen dürfen die Fischbestände, die sich ausschließlich natürlich reproduzieren, nur sehr behutsam befischt werden. Deshalb ist das Angeln in Salmonidengewässern ausschließlich mit künstlichen Ködern erlaubt, und selbst hier gibt es weitere Einschränkungen. So dürfen an der Spinnangel keine Softbaits, also Imitationen aus Gummi oder anderem Weichplastikmaterial, verwendet werden. Als schonendste Methode des Angelns auf Salmoniden gilt – und das weltweit – das Flugangeln oder Fliegenfischen. Dazu werden ausgewählte Strecken an Salmonidengewässern besonders gekennzeichnet. Diese dürfen ausschließlich mit dieser Methode beangelt werden: »Fly only«.

Als weitere Schonmaßnahe der Salmonidenbestände wird – und das in der Regel ebenfalls weltweit – die Anzahl der Angler an solchen Gewässern begrenzt. Deshalb werden für die Salmonidengewässer in MV keine Gastangelerlaubnisse ausgegeben. Trotz dieses Umstandes können diese Gewässer auch für Gäste unseres Landes ein Anziehungspunkt sein. Sie liegen alle in landschaftlich reizvollen Gebieten und ausgewählte Strecken laden zu Spaziergängen ein, die sicherlich bleibende Eindrücke hinterlassen. Spannend für angelinteressierte Gäste dürfte zudem sein, dass die Vorkommen von Salmoniden in MV nicht nur auf die genannten Salmonidengewässer beschränkt sind. Einige Beispiele sind bereits im Verlauf dieser Einleitung genannt worden.

Der Vollständigkeit halber hier die gesamte Übersicht: **Stepenitz, Tarnewitzer Bach, Tepnitzbach, Schaale, Schilde, Motel, Mildenitz, Hellbach, Panzower Bach, Conventer Randkanal, Schwaaner Beke, Augraben, Swinow, Lindebach.**
Für diese Gewässer können auch Gäste eine entsprechende Angelerlaubnis erwerben. Für detaillierte Informationen bezüglich Lage und Zuwegung wird – wie eingangs bereits vermerkt – auf das Gewässerverzeichnis des LAV MV verwiesen.
Nach dem einführenden Überblick über die wichtigsten Fließgewässer in MV werden die folgenden Flüsse ausführlicher beschrieben:

- Peene
- Warnow
- Nebel

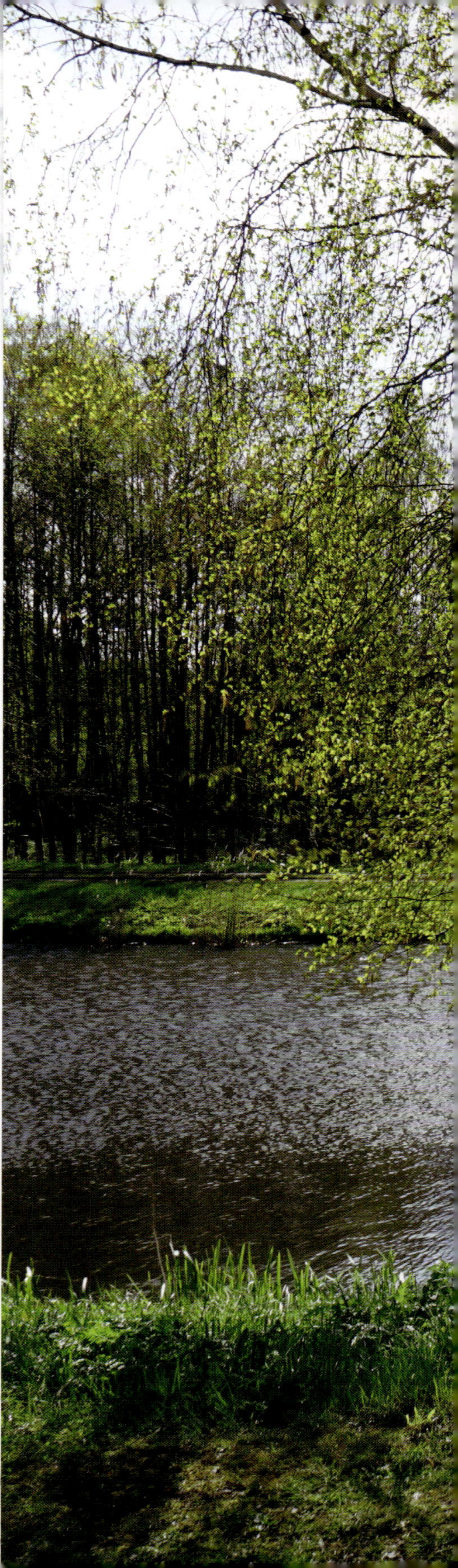

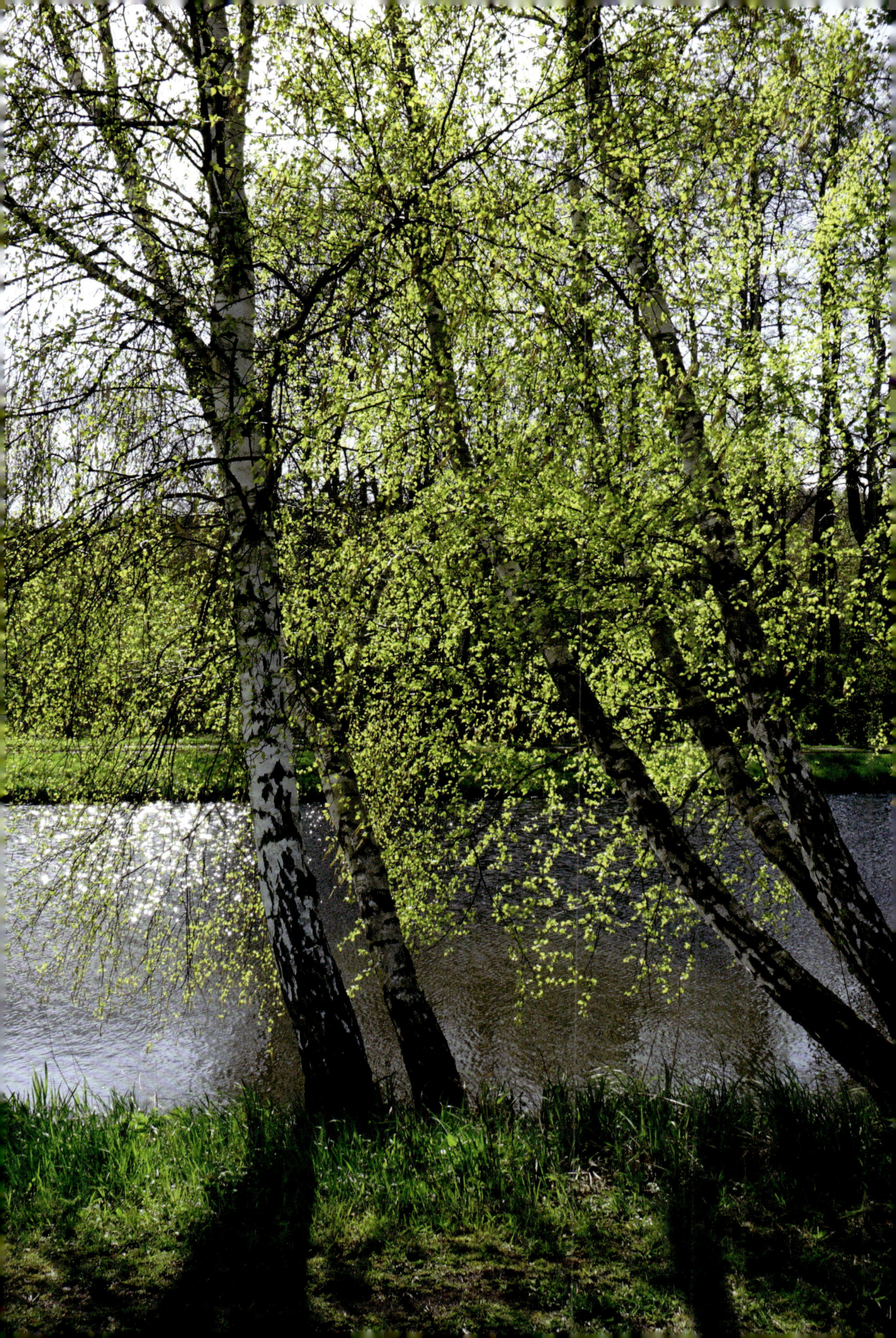

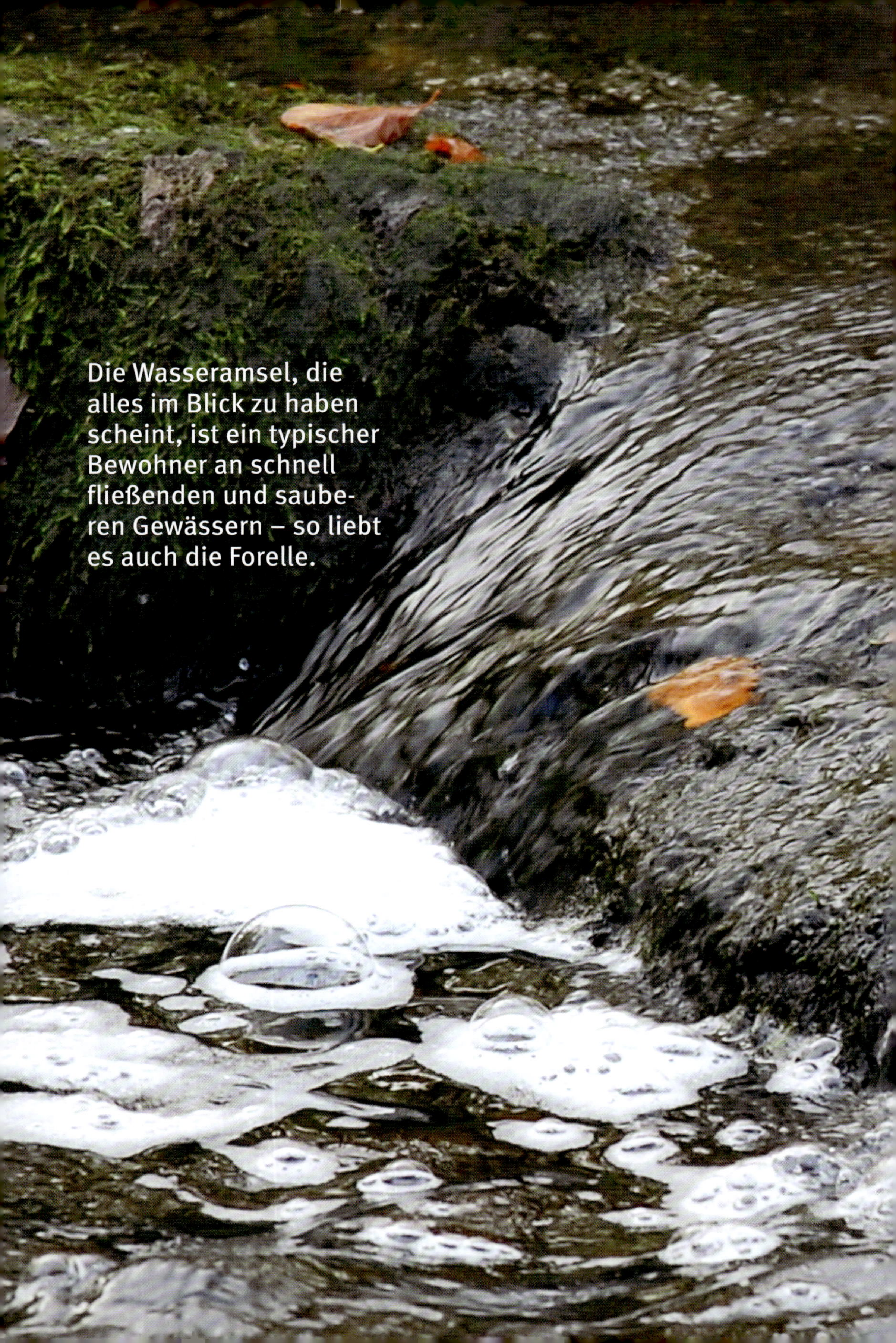

Die Wasseramsel, die alles im Blick zu haben scheint, ist ein typischer Bewohner an schnell fließenden und sauberen Gewässern – so liebt es auch die Forelle.

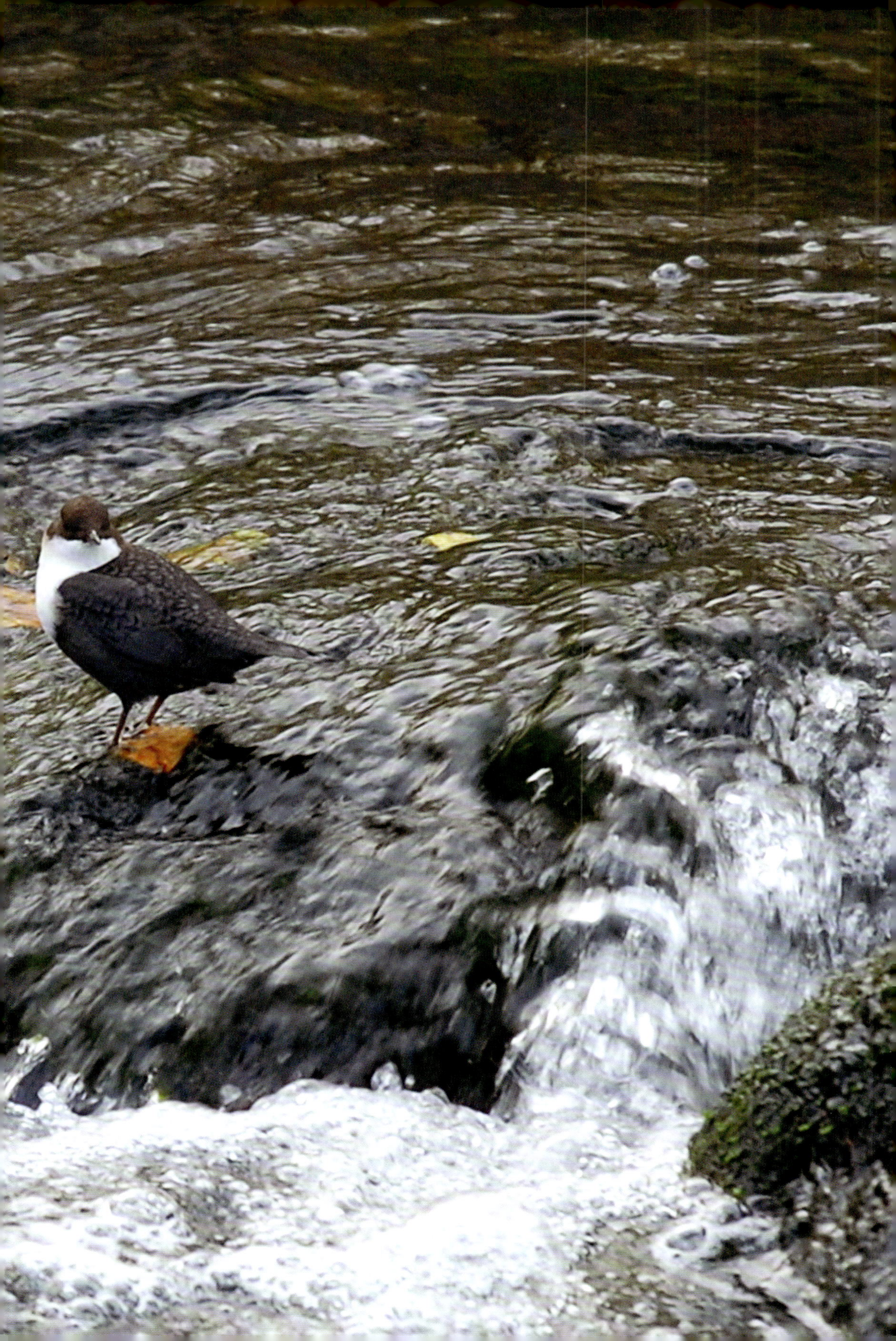

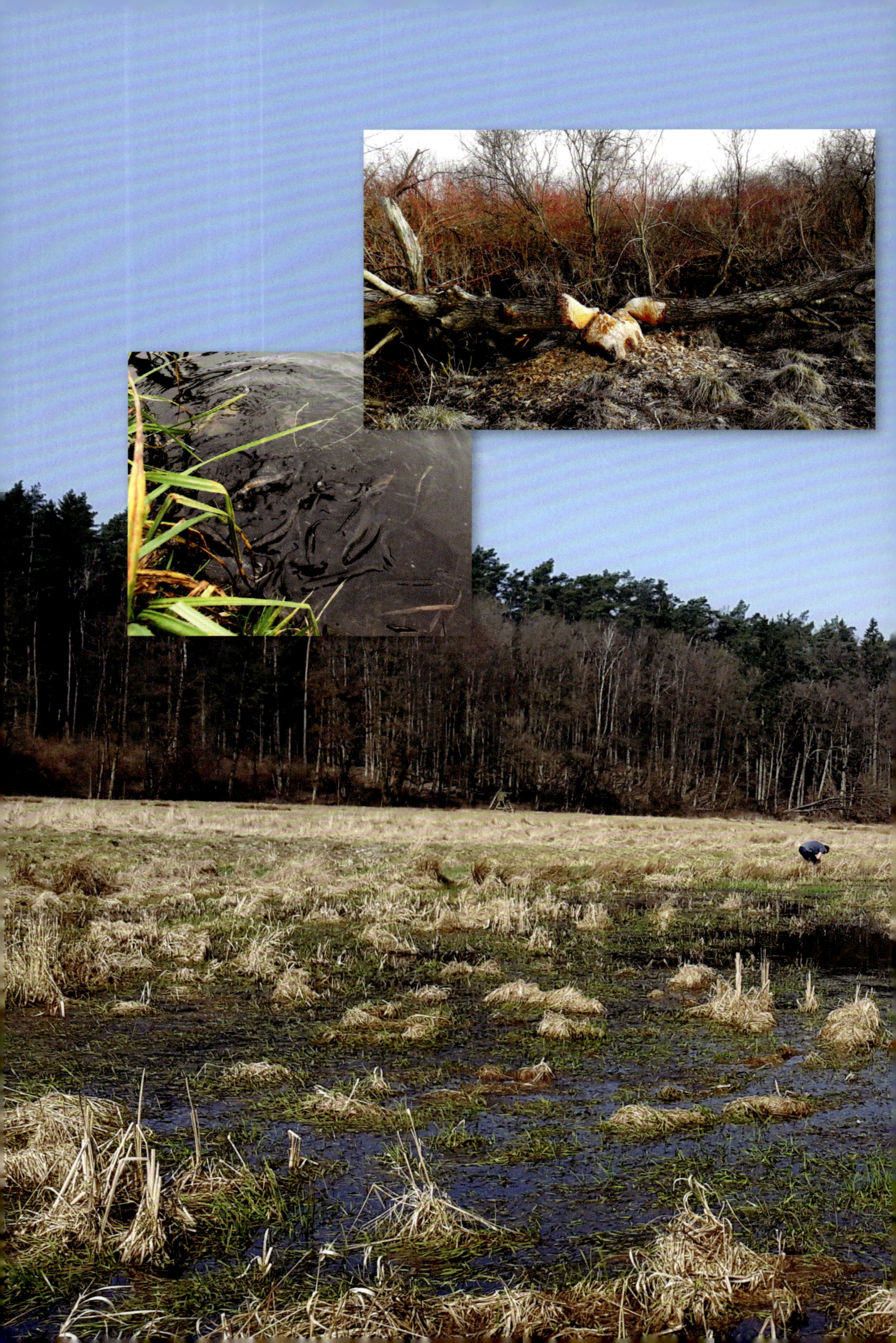

Der Fluss und seine Auen und Brüche. Ein Eldorado für alles was kreucht, fleucht und schwimmt.

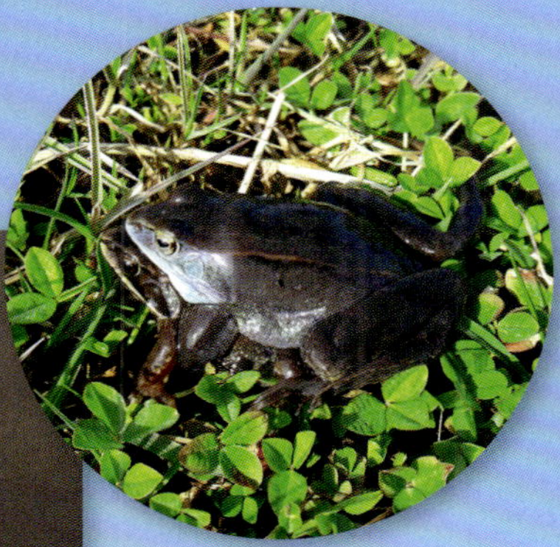

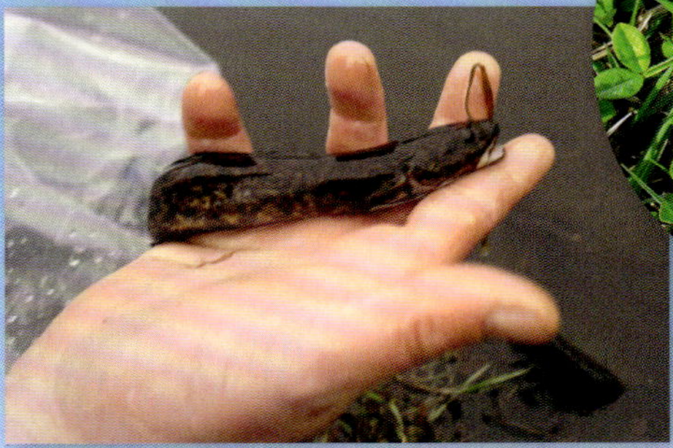

Die Vielfalt der Arten in diesen Lebensräumen ist beeindruckend. Von Biberbissspuren über die Quappe und sich paarende Moorfrösche regt sich hier überall das Leben.

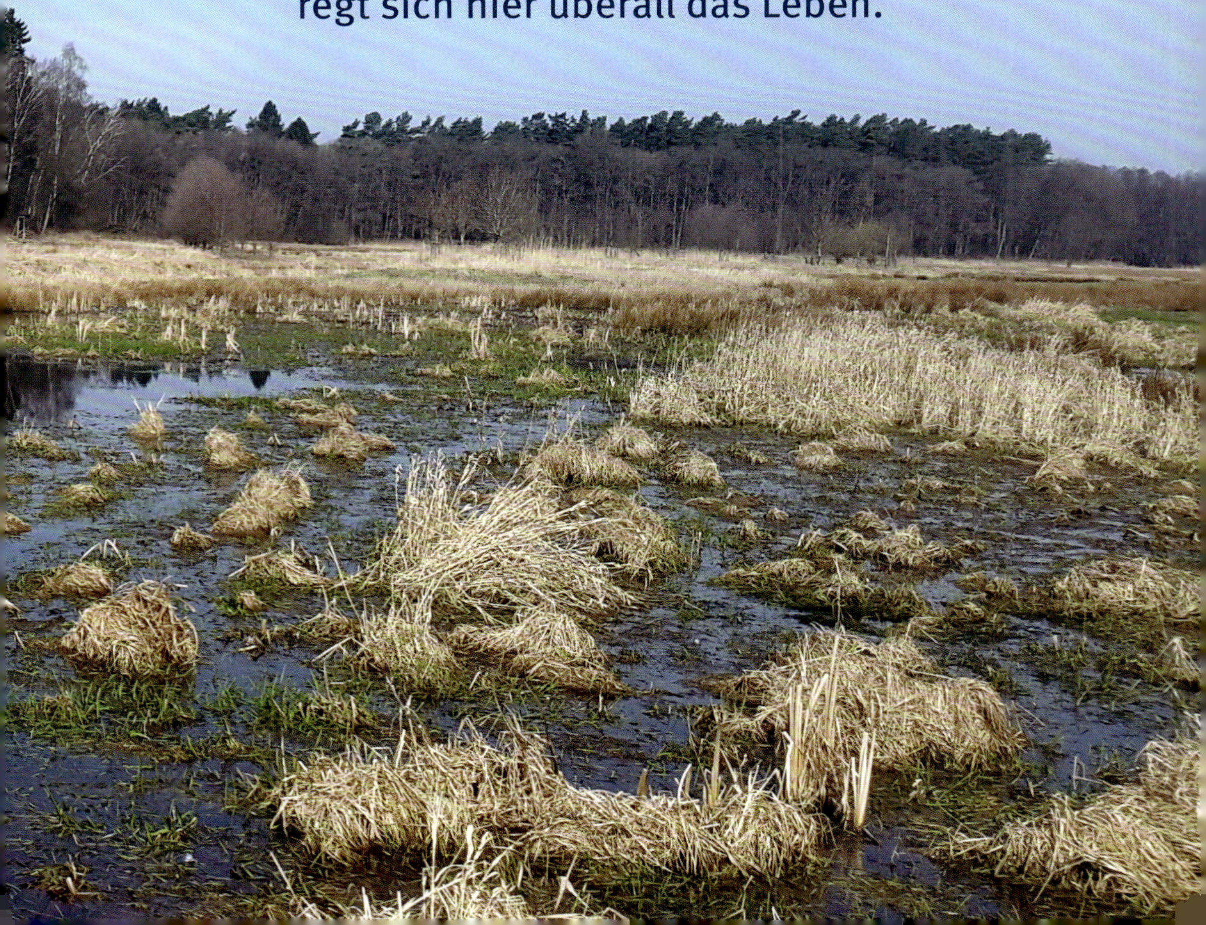

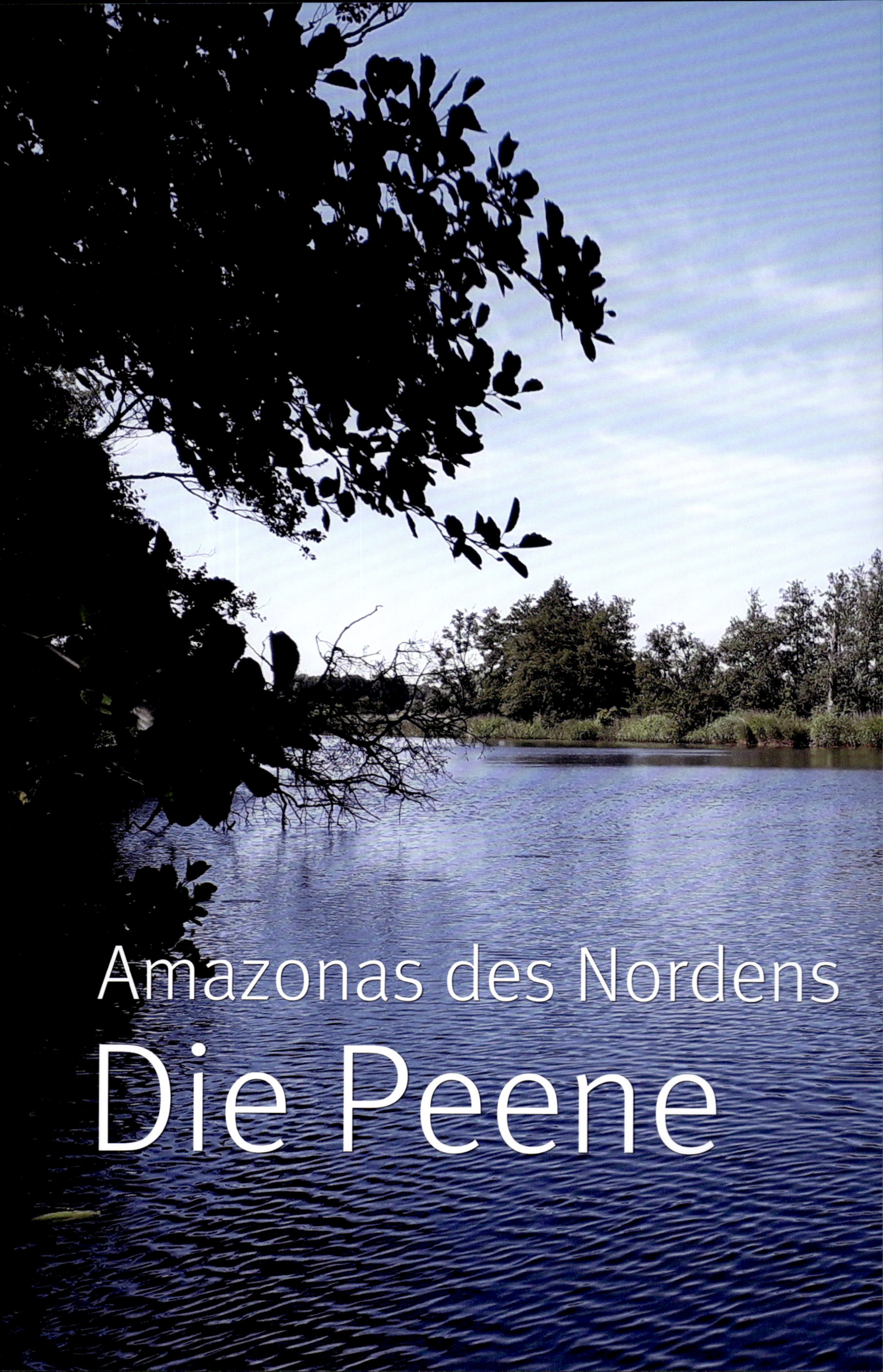
Amazonas des Nordens
Die Peene

Die Peene ist ohne Zweifel der imposanteste Fluss des Bundeslandes. Sie überrascht jeden Naturfreund mit einem üppigen Angebot an Wildnis. Kaum ein Fluss in Deutschland ist von so viel wilder Naturlandschaft, so vielen Stillgewässern sowie Moor- und Bruchlandschaften umgeben wie die Peene. Sie wird deshalb auch gern mit Stolz »Amazonas des Nordens« genannt.

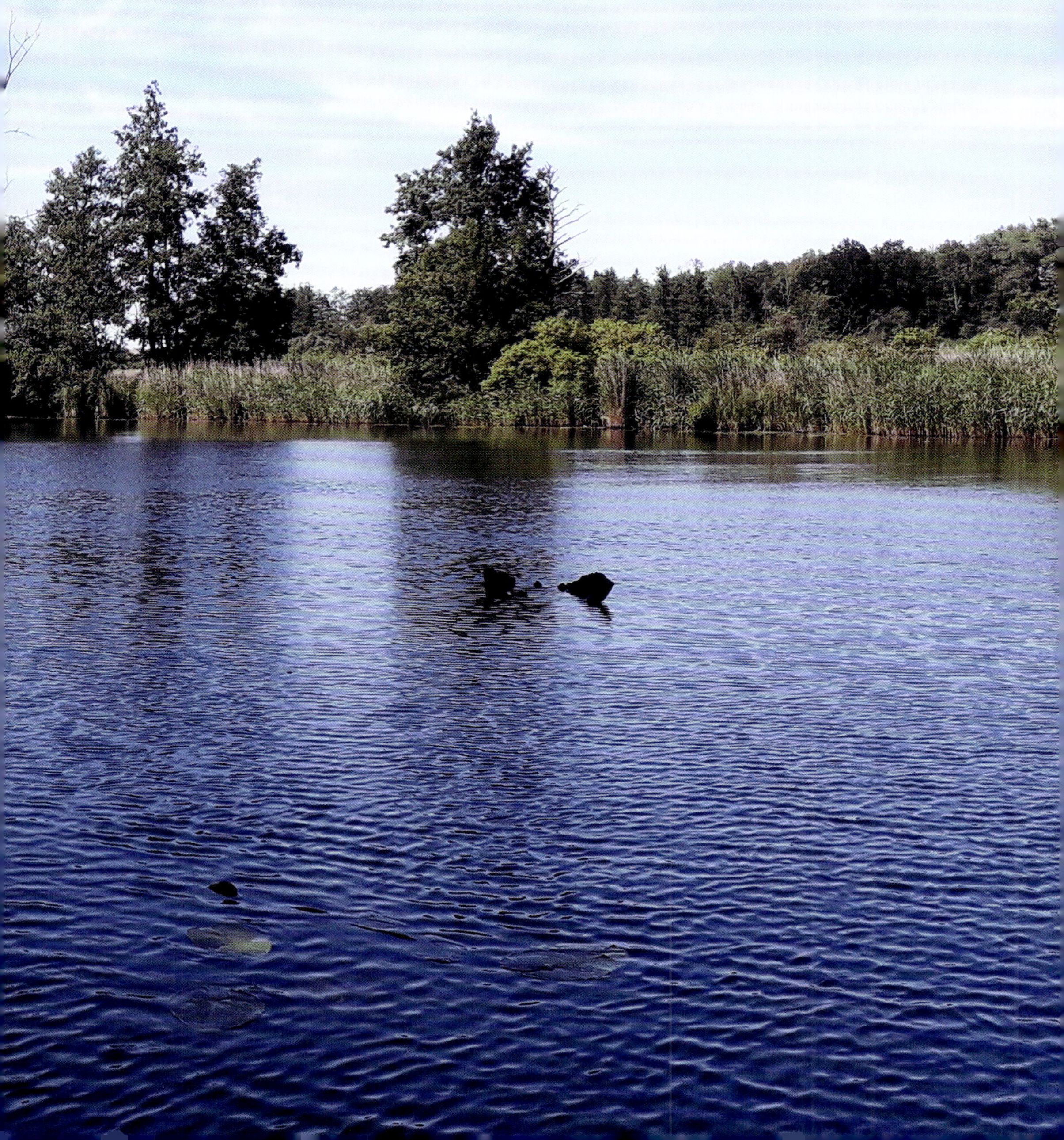

Der Fluss im Lauf

Die Peene fließt vom Ursprung eines ihrer Quellflüsse, der Westpeene, annähernd geradlinig von Südwest nach Nordost bis hinter die Stadt Demmin. Danach wendet sie sich nach Südosten Richtung Anklam und mündet circa 10 km hinter dieser Stadt in den Peenestrom. Der Peenestrom ist der nach Norden gerichtete Mündungsarm der Peene und verbindet diese vor Peenemünde mit der Ostsee. Eine nach Süden verlaufende Verbindung von der Mündung der Peene in das Stettiner Haff ist »Der Strom«. Über diesen Weg wird ein Teil des Wassers der Oder auf der Ostseite des Haffs in die Ostsee geleitet. Dieser Umstand führt offenbar zu der oftmals anzutreffenden Aussage, die Peene sei ein Mündungsarm der Oder.

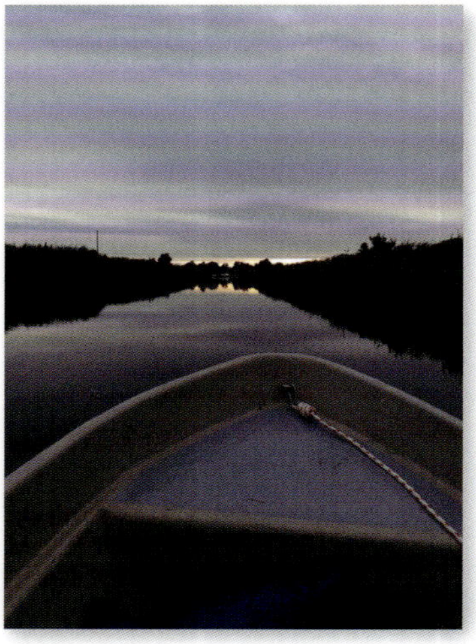

Morgendlicher Start zum Angelausflug auf die Peene.

Von Westpeene ...

Auf ihrem Weg von der Quelle der Westpeene bis zum Peenestrom legt die Peene ca. 120 km zurück. Sie durchfließt dabei den Malchiner See, verlässt diesen als Dahmer Kanal und erreicht als Peenekanal den Kummerower See an seinem südlichen Ende. Offenbar wegen dieser Geradlinigkeit wird die Westpeene von einigen Autoren auch als der Hauptquellfluss der Peene angesehen. Die größte Länge der Peene repräsentiert diese Sicht jedoch nicht. Fischereilich sind sowohl die Westpeene als auch ihr weiterer Verlauf als Dahmer Kanal ohne Bedeutung. Für beide Wasserläufe wird keine Angelerlaubnis erteilt.

... bis Ostpeene

Neben der Westpeene gelten mindestens zwei weitere Wasserläufe als Quellflüsse der Peene. Das sind die Teterower Peene sowie die Ostpeene mit ihrem Hauptzufluss, der Kittendorfer Peene. Der Ablauf des Teterower Sees in Richtung Kummerower See nördlich der Westpeene wird als Teterower Peene bezeichnet. Ab Neukalen trägt sie bis zur Mündung in den Kummerower See an dessen Westseite ebenfalls den Namen Peenekanal oder auch Neukalener Kanal. Die Quelle der Ostpeene befindet sich östlich von Waren nahe der Ortschaft Klein-Plasten. Sie fließt nach mehrfachen Richtungsänderungen durch

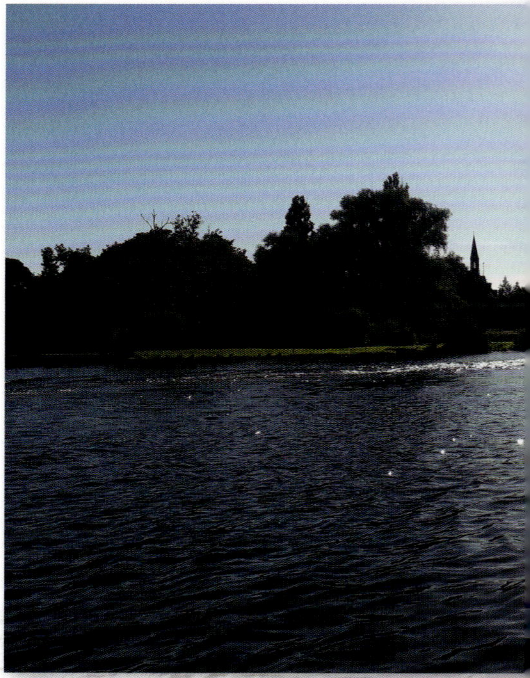

den Torgelower See und dann nach Norden. Oberhalb von Faulenrost nimmt sie als ihren größten Zulauf die Kittendorfer Peene auf. Beide zusammen münden bei Malchin in den Peenekanal und weiter in den Kummerower See.
Die gesamte Länge der Peene über ihre Quellflüsse Ostpeene bzw. Kittendorfer Peene bis zum Peenestrom beträgt annähernd 140 km. Im Oberlauf der Ostpeene vom Auslauf aus dem Torgelower See bis zur Straßenbrücke Demzin-Zettemin besitzt ein Fischereiunternehmen das Fischereirecht, von dort bis zur Mündung in den Peenekanal auf 12 km Flussstrecke der LAV.

Was schwimmt denn da?

Hauptfischarten in diesem Bereich sind Plötz, Barsch, Hecht, Döbel und Aland. Über gelegentliche Fänge großer Bachforellen wird berichtet. Es liegt die Vermutung nahe, dass es sich um Meerforellen handelt, die die Laichhabitate der Ostpeene aufsuchen. Innerhalb der Angelstrecke des LAV MV besteht im markierten Bereich innerhalb des Naturschutzgebietes ein Angelverbot. Die Ostpeene zwängt sich hier durch ein mehr als 20 m tiefes Durchbruchstal, das bei der Ortschaft Peenehäuser ausläuft. Die Strecke weist zum Teil beachtliche Fließgeschwindigkeiten auf. Vom Zusammenfluss von Ostpeene und Kittendorfer Peene bis zur Fischaufstiegshilfe an der Gielower Mühle verliert der Fluss etwa 25 Höhenmeter.

Treppen für die Fische

Insgesamt gibt es in der Ostpeene zwischen dem Auslauf aus dem Torgelower See und er Einmündung in den Peenekanal fünf Fischaufstiegshilfen. Es sind Fischaufstiegsanlagen unterschiedlichster Bauform. Manche bestehen aus einzelnen sogenannten Riegeln. Steinreihen, die wie Stufen in den Fluss gebaut sind. Das Wasser läuft durch kleine Becken abwärts. Diese Hürden können die wandernden Fische dann flussab wie flussauf überwinden. Diese Anlagen dienen der Überbrückung von strömungsregulierenden Wasserbauten. Zwischen diesen Stufen können die Anglerin und der Angler mit gemäßigten Strömungen rechnen. Unterhalb der letzten Fischaufstiegshilfen nehmen die Zuläufe der Peene – die Teterower Peene, der Dahmer Kanal und der Peenekanal – den behäbigen Charakter der Flachlandflüsse in MV an.

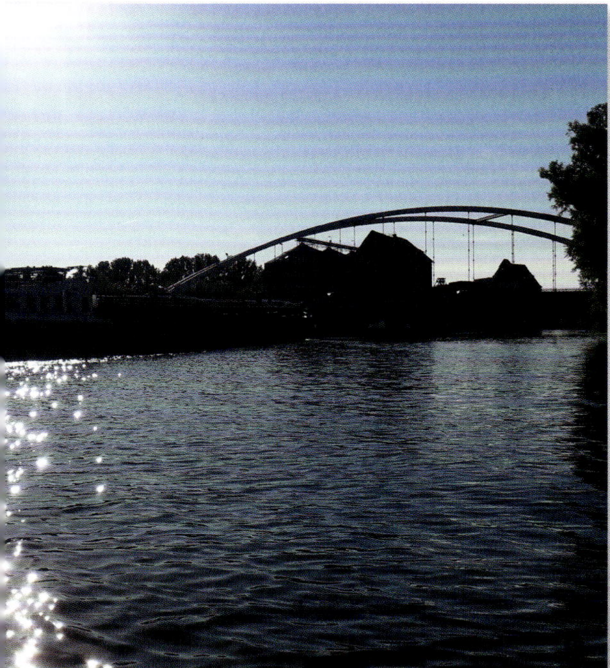

Peene bei Jarmen.

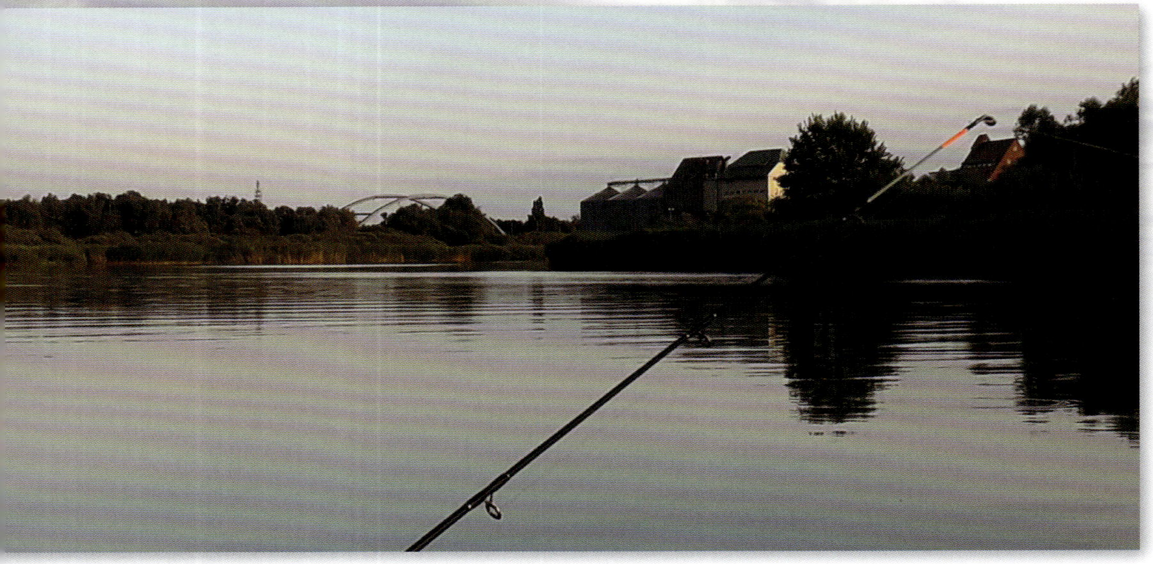

Beste Tageszeit und Wetterstimmung für Ansitz auf Aal.

Angeln in den Flussteilen

Die Fischereirechte für die Teterower Peene und den Peenekanal sind in der Hand von Fischereiunternehmen. An einer dieser Strecken, dem Endstück der Teterower Peene, habe ich vor etlichen Jahren Erfahrungen als Angler sammeln dürfen. Es wurde ein Gemeinschaftsfischen ausgetragen, bei dem überwiegend Plötze und stattliche Brachsen gefangen worden waren. Am Abend gaben sich am gleichen Abschnitt des Kanals die Fliegenfischer ein Stelldichein und erbeuteten mit der Trockenfliege vor allem Rotfedern. Es muss also für das Fliegenfischen nicht immer ein Salmonidengewässer sein. Eine der Anglerinnen habe ich wegen ihres eleganten Wurfstils besonders bewundert. Sie legte die Fliegenschnur gestreckt, wie mit dem Lineal gezogen, auf das Wasser. Das sah nicht nur perfekt aus. Sie erzielte auch das weitaus beste Fangergebnis.

Die drei Quellflüsse der Peene sind stromab allesamt im Kummerower See vereint. Diesen verlässt die Peene an seinem Nordende westlich von Verchen beim Ort Aalbude als nunmehr ein Fluss in nördlicher Richtung und schwenkt dann nach Nordosten durch die Stadt Demmin bis Loitz. Von dort an fließt die Peene erst nach Osten und dann nach Südosten durch die Städte Jarmen und Anklam in den Peenestrom. Dieser Abschnitt der Peene vom Kummerower See bis zum Peenestrom ist 82 km lang und wird irrtümlich von einigen Autoren als »die Peene« angesehen, die im Kummerower See entspringt. Sicherlich ist dieser Bereich der markanteste des gesamten Peenelaufs, aber nicht die gesamte Peene. Bei einer kleinen Erkundungsfahrt in die Peene mit einem Fischer aus Salem machten wir im Örtchen Aalbude für einen Imbiss kurz Halt. Dieser Aufenthalt bescherte mir ein kleines Dejà-vu-Erlebnis. Angelehnt an die Dachkante eines Gebäudes standen einige fertig montierte Handangeln. Sie waren von der gleichen Bauart, wie ich sie vor mehr als 40 Jahren bei den Jugendlichen in Dobbin am Krakower See kennengelernt habe. Die Rute aus einem Stück gewachsenem Holz, nur eine Nummer kleiner, da offensichtlich für Kinder gedacht. Beeindruckend, wie bei aller Glas- und Carbonfaser solche Traditionen erhalten bleiben.

Mal den Wurm in der Bundeswasserstrasse baden

Flussaufwärts von der Mündung in den Peenestrom bis zum Hafen in Malchin ist die Peene auf einer Länge von circa 98 km Bundeswasserstraße mit einer Fahrwassertiefe von 2,5 bis mindestens 2,0 Meter. Das bedeutet für die Angler: Die Peene ist auf dieser Strecke durchgängig mit Motorbooten befahrbar. Dagegen wird das Angeln vom Ufer weitestgehend eingeschränkt. Im Unterlauf der Peene befinden sich ausgedehnte Feuchtgebiete, die nicht zugängig sind bzw. aus Gründen des Natur- und Landschaftsschutzes nicht betreten werden dürfen. Das gilt grundsätzlich auch für die zahlreichen Torfstiche, die über lange Strecken die Ufer säumen. Trotzdem ist es gelungen, ausgewählte Angelgewässer und Uferangelstellen im Rahmen der NSG-Verordnung Peenetal von Salem bis Jarmen zuzulassen. Ausführliche Informationen inklusive detailliertem Kartenmaterial sind unter http://www.naturpark-flusslandschaft-peenetal.de einsehbar. Die Chancen für das Angeln vom Ufer aus stehen trotz der Einschränkungen recht gut. Die angebotenen Angelstellen werden von einheimischen Anglern nicht übermäßig in Anspruch genommen, sie bevorzugen das Angeln vom Boot. Dazu hatte unlängst die sechsjährige Enkelin eines an der Peene groß gewordenen Angelfreundes ihren Opa überredet. Beide nahmen ihre Plätze im Boot ein, dann wurde eine Wurfangel vorbereitet. Die Enkeltochter durfte den Köder aussuchen und entschied sich für einen Gummifisch mit viel Blau und Glitzer. Opa montierte den Köder und musste auch auswerfen und auch wieder einholen. Schon nach dem dritten Versuch hatte ein Fisch den Köder gefasst und Opa drückte nun der Kleinen die Rute in die Hand. Das konnte sie schon ganz gut, wenn auch die Angelrolle etwas als Seilwinde strapaziert wurde. Der Fisch wurde in die Nähe des Bootes gebracht und Opa

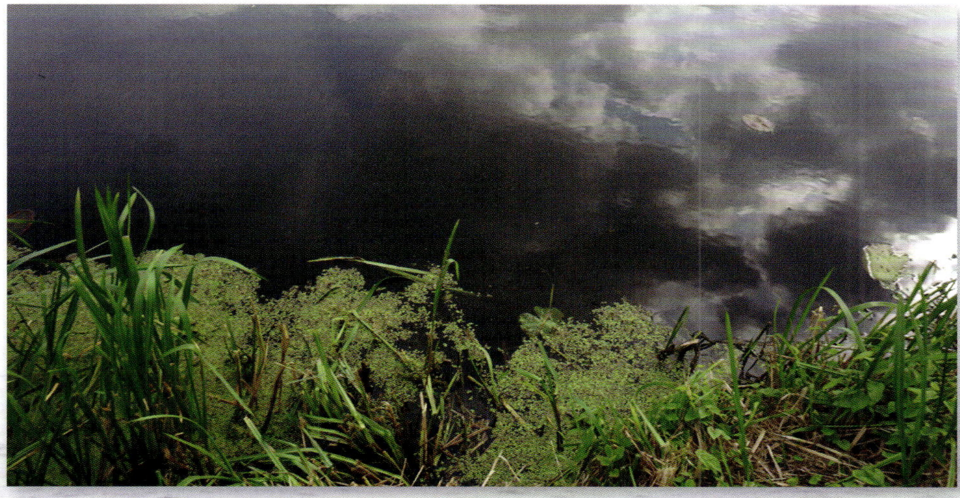

Die Fische sind gut versteckt unter der glitzernden Wasseroberfläche, in der sich der Himmel spiegelt.

konnte ihn Keschern: Ein Hecht, 65 cm lang. Das war ein wirklich guter Fang. Aber der schwierigere Teil stand noch bevor. Die stolze Anglerin wurde gefragt: »Was machen wir mit dem Fisch, mitnehmen oder wieder freilassen?« Sie war natürlich für mitnehmen, aber dafür musste der Fisch getötet werden. Die Einsicht fiel nicht leicht, aber die Erkenntnis wurde der Kleinen klar: Wenn der Fisch gegessen werden soll, muss er auch getötet werden. Das erledigte natürlich Opa.

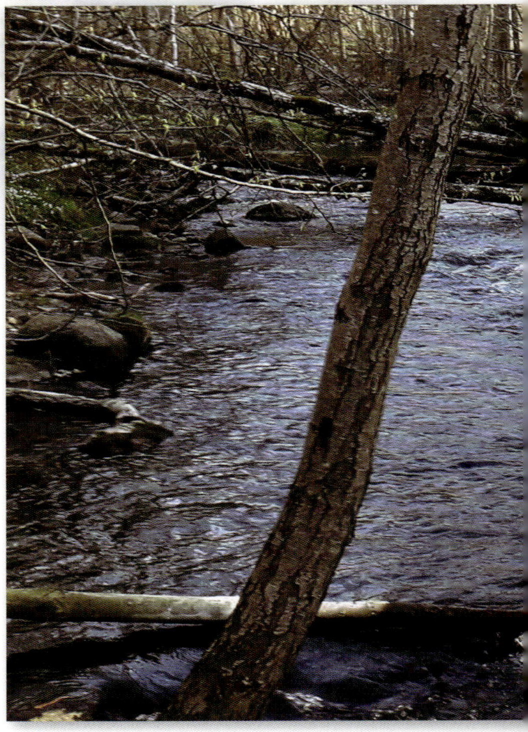

Die Reise lohnt

Sie sind als Gast an der Peene willkommen. Das Flusssystem der Peene ist eines der fischarten-reichsten in Deutschland. Von den 54 in Binnengewässern MVs nachgewiesenen Fischarten kommen 37 Arten in der Peene vor. Darunter gelten 20 Arten als bestandsgefährdet, so auch Fluss- und Bachneunaugen, Rapfen und Bitterlinge. Langfristig wird über eine Wiederansiedlung des Lachses nachgedacht. Die Fänge der »großen Forellen« in der Ostpeene lassen hoffen. Neben den für die Gewässer in MV typischen Fischarten ist derzeit der Wels von Interesse. Ihm ist am ehesten beim Ansitzangeln mit einem toten Köderfisch nachzustellen. Unter den Fangmeldungen zum »Fisch des Jahres 2016« war ein Wels aus der Peene mit einer Länge von 2,14 Meter und 56 kg Gewicht. Angenehm für den Angler am Unterlauf der Peene ist, dass er im Gegensatz zur Situation in den beiden Nebenflüssen Tollense und Trebel kaum Probleme mit Verkrautung im Flusslauf hat. Gegenwärtig nimmt der Bewuchs im Flusslauf jedoch tendenziell zu. Wegen des geringen Gefälles im Unterlauf der Peene – 30 cm vom Kummerower See bis zum Peenestrom – kann es vorkommen, dass die Peene »bergauf« fließt. Das geschieht abhängig von den Windverhältnissen auf der Ostsee durch den Anstieg des Wasserspiegels in Achterwasser und Stettiner Haff. Dadurch drückt das Wasser aus dem Peenestrom aufwärts in die Peene.

Angeln und noch mehr

Die Fischereirechte für die Peene ab Kummerower See bis kurz vor die Mündung in den Peenestrom gehören ausschließlich Fischereiunternehmen. Richtung Achterwasser und Ostssee schließen sich die Küstengewässer an, hier hat das Land MV das Fischereirecht.
Mittel- und Unterlauf der Peene bieten neben vielseitigen Angelmöglichkeiten auch weitere einmalige Naturerlebnisse.

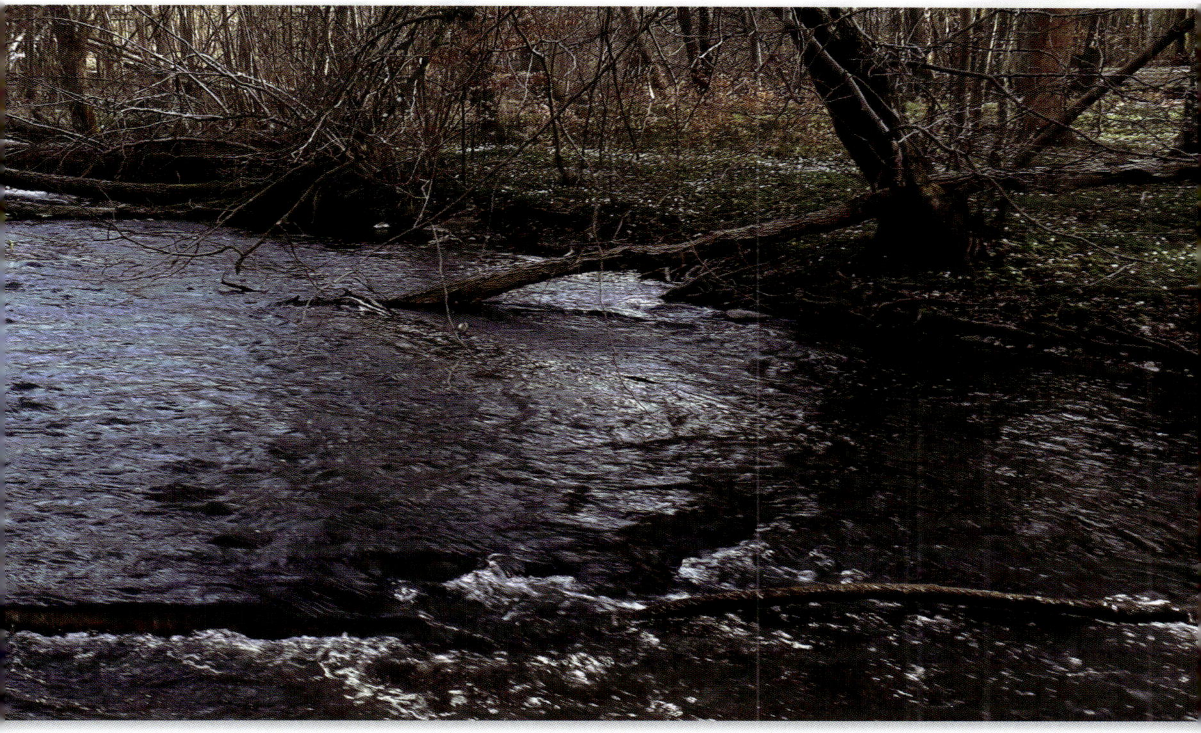

Die Ostpeene – ein vielversprechendes Laichrevier für Meerforellen.

Es grünt, schwimmt und fliegt nur so

Den Besuchern wird eine reichhaltige Pflanzen- und Tierwelt präsentiert. Von überregionaler Bedeutung ist die umfangreiche Vogelfauna; 80% der Brutvogelarten in MV sind in den Feuchtgebieten der Peeneniederung vertreten. Herausragend darunter die Tatsache, dass neben See- und Fischadler als dritter im Bunde auch der Schreiadler an der Peene brütet. In jüngster Zeit erhielt der Eisvogel besondere Unterstützung. Während er beispielsweise an den Ufern der Ostpeene in Abbruchkanten gute Nistmöglichkeiten findet, fehlen solche Bereiche am Unterlauf der Peene. Dort macht das Vögelchen aus der Not eine Tugend: Es nutzt die Erdballen umgestürzter Bäume, um seine Niströhren dort hinein zu graben. Zusätzlich wurden für diesen ›Edelstein‹ in unserer Vogelwelt über ein durch den LAV initiiertes Projekt mit finanzieller Unterstützung der Norddeutschen Stiftung für Umwelt und Entwicklung (NUE) artgerechte Nisthilfen geschaffen. Besonders bekannt ist das Peenetal für seine flächendeckenden Populationen von Fischottern und Bibern. Der Fischotter bleibt dem gelegentlichen Beobachter meist verborgen. Demgegenüber legt der Biber ein völlig anderes Verhalten an den Tag. Vor dem Menschen zeigt er wenig Scheu, wovon ich mich unlängst überzeugen konnte. Ein Treffen mit Demminer Anglern zu einem Gedankenaustausch über Verbandsprobleme fand auf einem Ausflugsschiff statt. Damit wurde eine

Fahrt in Richtung Kummerower See und zurück unternommen. Auf dem Rückweg zur Zeit der Dämmerung konnten wir einen Biber beim Abendessen beobachten.
Er hatte eine treibende Insel aus Wasserpflanzen mit etwas Mühe auf das Ufer gezogen und tat sich daran gütlich. Da nicht alle Passagiere auf dem Schiff diesen Anblick erhaschen konnten, fuhr der Kapitän noch einmal vorsichtig rückwärts zur Stelle mit dem Biber, der sein vegetarisches Mahl unbeirrt weiter genoss. Die Spuren der Fraßtätigkeit von Bibern an der Ufervegetation ist jedoch unübersehbar, sogar in Ortslagen.

Fluss mit imposanten Armen

Die Vorstellung der Peene wäre unvollständig ohne einen Abstecher an ihre bedeutendsten Nebenflüsse, die Tollense und die Trebel. Beide münden auf dem Weg der Peene vom Kummerower See in das Stettiner Haff nahe der Stadt Demmin in den Hauptfluss.

Angelstarke Tollense

Der etwa 70 km lange Flusslauf der Tollense beginnt mit dem Austritt aus dem Tollensesee bei Neubrandenburg. Von dort fließt die Tollense Richtung Norden bis nahe Klempenow. Hier ändert sie ihren Lauf erst nach Nordwesten und ab Siedenbrünzow endgültig nach Westen der Mündung in die Peene bei Demmin entgegen.
Das Angeln ist nahezu über die gesamte Strecke möglich. Lediglich auf den letzten 800 Meter vor der Einmündung in die Peene dürfen die Ufer nicht begangen werden. Dort fließt die Tollense durch das Naturschutzgebiet Peenetal. Das Fischereirecht liegt in der Hand von Fischereiunternehmen, bei denen Gäste die Angelerlaubnis erwerben können. Zu den vorkommenden Fischarten gesellen sich neben den bereits bekannten wie Aal, Barsch, Hecht, Plötz, und Brachsen als typische Vertreter eines Fließgewässers auch Aland, Döbel und an den strömungsstärkeren Stellen sogar Rapfen.
Die zuletzt genannten drei Arten sind nicht unbedingt kulinarische Leckerbissen. Sie stellen jedoch für den ehrgeizigen Angler eine Herausforderung dar. Welcher Fisch außer dem Döbel ist schon mit einer Kirsche als Köder zu überlisten? Oder der Rapfen, der wegen seines Temperaments den Beinamen Oderlachs trägt, dem er an der Angel alle Ehre erweist. Er ist ein ausdauernder Kämpfer.
Ein Problem für Anglerin und Angler und übrigens auch für andere Wassersportler an den Flüssen in MV ist der starke Pflanzenwuchs an den Ufern und im Wasser. Die Tollense und auch die nachfolgend beschriebene Trebel werden erstmals im Sommer zwischen Juni und August und erneut im September gekrautet. Die geschnittenen Pflanzen bilden an markanten Stellen solide Ansammlungen aus, an denen das Angeln oft weiträumig unmöglich ist. Das beräumte Schnittgut wird an Krautsammelstellen zwischengelagert und zu Deponien verbracht. Außerhalb ihrer Nutzungszeit sind die Krautsammelstellen beliebte Angelplätze, da gut erreichbar. Weitere empfehlenswerte Angelplätze vom Ufer sind Wasserwander-Rastplätze.

Natürlich schöne Trebel

Die bereits genannte Trebel hat ihre Quelle nördliche von Grimmen und fließt in östlicher Richtung bis Tribsees. Dort ändert sie markant ihren Lauf erst nach Süden und dann nach Südosten bis zur Einmün-

dung in die Peene. Fischereilich und damit auch für Angler interessant wird die Trebel von der Straßenbrücke Siemerstorf-Rekentin flussabwärts. Von dort bis zur Straßenbrücke Tribsees-Richtenberg hat der LAV MV das Fischereirecht gepachtet. Weiter flussab bis zur Mündung in die Peene hat ein Fischereiunternehmen das Fischereirecht für die Trebel und den sie begleitenden Trebelkanal inne. Die vorkommenden Fischarten sind mit denen der Tollense annähernd gleich. Die Länge dieses Bereiches der Trebel beträgt etwas mehr als 40 km. Der Mündungsbereich der Trebel in die Peene liegt wie der der Tollense ebenfalls im Naturschutzgebiet (NSG) Peenetal, nur auf der Westseite. Auch hier dürfen die Ufer nicht betreten werden. Alle weiteren Verhaltensregeln für NSG gelten selbstverständlich ebenfalls. Das Problem des Verkrautens ist an der Trebel etwas gemäßigter als an der Tollense. Die Trebel verkrautet im Sommer vor allem oberhalb von Tribsees, abwärts ist die Verkrautung schwächer, sodass das Angeln weniger behindert wird. Vor Jahren haben wir mit unserem Rostocker Angelverein gern einmal ein Gemeinschaftsangeln am Trebelkanal bei Nehringen durchgeführt. Es kamen vor allem Handangeln bis acht Meter Länge für den Fang der stattlichen Brachsen zum Einsatz. Bevorzugte Köder waren Maden und kleine Rotwürmer. Wer den Aufwand nicht scheute, hatte auch einen oder mehrere Dorfteiche nach Zuckmückenlarven durchgesiebt und davon etliche in das Lockfutter gegeben. Die oft erzielte beachtliche Anzahl der gefangenen Fische fand bei den Landwirten des Ortes dankbare Abnehmer als Tierfutter. Das Fischereigesetz des Landes lässt eine solche Handhabe als vernünftige Verwertung des Fanges zu. Einige Exemplare wurden selbstverständlich auch für die heimische Küche ausgesucht.
Als weitere Angelstelle an der Trebel ist neben Nehringen auch der Wasserwander-Rastplatz in Tribsees zu empfehlen.

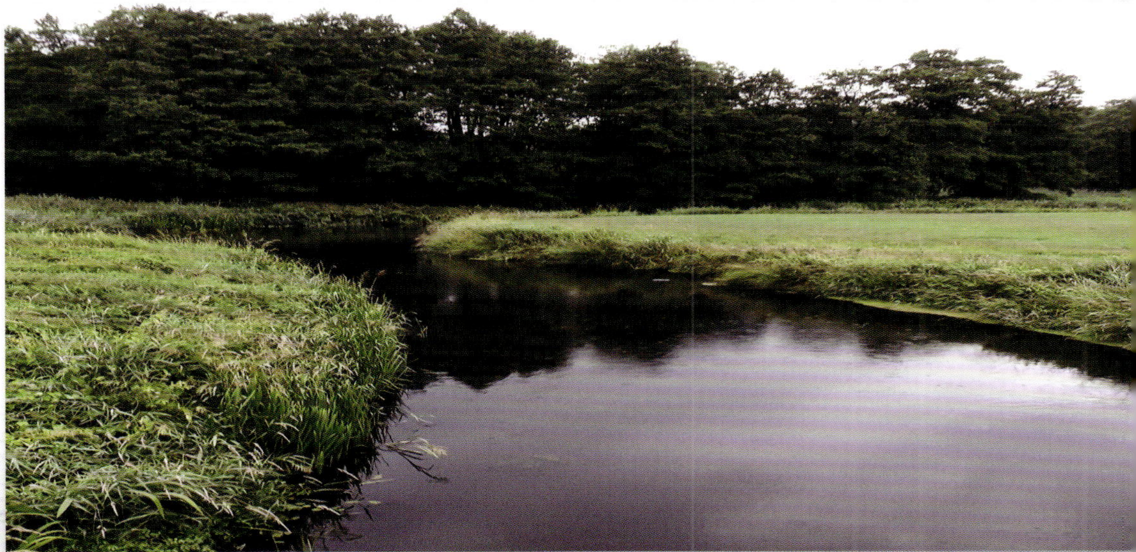
Die Tollense bei Mühlenhagen.

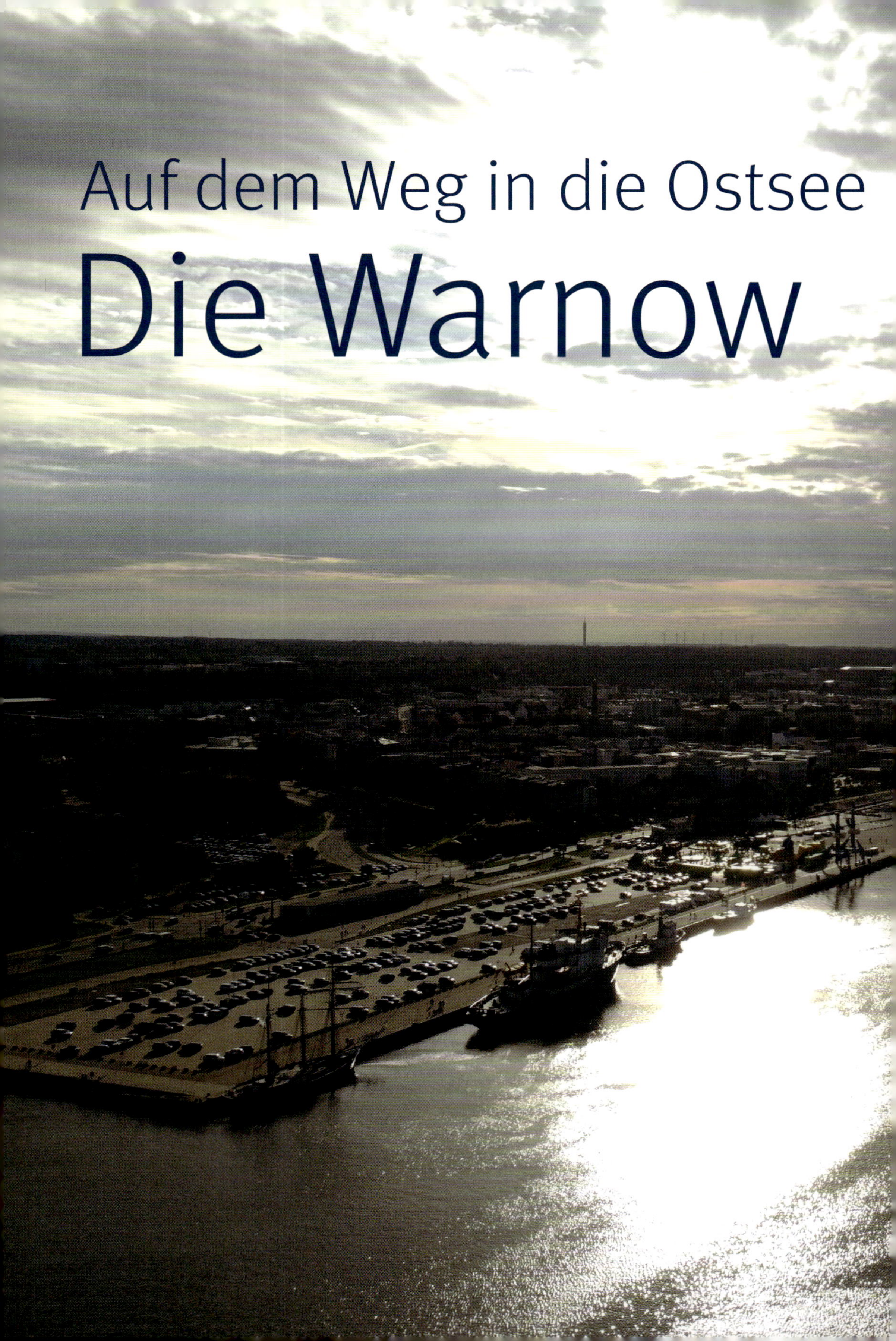
Auf dem Weg in die Ostsee
Die Warnow

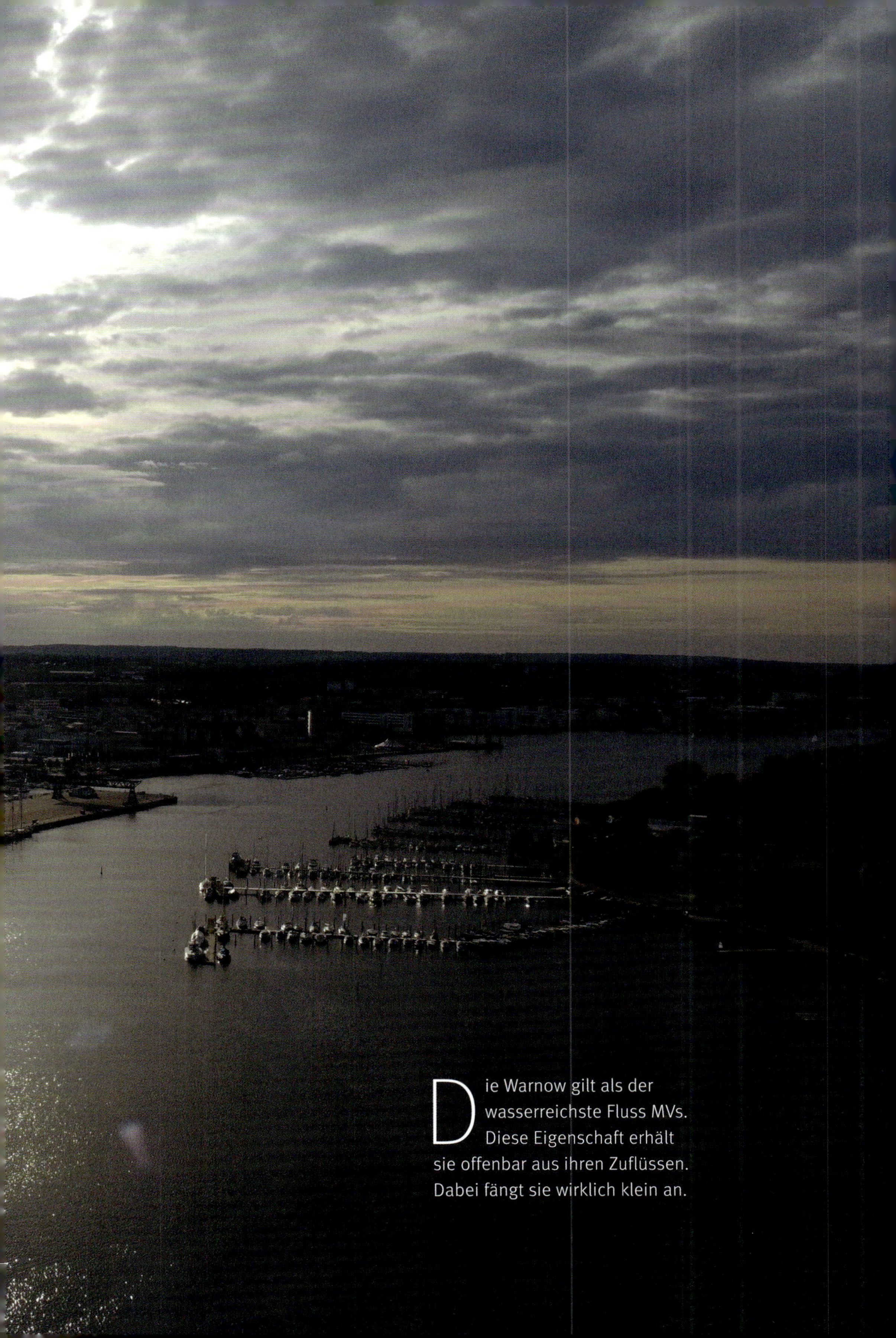

Die Warnow gilt als der wasserreichste Fluss MVs. Diese Eigenschaft erhält sie offenbar aus ihren Zuflüssen. Dabei fängt sie wirklich klein an.

Verlauf der Warnow

Die Quelle der Warnow befindet sich in Grebbin, einem Ort etwa zehn Kilometer nördlich der Stadt Parchim. Auf den ersten Kilometern ist sie nur ein bescheidenes Rinnsal, dem von Norden einige Gräben zufließen. Von ihrer Quelle richtet die Warnow ihren Lauf nach Nordwesten bis zum Barniner See. Nach Austritt aus dem See fließt sie geradewegs nach Westen, bis sie sich etwa zwei Kilometer hinter dem Ort Gädebehn scharf nach Norden wendet. Nach weiteren rund zehn Kilometern ändert die Warnow erneut ihre Richtung zurück nach Osten und weiter nach Nordosten bis zur Stadt Schwaan. Von dort an fließt die Warnow geradewegs nach Norden ihrer Mündung entgegen. Nach einer Lauflänge von 155 Kilometern erreicht die Warnow in Warnemünde die Ostsee. Der wendungsreiche Verlauf der Warnow ist in der Übersichtskarte recht gut zu erkennen. Wesentliche Zuflüsse der Warnow sind von Westen der Radebach bzw. Brüeler Bach bei Weitendorf, die Beke bei Schwaan sowie von Osten die Mildenitz bei der Sternberger Burg und die Nebel bei Bützow.

Fluss mit vielen Gesichtern und bewegter Geschichte

Der Verlauf der Warnow wurde in den 1960er-Jahren zum Teil stark melioriert, also begradigt, ausgebaut, das Flusswasser umgelenkt. Das alles, um den Wasserstand zu regulieren und Weide- und Anbauflächen zu gewinnen. Kurz: Der lebendige Flusslauf wurde umgebaut und für die Landwirtschaft optimiert. Das schöne Gesicht des lebendigen Flusses wurde, wie bei vielen anderen Flüssen in ganz Deutschland, verändert. Dann kam das Umdenken, die Rückkehr zur Natur des Flusses.

Bis heute wurde die Warnow danach wieder Schritt für Schritt in ihr ursprüngliches Bett zurückverlegt. Wehre wurden abgebaut und durch Sohlgleiten ersetzt. Dieser Prozess der Renaturierung dauert noch an, aber er lohnt sich. Die Warnow zeigt heute wieder ihre Vielseitigkeit. Mal schlängelt sie sich geruhsam durch Wiesen und Auwälder, mal rauscht sie wie ein Gebirgsbach.

Oberwarnow

Bereits im Oberlauf zwischen dem Barniner See und Langen Brütz gibt es kleine Stromschnellen über Steine und zwischen umgestürzten Bäumen. Mit mäßigem Geländeeinschnitt bei Gädebehn beginnend bildet die Warnow hinter Karnin ein kleines Durchbruchstal, das unter Naturschutz steht. Danach knickt der Fluss nach Nordosten ab, fließt weiter durch Wiesengelände und passiert dabei den Mickowsee. Anschließend setzt die Warnow ihren Weg durch die Sternberger Seenplatte fort, ohne noch weitere Seen zu berühren. In Weitendorf fließt der Brüeler Bach in die Warnow. Östlich des Dorfes beginnt ein tief eingeschnittener Abschnitt des Flusslaufes mit schneller Strömung. Bei Groß Görnow, nördlich von Sternberg, durchschneidet sie in einem bis zu 40 Meter tiefen Durchbruchstal eine eiszeitliche Moräne und verliert zwischen Sagsdorf und Eickhof acht Höhenmeter auf neun Kilometern Flusslänge. Hier mündet auch die Mildenitz in die Warnow. Dieser Bereich steht als »Durchbruchstal der Warnow und Mildenitz« ebenfalls unter Naturschutz.

Hinter Eickhof wird das Warnowtal wieder breiter und der Fluss erreicht die Stadt Bützow. Dort mündet rechtsseitig die

Nebel in die Warnow. Etwa 15 Kilometer weiter nördlich durchfließt die Warnow die Kleinstadt Schwaan. Links in Fließrichtung mündet die Beke. Danach werden die Orte Damm, Pölchow und Papendorf passiert. An einem bereits im Mittelalter am Mühlendamm in Rostock errichteten Stau endet der Lauf des bis dorthin als Oberwarnow bezeichneten Warnowlaufes. Der Stau hat heute die Aufgabe, kein Salzwasser der Ostsee in den Bereich der Oberwarnow gelangen zu lassen, aus dem das Rohwasser für die Trinkwassergewinnung der Stadt Rostock entnommen wird. Ab Bützow bis Rostock hat die Warnow nur noch ein sehr geringes Gefälle und fließt gemächlich dahin. Bei Wind aus nördlichen Richtungen bewirkt das häufig ein leichtes Fließen des Oberflächenwassers entgegen der eigentlichen Strömungsrichtung.

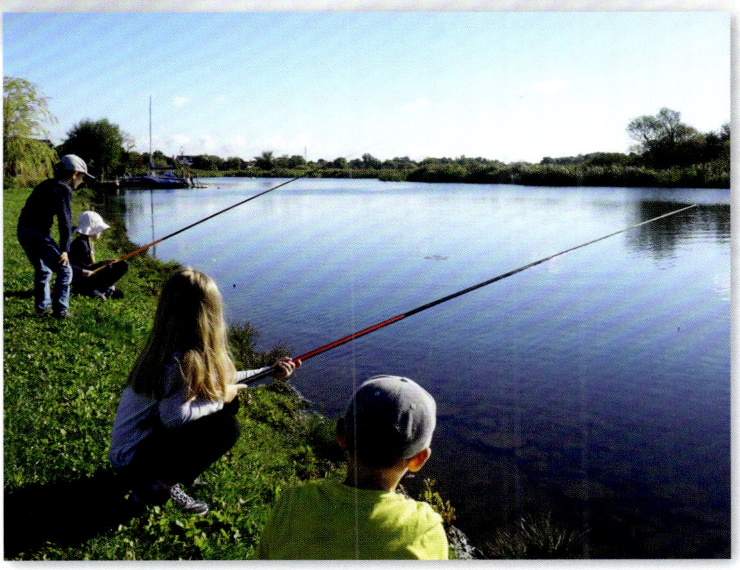

Unterwarnow – vor allem Plötze, Brachsen und Barsche schwimmen hier.

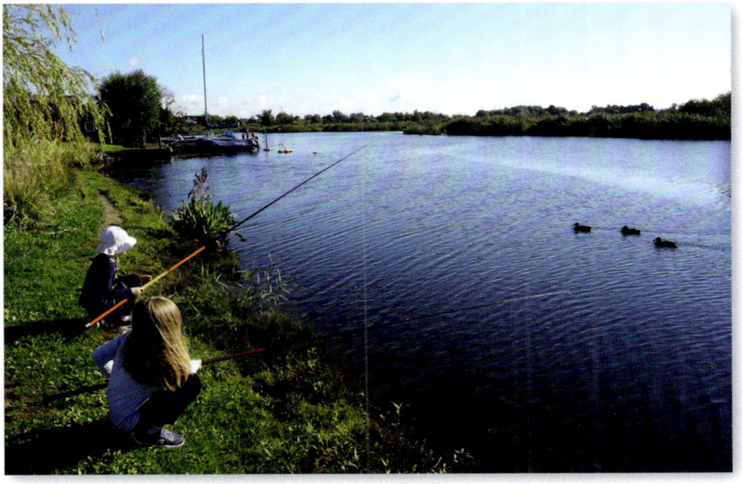

Seicht ist der Fluss im Uferbereich. Die Kinder sind hier wohl aufgehoben.

Unterwarnow

Unterhalb des Staus am Mühlendamm beginnt der Brackwasser-Mündungsarm der Unterwarnow. Sie verläuft zunächst in westlicher und dann in nördlicher Richtung bis zum Breitling. Dort verbreitert sie sich von etwa 500 Meter auf bis zu 3000 Meter. Hier liegt der Überseehafen. Ihr endgültiges Ziel, die Ostsee erreicht die Warnow nach Austritt aus dem Breitling über den Neuen Strom.

Warnow als Anglermagnet

Die Warnow ist der ganze Stolz des LAV MV. Von den 155 km Gesamtlänge des Flusses konnte der Verband für etwas über 100 km die Angelerlaubnis erwerben. Die Strecke beginnt an der Gemarkungsgrenze Herzberg/Woeten nahe der Ortschaft Kladrum. Sie endet an der Eisenbahnbrücke der Trasse Rostock-Stralsund, ca. 100 m Oberhalb des Staus am Mühlendamm. Innerhalb dieser zusammenhängenden

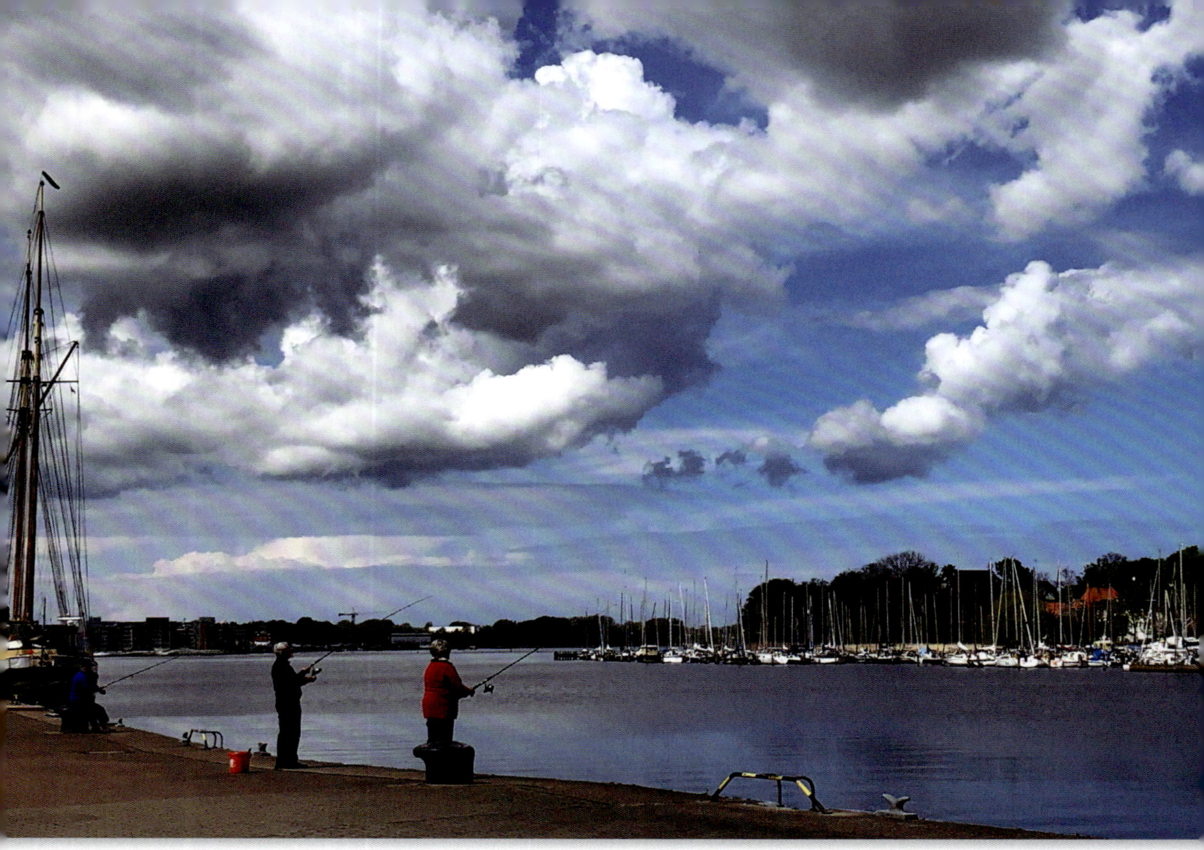

Angeln auf Hering im Stadthafen.

Länge der Warnow sind Ausnahmen zu beachten. So ist ein Abschnitt des Oberlaufs Salmonidengewässer des LAV. Im Bereich des Naturschutzgebietes (NSG) Große Mickow gehört das Fischereirecht einem Fischereiunternehmen. Das NSG Warnow-Mildenitz-Durchbruchstal ist von fischereilicher Nutzung ausgenommen. Im Stadtgebiet von Bützow ist die Warnow in zwei Arme geteilt, die sich nachwenigen Kilometern wieder vereinen. Auch dort hat ein Fischereiunternehmen Fischereirechte. Für alle Einzelheiten und Besonderheiten vor Ort wird auf das digitale Gewässerverzeichnis des LAV verwiesen.

Fischreich und Artenbreit ...

Der Fischbestand der Warnow ist ausgezeichnet und die Artenvielfalt nimmt von der Quelle zur Mündung zu. Für den ersten Abschnitt werden die üblichen Arten Plötz, Barsch, Hecht und Döbel ausgewiesen. Im folgenden Abschnitt kommen bereits Aal und Bachforelle hinzu. Die Salmonidenstrecke kann bereits zusätzlich mit der begehrten Meerforelle aufwarten. Im NSG Große Mickow werden alle bisherigen um die Arten Aland und Quappe bereichert. Das Revier vom NSG Warnow-Mildenitz-Durchbruchstal bei Klein-Raden bis Einmündung des Nebelkanals bei Bützow hat zusätzlich Karpfen und Welse im Bestand. Der letzte, große Warnow-Abschnitt von Bützow bis Rostock ist die Heimat von Plötz, Barsch, Hecht, Aal, Brassen, Döbel, Aland Quappe, Zander, Karpfen Schlei, Wels und Meerforelle. Mehr geht wirklich nicht!

Dass die Fische in der Warnow zu stattlichen Exemplaren heranwachsen, belegen

Fangmeldungen der Aktion »Fisch des Jahres«. Darin tauchen mehrmals Barsche mit Längen um 50 Zentimeter auf. Einen Spitzenplatz nimmt ein im Jahr 2020 gefangener Wels von 2,53 Meter Länge und 89 Kilogramm ein.

Warnow im Anglerrückblick

Neben solchen Angaben sehen meine eigenen Fänge aus der Warnow recht bescheiden aus. Sie hat mir aber auch den ersten »vernünftigen« Hecht meines Anglerlebens beschert. Wenige Jahre, nach denen wir als Familie in Rostock sesshaft geworden waren, hat mich ein Freund aus unserem Angelverein zu einer Tour auf der Warnow eingeladen. Er kannte den Fluss seit seiner Kindheit. Wir begaben uns mit einem Ruderboot bei Pölchow auf das Wasser und ließen uns mit der langsamen Strömung abwärts treiben. Beide benutzten wir eine Spinnangel mit einem Blinker als Köder. An meiner Montage hatte ich ein Modell Marke Eigenbau, einen sogenannten Bananenblinker (der Name resultiert aus der Form) befestigt. Die Fische rannten uns nicht gerade um, aber nach einiger Zeit hatte ich meinen Hecht an der Angel. Meine bisherigen Hechte reichten alle nicht über Portionsgrößen hinaus. Dieser Fang brachte nach erfolgreicher Kescherlandung genau 3,5 Kilogramm auf die Waage. Zu Hause, von der Familie genügend gewürdigt, habe ich zur Erinnerung an diesen anglerischen Quantensprung den Kopf des Hechtes aufwändig präpariert, die bis zu unserem Umzug er als Trophäe im Wohnzimmer an der Wand hing. Den Bananen-Blinker habe ich übrigens heute noch.

Ein Erlebnis aus jüngerer Vergangenheit war ein Angeltag mit unserem Enkel. Ein Bekannter hat ein idyllisch gelegenes Bootshaus an der Oberwarnow nahe Rostock. Von seinem Bootssteg durften wir in einem Monat Mai zum Angeln ansitzen. Für den Enkel hatte ich eine Handangel bereit, selbst wollte ich endlich einmal meine neue, superleichte Feederangel zum Einsatz bringen. Als Köder benutzten wir eine Kombination aus Maiskorn (aus der Dose) und Made, sozusagen ein belegtes Brötchen. Die Angelstelle hatten wir leicht angefüttert, mit dem Feederkorb wurde Lockfutter nachgelegt. Meinen Enkelsohn hatte ich neben mir stromab platziert. So hatte er die Chance, zuerst die vom Futter angelockten Fische an seine Angel zu bekommen. Das Konzept ging auf und wir fingen einige recht gute Brachsen um circa ein

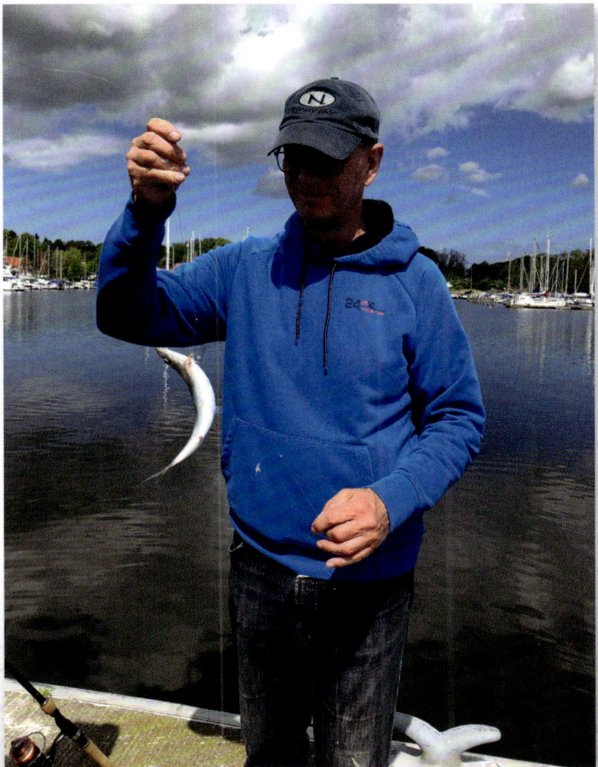

Petri Heil für den Heringsangler.

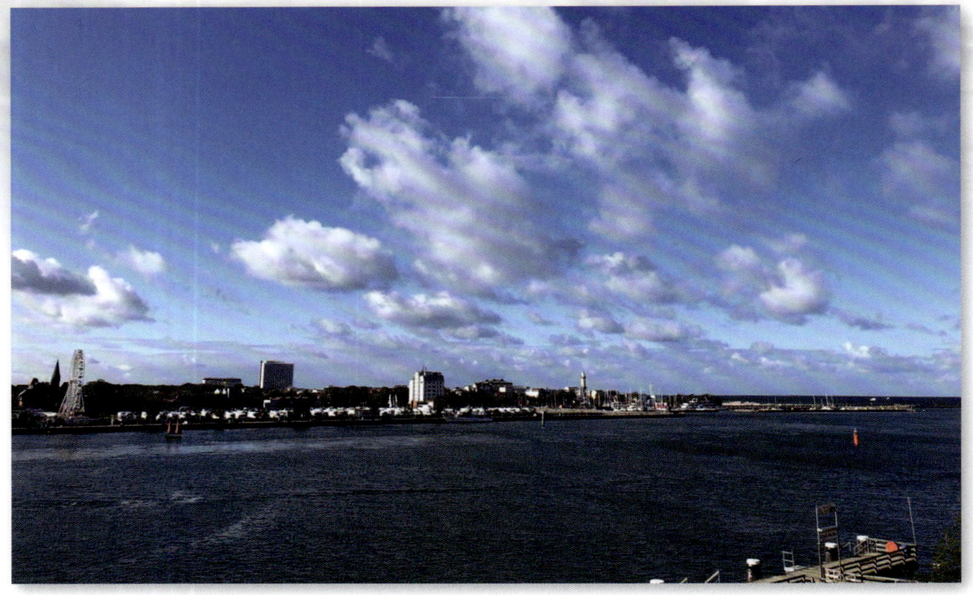

Hier in Warnemünde endet die Warnow und fließt in die Ostsee. Auch hier gibt es ausreichend Platz, die Angel auszuwerfen.

Kilogramm Gewicht und darüber. Den gesamten Fang hatte ich dem Enkel mitgegeben. Er sollte die Fische der Nachbarin im Dorf als Futter für die Hühner übergeben. Das hat er mit diesem Kommentar auch getan. Die gute Frau hatte jedoch eine andere Verwendung. Mit den Worten: »Bist du albern, für die Hühner? Solche schönen Fische esse ich selbst!« Ein paar Eier hat sie ihm dann auch als Dank mitgegeben.

Der Fluss als Angelrevier

Wenn auch die Angelerlaubnis des LAV MV kurz vor dem Mühlendamm endet, so ist das noch nicht das Ende der Angelstrecke der Warnow. Das Brackwasserrevier der Unterwarnow ist auf seine Weise attraktiv. Das Fischereirecht hierfür liegt in der Hand der Hansestadt Rostock. Es ist also eine gesonderte Angelerlaubnis erforderlich. Zu beachten ist ferner der Schonbezirk in der Unterwarnow vom Wehr am Mühlendamm bis zur Brücke Am Petridamm, ein Teil der B 105. Hier dürfen beim Angeln mit natürlichen und künstlichen Ködern nur einschenklige Haken verwendet werden. Sehr interessant ist der Fischbestand der Unterwarnow. So kommen neben Plötz, Barsch, Brachsen, Hecht, Zander, Aal und Aland insbesondere im Breitling auch Flundern regelmäßig vor, bei entsprechendem Zustrom von Ostseewasser sogar Dorsche.

Zielfische

Persönlich habe ich gute Erinnerungen an die Unterwarnow aus den Anfangsjahren in unserer neuen Heimat Rostock. Mein damaliger Angelverein hat die meisten Veranstaltungen von Gemeinschaftsfischen im Abschnitt zwischen Warnowwehr und Petribrücke ausgerichtet. Die Fänge insbesondere an Plötzen und Brachsen waren dort stets beachtlich. Die Fische haben wir jeweils unter anderem dem Rostocker Zoo zur Verwertung übergeben. Ein Angeln im Frühjahr ist mir besonders im Gedächtnis geblieben. Neben den üblichen Würmern und Maden als Köder hatte ich mir auch einen Angelteig zubereitet und ihn von Beginn an eingesetzt. Die großen Plötzen bissen darauf ausgezeichnet, bis zu meiner Überraschung der Teig aufgebraucht war. So musste ich auf die Maden als Köder wechseln. Damit fing ich auch weiterhin Plötze, aber die waren nur noch halb so groß wie die mit Teig erbeuteten Exemplare.

Fazit: Den Teig als Köder nicht unterschätzen. Außer den genannten Weißfischen hat mir die Unterwarnow im gleichen Abschnitt auch so manchen Zander beschert und im Breitling habe ich große Barsche und beim Nachtangeln vom Boot gute Aale erbeuten können. Letztgenannte Möglichkeit ist heute sehr stark eingeschränkt, da die Erweiterung des Rostocker Überseehafens kaum noch Flächen übriggelassen hat, auf denen ein Boot verankert werden könnte.

Silber der Ostsee zu Gast

Ein jährlich wiederkehrendes Highlight auf der Unterwarnow ist geblieben: Sie wird in ihrer gesamten Länge im Frühjahr vom Hering zum Laichen aufgesucht. Manche Areale werden durch die massenhaft abgegebenen Laichprodukte regelrecht milchig eingefärbt. In dieser Zeit wird jede zugängige Stelle am Ufer bis weit hinein in den Stadthafen von Heringsanglern gesäumt. Zusätzlich tummeln sich viele Boo-

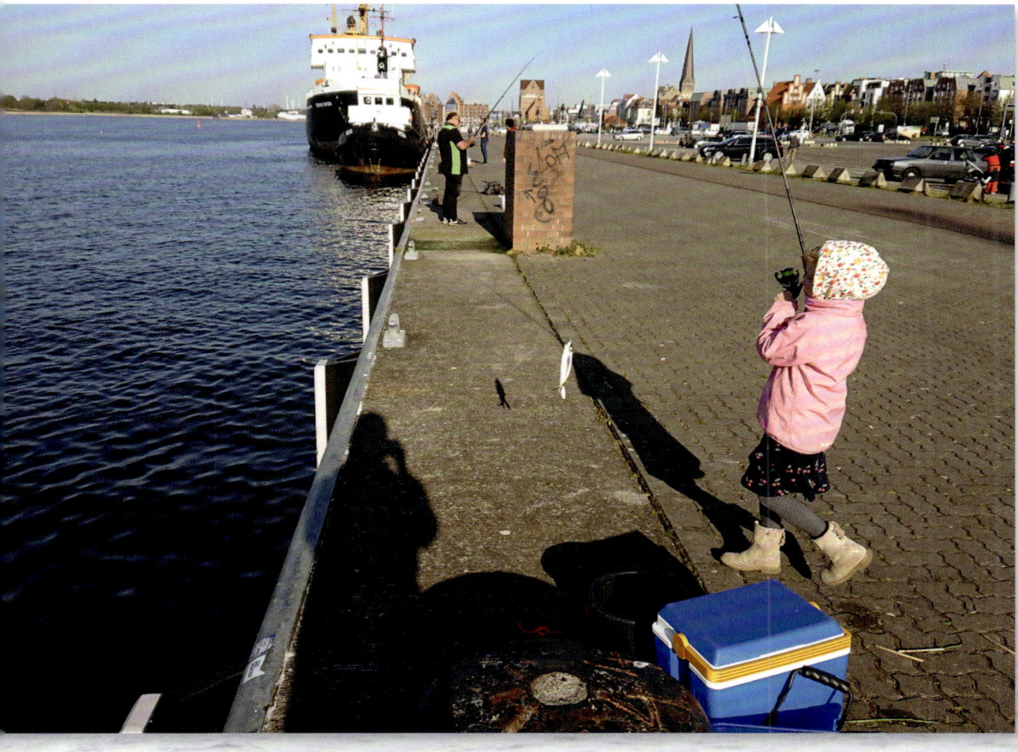

Ein kleiner Hering an der Angel macht die Junganglerin stolz.

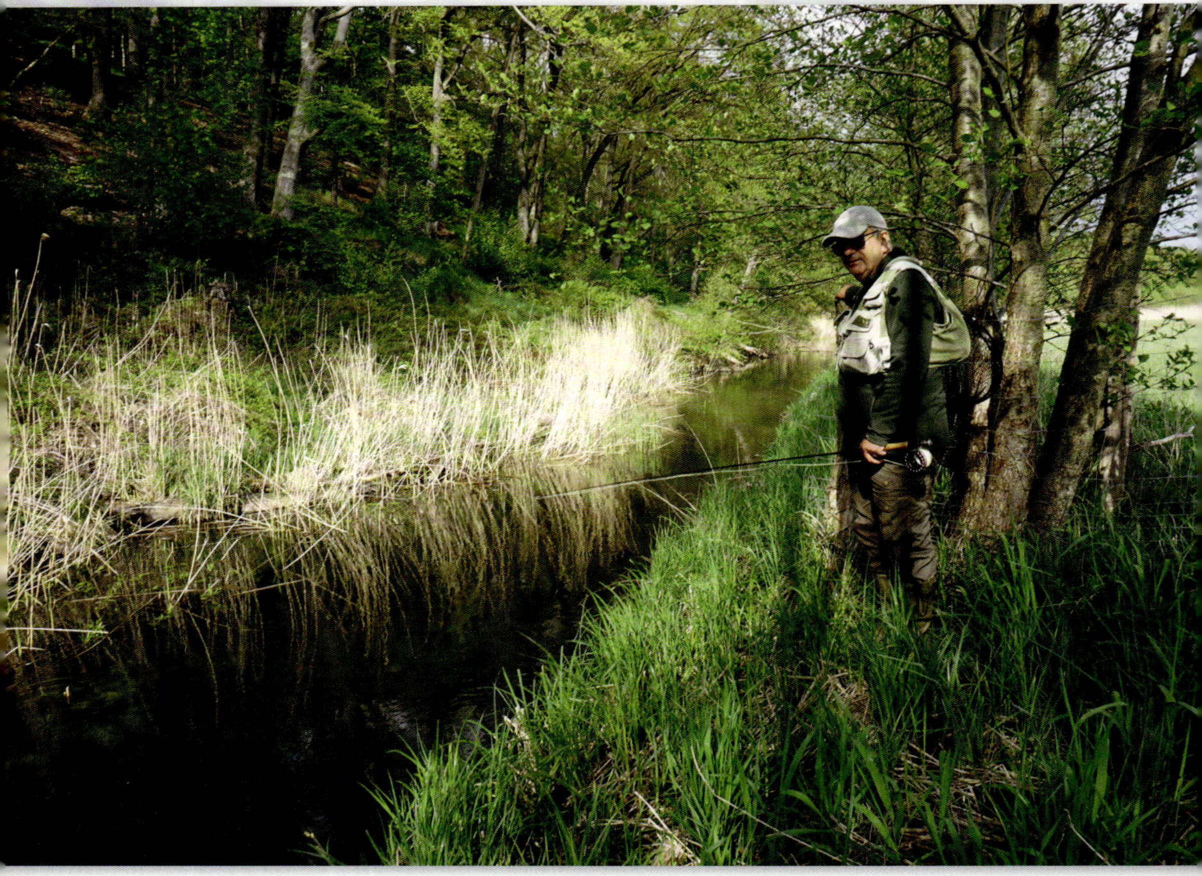

Präzision der Würfe ist bei dichtem Uferbewuchs dringend notwendig. Schnell bleiben Schnur und Köder hängen. Ansonsten gilt es natürlich, dem Fisch den Köder geschickt zu platzieren.

te auf dem Wasser, mit denen ebenfalls Angler dem Hering nachstellen.
Eine weitere Besonderheit der Unterwarnow ergibt sich aus ihrem Status als Küstengewässer. Dem entsprechend gilt für die Unterwarnow die Küstenfischereiverordnung. Daraus resultieren Abweichungen hinsichtlich der Schonzeiten für Arten, die sowohl im Binnenwasser als auch in den Küstengewässern vorkommen, z. B. Zander und Meerforelle. Also, liebe Gastangler, was wollen Sie mehr? Ein Aufenthalt an der Warnow wird immer ein besonderes Erlebnis sein!

Nebenschauplatz: die Mildenitz

Die Mildenitz entspringt nordwestlich von Plau. Auf einer Länge von etwa 62 Kilometer fließt sie zuerst Richtung Norden und dann nach Nordwesten durch mehrere kleine Seen bis zum Goldberger See. Ihr Weg führt weiter durch den Dobbertiner See, den Schwarzen See und den Rothener See. Kurz hinter dem Rothener See zweigt der Mildenitzkanal ab. Dieser mündet getrennt vom Lauf der Mildenitz in den Trenntsee und danach in den Sternberger

See, um sich dann nach sechs Kilometern mit der Warnow zu vereinen. Das Mündungsgebiet der Mildenitz ist recht imposant, ihr Lauf ist dort breiter als der des Hauptflusses Warnow. Landschaftlich besonders reizvoll ist das Durchbruchstal der Mildenitz auf Höhe der Orte Dobbertin und Kläden zwischen dem Dobbertiner und dem Schwarzen See. Die Strecke ist durch einen Wanderweg erschlossen.

Circa 500 Meter hinter dem Rothener See wird das meiste Wasser der Mildenitz über den streckenweise verrohrten Mildenitzkanal in das Staubecken des Wasserkraftwerkes bei dem Ort Zülow geleitet. Lediglich der Rest des Wassers verbleibt im alten Flussbett. In Zülow wird mit umgeleitetem Wasser das zwischen 1922 und 1924 erbaute Wasserkraftwerk Zülow betrieben, welches mit einem Gefälle von 22 Metern das größte Wasserkraftwerk Mecklenburgs ist.

Angeln in der Mildenitz

Die befischbare Strecke der Mildenitz beginnt kurz vor ihren Eintritt in den Goldberger See. Von dort an – inklusive Goldberger See bis zur Mündung in den Trenntsee – hat der LAV MV das Fischereirecht gepachtet mit Ausnahme einiger Abschnitte nach ihrem Austritt aus dem Schwarzen See, die sich in Privathand befinden. Für den letzten Abschnitt bis zur Mündung in die Warnow sowie alle durchflossenen Seen haben Fischereiunternehmen das Fischereirecht. Für den Schwarzen See wird keine Angelerlaubnis erteilt. Als im Flusslauf der Mildenitz vorkommende Fischarten sind ausgewiesen: Aal, Hecht, Barsch, Plötz, Brachsen, Döbel und Bachforelle, für den Unterlauf erweitert um die Quappe. Die gängigen Angelarten sind das Ansitzangeln mit Stippangel oder Grundangel. Für den Fang von Hecht, Barsch, Döbel und Bachforelle kann auch die Spinnangel zum Einsatz kommen.

An einem Gewässer wie der Mildenitz sind dabei Zielwürfe unabdingbar, und das nicht nur für das Spinnangeln.

Viele Angelstellen an einem solchen Gewässer sind zwar am Ufer zugängig, allerdings häufig durch Buschwerk und Bäume sowohl seitlich als auch hinter und über dem Angler bewachsen. Außerdem ist das gegenüberliegende Ufer nicht so weit entfernt. Hier ist der einfache Überkopfwurf nicht ratsam. Es müssen Würfe aus dem Handgelenk und rechtzeitig abgestoppt beherrscht werden. Ansonsten sind unlösbare Hänger auf Dauer eine kostspielige und frustrierende Begleiterscheinung der Angeltour. Dann kann zum Trost noch das beeindruckende Naturerlebnis an einem so schönen Fluss wie der Mildenitz gereichen.

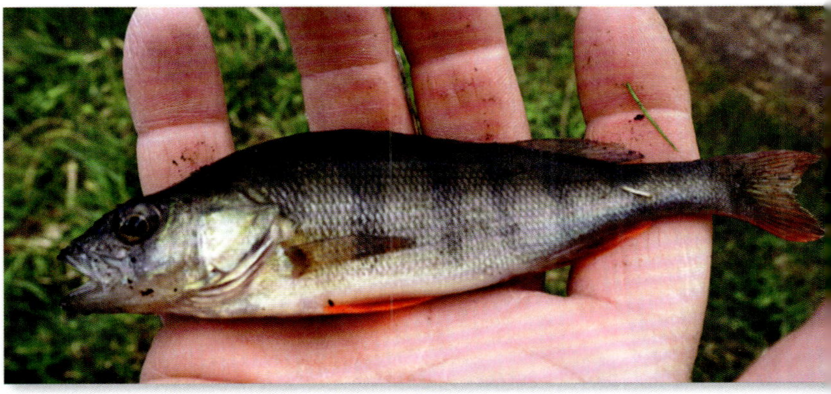
Ein kleiner Barsch.

In einem Bächlein helle …

Die Nebel

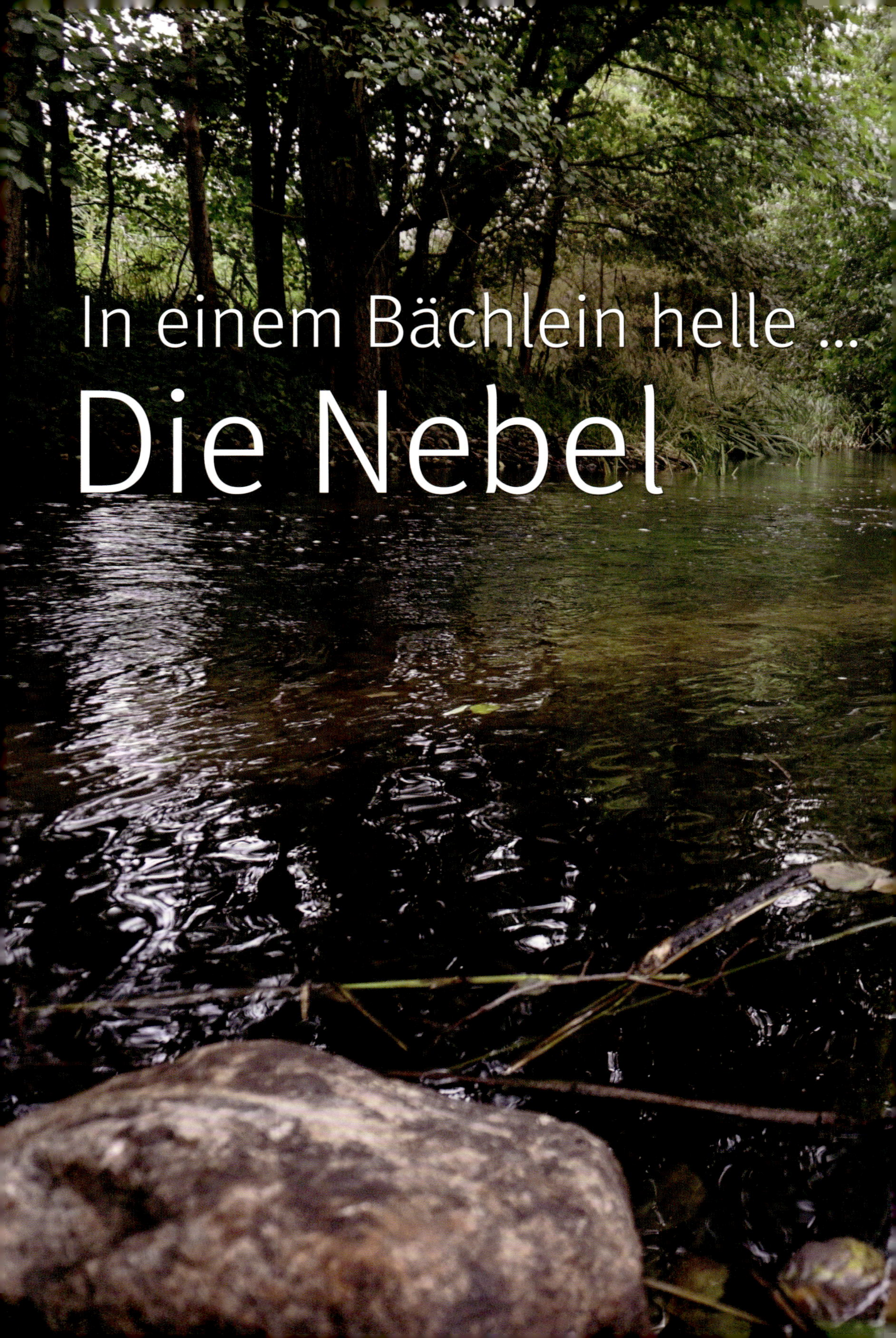

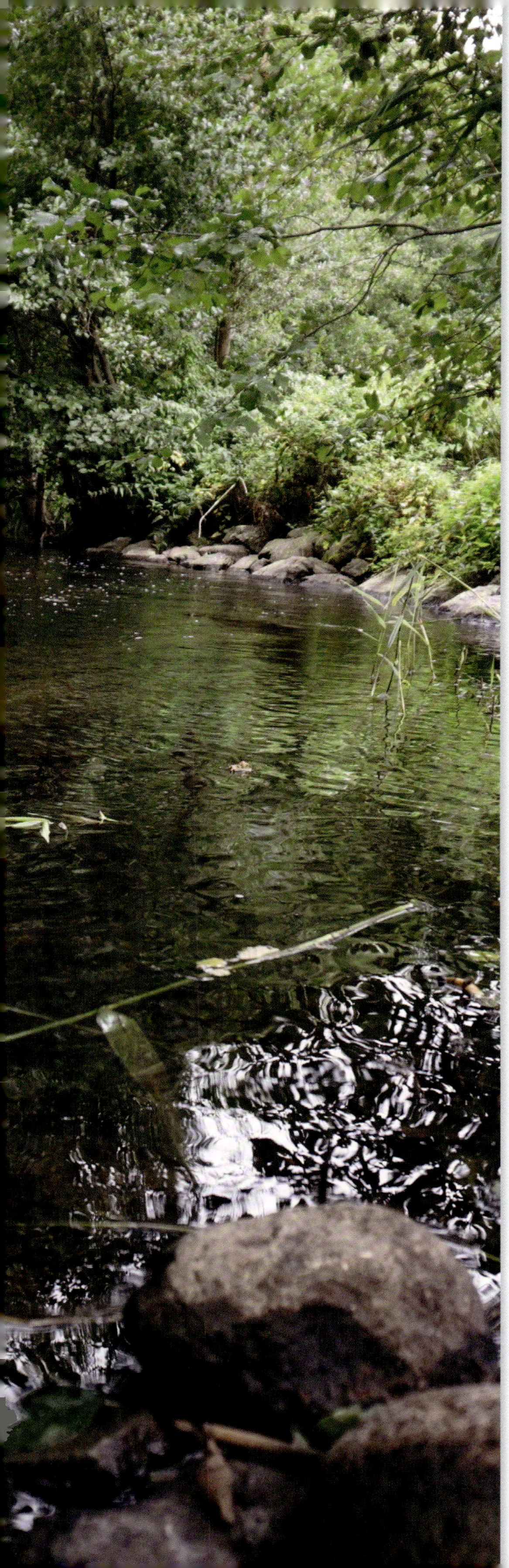

Als Quelle der Nebel wird allgemein der circa 13 Kilometer nördlich von Malchow gelegene Malkwitzer See angesehen. Die Wasserrahmenrichtlinie MV gibt einen ein Kilometer langen Graben, der von Süden in den Malkwitzer See mündet, als Quellbächlein der Nebel an. Nach Austritt aus dem Malkwitzer See fließt die Nebel zuerst nach Norden durch den Kraatzer See und den Hofsee in den Orthsee See. Hier ändert die Nebel beim Verlassen des Sees ihre Richtung nach Osten und erreicht nach dem Durchfließen der Linstower Sees hinter der Ortschaft Dobbin den Krakower Obersee. Den Krakower See durchquert die Nebel Richtung Norden und verlässt ihn am Nordende des Krakower Untersees beim Ort Serrahn. Ihr Lauf führt sie weiter ein kurzes Stück nach Nordosten bis Kuchelmiß, um dann nach Westen und ab Koppelow nach Nordwesten zu schwenken. So erreicht die Nebel die Stadt Güstrow. Von Güstrow fließt sie westwärts weiter und mündet schließlich bei Bützow in die Warnow. Parallel zum natürlichen Unterlauf der Nebel wurde Ende des 19. Jahrhunderts der Bützow-Güstrow-Kanal angelegt. Kurz vor dessen Mündung in die Warnow sind der natürliche Nebellauf und der Kanal wieder vereint.

Fluss der Superlative

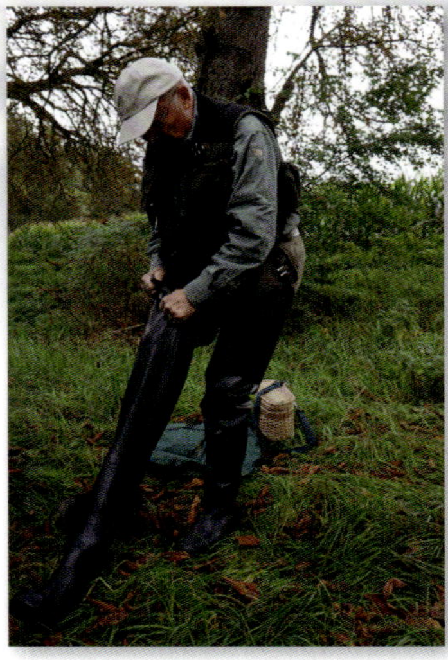

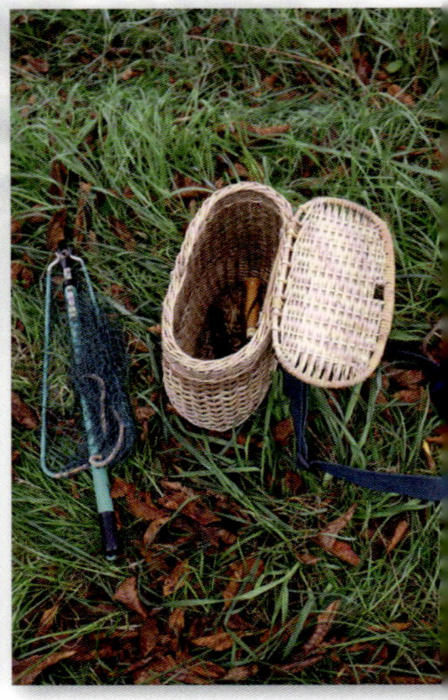

Bei dichtem Bewuchs am Ufer sind lange, sehr lange Watstiefel angebracht. Fischkorb aus den 1970er-Jahren.

Die Nebel ist einer der saubersten und artenreichsten Flüsse Mecklenburgs. Viele Fischarten sind hier heimisch, u. a. Barsche, Hechte, Aale, Döbel, Bachforellen und sogar Äschen, aber auch seltene Kleinfischarten wie Elritzen, Steinbeißer und Schmerlen sowie das Bachneunauge. Der Eisvogel taucht in den Fluss auf der Jagd nach kleinen Fischen und der Fischotter nach größeren. Die Wasseramsel ist selbst in starker Strömung aktiv auf der Suche nach Insekten, die sie unter Wasser findet. Wegen dieser Naturschätze, die es zu wahren gilt, ist die Nebel vom Austritt aus dem Krakower See bei Serrahn bis zur Straßenbrücke der B 103/104 nördlich der Ortschaft Klueß auf einer Fließlänge von 23 Kilometern im Jahr 1995 zum Naturschutzgebiet erklärt worden. Dieser gesetzliche Schritt wurde bereits 1989 durch eine Initiative der Stiftung Umwelt und Naturschutz MV inhaltlich vorbereitet. Heute ist das Naturschutzgebiet (NSG) Nebel eingebettet in den Managementplan für das FFH-Gebiet »Nebeltal mit Zuflüssen…«, welches sich von der Quellregion bis zur Mündung der Nebel in die Warnow bei Bützow erstreckt.

Forellen im Fluss

Zwischen Serrahn und Kuchelmiß passiert die Nebel ein erstes Durchbruchstal. Ein Teil davon ist für den stillen Tourismus erschlossen. Am Auslauf des Durchbruchs befindet sich die Wassermühle Kuchelmiß, erbaut 1558. Sie ist heute Baudenkmal und Museum und lädt zur Besichtigung ein. Ein zweites Durchbruchstal mit einer Länge von etwa 0,5 km befindet sich unterhalb von Koppelow. Die Nebel hat in beiden Abschnitten den Charakter eines Gebirgsbaches mit Geröllstrecken und umgestürzten Bäumen zwischen steilen Ufern. Dieser Bereich innerhalb der Salmonidenstrecke der Nebel, also der Teile des Flusses, in denen die begehrten Lachsartigen Heimstatt suchen, ist von jeglicher Nutzung ausgeschlossen. Gleiches gilt für Streckenabschnitte der Nebel zwischen den Seen entlang ihres Laufs von der Quelle bis zur Straßenbrücke Kuchelmiß. Von dort an bis zur Straßenbrücke der B 103/104 in Klueß erstreckt sich das Salmonidengewässer »Nebel«. Der LAV hat hierfür das Fischereirecht gepachtet. Hinter Klueß endet die Salmonidenstrecke. Von dort an, also hinter Klueß, durch Güstrow hindurch bis zur Brücke bei Gülzow ist die Nebel allgemeines Angelgewässer des

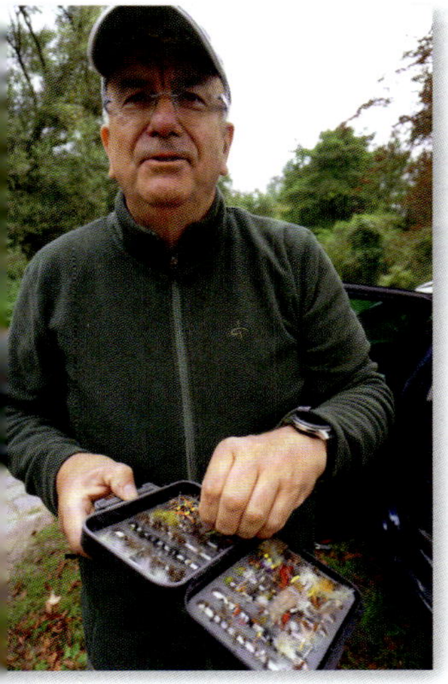

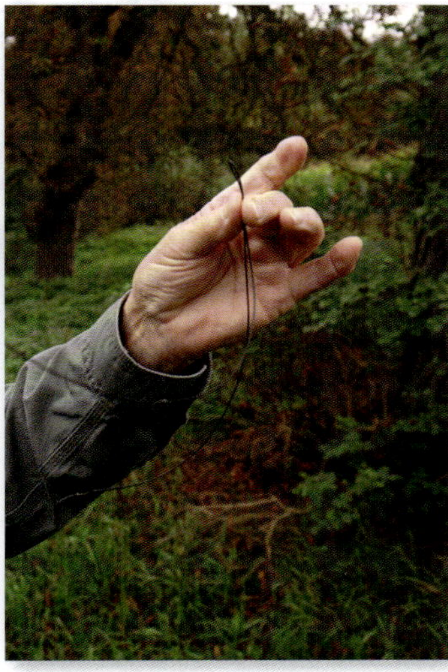

Der Angler wählt stets aus reichem Köderschatz. Lauter kleine Kunstwerke, meist selbst gebaut.

den Arm genommen. Wo sollten sich hier im Flachland Forellen aufhalten? Trotzdem ging ich sehr bald eines Abends nach getaner Arbeit auf dem Kartoffelacker auf Erkundungsgang. Tatsächlich, in der flüchtig angedeuteten Richtung lag ein Bach. Es war der Lauf der Nebel oberhalb des Krakower Obersees. Das Bachbett sah eher kanalartig aus, bot kaum Hindernisse oder Pflanzenwuchs im Wasser, die als Unterstand für Fische geeignet gewesen wären. Das Wasser war klar, gut knietief und in der Strömung standen tatsächlich ab und an Fische. Die wollte ich mir genauer ansehen. Also ging ich an einem der nächsten Abende mit Angel, Kescher und einigen Würmern als Köder an diesen Bach. Meine Montage bestand aus einer Wasserkugel, an der das Vorfach mit dem wurmbestückten Haken befestigt war. Oberhalb einer »verdächtigen« Stelle warf ich die Angel aus und ließ sie möglichst frei stromab driften. Nach wenigen Metern verschwand meine Wasserkugel unter der Oberfläche und nach einem verhaltenen Anschlag hing der Fisch am Haken. Am Ende eines für mich bis zu diesem Zeitpunkt aufregendsten Drills konnte ich den Fang mit dem Kescher an Land bringen. Es war eine Regenbogenforelle von geschätzt 35 Zentimetern Länge. Nach diesem Erfolg war ich nicht in der Lage, weiter zu angeln. Vor Aufregung gelang es mir nicht, einen neuen Köder auf den Haken zu ziehen. Die einsetzende Dämmerung ließ mich den Rückweg zu unserer Unterkunft antreten.

LAV MV. Weiter flussab bis zur Mündung der Nebel in den Bützow-Güstrow-Kanal besitzt ein Fischereiunternehmen das Fischereirecht, ebenso für das letzte Stück des Kanals bis zur Mündung in die Warnow. Für Angelgäste ist der untere Bereich der Nebel ab Klueß von Interesse. Die Hauptfischarten darin sind Plötz, Barsch, Hecht, Aal und Döbel. Als »Auswanderer« der Salmonidenstrecke können unmittelbar hinter Klueß auch noch Bachforelle und Äsche vorkommen. Die Nebel ist auf weiten Uferabschnitten begehbar und gut zu beangeln. Auf Einschränkungen in den Naturschutzgebieten ist immer zu achten.

Begegnung mit der Nebel

Mein erstes Angelerlebnis an der Nebel ist mir unvergessen. Es ergab sich in den 1960er-Jahren während meines Ernteeinsatzes in Dobbin. Bereits bei meiner Ankunft im Ort wurde meine Angelrute im Gepäck bemerkt. Daraufhin erhielt ich den Tipp: »Damit kannst du hier Forellen angeln gehen.« Natürlich fühlte ich mich auf

Dort wurde mir von unseren Gasteltern zu meinem Fang gratuliert. Das Forellenfieber hatte mich gepackt. In der weiteren Zeit des Ernteeinsatzes habe ich mein Fangergebnis auf zehn Forellen erhöht, darunter einige größere als die erste. Ein Hotspot des Bachlaufes war eine Stelle, an der in der Mitte ein großer Traktorreifen lag. Hier war die Nebel etwas tiefer, und der praktische Unterstand wurde offenbar nach dem Fang eines Fisches durch einen Nachfolger sofort wieder besetzt. Dort habe ich mehrere dieser begehrten Salmoniden fangen können. Die Forellen waren augenscheinlich unfreiwilliger Besatz aus einer großen Aufzuchtanlage vor dem Krakower Obersee, die mit dem Wasser der Nebel gespeist wurde. Heute liegt diese Anlage brach. Meine ersten Forellenfänge waren nicht ganz »fischgerecht«. Dazu bedurfte ein Mitglied des DAV zur damaligen Zeit einer Salmonidenqualifikation. Voraussetzung dafür war wiederum der praktische Nachweis der Fähigkeiten im Umgang sowohl mit der Spinnangel als auch mit der Flugangel. Den Umgang mit der Fliegenrute habe ich mir noch während meiner Studienzeit unter Anleitung eines Kommilitonen angeeignet. Er war in Thüringen zu Hause und ein sehr versierter Fliegenfischer. Ausgerüstet mit dieser Qualifikation konnte ich dann in Rostock eine Angelberechtigung für Salmonidengewässer erwerben. Damit habe ich etliche Forellenstrecken beangelt und darunter am häufigsten – ab sofort korrekt – die Nebel.

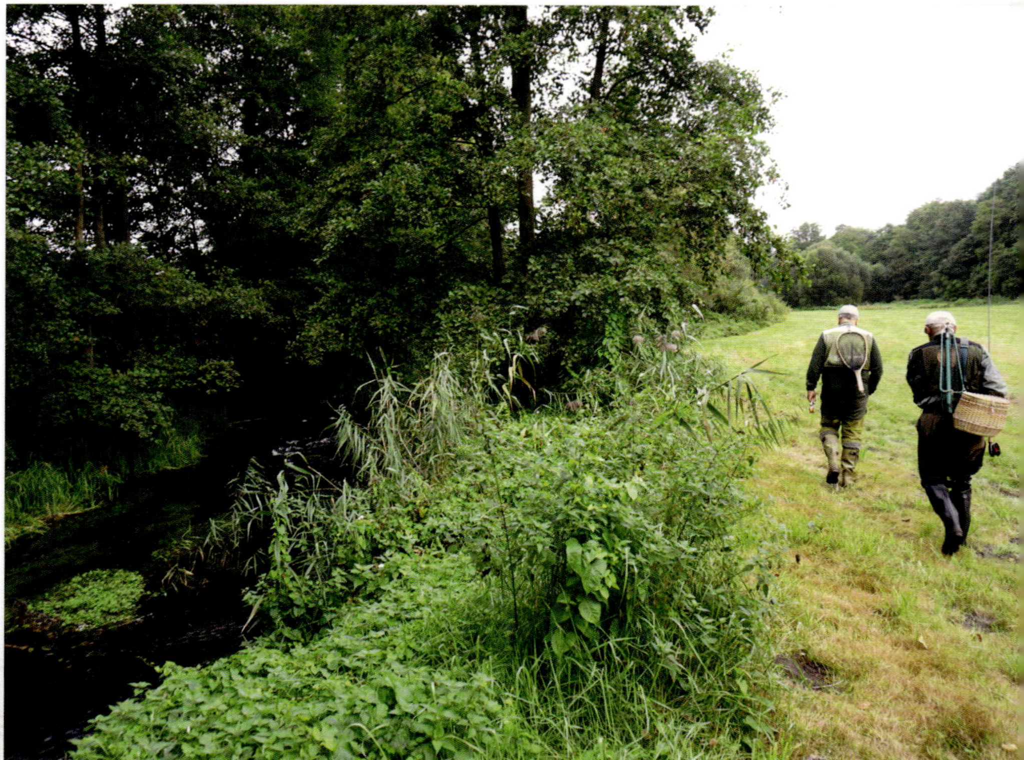

Am Lauf der Nebel entlang bis zu einer passenden Uferstelle.

Eldorado für Fliegenfischer

Meine ersten Touren als geprüfter Salmonidenangler an die Nebel verdanke ich, primär aus logistischen Gründen, einigen Angelfreunden aus meinem Verein. Die ersten Jahre lernte ich die Nebel nur von

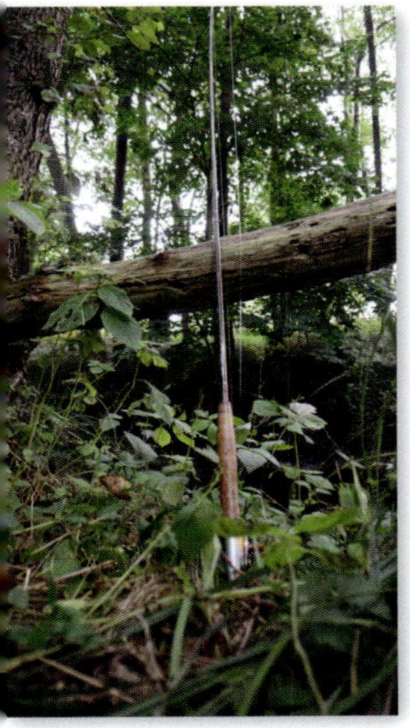

der Mühle in Kuchelmiß abwärts bis zur Straßenbrücke kennen. Im Laufe der Jahre habe ich mich dann im wahrsten Sinne des Wortes oft nur schrittweise den gesamten Nebellauf abwärts bewegt bis nahe an die heutige Grenze der Salmonidenstrecke bei Klueß. Ein besonderes Erlebnis war jedes Jahr die sogenannte Maifliegenzeit. Das ist die Schlupf- und Schwarmzeit der großen Eintagsfliege, die für die Forellen ein begehrter Happen ist. Eine dafür bevorzugte Strecke liegt noch heute oberhalb von Kölln bis zum Anfang des Waldes. Üblicherweise begann die Maifliegenzeit in MV erst im Juni. Mit dem Fortschreiten des Klimawandels kann sich das geändert haben. Interessant wurde das Angeln zum Ende der Maifliegenzeit. Dann hatten wohl selbst die Forellen von diesen Brocken die Nase beziehungsweise Mägen voll und reagierten interessiert auf sehr kleine schwarze Fliegen. Mit solchen Fliegen habe ich etliche große Forellen zum Anbiss verleiten können. Erwischt habe ich aber keine, alle sind sofort nach dem Anbiss oder kurzem Drill »ausgestiegen«. Meine letzte erfolgreiche Saison an der Nebel hatte ich im Mai 1989. Davon habe ich eine Kopie meines Fangbuches beigefügt (vgl. S.12/13).

Mit Erfolg zurück zur Natur

Nach 1990 änderten sich die Verhältnisse an der Nebel. Mit der Einstufung des Gewässerareals als Naturschutzgebiet (NSG) wurden verschiedene Renaturierungsmaßnahmen umgesetzt. Dazu zählen vor allem die Sicherung der Durchgängigkeit durch den Rückbau von Wehranlagen und die Errichtung von Fischaufstiegsanlagen (FAA). Des Weiteren wurde im Zeitraum 2005 bis

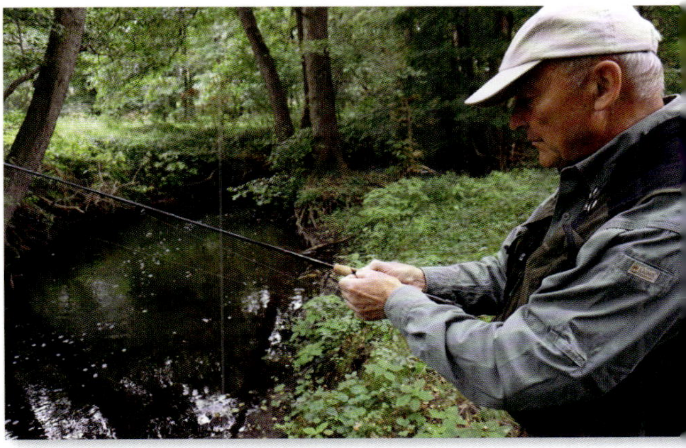

2006 eine Strukturverbesserung an der Nebel im Raum Hoppenrade vorgenommen. An die Stelle eines zwei Kilometer langen, weitestgehend begradigten Flusslaufes wurde die Nebel renaturiert. So wurde der Fluss nun zu einem mäandrierenden, also schlängelnden Gerinne gestaltet, begleitet von naturraumtypischen Strukturen wie Feuchtniederungen und Bruchwald. Durch diese Maßnahmen wuchs seine Länge in diesem Gebiet von vorher zwei auf nunmehr drei Kilometer an. Seit 2015 sorgt eine automatische Steuerung am Ausgang des Krakower Sees für einen Min-

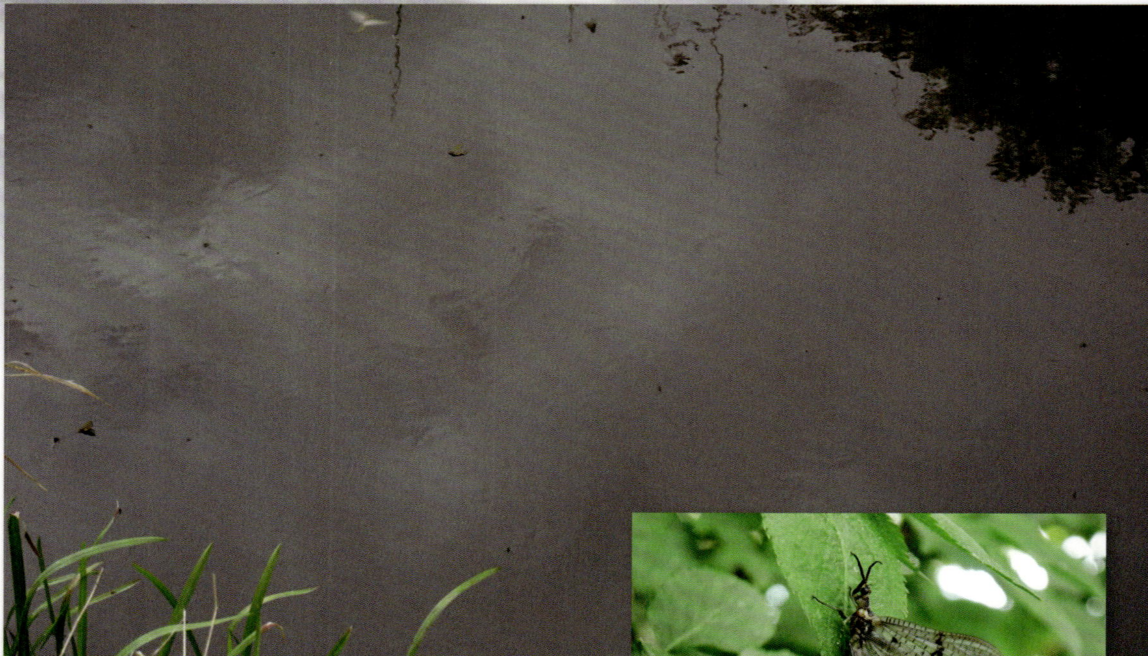

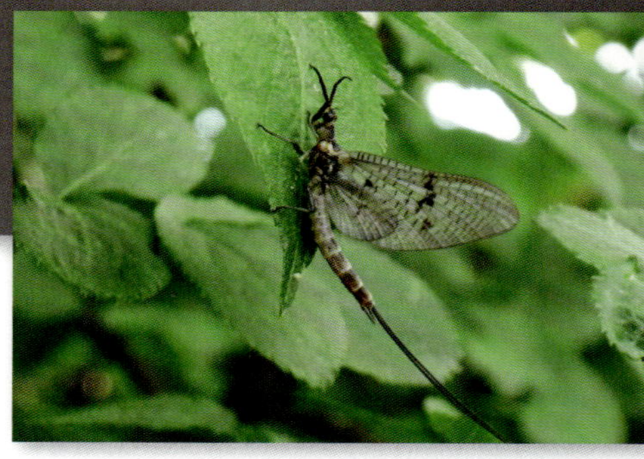

Die Maifliegen, vorher Larven am Grunde des Flusses, steigen innerhalb weniger Tage aus der Wassertiefe an die Oberfläche, entfalten die Flügel und heben direkt zum Flug ab.

destwasserabfluss in die Nebel. Deren Ziel soll für ausreichende Wassermengen in der Nebel auch in heißen Sommern sorgen. Im Jahr 2015 wurde die vorerst letzte FAA in Lüssow in Betrieb genommen und damit das letzte Wanderhindernis für Fische und Wirbellose zwischen der Warnowmündung in Warnemünde und dem Krakower See beseitigt. All diese Maßnahmen dienen dem Ziel, die ohnehin weitestgehend naturbelassene Nebel insgesamt in einen guten ökologischen Zustand gemäß EU-Wasserrahmenrichtlinie (EU-WRRL) zu versetzen. Diese Bemühungen wurden bereits belohnt. So wurden in der Laichsaison 2016 erste Meerforellen bei Laichaktivitäten beobachtet. Ferner weist die Nebel bei der jährlich durchgeführten Erhebung der Laichaktivitäten der Bachforelle die weitaus höchsten Werte aller untersuchten Gewässer in MV aus. Damit ist zumindest die natürliche Reproduktion dieser Art auf einem guten Weg. Das ist auch im Interesse der Anglerinnen und Angler bedeutend. Sind doch gemäß der Verordnung über das Naturschutzgebiet Besatzmaßnahmen zur Stützung des Fischbestandes untersagt. Auch früher übliche jährliche Eingriffe zur Gewässerpflege (Krautschnitt) unterbleiben im Naturschutzgebiet von Serrahn bis unterhalb Klueß.

Angeln unter Umständen

Im Verlauf der Vegetationszeit ist, beginnend im Mai eines jeden Jahres an etlichen Abschnitten der Nebel kaum ein Begehen, geschweige denn ein Angeln mit Spinn- oder Fliegenrute möglich. Üppiger Schilfbewuchs am Wasser bis in den Flusslauf hinein sowie ein dichter Busch- und Baumbestand lassen einen korrekten Umgang mit künstlichen Ködern kaum zu.

Für ein Angelerlebnis ist ein ausreichender Wasserstand erforderlich. Es sind vielfach lange Wege zurückzulegen. 50 km und mehr an Pirschgängen in einer Saison sind keine Seltenheit. In Sommern wie von 2018 bis 2020 ist das Angeln zwar möglich, allerdings kein Erlebnis. Durch die trotz Mindestwassermenge geringen Wasserstände verbleiben die Fische passiv in den Kolken bzw. wandern ab in wasserreichere südliche Abschnitte außerhalb der Salmonidenstrecke Richtung der Stadt Güstrow.

Anfang der Neunzigerjahre hatte ich noch einmal einen verhaltenen Versuch an der Nebel bei Ahrenshagen gewagt. Angesichts der angetroffenen Verhältnisse habe ich den Fluss seitdem nicht mehr zum Angeln aufgesucht. Die Relation von körperlichem Einsatz zu Fangerfolg ist mir heute etwas zu unausgewogen. Da ziehe ich einen entspannenden Spaziergang um die Mühle in Kuchelmiß mit anschließendem Picknick vor. Wer sich von der Schönheit des schönsten Flusslaufes in MV beeindrucken lassen möchte, sollte sich von meiner Idee anstecken lassen. Eine Wanderung von der Wassermühle in Kuchelmiß (großer Parkplatz) stromauf durch das Durchbruchstal nach Serrahn ist zu jeder Jahreszeit zu empfehlen.

Zielfisch Forelle – in anderen Bächlein helle ...

Liebe Leserin, lieber Leser, Sie werden sich vielleicht die Frage stellen: ›Warum stellt der Autor uns so ausführlich ein Salmonidengewässer vor? Wir erhalten als Gast ohnehin keine Angelerlaubnis dafür.‹ Zumindest die Schlussfolgerung ist richtig, zur Herausgabezeit dieses Buches ist das Angeln in diesen Salmonidenabschnitten der Nebel für Angelfischer ohne

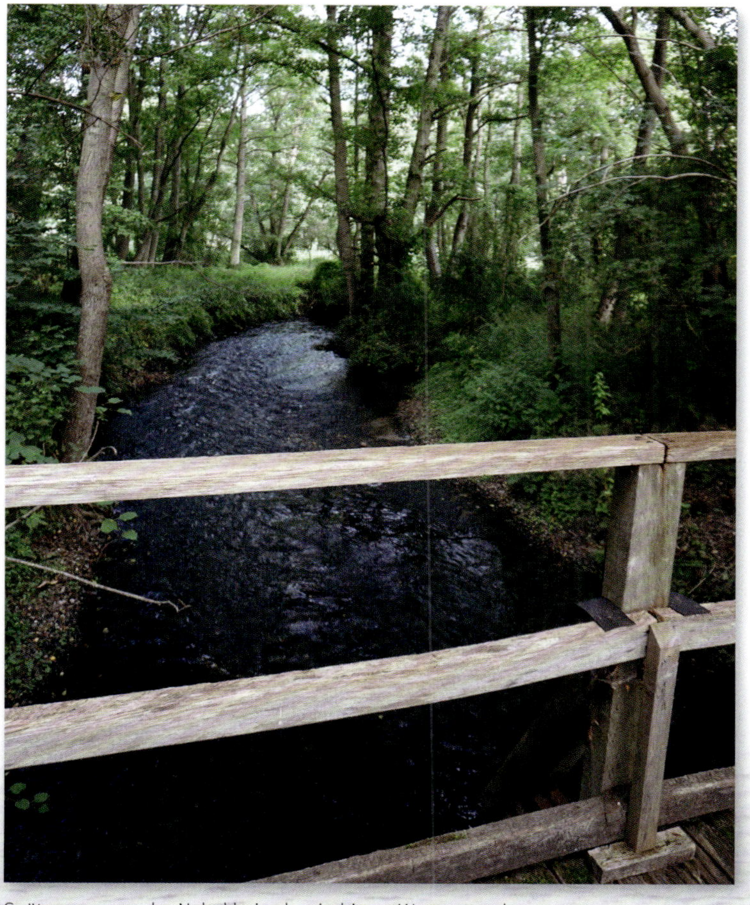

Spätsommer an der Nebel bei sehr niedrigem Wasserstand.

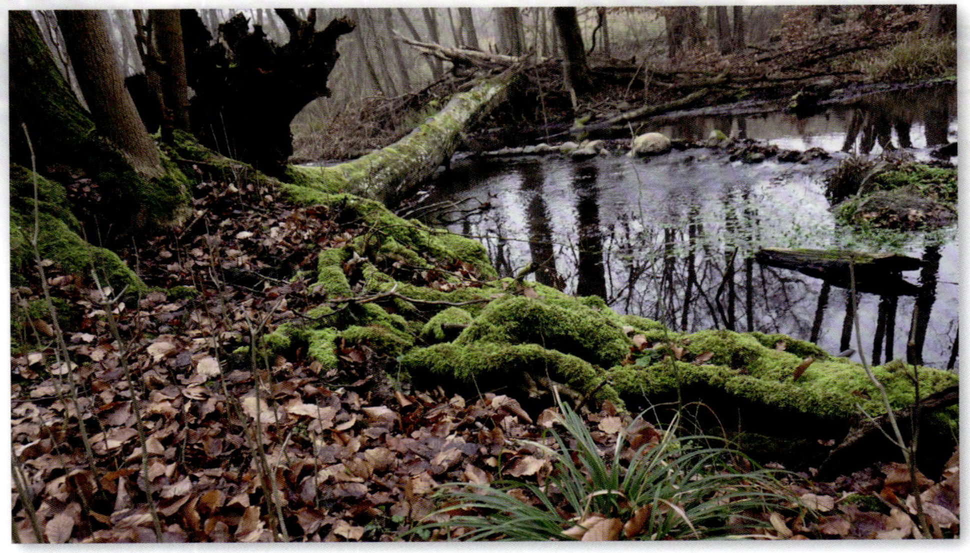

Warnow, naturbelassen.

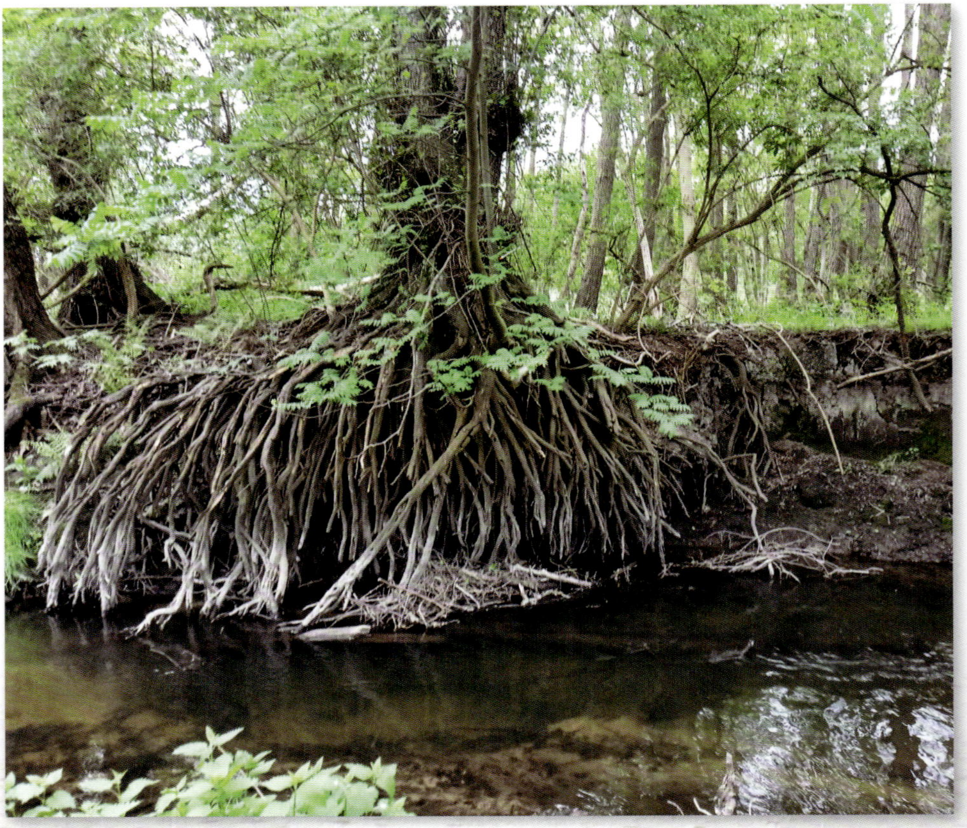

Ein Kolk – die ins Wasser hängenden Wurzeln bilden ein Unterstand, ein Dach für unsere Fische.

Mitgliedschaft im LAV MV nicht möglich. Bei weiterer Zustandsverbesserung kann sich das Blatt hier aber wieder wenden. Bis vor wenigen Jahren wurde die Vergabe von Salmonidenkarten nicht so streng gehandhabt. Auch Gastangler konnten sie erwerben. Die zarte Pflanze der Bestandserholung soll jedoch gehütet werden und muss weiter gedeihen. Bis dahin gibt es in MV auch Bachforellen in anderen Gewässern, die nicht als Salmonidengewässer deklariert sind (siehe Einleitung zu diesem Kapitel). Dort können Sie die eine oder andere Bachforelle erbeuten und die Bedingungen am Fluss beziehungsweise Bach sind nicht so anspruchsvoll wie die an der Nebel. So sind beispielsweise alle Angelmethoden und Köderarten erlaubt. Als eine erste Orientierung bei der Gewässerwahl empfehle ich die Stepenitz, die Motel und Panzower Bach. Details zu den Gewässern können Sie dem Gewässerverzeichnis des LAV MV entnehmen.

Das Angeln der klugen Forelle

Natürlich kommen in all diesen Gewässern nicht überwiegend Bachforellen vor, selbst im Vorzeigegewässer Nebel nicht. Diese Fische muss man suchen, und zwar kaum auf direkte Sicht, sondern durch »Lesen« des Wasserlaufes hinsichtlich geeigneter Standplätze von Forellen. Eine Ausnahme bietet die bereits geschilderte Maifliegenzeit, in der die Forellen an die Wasseroberfläche kommen und sich so bemerkbar machen. In den meist tieferen, ruhigen Zonen unserer Niederungsbäche sind die Standplätze der Forellen wesentlich schwerer auszumachen als in den flachen und dadurch schnellen Rieselstrecken, wie sie für gebirgige Regionen typisch sind. Die Forellen der Niederungsbäche sind sehr empfindlich gegen vom Angler verursachte Erschütterungen am Ufer. Beim Suchen nach geeigneten Angelstellen muss der Angler sich sehr vorsichtig bewegen. Solche Stellen sollten dem Fisch einen guten Sichtschutz und gleichzeitig Strömungsschatten bieten wie beispielsweise unterspülte Uferbereiche oder umgestürzte Bäume oder auch überhängende Baumpartien. Absolute Hotspots sind tiefere Ausspülungen im Flussbett, sogenannte Kolke. In ihnen findet der Fisch Sicht- und Strömungsschutz in der Tiefe sowie eine gute Ausgangsposition zur Nahrungsaufnahme am Ein- und Auslauf des Kolks. Solche relativ leicht auszumachenden Stellen kennen nicht nur die Fische, sondern auch alle versierten Anglerinnen und Angler. Wer sich an diesem Fisch versucht, weiß dass besondere Vorsicht beim Anpirschen und dem Ausbringen des Köders geboten ist. Angeln an den kleinen Flüssen oder Bächen geht nicht ohne gezielte, flach gehaltene Würfe. Dafür ist der Überkopfwurf nicht geeignet. Es muss der Pendelwurf aus dem Handgelenk gelingen, sonst sind Köder- und Schnurverluste nicht zu vermeiden. Dazu empfiehlt es sich, vorher auf der Wiese oder an einem hindernisfreien Gewässer ein wenig zu üben, nicht umsonst ist es die Königsdisziplin, an der sich in Übersee jeder Politiker/jede Politikerin, der/die etwas werden will, messen lassen muss. Nach erfolgreicher Trockenübung ran an das Flüsschen. Hier sind keine weiten, kraftstrotzenden Würfe gefragt, sondern fein gezielte und genau platzierte. Wenn der erste Fisch keine Forelle, sondern vielleicht ein Döbel ist, auch nicht schlecht. Der Fangerfolg zeigt, dass Sie alles richtig gemacht haben. Schon beim nächsten Wurf könnte es die Forelle sein.

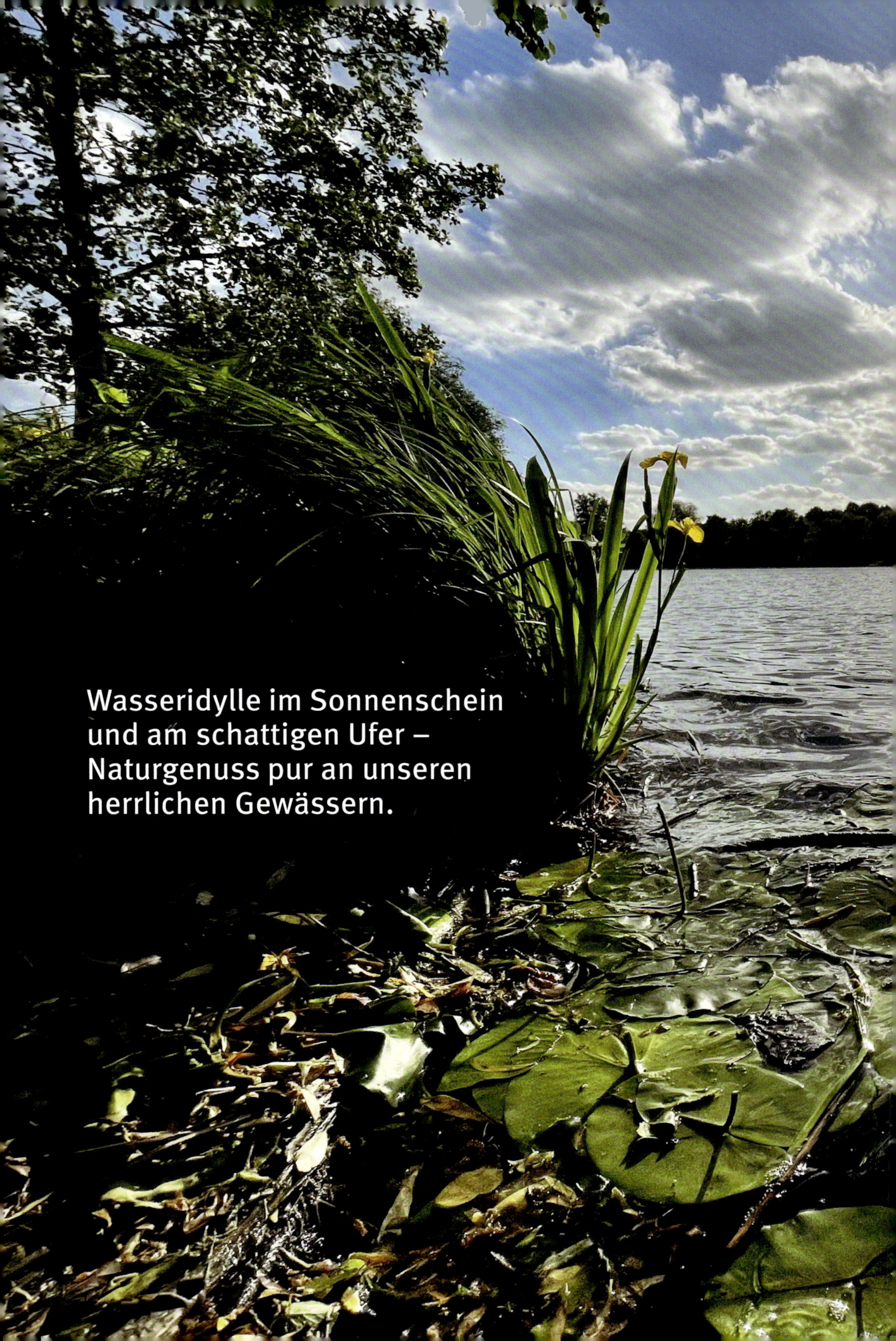

Wasseridylle im Sonnenschein
und am schattigen Ufer –
Naturgenuss pur an unseren
herrlichen Gewässern.

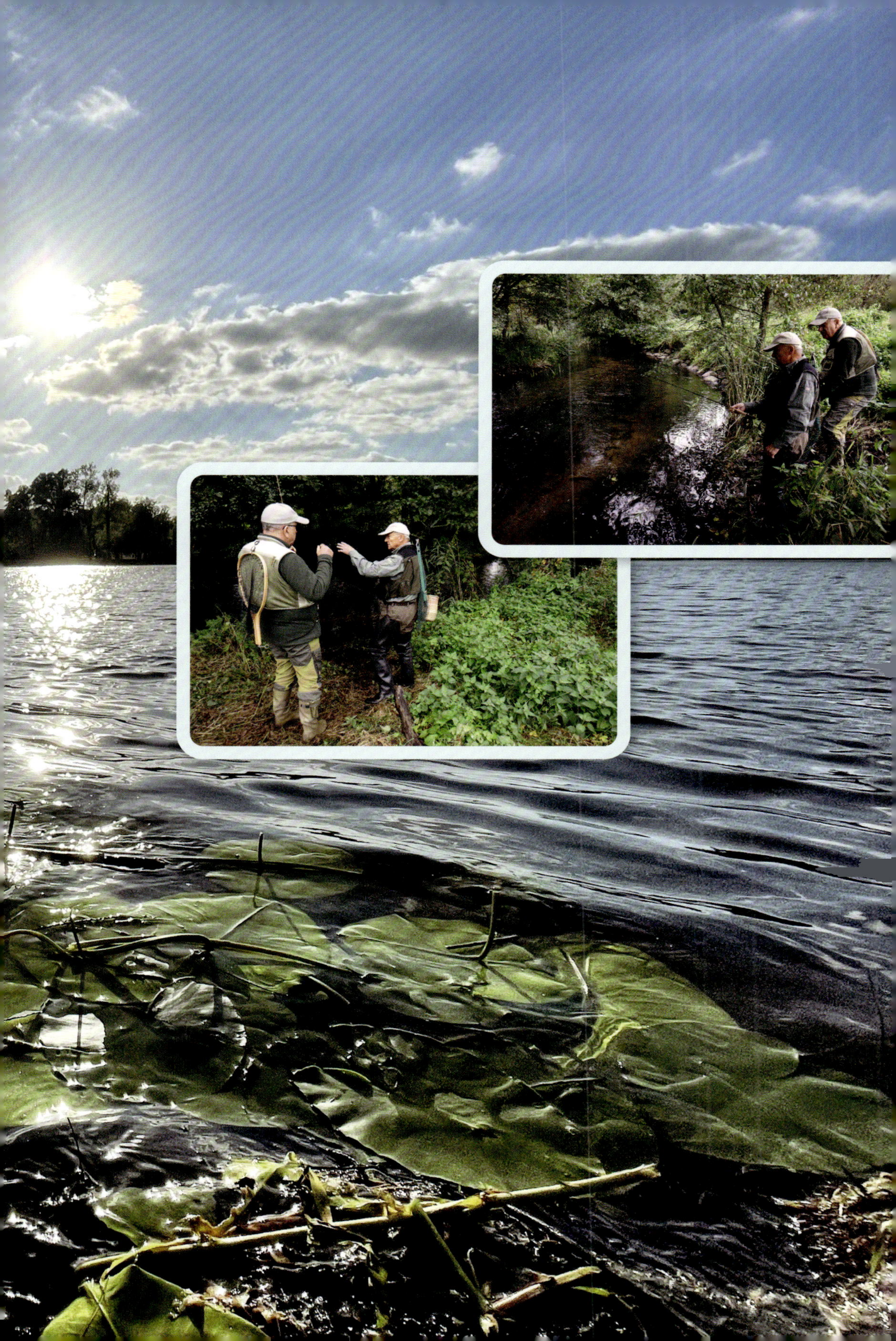

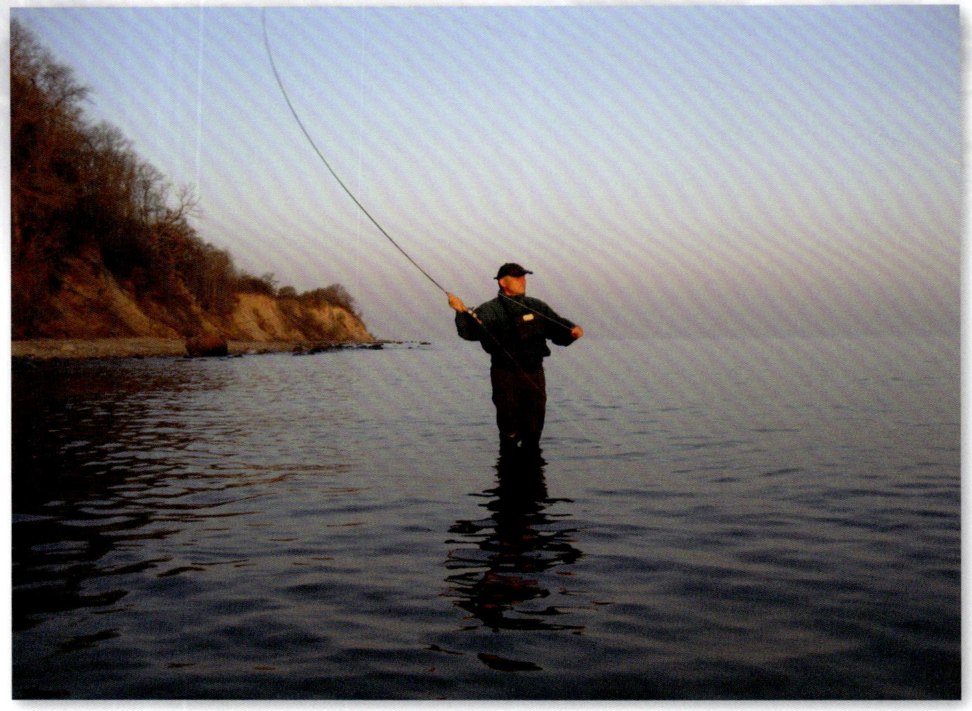

An solchen Stellen ist gut Platz zum Üben der ausladenden und beeindruckenden Wurftechnik.

Fliegenfischen auf Meerforelle

In den vergangenen Jahrzehnte war ich überwiegend mit der Spinnrute an den verschiedenen Gewässern unseres Bundeslandes unterwegs. Trotz dieser Vorliebe war ich stets bestrebt, ein vielseitiger Angler zu sein. Deshalb habe ich mir auch Fertigkeiten im Umgang mit der Fliegenrute angeeignet. Wo also das Fliegenfischen erwünscht oder gar vorgeschrieben ist, bin ich dabei. Manchmal ist auch der Ehrgeiz der Auslöser zur Fliegenrute zu greifen, weshalb ich auch einmal eine Meerforelle mit diesem Gerät fangen wollte.
Nach einigen erfolglosen Versuchen an meiner »Hausstrecke« westlich von Warnemünde lud mich eines Tages mein guter Freund und langjähriger Mitarbeiter des LAVs MV in sein Lieblingsrevier ein, dessen Liebe den Forellen in unseren heimischen Salmonidengewässern sowie den Meerforellen an der Ostseeküste gilt. Diese Liebe ist nicht auf den Fang begrenzt. Zusammen mit anderen Anglerinnen und Anglern des LAV MV engagiert er sich um den Erhalt der Salmonidenbestände und für die Verbesserung ihrer Lebensbedingungen in den Bächen und Flüssen. Seine Erfahrungen als Angler dokumentiert er akribisch und nutzt sie zur Vorbereitung von Angeltagen. Davon konnte ich dank seiner Einladung auch profitieren.

Ein Anglertraum wird wahr

Unter Beachtung der Wetterbedingungen hatten wir uns an einem Tag im April zum Fliegenfischen auf Meerforelle an der Steilküste von Kleinklützhöved verabredet, vereinbarte Uhrzeit: 4.30 Uhr. Treffpunkt war ein Parkplatz vor der Radarstation Elmenhorst, wenige Kilometer nordwestlich von Klütz gelegen. Vom Parkplatz bis zur Küste ist noch eine Strecke von etwa einem Kilometer zu Fuß zurückzulegen. Kurz vor dem Abstieg zum Strand wird der Ostseeradwanderweg überquert. Am Ufer angekommen stellte ich fest, Ort und Zeit waren gut gewählt. Die Wasseroberfläche war nur schwach bewegt und das Wasser selbst nahezu glasklar. Für den Einsatz von Spinnern oder Wobblern sind solche Bedingungen höchstens zweitklassig. Hier war der Fliegenfischer eindeutig im Vorteil. Um meine Chancen noch zu erhöhen, gab mir mein Begleiter Mario eine von ihm gebundene Garnelenimitation als Köder, die ich an meinem Vorfach befestigte. So ausgerüstet watete ich mit genügendem Abstand neben ihm etwas mehr als knietief in die See hinein. Der Untergrund bestand aus für mich ungewohnt groben Steinen, auf denen ich etwas wackelig herumgeeiert bin. Von »meinem« Strand war ich in der Wattiefe überwiegend glatten Sandgrund gewohnt. Um Ausreden ist man ja nie verlegen.

Von dieser Positionen aus konnten wir ungehindert unsere Würfe absetzen. Nach langer Zeit der Entwöhnung vom Fliegenfischen sind die ersten Würfe vor allem Übung, und die hatte ich wirklich nötig. Mit den Wiederholungen wurden die Würfe besser, also immer weiter und gestreckter abgelegt. Das Einholen der ausgebrachten Schnur erfolgte in kleinen Zupfern, um der Garnelenimitation eine möglichst natürliche Bewegung unter Wasser zu verleihen. Nach etlichen Würfen war endlich ein zaghafter Widerstand am Ende der Angelschnur zu spüren. Der Fisch hat keine be-

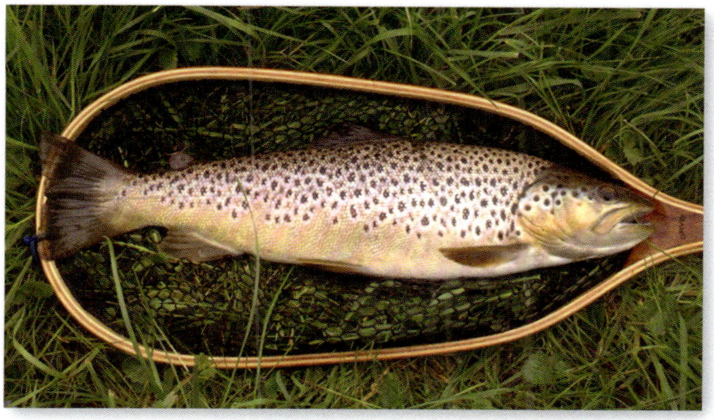

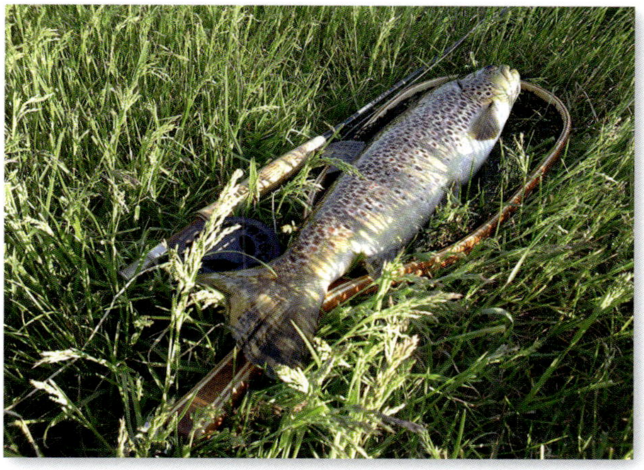

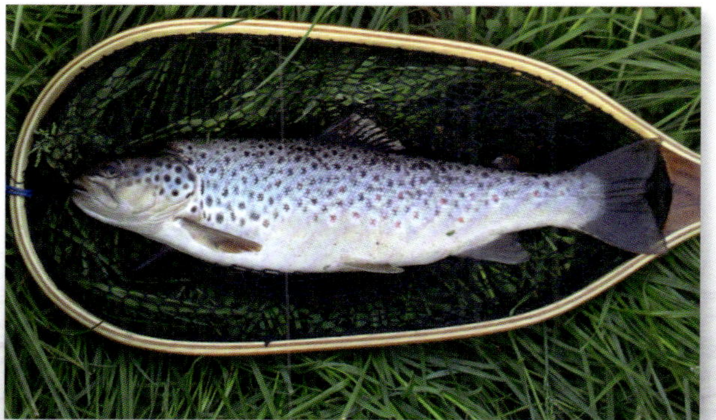

Bachforellen

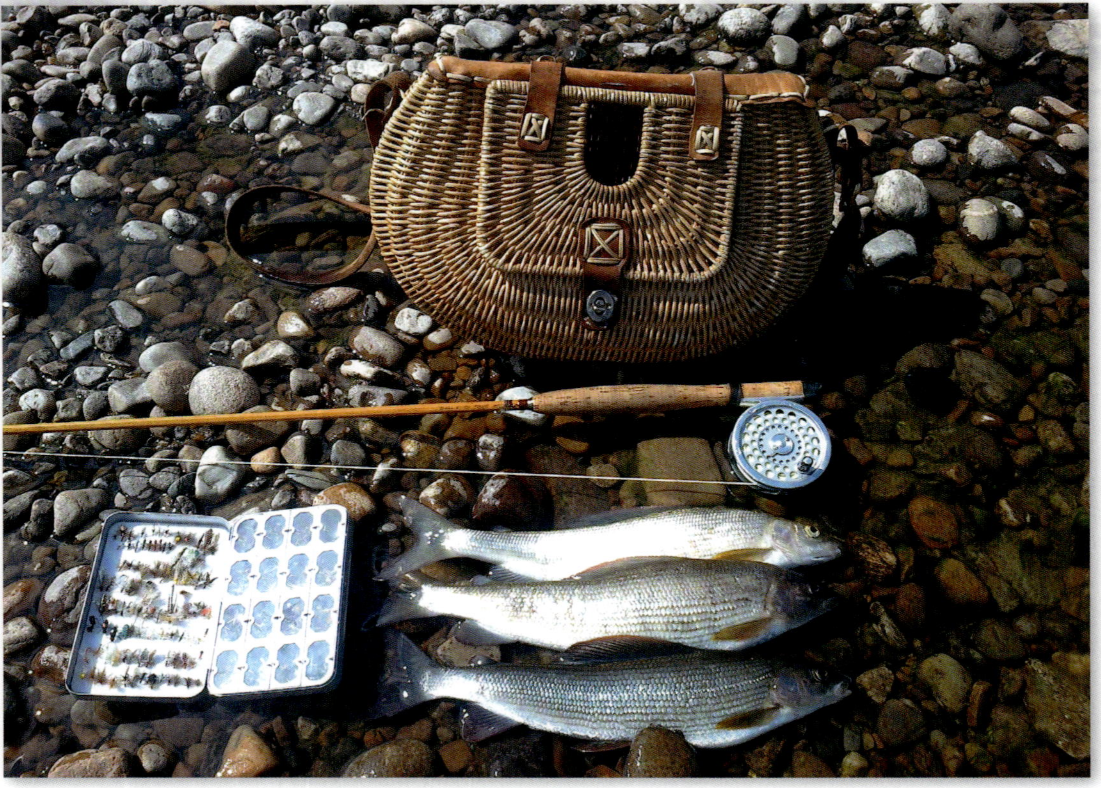

Äschen – ein Bild aus den 1980ern. Zu der Zeit durfte die Äsche in MV entnommen werden. Derzeit steht sie hier ganzjährig unter Schutz.

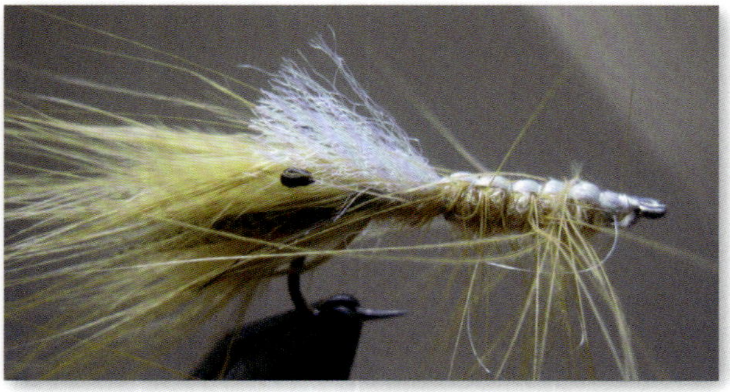

Selbst gebundene Garnelenimitation zum Fang der Meerforelle.

sonders energischen Fluchten ausgeführt. Er hatte mit dem Gewicht und dem Wasserwiderstand der Flugschnur genügend zu tun, sodass ich ihn problemlos zu mir heranziehen konnte. Angesichts des unspektakulären Drills hatte ich auch zuerst eine untermaßige Meerforelle (kleiner 45 cm) vermutet. Mein inzwischen neben mir angekommener Angelfreund hatte jedoch einen etwas besser geschulten Blick als ich und bestand auf ein Abmessen. Das Ergebnis überraschte mich. Der Fisch war exakt 50 cm lang.

So hatte ich Mario bereits zum dritten Mal zu danken und durfte einen guten Fisch nach Hause bringen. Das war für uns beide an diesem Tag der einzige Fang. Zum Abschluss durfte ich die von Mario gebundene Garnelenimitation behalten. Sie ist heute noch in meinem Sortiment. Es ist ein Andenken an einen sehr schönen Angeltag und einen guten Freund.

Fliegenfischen – die ganz besondere Methode

Das »Angeln mit der künstlichen Fliege« wird entweder als Fliegenfischen oder Flugangeln bezeichnet. Der entscheidende Unterschied zu den anderen Wurfangelmethoden besteht in der Verteilung des Wurfgewichtes an der Angel. Beim Grund- und Spinnangeln ist dieses Gewicht entweder etwas verteilt oder aber konzentriert am Ende der Hauptschnur angebracht. Beim Fliegenfischen ist der Köder eine nahezu gewichtslose Imitation eines Beutetiers, die an der Spitze des Vorfachs angeknotet ist.

Wie soll damit ein Wurf gelingen, der weiter reicht als die Länge der Angelrute?

Beim Fliegenfischen ist das Wurfgewicht in die zum Einsatz kommende Schnur verlegt. Diese spezielle Fliegenschnur muss der Angler mit dem vorgeschalteten Vorfach durch das Zurück- und Vorschwingen der Angelrute beim Normalwurf frei in der Luft halten, um sie dann in der gewünschten Länge mit dem letzten Vorschwung über dem Wasser zu strecken und möglichst dezent auf das Wasser fallen zu lassen. Das klingt einfach, ist es aber nicht. Das ist ein angemessener Weitwurf oder ein Zielwurf mit der Spinnangel aber auch nicht. Zu allem gehört etwas Übung und bis zum einigermaßen gelungenen Wurf mit der Fliegenrute eben etwas mehr. Wer sich mit dem Fliegenfischen anfreunden möchte, nur zu! Von absoluter Eigeninitiative rate ich aber dringend ab. Suchen Sie sich einen Angelfreund, der das Handwerk am Wasser beherrscht und dieses auch vermitteln kann. Ohne eine gewisse Unterweisung und auch Korrektur von Fehlern, die mit Sicherheit am Anfang unterlaufen, werden Sie keine Freude an dieser Methode des Angelns haben. Einige Grundvoraussetzungen für das Fliegenfischen werden Sie sicher schon erkannt haben.

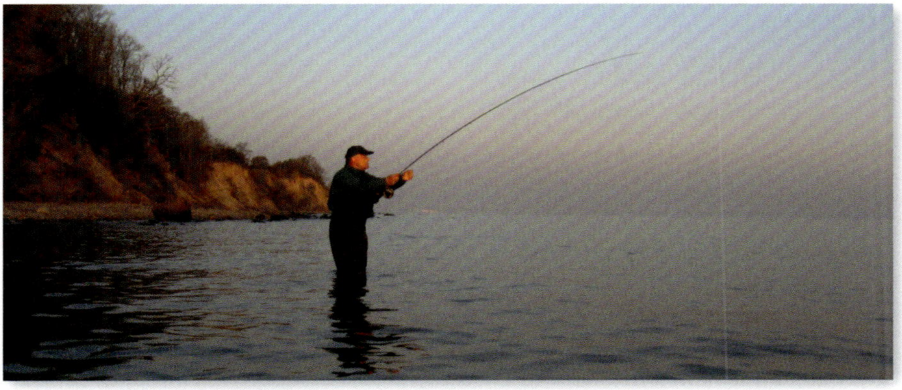

Die Steilküste im Rücken, in Wathosen bis zum Knie im Wasser stehend. Hier lässt sich die ausladende Fliegen-Wurftechnik sehr gut praktizieren. Kein Baum oder Strauch, der die teure Schnur fängt und den winzigen Köder abreißt.

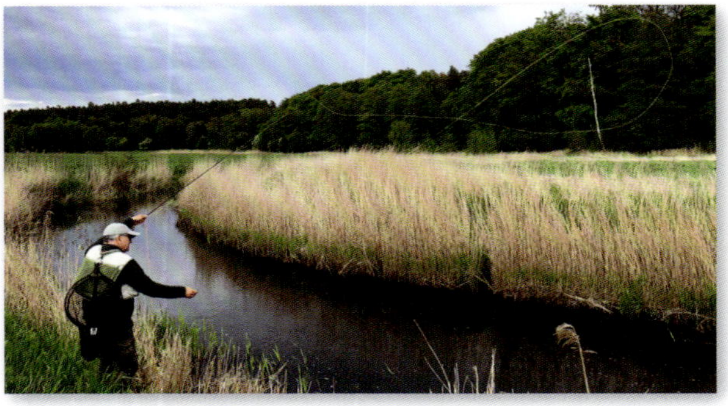

Weit ausladende Würfe platzieren die zarte Fliege auf dem Wasser.

Design, gepaart mit den verwendeten Materialien und vor dem Hintergrund geringer produzierter Stückzahlen können einem die Preise für so ein Stück schon einen gehörigen Schreck einjagen. Das muss aber nicht sein.

Wer sich nicht ausschließlich dieser Angelmethode verschreiben möchte, kann auch etwas preiswerter leben. Wie bei der Unterweisung im Umgang mit dem Gerät ist auch beim Kauf eine seriöse Beratung sehr hilfreich. Am sichersten wäre für den Einstieg in das Fliegenfischen eine geliehene Ausrüstung von einem guten Freund.

Spezielle Angelmethode – spezielles Gerät

Die Fliegenschnur hat gegenüber den sonstigen Angelschnüren eine außergewöhnliche Dicke. Die muss das nötige Wurfgewicht bringen und sollte für den Anfänger trotzdem auf dem Wasser schwimmen.

Die Fliegenrute hat einen etwas anderen Aufbau und eine andere Aktion als sonstige Wurfruten. Bei den für den Einstieg auf jeden Fall zu empfehlenden Einhandruten befindet sich die Befestigung für die Rolle am Griffende der Rute und die Aktion der Rute, das heißt ihre Biegung, wird beim Hin- und Herschwingen der Fliegenschnur über die gesamte Rutenlänge aktiviert.

Um diesen Effekt zu unterstützen, haben Fliegenruten auch mehr Führungsringe für die Schnur über die Rutenläng verteilt als z. B. Spinnruten.

Die Rolle ist eigentlich vom Aufbau ein eher simples Gebilde, in der Regel ohne Übersetzung. Durch ein ansprechendes

Insekten als Köder

Ursprünglich war diese Angelmethode für den Fang von Forellen, die häufig auf der Wasseroberfläche treibende Insekten als Nahrung aufnehmen, ersonnen. Dafür wurden aus Garn, Wolle und Haaren gestaltete Imitate solcher »Fliegen« auf einen Haken gebunden und schwimmend, also trocken auf der Wasseroberfläche, präsentiert. Im Laufe der Entwicklung zeigte sich, dass die begehrten Forellen den größeren Teil ihres Nahrungsbedarfs aus den unterschiedlichsten Entwicklungsstadien von Insekten decken, die sich unterhalb der Wasseroberfläche aufhalten. Dafür wurden Imitate kreiert, die Im Unterschied zu den schwimmenden

»Trockenfliegen« die Sammelbezeichnung »Nassfliegen« tragen.
Deren Palette ist deutlich umfangreicher als die der Trockenfliegen und weist teilweise kaum noch Ähnlichkeiten mit ihren natürlichen Vorbildern auf. Eine spezielle Kategorie der Nassfliegen sind sogenannte Streamer. Diese imitieren in der Regel Beutefische und werden bis hin zu einer Größe von mehr als 20 cm für Hechtfang eingesetzt. Das Einsatzgebiet des Fliegenfischens hat sich also vom ursprünglichen Forellenfang wesentlich erweitert. Mit dieser Methode sind sogar die sogenannten Friedfische wie Plötze, Rotfedern und sogar Karpfen zu fangen. Letztgenannten wird auch das Imitat eines auf der Oberfläche treibenden Brotstückchens präsentiert.

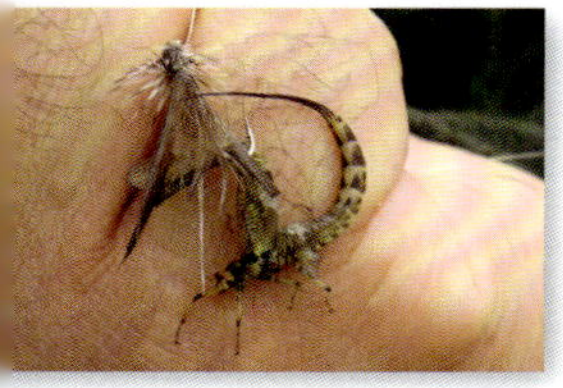

Eine Maifliege und ihr Imitat. Der Unterschied ist schwer erkennbar – auch für die Fische.

Große Einsatzgebiete

Es gibt bereits Anhänger unter den Fliegenfischern, die auch im offenen Meer mit der Fliege auf Pollack oder Makrele angeln. Eine andere verschworene Gemeinschaft hat sich dem Fang der Meerforelle an der Küste mit der Fliegenrute verschrieben. Die Beispiele sollen zeigen, dass mit dem Fliegenfischen nahezu alle Fischarten gefangen werden können.

Fly only?

Es gibt Situationen, in denen das Fliegenfischen zu empfehlen oder sogar zwingend erforderlich ist. Der erste Fall ist gegeben, sofern Fische ganz offensichtlich bevorzugt Oberflächennahrung aufnehmen. Beispielsweise bei Forellen in der Maifliegenzeit (FOTO) oder für den Fang von Äschen über die gesamte Saison hinweg. Ein weiterer Fall für die Fliegenrute ist das Fischen mit Nassfliegen sowohl in Seen als auch in Fließgewässern. Hier gibt es immer Liebhaber kleiner Beutetiere und so können neben Rotfedern und Plötzen auch Barsche erbeutet werden.
Diese Art des Fliegenfischens auf kleinere Beute hat allerdings bereits Konkurrenz durch eine Spezialdisziplin des Spinnfischens erhalten – demh »Ultra-Light-Fishing«. Die Notwendigkeit des Einsatzes der Fliegenrute ist dann gegeben, wenn der Inhaber eines Fischereirechts die Ausgabe einer Angelberechtigung zwingend mit der ausschließlichen Ausübung des Fliegenfischens verbindet – vermerkt dann als »Fly only«. Eine solche Praxis ist im Hinblick auf die Schonung von Fischbeständen vor allem an Salmonidengewässern weltweit üblich. Der Aspekt der Schonung resultiert hier aus der Begrenzung der Angler an den Gewässern. Nur eine relativ geringe Zahl von Anglern hat sich dem Fliegenfischen verschrieben. Wenn Sie dazugehören möchten, nur Mut! Beim Angeln kann es von Vorteil sein, zu einer Minderheit zu gehören.

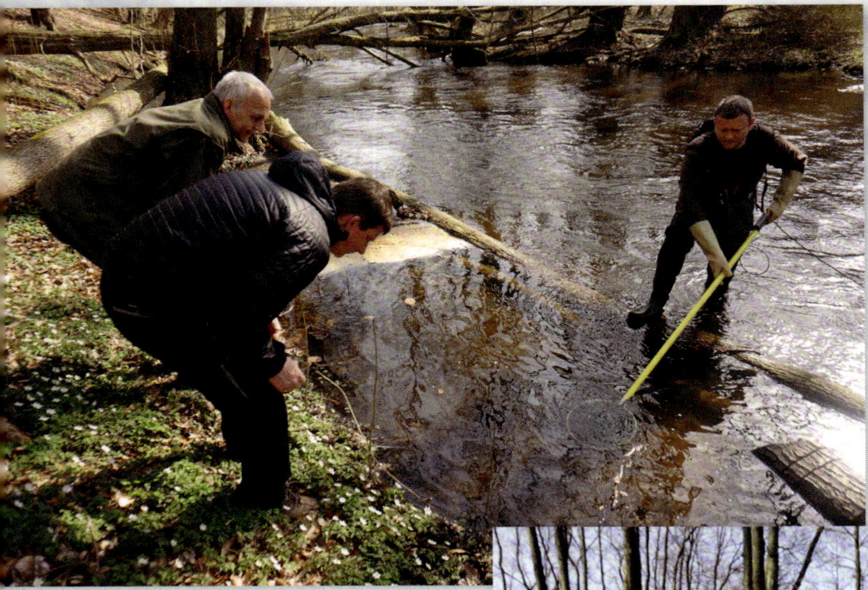

Die Warnow hat viele Gesichter. Links die naturbelassenen Abschnitte, rechts die helfenden Fischtreppen in Gebieten mit teils verbauten Flussläufen. Der Landesanglerverband MV setzt sich für die Durchgängigkeit und Renaturierung der Fliessgewässer in MV ein. Nur so können die Wanderfischarten wie Aal und Forelle ihrer Natur folgen.

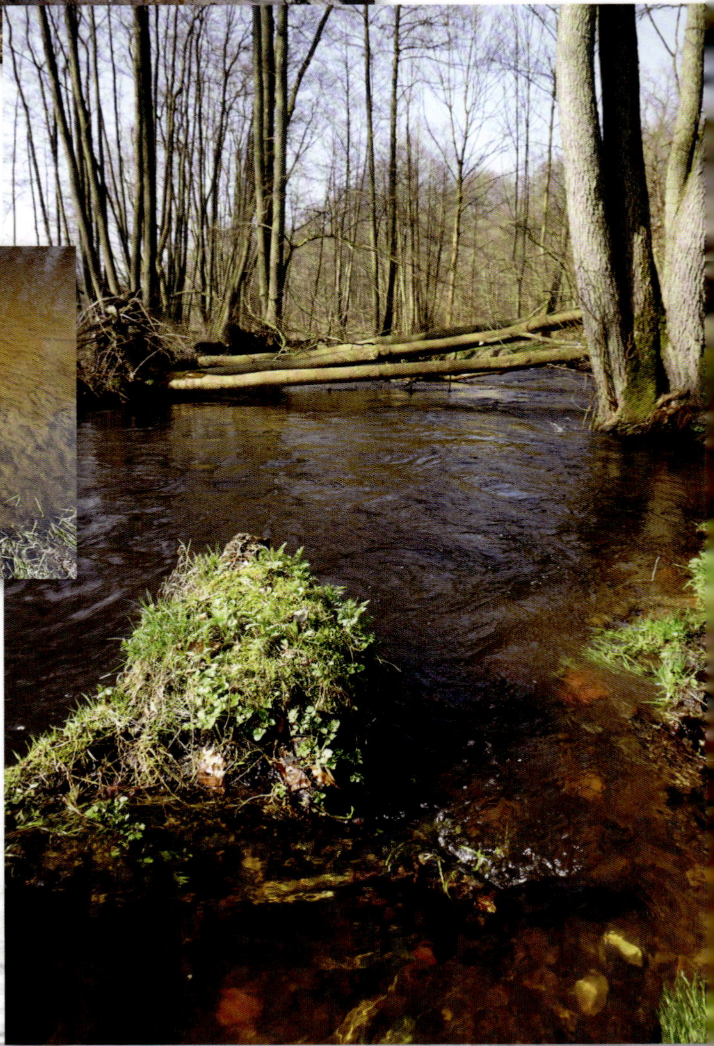

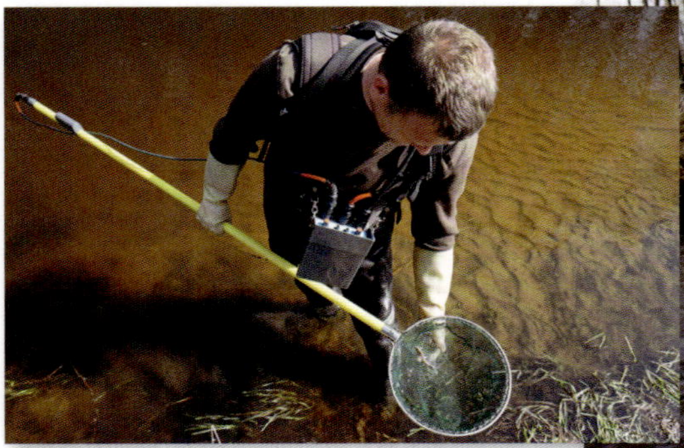

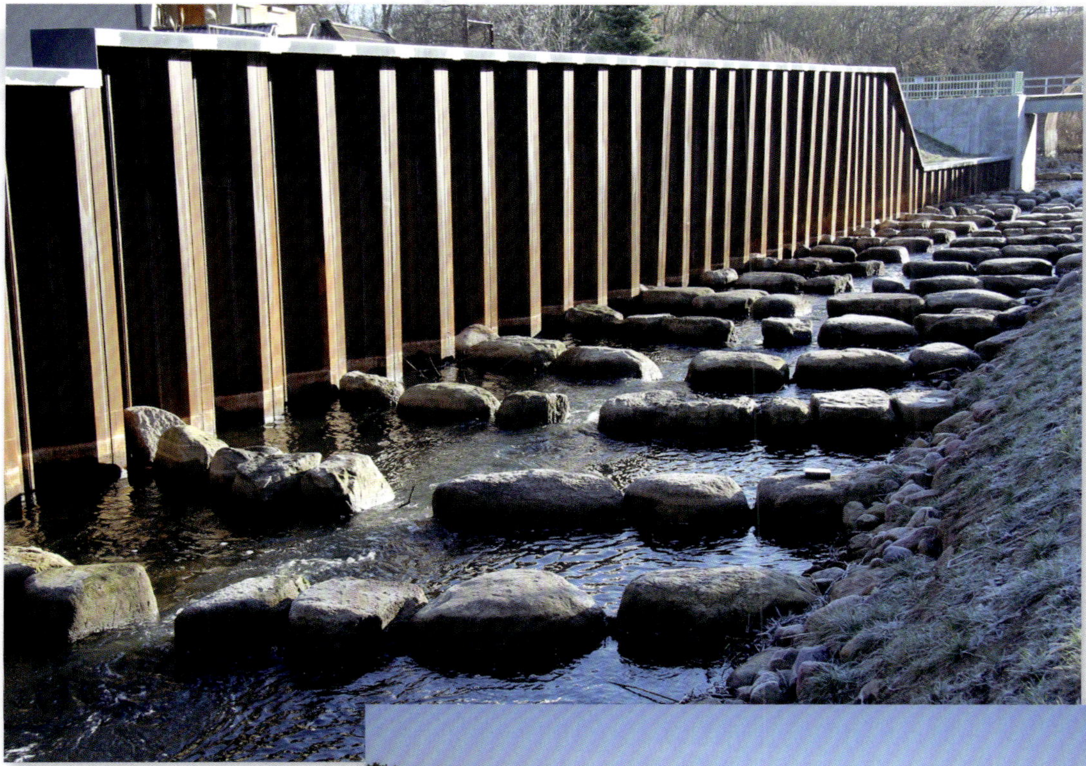

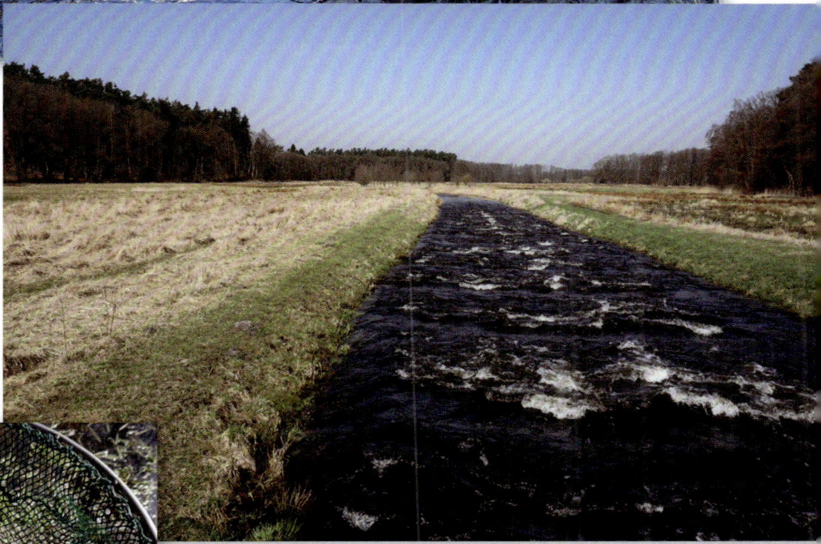

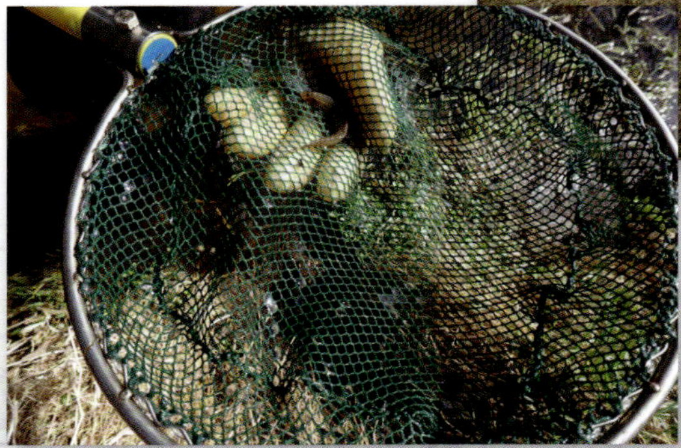

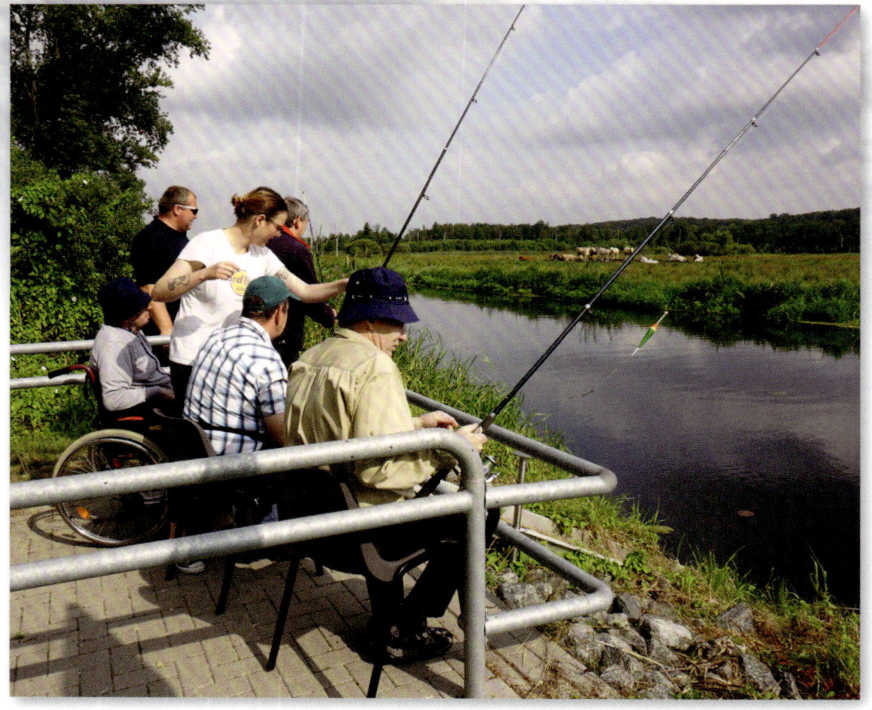

Die Recknitz bei Marlow. Hier macht ein spezieller Angelplatz für Menschen mit Handicap den Weg frei zum Wasser.

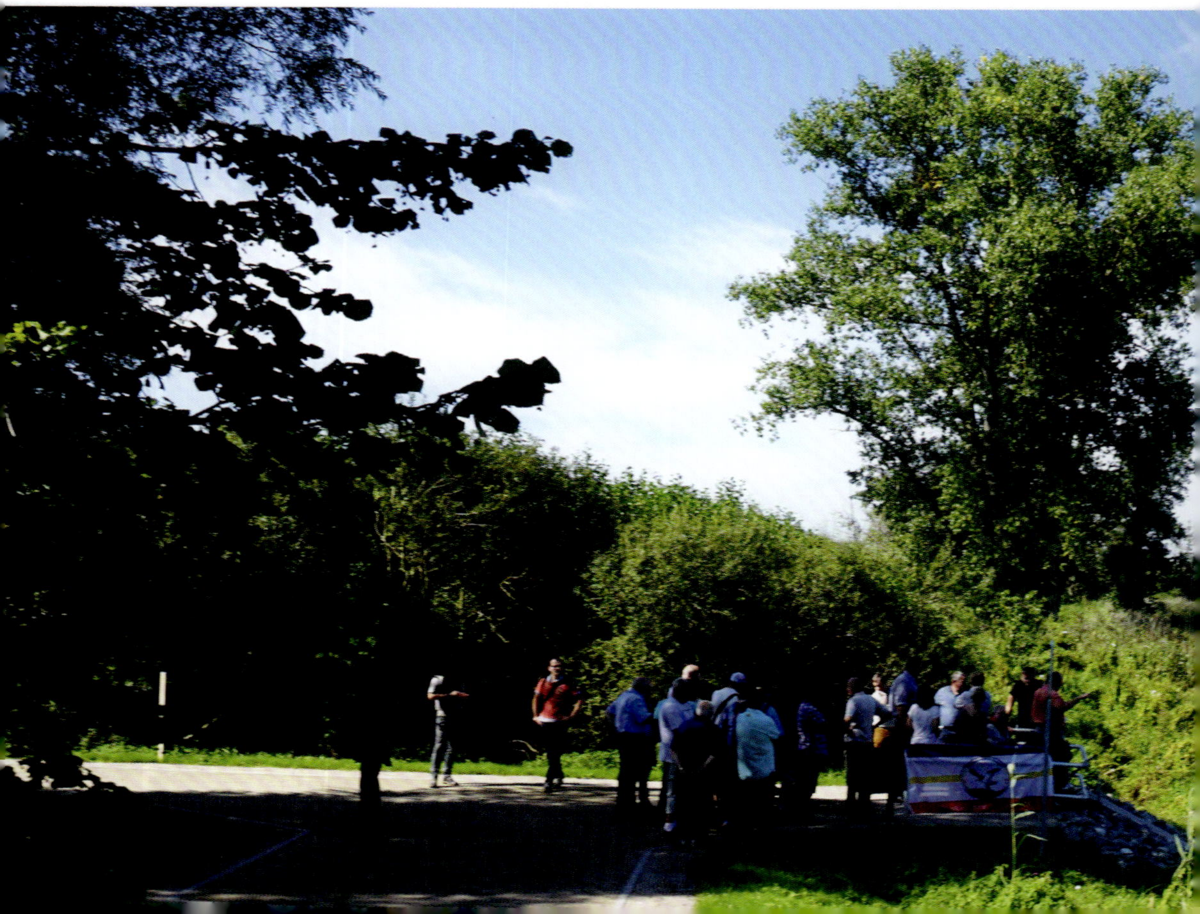

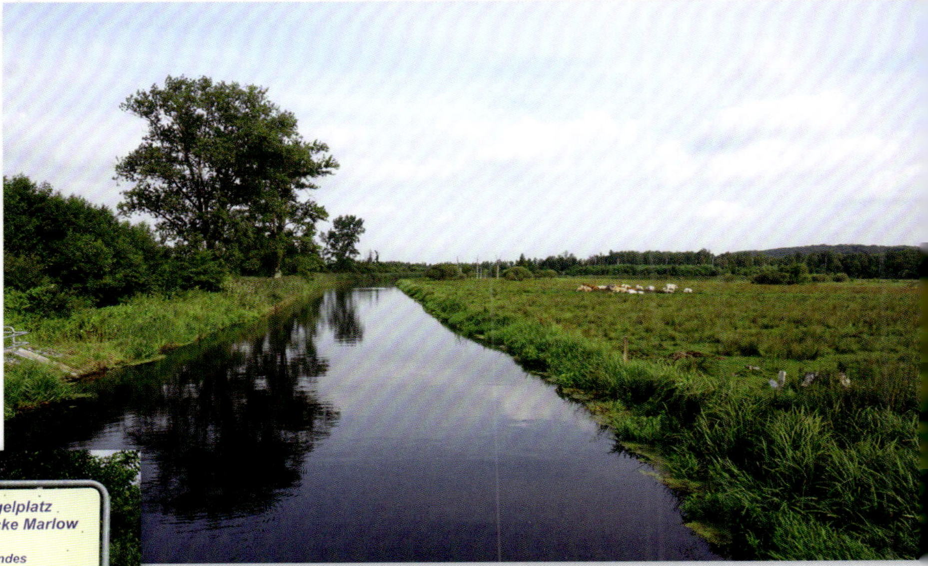

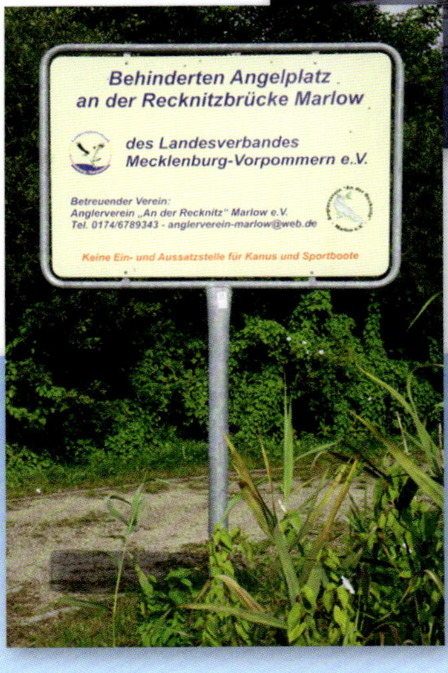
Behinderten Angelplatz
an der Recknitzbrücke Marlow
des Landesverbandes
Mecklenburg-Vorpommern e.V.
Betreuender Verein:
Anglerverein „An der Recknitz" Marlow e.V.
Tel. 0174/6789343 - anglerverein-marlow@web.de
Keine Ein- und Aussatzstelle für Kanus und Sportboote

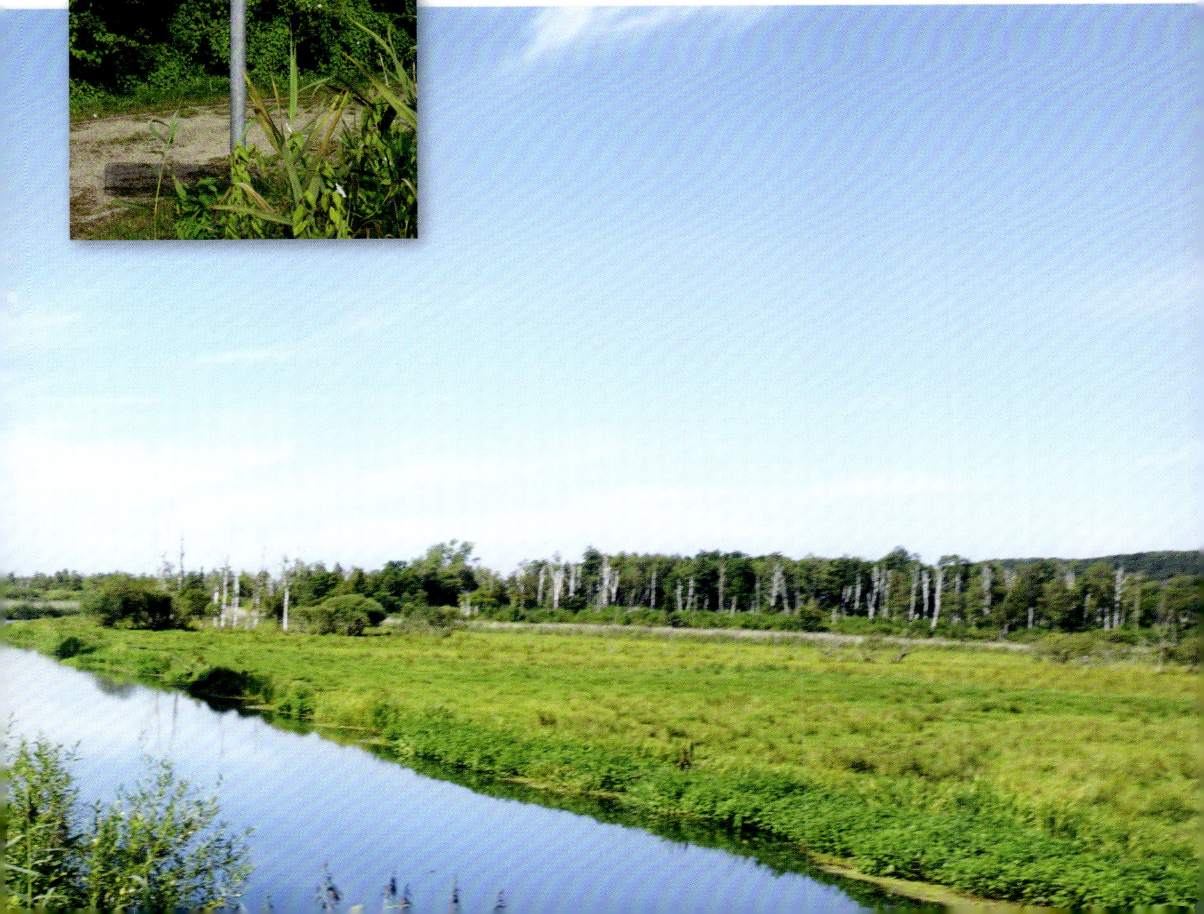

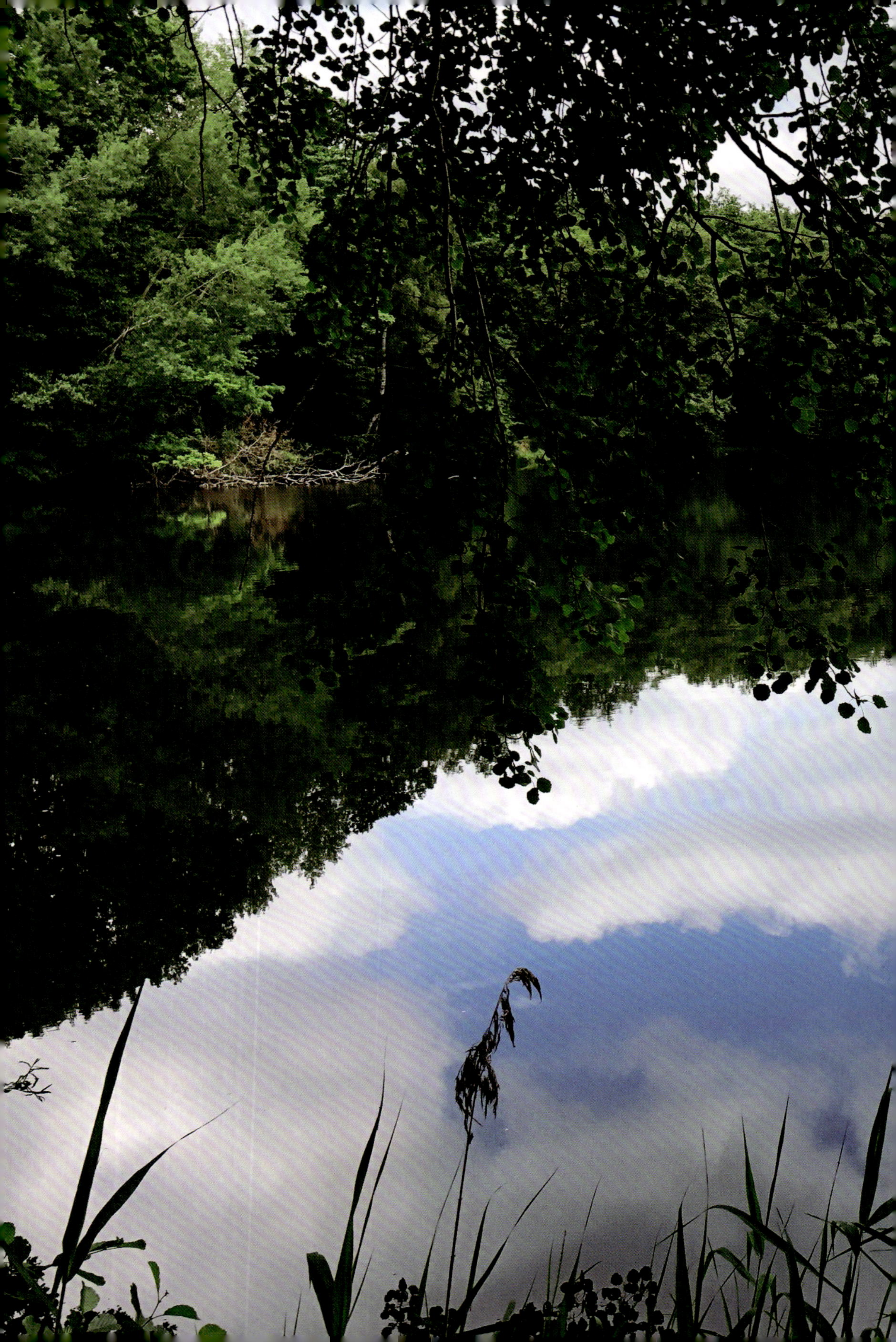

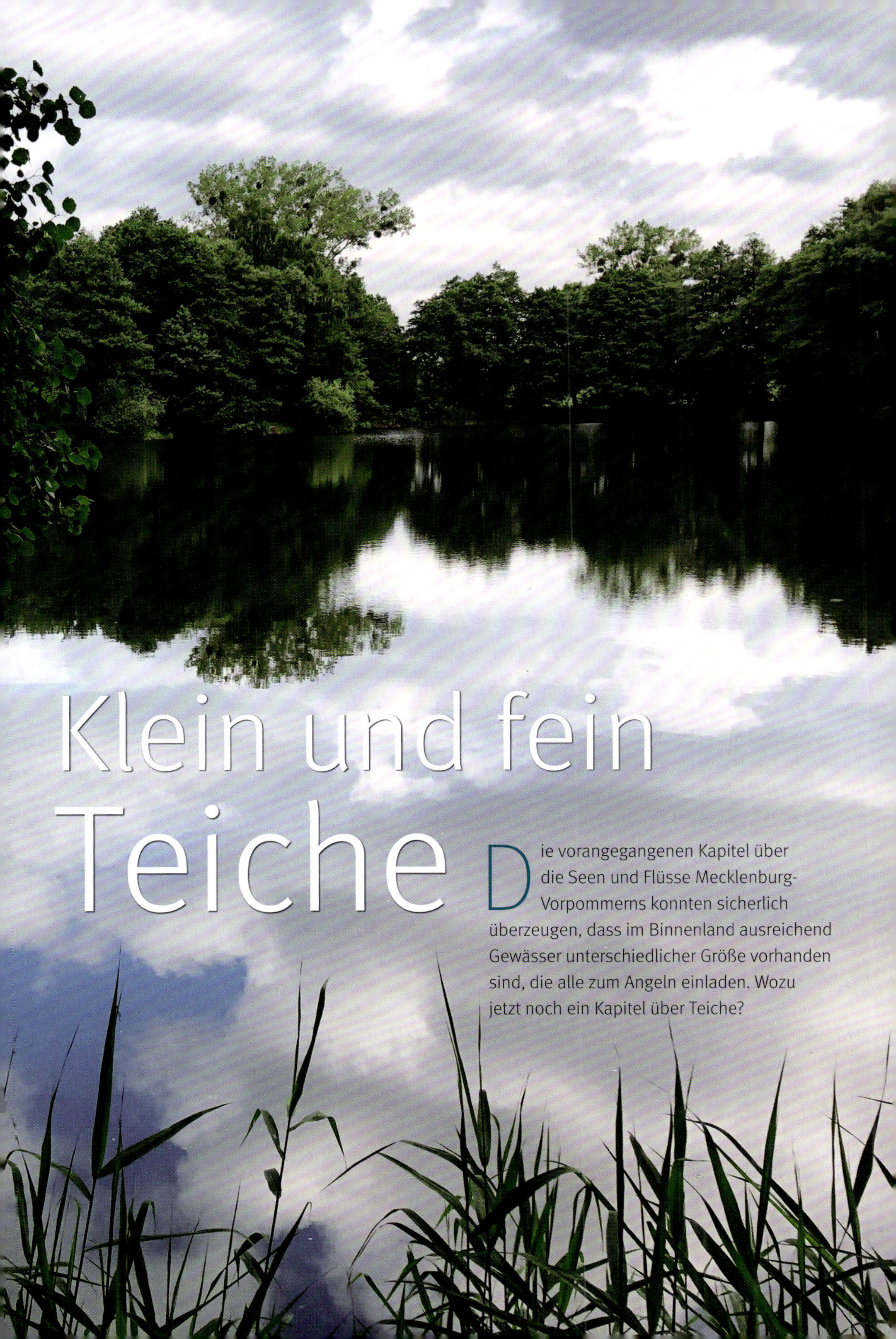

Klein und fein Teiche

Die vorangegangenen Kapitel über die Seen und Flüsse Mecklenburg-Vorpommerns konnten sicherlich überzeugen, dass im Binnenland ausreichend Gewässer unterschiedlicher Größe vorhanden sind, die alle zum Angeln einladen. Wozu jetzt noch ein Kapitel über Teiche?

»Put-and-Take«

Die Antwort lautet: Es geht hier speziell um bewirtschaftete Angelteiche, die vom Betreiber mit fangfähigen Fischen besetzt werden. Diese können mit der Angel wieder herausgefangen werden. Wegen dieser Praxis wird auch von »Put-and-Take«-Gewässern gesprochen. Trotz der insbesondere in Deutschland geübten Kritik an solchen Einrichtungen, haben sie auch bei uns eine nicht geringe Zahl von Anhängern. Gleiches gilt in unseren Nachbarländern wie z. B. Polen, Dänemark und Schweden. Was macht nun den besonderen Reiz der Angelteiche aus?

Anfängerparadies

Der wohl wichtigste Anreiz ist die überdurchschnittlich gute Aussicht auf einen Fangerfolg. Die Betreiber von Angelteichen steuern das über die Besatzdichte. Insbesondere Angelanfänger und -anfängerinnen sowie Familien können am Forellenteich in aller Ruhe das Angeln ausprobieren und werden nahezu garantiert ihren ersten Fisch an der Angel haben. Allgemein sind an Forellenteichen alle Angelmethoden mit künstlichen und natürlichen Ködern erlaubt. Der Betreiber kann Abweichungen davon festlegen. In einigen Bundesländern ist an Forellenteichen sogar das Angeln ohne Fischereischein möglich. In MV ist das nicht erlaubt. Hier ist zumindest ein Touristenfischereischein erforderlich.

Fische gezielt fangen

Die Hauptfischart in Angelteichen sind Forellen, insbesondere Regenbogenforellen. Wer potenzielle Kunden besonders für sein Angebot interessieren möchte, bietet auch sogenannte Lachsforellen an. Das

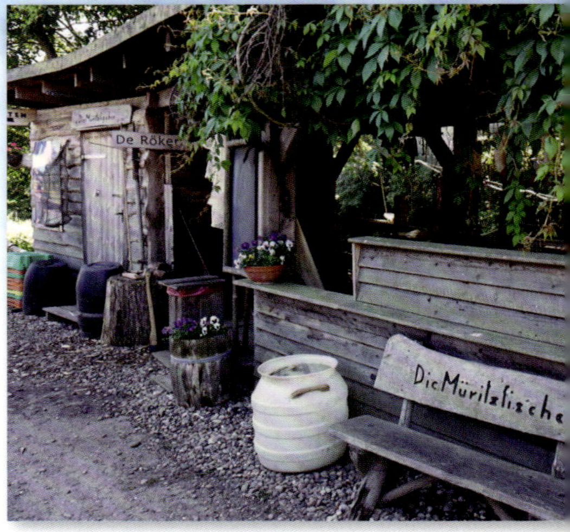

Angleridylle in Boek. Urige Fischerhütte am Angelteich. Hier gibt es den Fisch bereits zubereitet, beispielsweise frisch aus dem Rauch.

sind im Grunde ebenfalls Regenbogenforellen mit einem Besatzgewicht ab einem bis zwei Kilogramm. Die gängigen Regenbogenforellen kommen mit 300 bis 500 g Stückgewicht in die Angelteiche. Wenn Witterung und Wasserqualität es erlauben, werden in die Forellenteiche ebenfalls Bachforellen und Saiblinge eingesetzt.
In weiträumigeren Anlagen mit mehreren Teichen stehen auch Karpfen, Welsen und sogar Stören zur Auswahl. Die Betreiber von Forellenteichen geben an, welche Fischarten in welchem ihrer Gewässer zu fangen sind.

Gut aufgehoben

Neben dem Artenspektrum sind die Haltungsbedingungen der Fische in den Teichanlagen ein weiterer Anreiz schaffender Aspekt. Wie bereits beschrieben verfügen seriöse Anlagen i. d. R. über mehrere naturnahe Teiche von angemessener Größe. Neben attraktiven Angelbedingungen halten die Betreiber der Anlagen auch ein Service-Angebot vor. Das kann im Verkauf von Ködern (Würmern, Maden, Forellen-

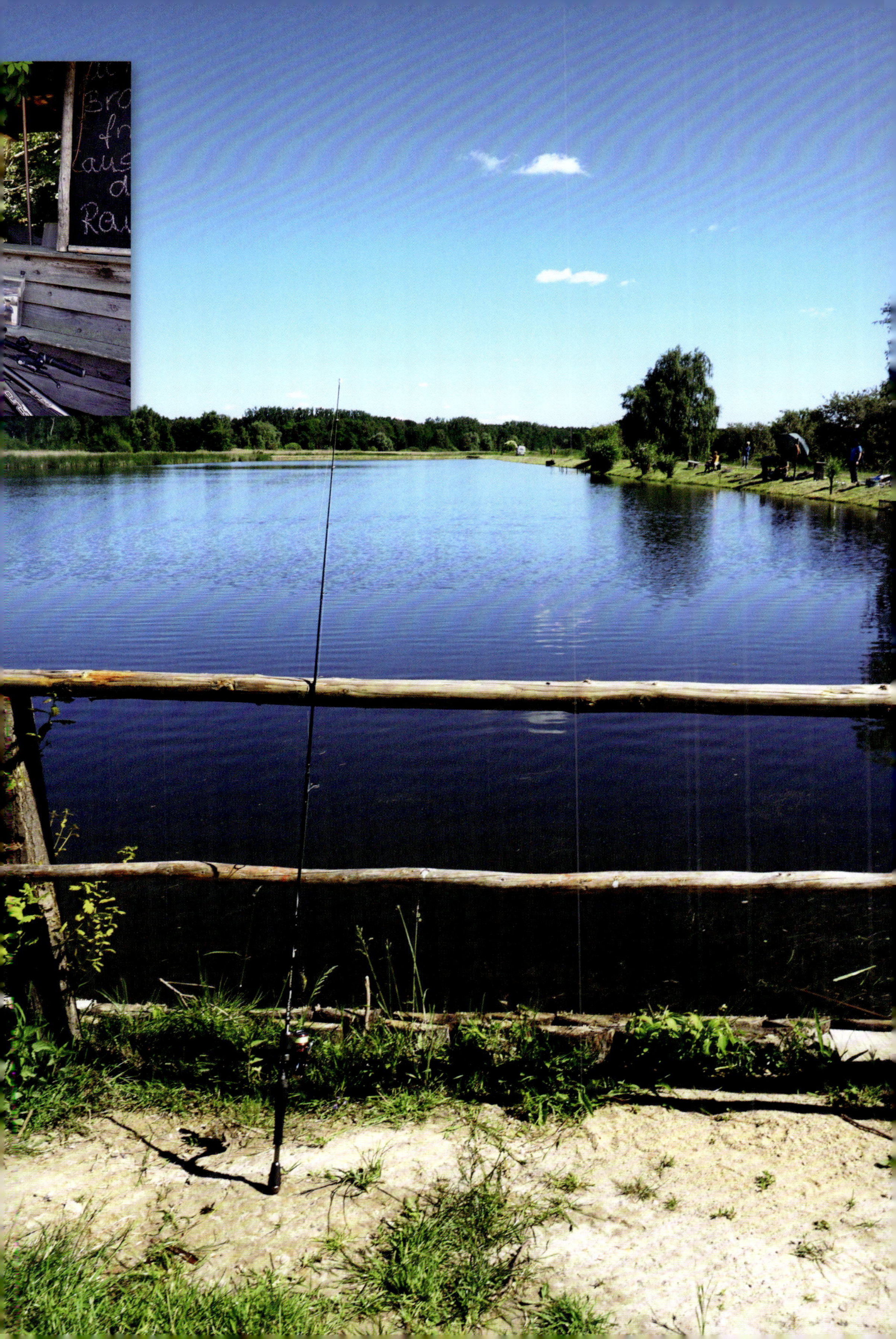

teig), dem Verleih von Angelgerät, der Sorge um das leibliche Wohl bis hin zu Übernachtungen bestehen. Gleichzeitig werden verschiedene Möglichkeiten zur Versorgung der gefangenen Fische vorgehalten, z. B. Kühlung oder Frosten.

Teichanlagen im Blick

Eine Sichtung von Teichanlagen in Norddeutschland zeigte übereinstimmend folgende Ergebnisse: Angelteiche oder auch Angelseen sind weitestgehend durch Menschenhand geschaffen worden, durch Kiesabbau, auch ehemalige oder noch betriebene Aquakulturanlagen zählen dazu. Bezüglich ihrer Größe stellen Anlagen mit etwa 10 ha Gesamtfläche, also Land und Gewässer zusammen, eine Obergrenze dar.

Andere Länder, andere Sitten ...

Dass auch andere Dimensionen möglich sind und erfolgreich betrieben werden, habe ich beispielsweise in Schweden kennengelernt. Dort betreibt ein staatliches Unternehmen eine Anlage mit 23 natürlichen »Put-and-Take«-Seen. Die einzelnen Seen weisen Gewässerflächen zwischen einem bis zu 40 ha auf. Das gesamte Areal ist in ein Waldgebiet von mehreren Quadratkilometern eingebettet und bietet neben den Angelmöglichkeiten auch Unterkünfte und sogar Tagungsräume für Veranstaltungen an. Die einzelnen Seen werden vorwiegend mit Regenbogenforellen verschiedener Gewichtsklassen besetzt. Es kommen jedoch durch natürlichen Besatz Fischarten wie Hecht, Barsch, Brachsen, Plötz und Aal in den Seen vor. In der überwiegenden Anzahl der Seen sind alle Angelmethoden erlaubt, in einigen jedoch ausschließlich das Fliegenfischen. Große Seen dürfen sogar mit dafür vorgehaltenen Leihbooten befahren werden. Die Anlage wird von Anglern aus der ganzen Welt besucht. Die geschilderten Naturbedingungen waren jedoch den Schweden noch nicht genug. Sie haben unter Ausnutzung der Geländestruktur zwischen zwei Seen einen künstlichen Flusslauf von etwas mehr als einem km Länge hergerichtet. In diesem »Flugströmmen« ist – der Name lässt es schon erahnen – ausschließlich Fliegenfischen erlaubt. Diese Methode des Angelns ist in Schweden sehr beliebt und hochgeschätzt. Wie hoch kann an Folgendem ermessen werden: Die Eröffnung des Flugströmmen im Jahre 1987 wurde von König Karl Gustav von Schweden höchstpersönlich wahrgenommen.

Fischfang von Fangfisch

Wozu dieser Exkurs in eines unsere nördlichen Nachbarländer? Zum einen sollte auf den gesellschaftlichen und wirtschaftlichen Stellenwert hingewiesen werden, den Forellenseen bzw. -teiche anderswo einnehmen. Ein anderer Aspekt betrifft das Besetzen von natürlichen Gewässern mit fangfähigen Fischen. Hierzu wäre gerade in unserem gewässerreichen Bundesland für ausgewählte Fälle ein Umdenken angebracht.

Zurück zu unseren Forellenteichen in MV. Wenn Sie persönlich das Angeln erst einmal ausprobieren wollen oder mit der ganzen Familie einen entspannten Angelausflug suchen, sind Sie an einem Angelteich gut aufgehoben. Das ist vor allem in den Sommermonaten zu empfehlen, da gerade in dieser Jahreszeit das Angeln in den natürlichen Gewässern, insbesondere den Seen für den Einsteiger ohne entsprechende Unterstützung weniger erfolg-

versprechend ist. Attraktive Teichanlagen gibt es in MV mindestens zehn an unterschiedlichen Standorten.
Recherchieren Sie unter dem Stichwort Angelteiche MV und Sie werden etwas Geeignetes finden. Beim Suchen und Finden können auch Fachleute in Angelläden als Ansprechpartner immer weiterhelfen. Die kennen einfach ihre Branche und ihre Abnehmer.

Den Fangfisch ködern

Für ein erfolgreiches Angeln ist natürlich auch ein Top-Köder nötig. Es werden zwar schon beinahe unüberschaubare Variationen von Forellenteig in den tollsten Farben und mit unwiderstehlichen Aromen angeboten, aber für Sie habe ich ein Geheimrezept. Das verriet mir vor Jahren unser Vereinsvorsitzender. Natürlich probierte ich es sofort aus und der Erfolg war überzeugend.
Die gute Fängigkeit eines solchen Teiges erkläre ich mir wie folgt: Die Satzforellen in den Angelteichen werden in Aufzuchtanlagen mit Pellets gefüttert. Der aus dem Fischfutter hergestellte Teig ähnelt sowohl in Farbe als auch von der Witterung den Pellets und die Forellen nehmen den Köder relativ arglos an. Dazu gehört auch, dass der Köder sanft eingeworfen wird und nach dem Eintauchen entsprechend langsam nach unten sinkt. Das gelingt recht gut bei Verwendung einer nur sehr wenig beschwerten sogenannten Penne-Pose. Allein das Gewicht des Teigköders kann ausreichen.
Dass die Forellen auf derartig bewegte Partikel im Wasser reagieren, habe ich beim Ausnehmen von Forellen aus Teichanlagen erlebt. Einige Fische hatten mehrere Kieselsteine vom Wegbelag der

Forellenteig

Kaufen Sie ein beliebiges Fischfutter für Gartenteich-Fische. Davon wird eine ordentliche Portion in Wasser eingeweicht und danach mit Hilfe eines festen Tuches wieder ausgepresst. Der so entstandene Ballen wird kräftig durchgeknetet. Wenn das Material noch zu stark an den Händen klebt, nach und nach durch Zugabe von etwas Grieß gefügiger gemacht (siehe auch Teigherstellung unter Angelköder S. 16 / 17). Der Teig darf nicht zu gummiartig werden. Dann besteht die Gefahr, dass dem Fisch beim Anschlag der mit dem Teig umhüllte Haken aus dem Maul gezogen wird.

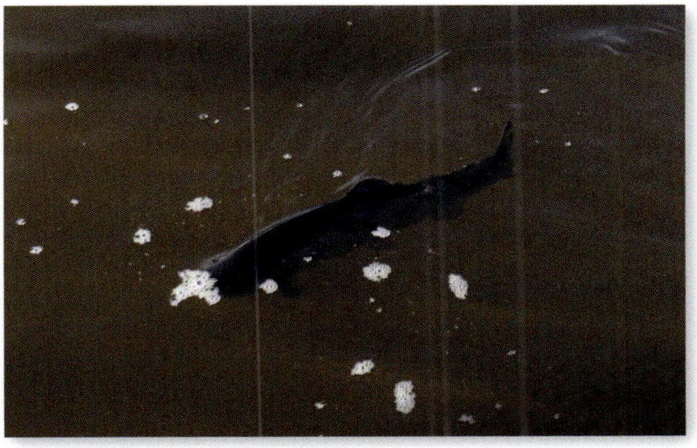

Eine Satzforelle auf dem Weg durch ihren Teich. Auch Angeleleven gelingt es hier, so einen Fang zu machen.

Anlage im Verdauungstrakt. Diese waren offenbar von Besuchern aus Langeweile in die Teiche geworfen worden. Die Fische haben die Steinchen als vermeintliches Futter beim Absinken aufgenommen.
Sie werden sich hoffentlich von solchem Verhalten nicht anstecken lassen. Für Ihr bevorstehendes Angelerlebnis am Forellenteich Petri Heil! Falls Sie immer noch etwas zögern sollten, an einen Angelteich zu gehen, stellen wir Ihnen jetzt zwei unterschiedliche Anlagen vor:
– »Fischers Land« in Boek
– Angelteiche Klein Labenz

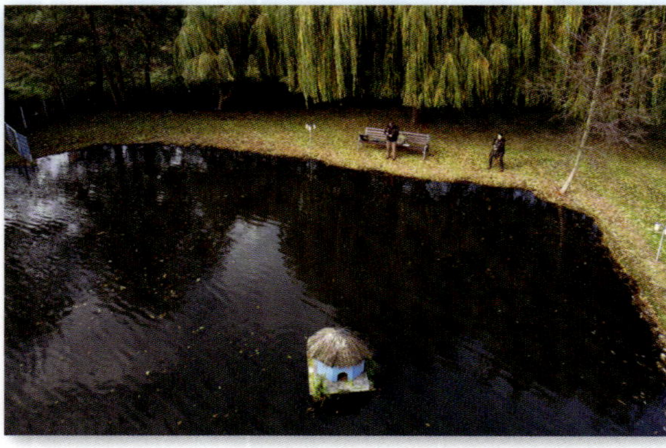

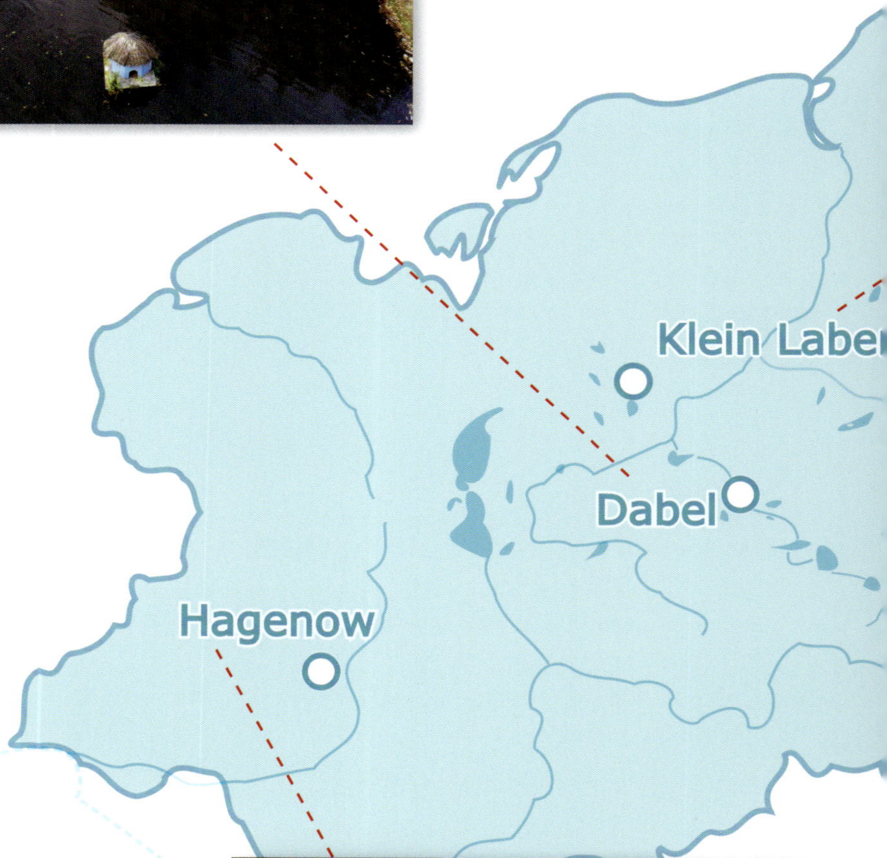
Klein Labe
Dabel
Hagenow

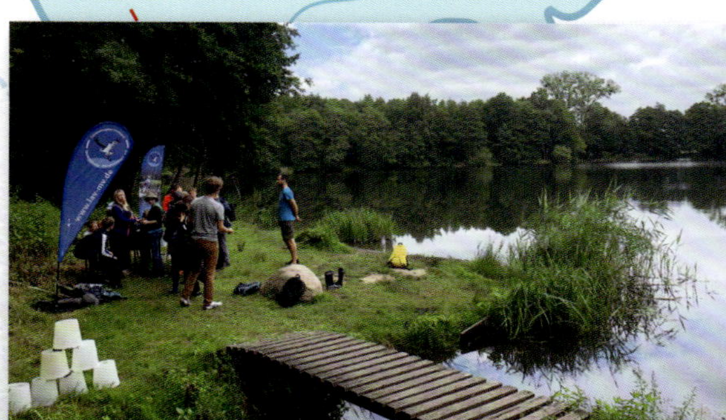

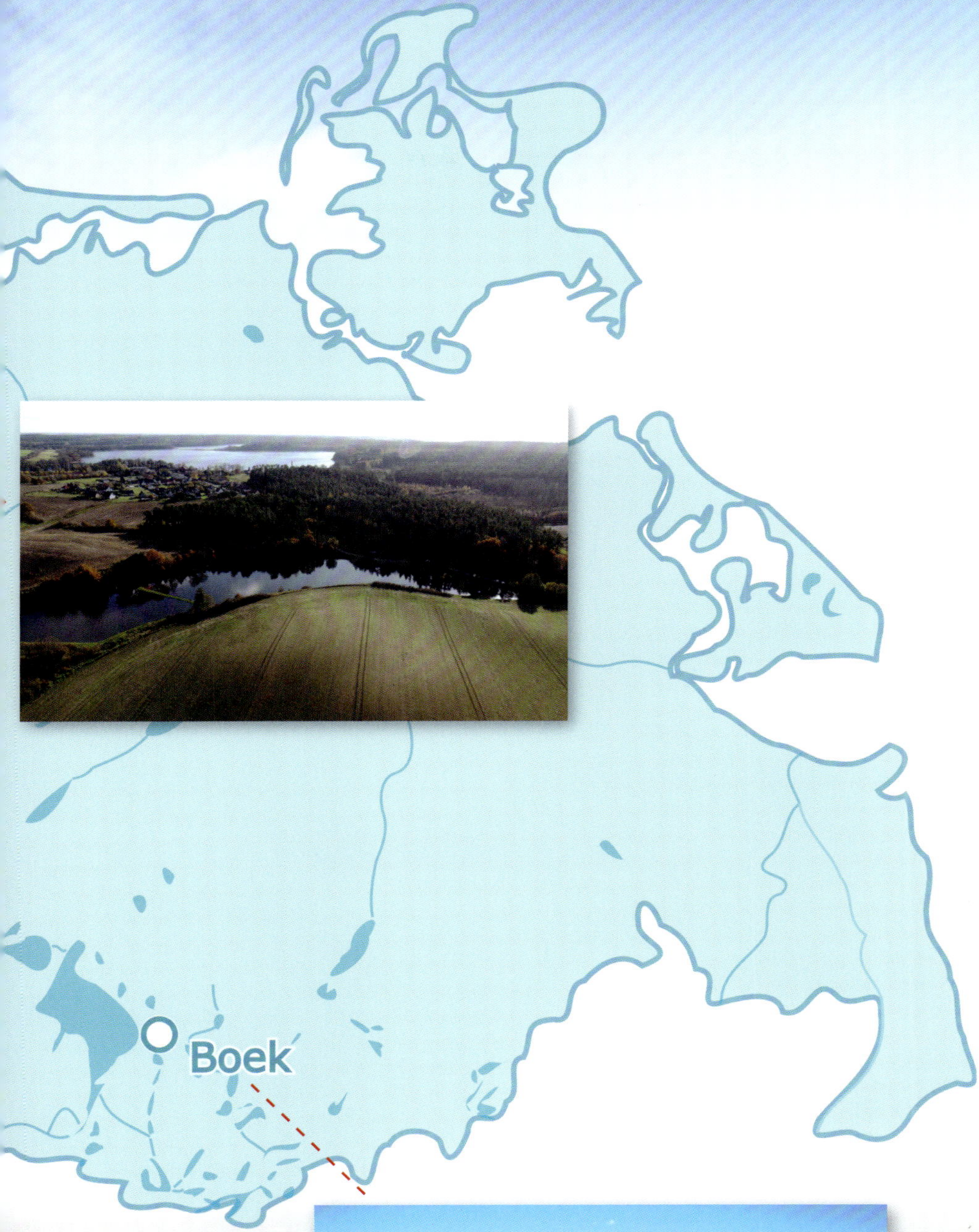
Boek

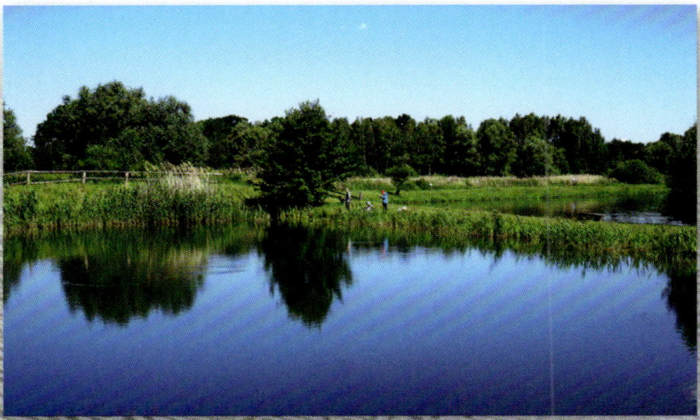

Die Teichanlage »Fischers Land« liegt am südlichen Ende der Müritzregion, inmitten einer unveränderten Natur der Mecklenburgischen Seenplatte. Besucher haben am Rande des Müritz-Nationalparks einen atemberaubenden Blick auf insgesamt 25 ha Teichflächen, über denen See- und Fischadler kreisen und andere seltene Vogelarten die Wasserflächen und Uferregionen beleben. Eingebettet in dieses Areal sind zwei Angelteiche. Der große sogenannte »Familienteich« und der kleine »Dreiecksteich« unmittelbar vor der Gaststätte in der Rotunde.

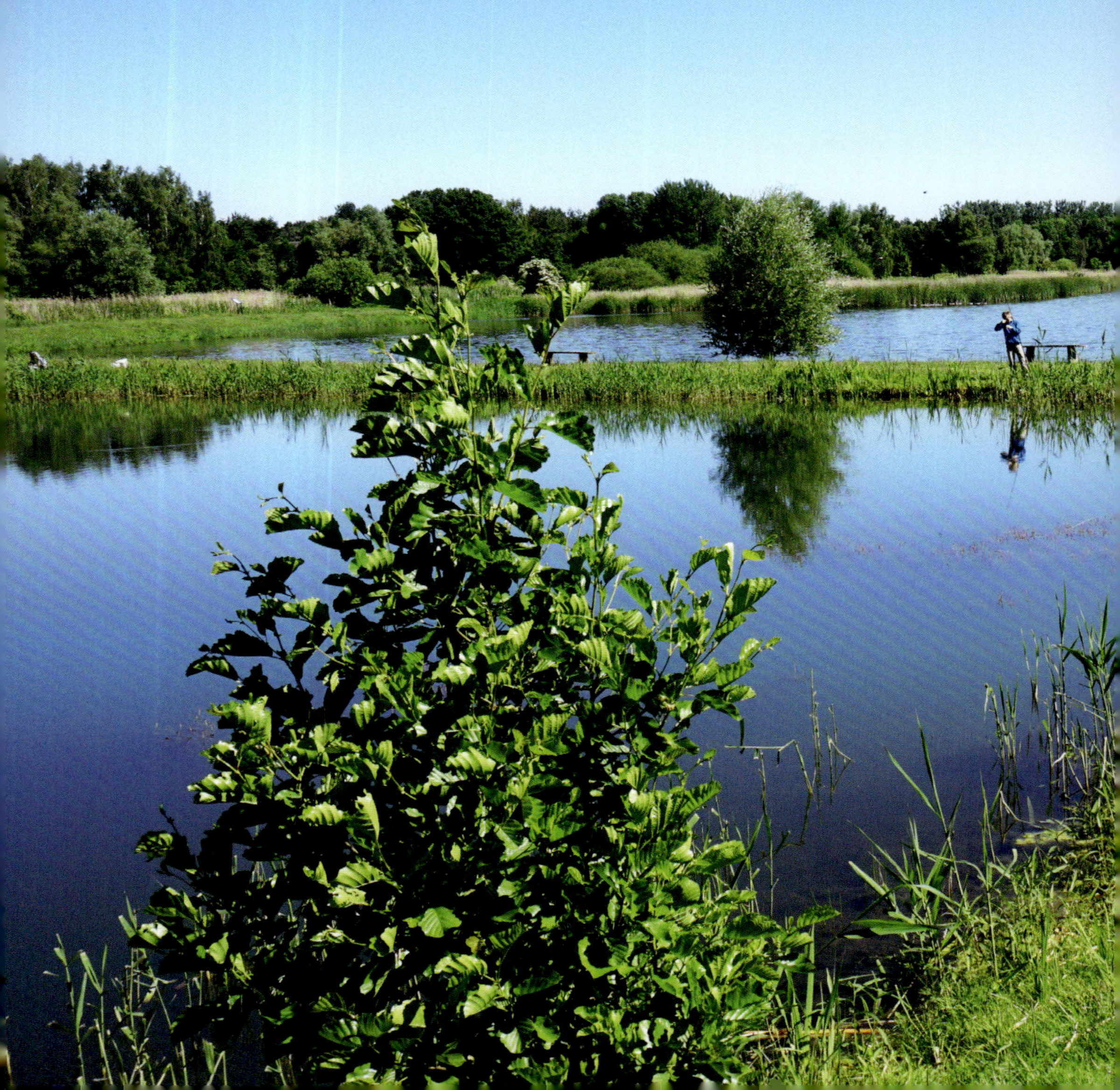

»Fischers Land« in Boek

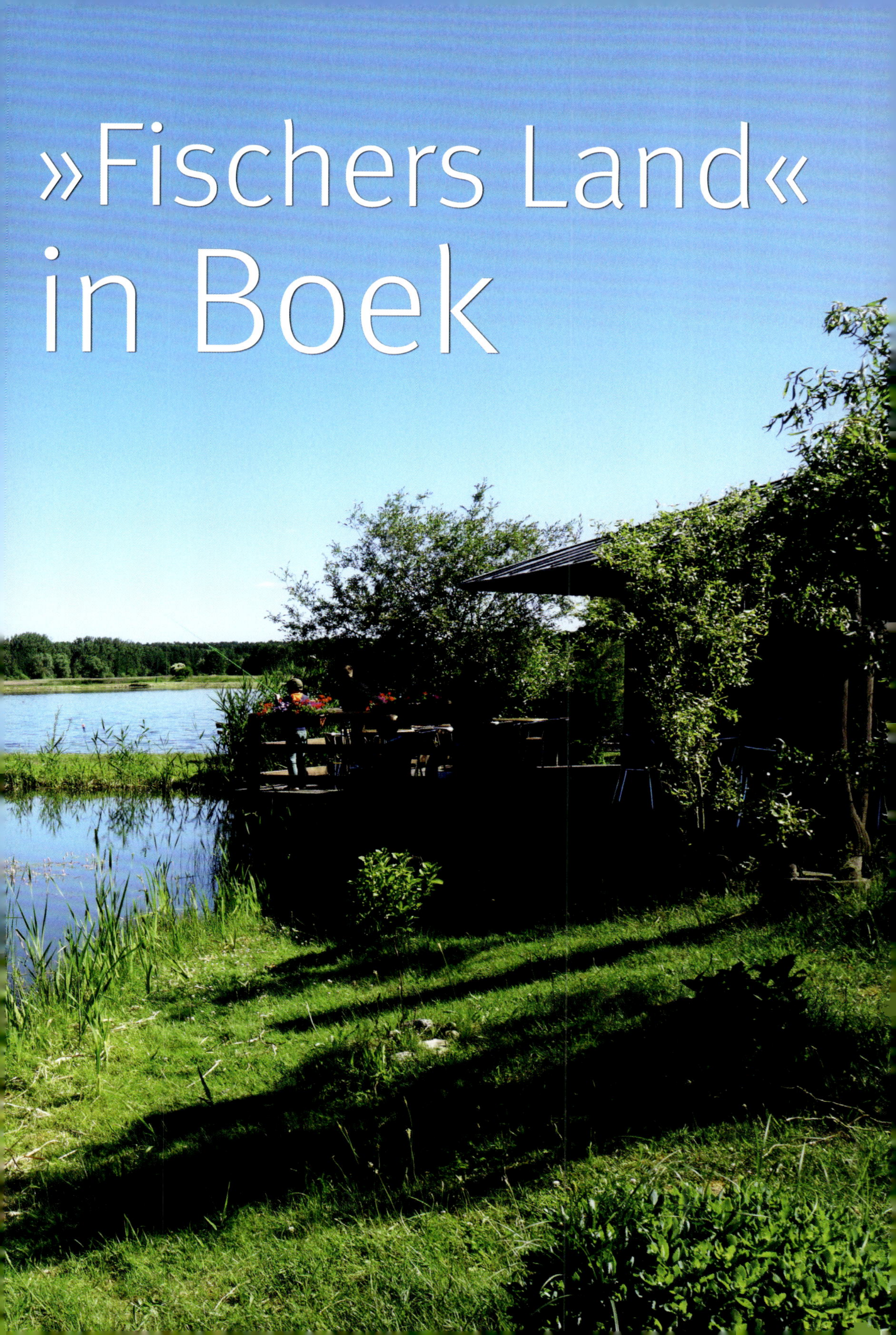

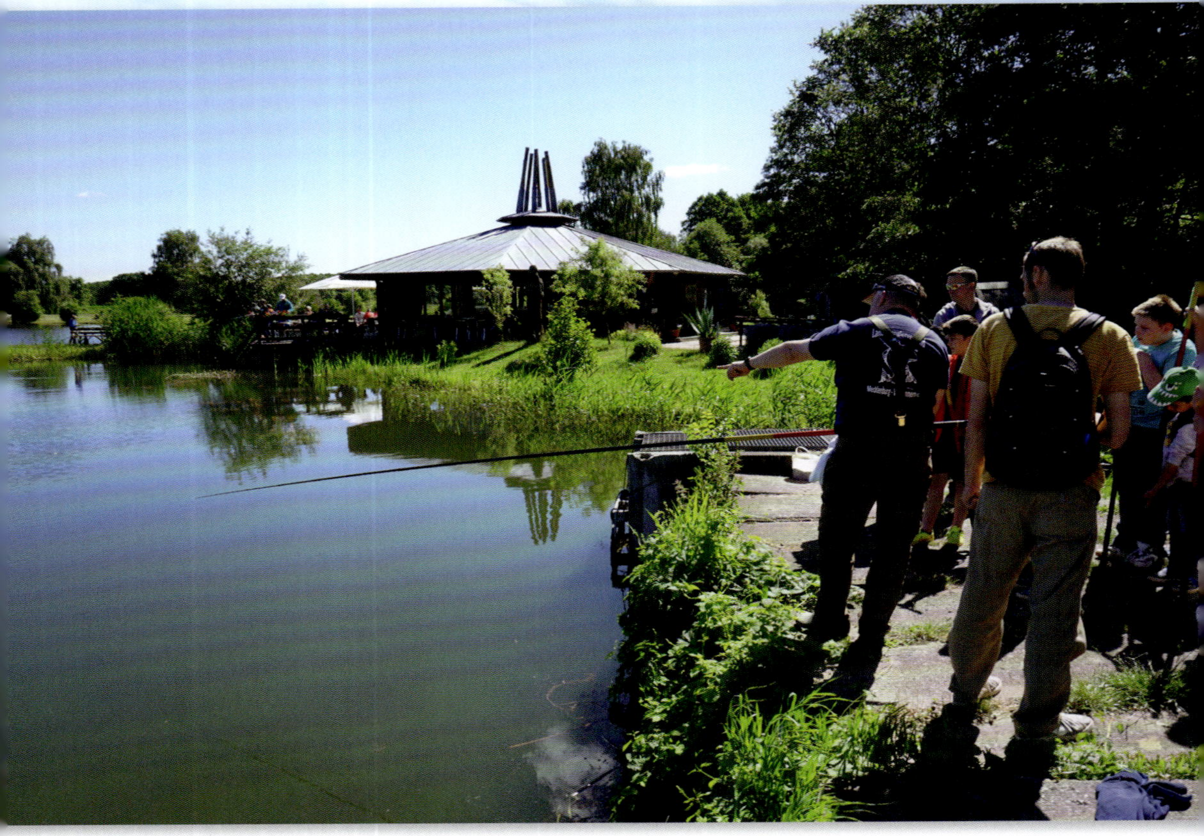

Hier schwimmen Plötze und Rotfedern. Für Kinder leicht zu angeln.

Was schwimmt denn da …?

Die Angelteiche sind in der Regel vom 1. Mai bis zum 31. Oktober in Betrieb. Abhängig von der Witterung und der zeitlichen Lage der Feiertage wird die Saison manches Jahr auch bereits zu Ostern eröffnet. Es sind keine typischen Forellenteiche, denn Wasserstand und Temperaturverhältnisse lassen die ganzjährige Haltung von Forellen nicht zu. Ebenso witterungsabhängig kann der Betreiber zu Beginn und gegen Ende der Saison jedoch auch durchaus die Möglichkeit schaffen, Forellen zu angeln. Dafür wird dann der Dreiecksteich mit diesen Fischen besetzt. In der Hauptsaison ist der Dreiecksteich speziell dem Kinderangeln vorbehalten. Die Hauptfischarten dort sind Plötze und Rotfedern. Im Familienteich lassen sich Karpfen, Schleie und Welse sowie Störe erbeuten.

Auch ohne Angel einen Ausflug wert

Sofern Sie persönlich keine Lust zum Angeln verspüren, können Sie von der Terrasse der Rotunde Ihren angelnden Familienmitgliedern ganz entspannt dabei zusehen. Wer es etwas aktiver mag, entscheidet sich für einen Spaziergang auf dem Fischlehrpfad und beobachtet während der kleinen Wanderung auch die

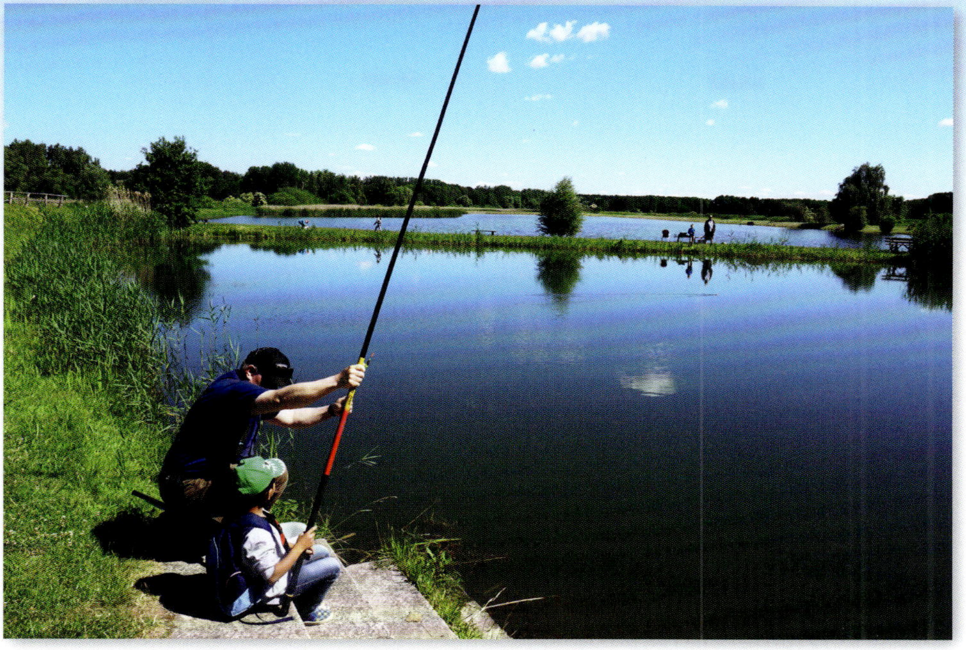

Kleiner Mann an großer Angel. Die Beute lässt nicht lange warten.

Vogelwelt. Bei einem meiner Aufenthalte in der Anlage hatte ich einen besonderen Anblick erleben können. Als ich mich über die außergewöhnlich großen Möwen über einem Aufzuchtteich gewunderte, konnte ich beim Näherkommen erkennen, dass dort circa acht bis zehn Fischadler gleichzeitig auf der Jagd waren.
Unabhängig davon, ob der Angeltag erfolgreich war oder nicht, laden leckere Fischspezialitäten und verschiedene Getränke in der Rotunde zum Verweilen ein. So wird ein Ausflug nach »Fischers Land« garantiert zu einem bleibenden Erlebnis für die ganze Familie.

Angeln für Kindergruppen

»Fischers Land« ist nicht nur ein Highlight für Familien. Mit den relativ großen Chancen beim Angeln ist es auch ein gefragter Austragungsort für Angelveranstaltungen mit Kindern. Von einer ganz besonderen möchte ich berichten.
Der LAV MV hatte im Juni 2016 zehn Flüchtlingskinder im Alter zwischen 5 und 12 Jahren in die Teichanlage nach Boek eingeladen. Die Familien der Kinder stammen aus Syrien und dem Irak. Sie lebten damals in der Umgebung von Schwerin und wurden dort vom Deutschen Kinderschutzbund betreut. Nach Boek waren sie mit dem Bus angereist und wurden dort auf dem Gelände der Teichanlage von Fischer Steinbeck, einem Urgestein mecklenburgischer Fischerei, freundlich begrüßt. Wie ein Märchenerzähler aus »Tausendundeiner Nacht« mit seinem weißen Vollbart sprach er zu den Kindern von den Fischen und vom Angeln und wünschte ihnen für den Tag Petri Heil.
Die Gastkinder standen dann am Ufer des Dreieckteiches und hörten aufmerksam zu,

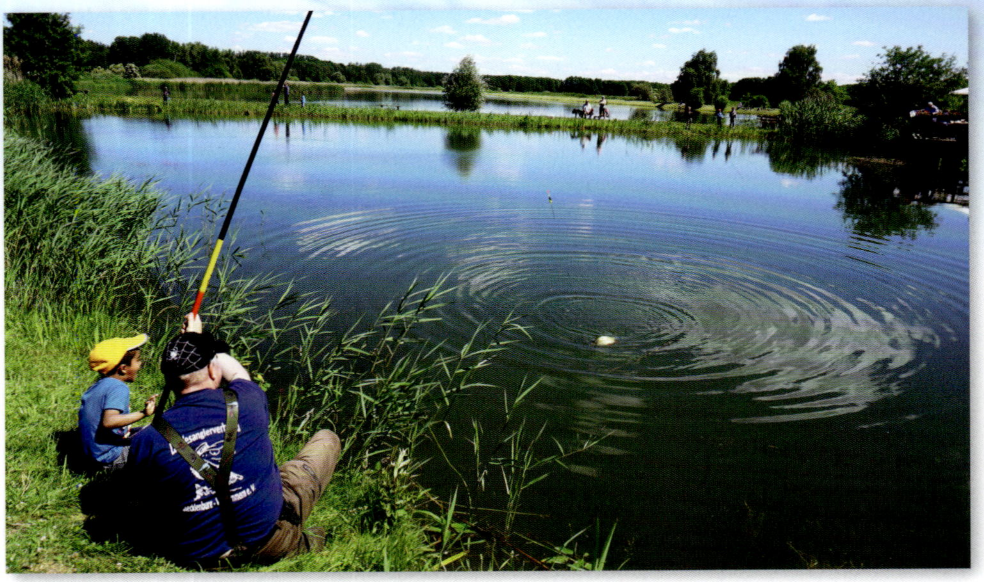

Eine schöne Rotfeder hat sich den Haken geschnappt. Der kleine Angler strahlt.

was ihnen Günter, ein LAV-Ehrenamtler, über das Angeln erklärte. Die Verständigung klappte gut. Die meisten Kinder waren schon etwas länger in Deutschland. Noch besser ging es in der Praxis. Futter zum Anlocken der Fische wurde gemeinsam vorbereitet. Viele Hände vermischten in Eimern das grobe Pulver mit Wasser. Danach verteilte Günter die vorbereiteten Stippruten. Mit diesen, in den Augen der Kinder, endlos langen Angeln traten sie an das Teichufer und beförderten die beköderten Montagen ins Wasser. Gebannt wurde auf die Posen gestarrt, und da tauchte bereits eine unter. Ein beherztes Anheben, und der erste Fisch wurde an Land befördert, eine bunt gefärbte Rotfeder. Danach ging es bei allen Junganglern Schlag auf Schlag. Ein Fisch nach dem anderen wurde aus dem Wasser gezogen. Den größten Fisch hat der Kleinste unter den Kindern gefangen, der fünfjährige Omar. Und der Fang war außerdem etwas Besonderes, denn es handelte sich um eine Schleie. Der stolze Fänger konnte sein Glück kaum fassen. Die Kinder waren kaum vom Wasser wegzubekommen. Sofort nach dem Mittagessen saßen sie wieder am Ufer. Beim unvermeidbaren Einsteigen in den Bus zur Rückfahrt nach Schwerin sagte eines der Mädchen: »Das war mein schönster Tag!« Ein besseres Lob für ein solches Erlebnis am Angelteich kann es nicht geben.

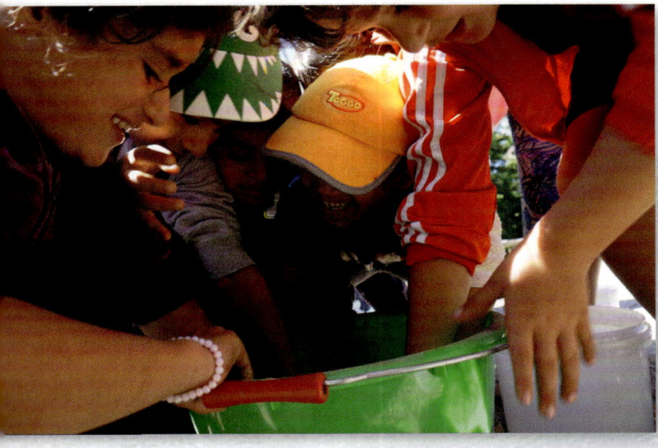

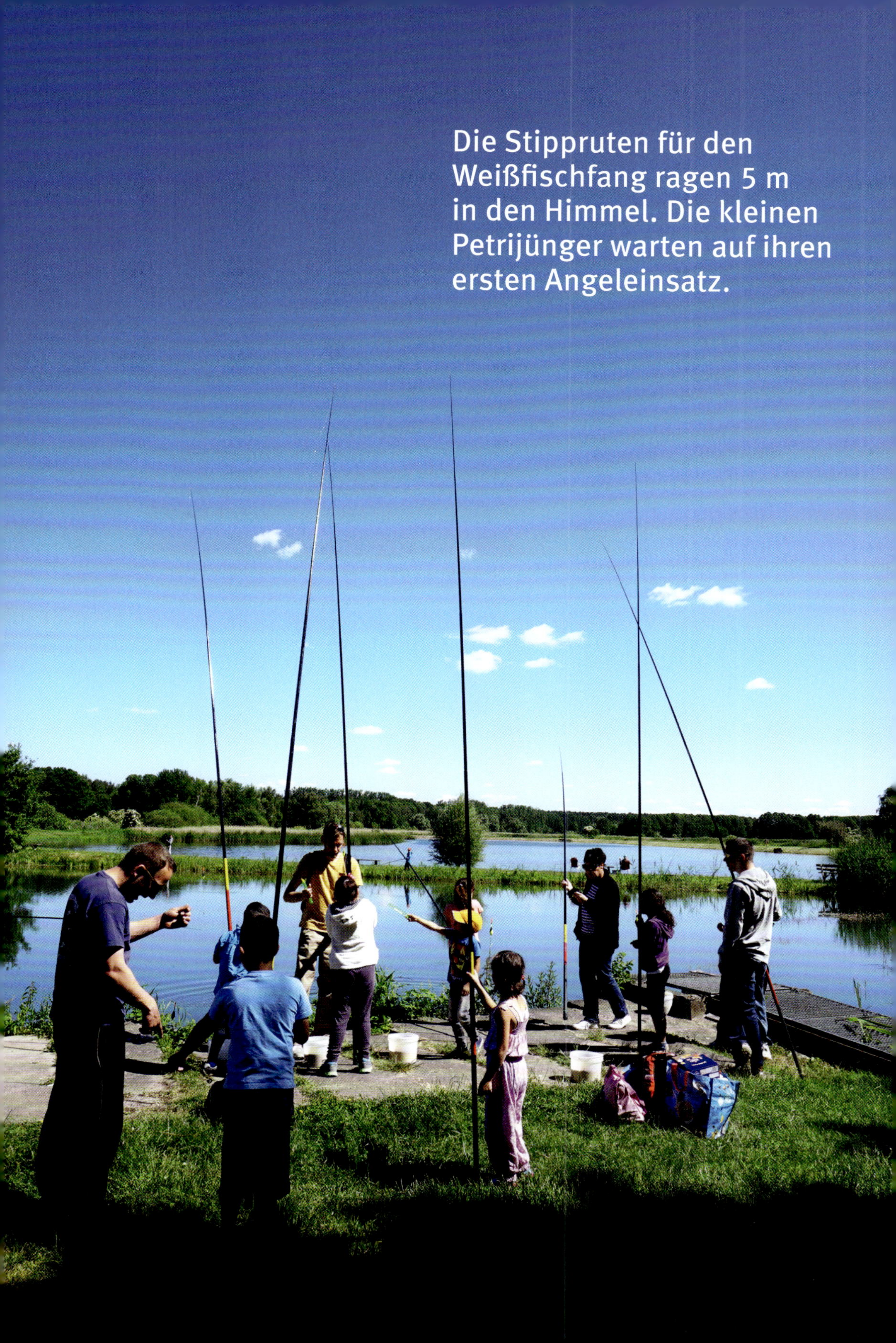

Die Stippruten für den Weißfischfang ragen 5 m in den Himmel. Die kleinen Petrijünger warten auf ihren ersten Angeleinsatz.

Angelteiche Klein Labenz Dabel

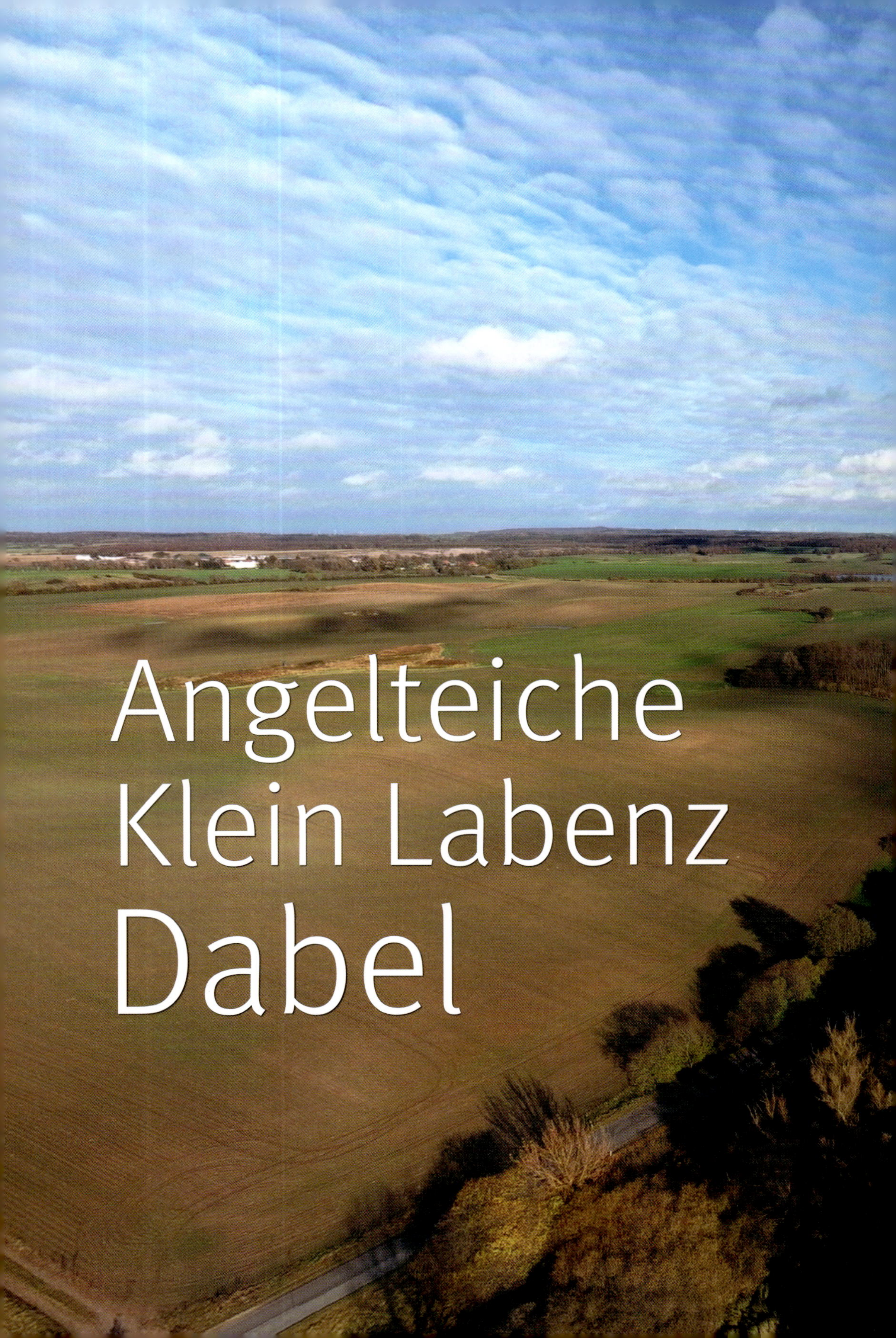

Die Teichanlage bei Klein Labenz liegt nördlich des Groß Labenzer Sees und ist von der B 192 über die Stadt Warin einfach in wenigen Minuten zu erreichen. Auf der Anlage ist ein großer Parkplatz vorhanden. Es bestehen Möglichkeiten zum Zelten und zum Grillen. Die Anlage ist ganzjährig geöffnet, solange die Teiche eisfrei sind (mittwochs Ruhetag). Der Betreiber ist stets auf den sehr gepflegten Zustand des Areals bedacht. Entsprechendes Verhalten wird auch von den Besucher*innen erwartet. Das Luftbild zeigt im Vordergrund die Angelteiche.

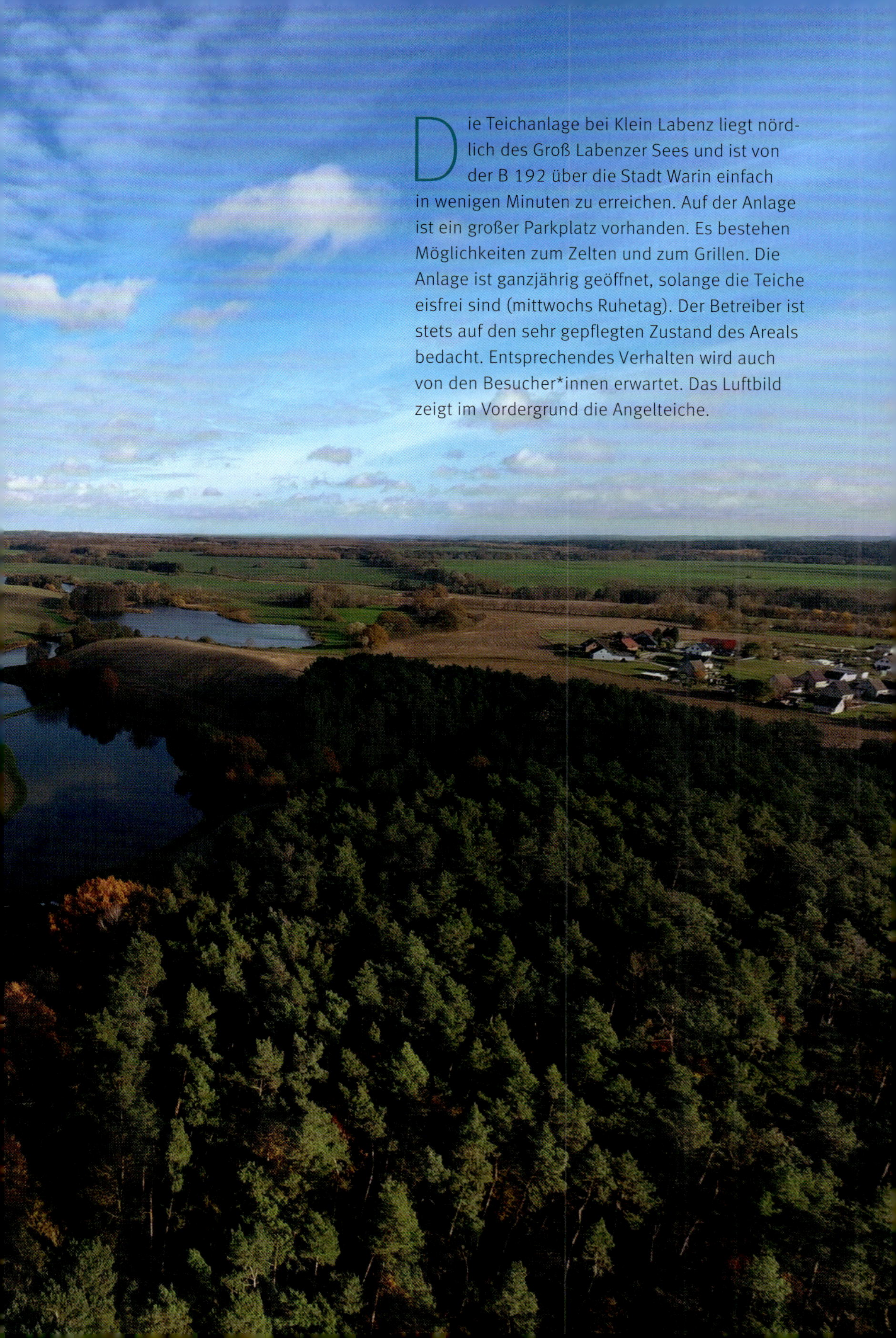

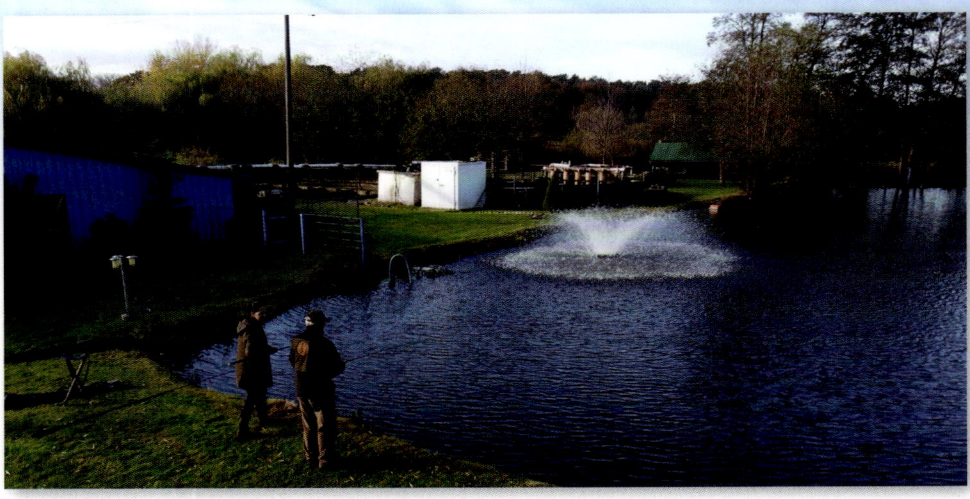

Der Angelteich in Dabel. An diesem Novembertag schwimmen hier Forellen.

Der weitaus größte Teil wird von Teich I eingenommen. Darin tummeln sich ständig Welse, Karpfen, Störe und Aale. Von Oktober bis April wird zusätzlich mit Lachsforellen besetzt. Hinter dem kleinen Damm befindet sich der Teich II. Er ist ausschließlich dem Angeln auf Forellen vorbehalten. Die Teiche werden über einen Zu- und Abfluss ganzjährig mit ausreichend sauerstoffhaltigem Wasser versorgt. Neu in der Anlage ist ein ca. 600 m^2 großer Teich (nicht auf dem Bild zu sehen), der speziell für Veranstaltungen kleiner Angelgruppen zur Verfügung gestellt wird. Die aus den Teichen erzielten Fänge sind sehenswert. Wer ausnahmsweise einmal ohne Fang ausgeht, kann auch täglich kaufen frische Forellen. Wer sich diese vom Verkäufer zuwerfen lässt, kann zu Hause stolz berichten: »Die habe ich heute selbst gefangen!« Der Betreiber der Anlage bietet über das Jahr verteilt verschiedene Aktionen und Veranstaltungen an, wie beispielsweise mehrere Nachtangel-Events. Das Angeln ist eigentlich nur von Sonnenauf- bis Sonnenuntergang erlaubt. Etwas Besonderes ist auch ein Weißfisch-Hegefischen. Hier wird gezielt auf diejenigen Fischarten, wie z. B. Plötze und Brachsen geangelt, die auf natürlichen Wegen in die Teiche gelangt sind. Wegen der festgelegten Termine sind die Aktionstage eher etwas für Einheimische. Über das Jahr ist die Teichanlage Klein Labenz für jedermann und natürlich auch -frau einen Besuch wert.

Übrigens: Die in allen Angelteichanlagen gehaltenen Störe werden ohne Ausnahme in Aquakulturen aufgezogen und gehören nicht zu den laut Binnenfischereiverordnung streng geschützten Arten.

Die Teiche in Klein Labenz gehören einem Fischereibetrieb mit Sitz in Dabel und sind vom Betreiber gepachtet. Der Ort Dabel liegt an der B 192 ca. 8 km südöstlich von Sternberg in Richtung Dobbertin. Das Unternehmen verfügt dort auf dem Betriebsgelände über einen weiteren Angelteich, der jedoch nicht öffentlich zugängig ist. Vielmehr grenzt der Teich unmittelbar an eine Ferienhausanlage und lediglich Mieter der Ferienwohnungen dürfen darin schwimmen und angeln. Im Teich tummeln sich Karpfen, Schleie, Aale, Störe und Forellen. Gelegentlich wird der Teich für besondere Veranstaltungen genutzt. Er ist die Heimstatt unserer ersten Fischerkönigin des Landes MV, Jeannette Dehmel, ernannt bei den Landes Wild und Fischtagen in Ludwigslust im Jahr 2018. Die Fischerin ist durch und durch Fachfrau, fischt im eigenen Betrieb mit, angelt seit Kindertagen und geht auch selbst zur Jagd. Im Jahr 2021 wurde Fischerkönigin Jeannette Dehmel nun zur »Botschafterin für Angeln, Jagen und Fischen« ernannt. Dieses moderne Amt dürfte in Deutschland einmalig sein. Auf ihre Einladung wurde mir im November 2021 die Gelegenheit zu einem kleinen Test-Angeln in diesem heimischen Teich geboten. Die Karpfen waren noch recht aktiv, wollten aber von den gebotenen künstlichen Ködern nichts wissen. Dafür gab sich eine Forelle die Ehre.

Die erste Fischerkönigin Mecklenburg-Vorpommerns – seit 2021 Botschafterin für die Angler, Fischer und Jäger. Jeanette Dehmel angelt, fischt und jagt. Sie weiß also, wovon sie spricht.

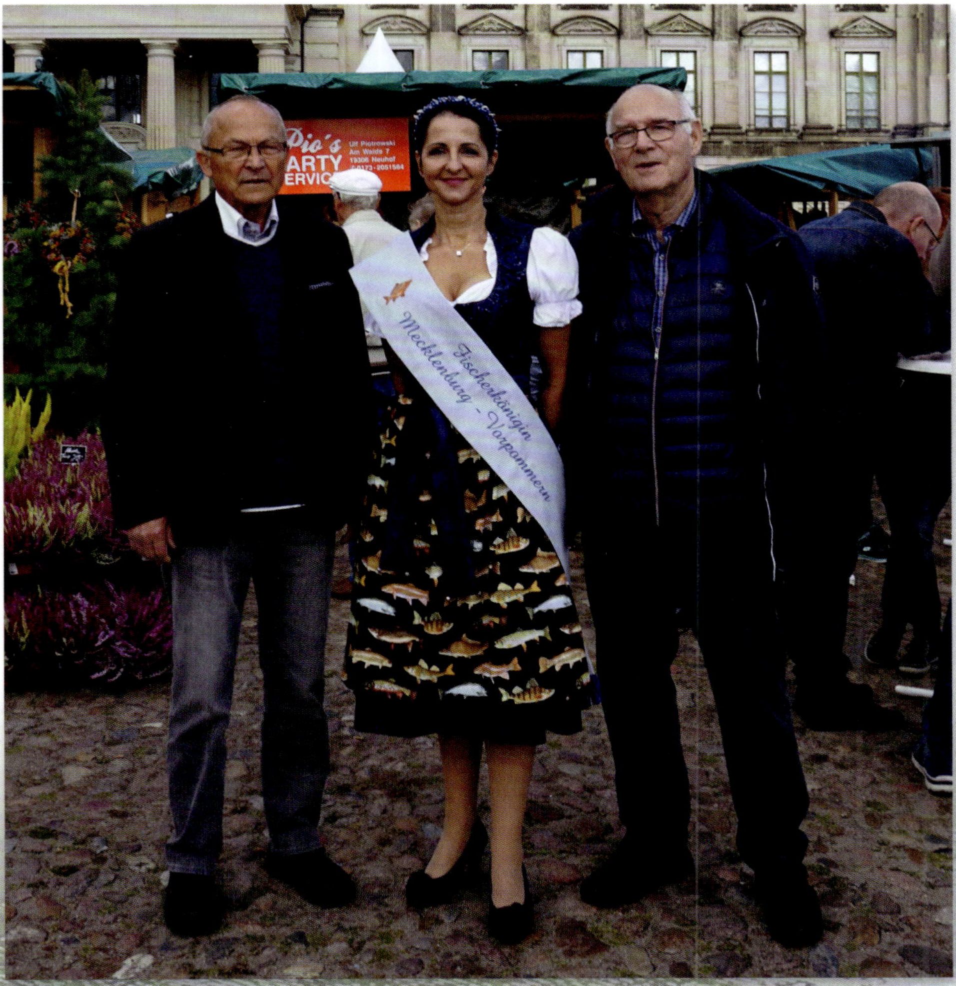

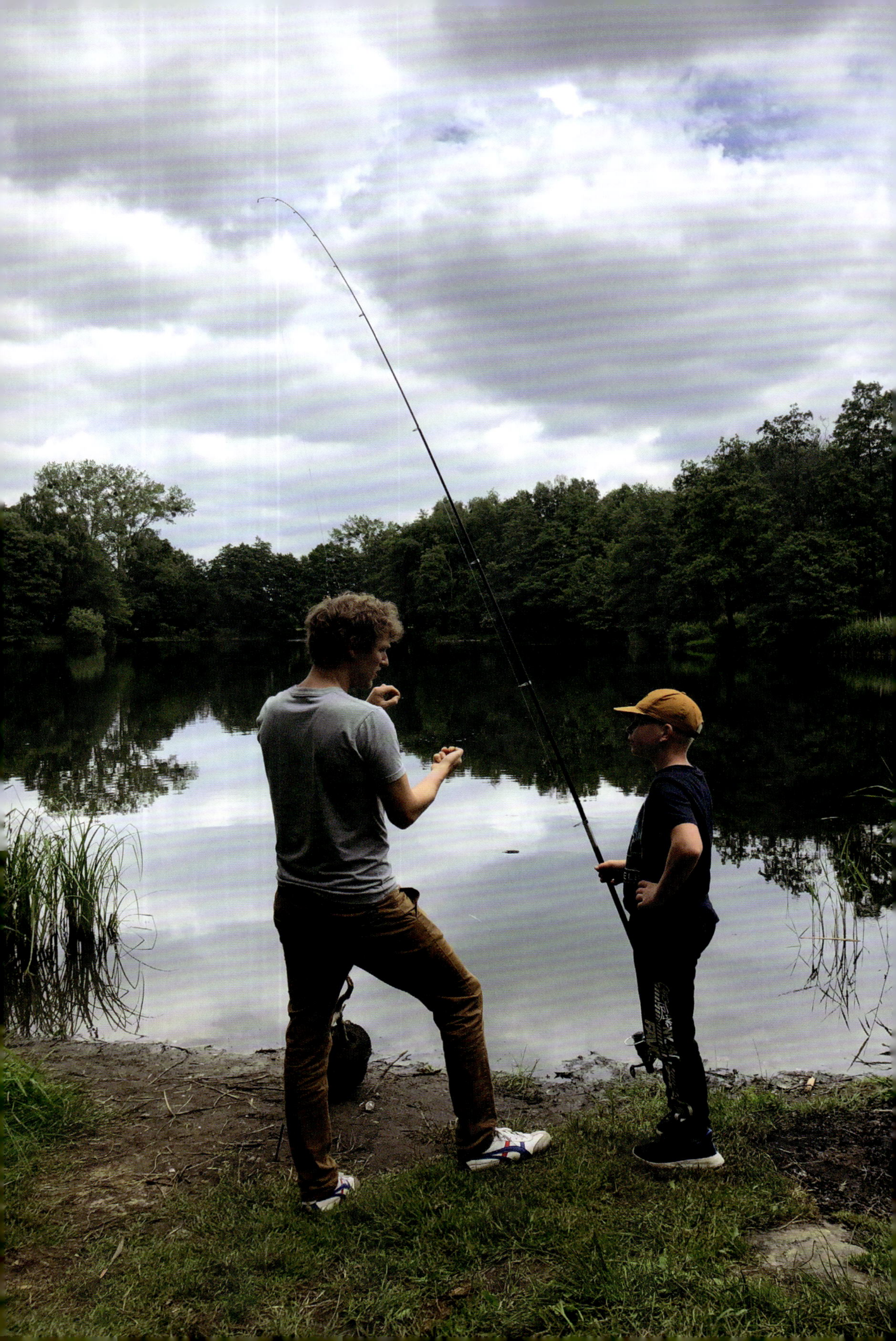

»Gewässer erleben«

heißt die mobile Umweltbildung für Kinder und Jugendliche, die der LAV MV landesweit durchführt. Hier am Teich in Hagenow ist das Angeln sehr oft von Erfolg gekrönt. Beste Voraussetzungen also für erste Erfahrungen mit dem Angelequipment am Wasser.

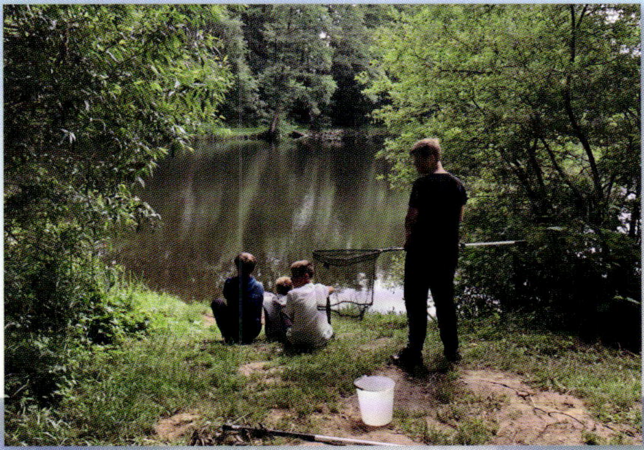

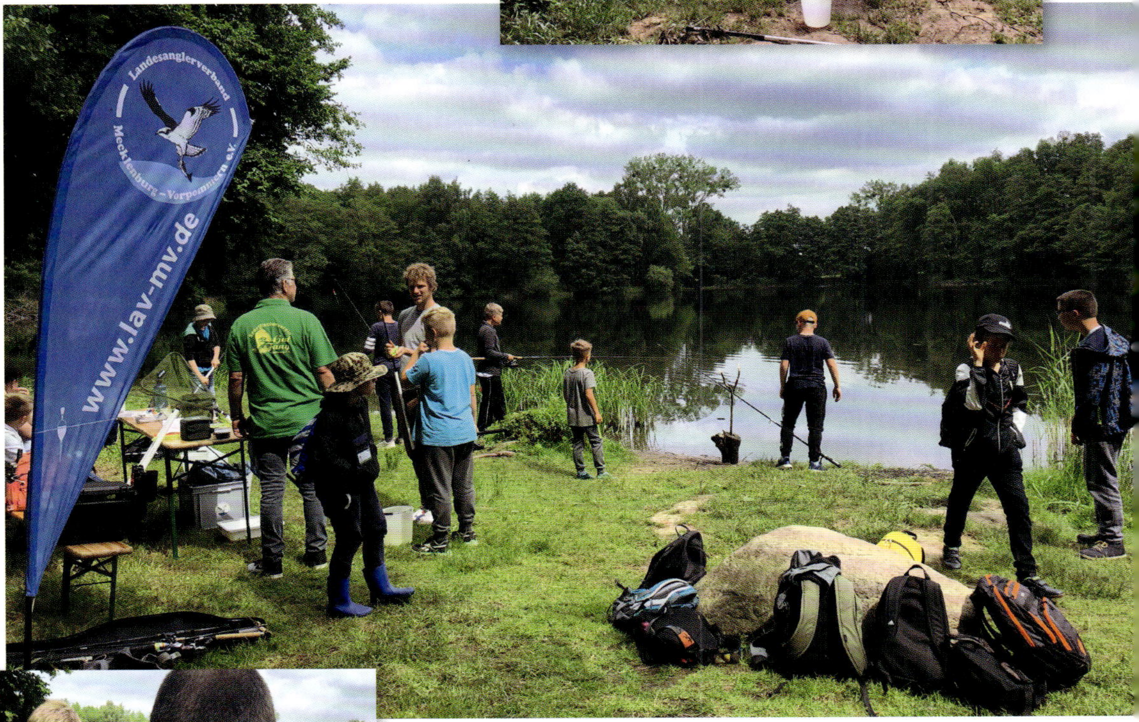

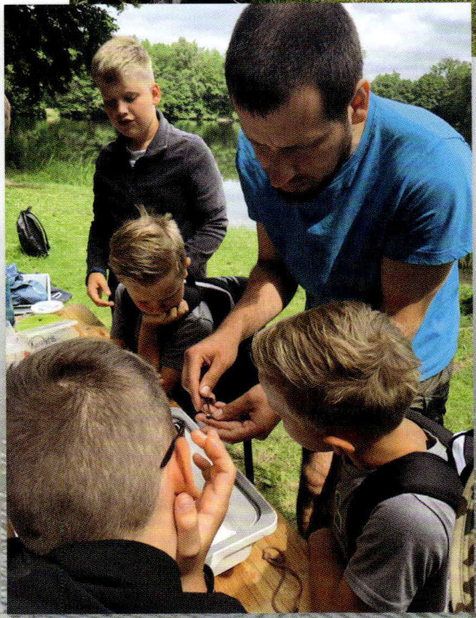

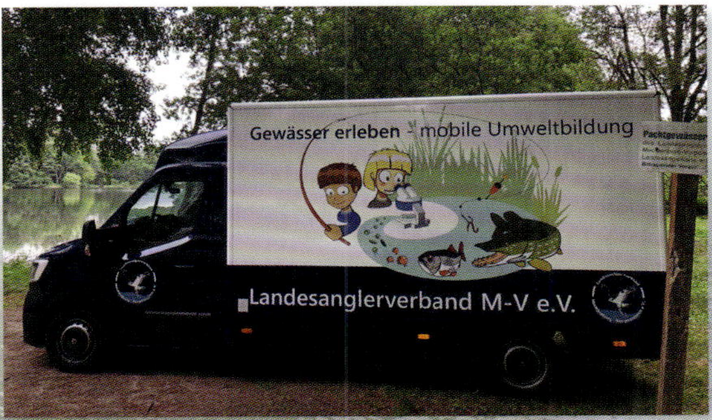

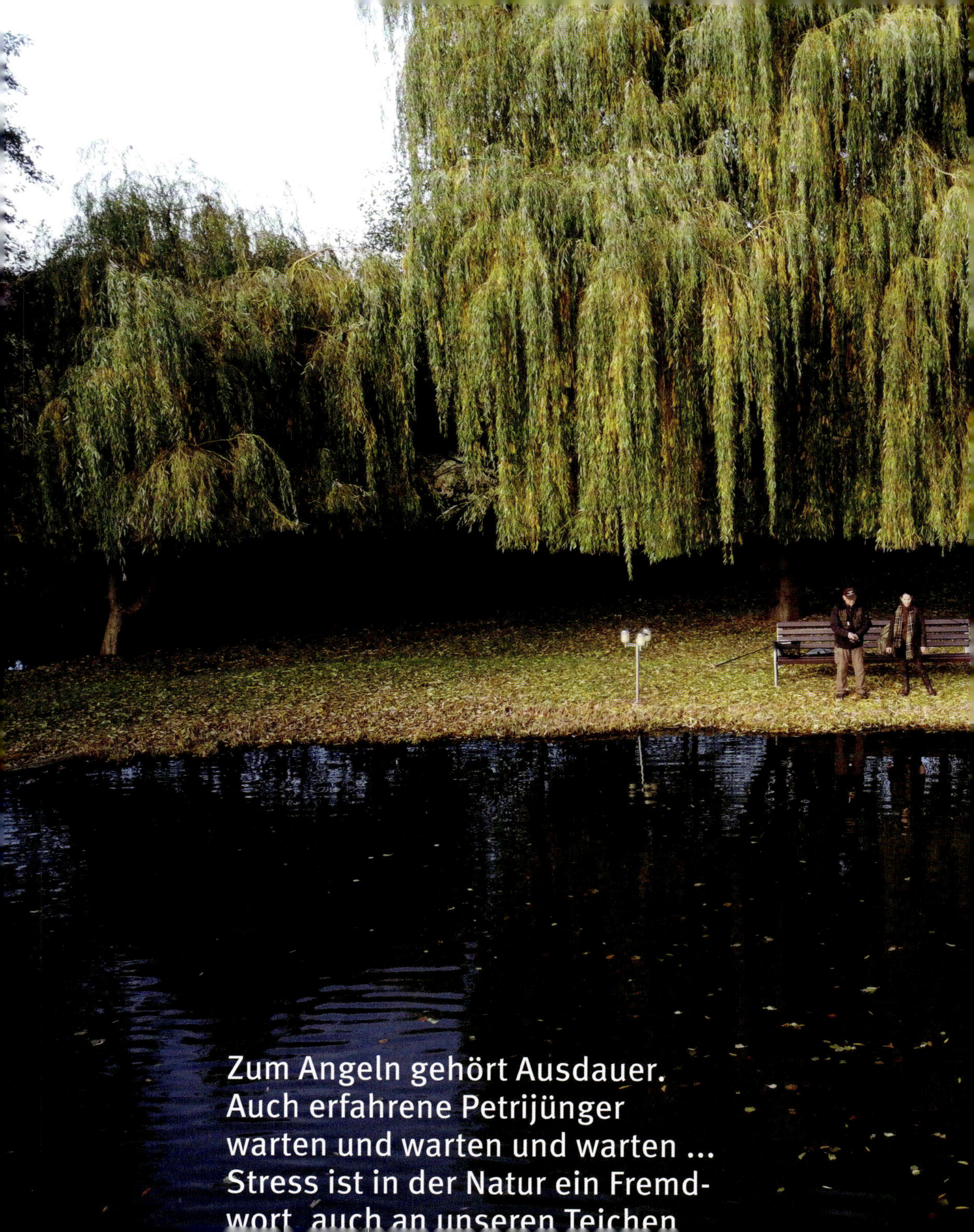

Zum Angeln gehört Ausdauer. Auch erfahrene Petrijünger warten und warten und warten … Stress ist in der Natur ein Fremdwort, auch an unseren Teichen

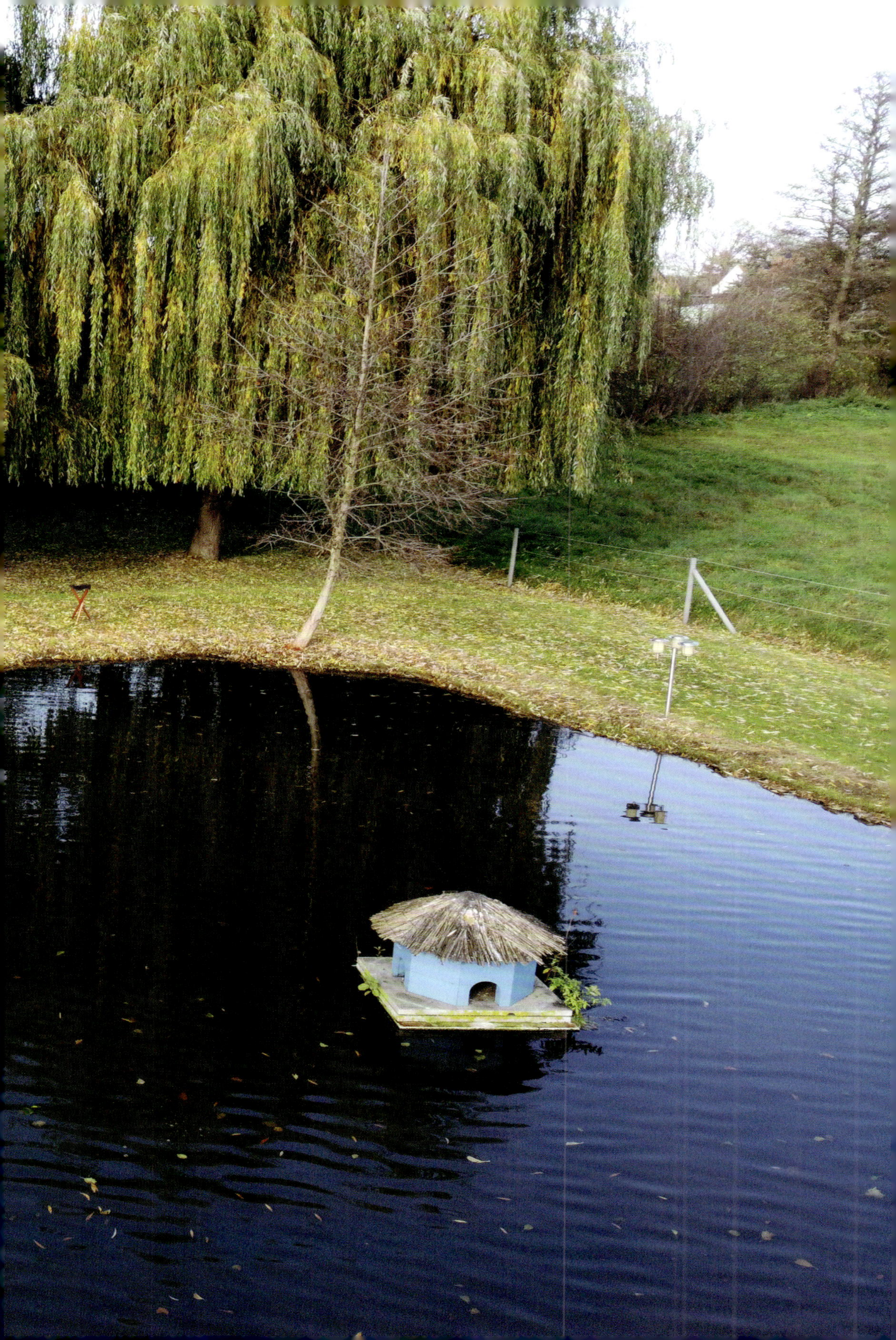

Die Ostsee ist das größte Brackwassermeer der Welt und erreicht fast die Ausdehnung des Schwarzen Meeres. Wer als Binnenländer die Ostsee das erste Mal in seinem Leben erblickt, wird in irgendeiner Weise von ihr fasziniert sein. Allein an einer Wasserfläche zu stehen, an der das gegenüberliegende Ufer nicht zu erfassen ist, lässt sicherlich keinen Menschen unberührt. Dazu eine kleine Episode aus vergangenen Tagen: Nachdem wir in Rostock ansässig geworden waren, hatten wir jedes Jahr zum Ende der Sommerferien Besuch aus der alten Heimat Dresden bei uns. Unser Neffe, damals im Alter von 4 Jahren, begleitete uns erstmals zum Strand. Nachdem er den Dünenweg am höchsten Punkt erreicht hatte, blieb er gebannt stehen, sprang dann herum und schrie begeistert: »Das viele Wasser! Das viele Wasser! ...« Die Überraschung folgte jedoch im wahrsten Sinne »auf dem Fuße«. Als wir mit ihm am Wasser ankamen und die auslaufenden Wellen seine Zehen berührten, wich er verängstigt zurück und war im gesamten Verlauf des Urlaubs nicht bereit, auch nur einen Schritt in dieses große Wasser zu wagen. Das gelang erst in den folgenden Jahren. Der kleine Mann war also nicht nur begeistert, er hatte offenbar auch Respekt vor dem vielen Wasser. Wer einmal in sich geht, wird sicherlich ähnliche Empfindungen beim ersten Kontakt mit unserer Ostsee bestätigen können: Begeisterung und Respekt angesichts eines weitestgehend intakten Naturmonuments.

Dem Angler gehören oft die magischen Morgenstunden am Meer (fast) ganz allein.

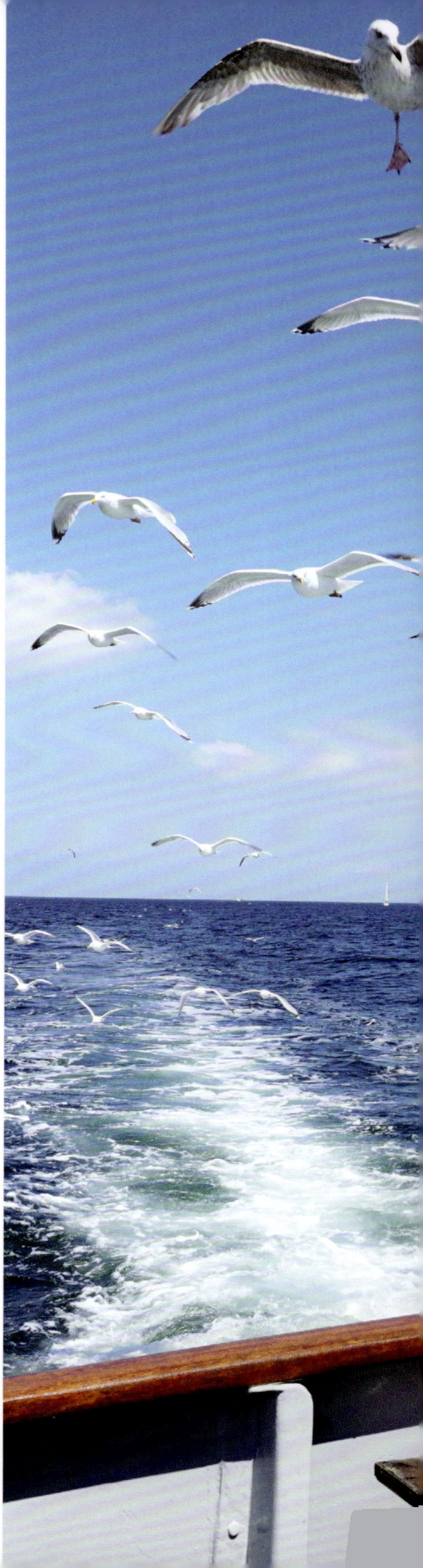

Sie ist einmalig
Die Ostsee

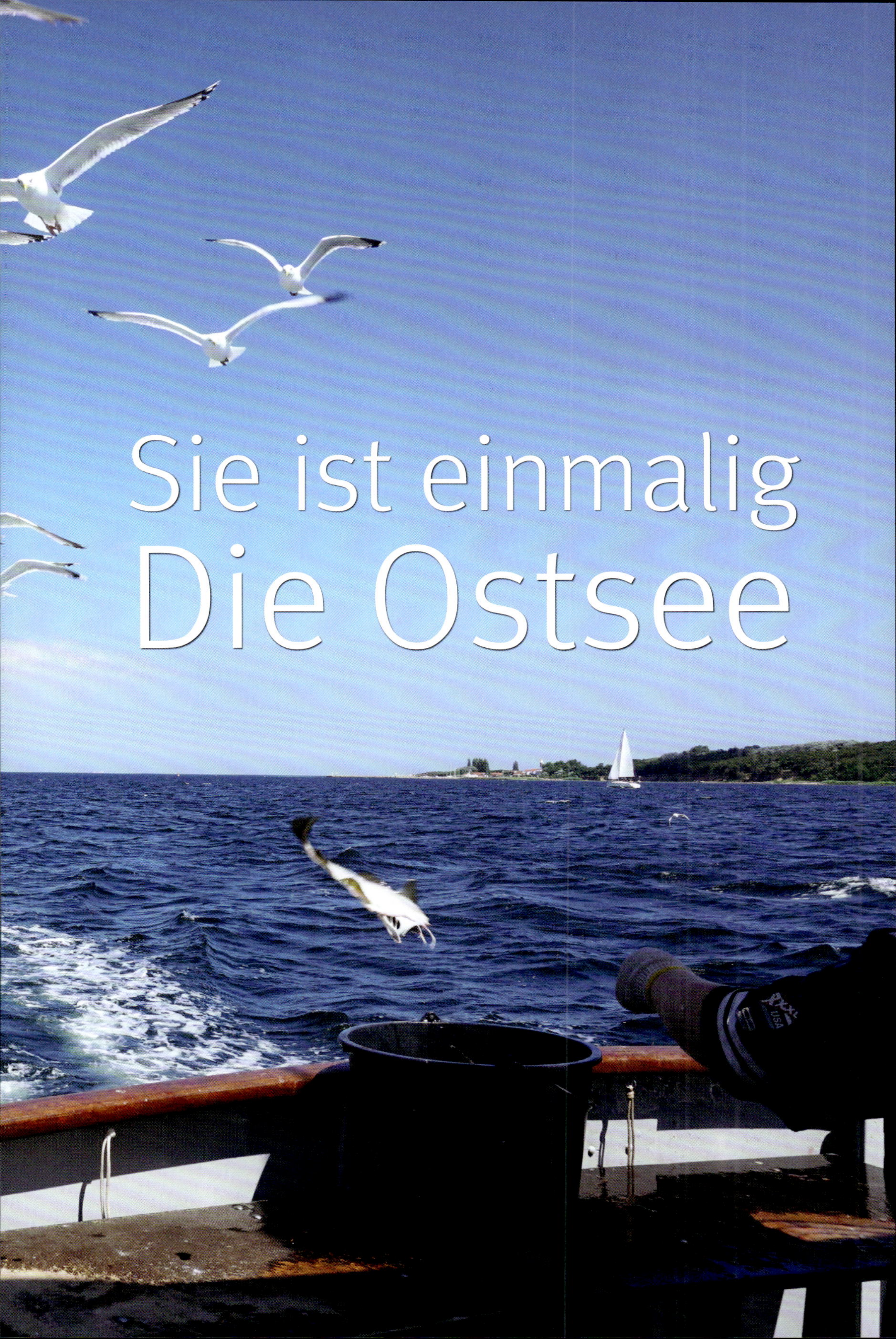

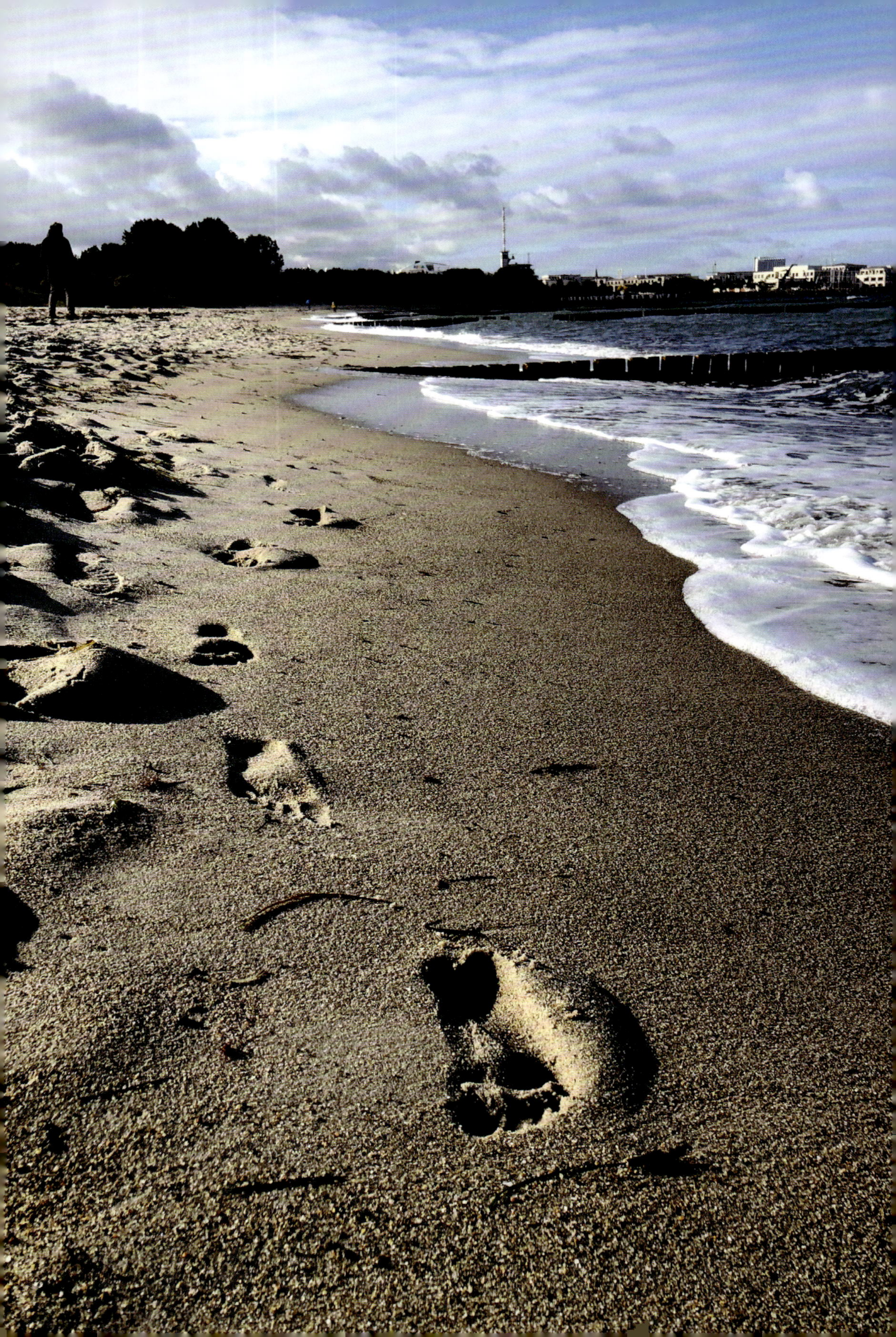

An der Waterkant

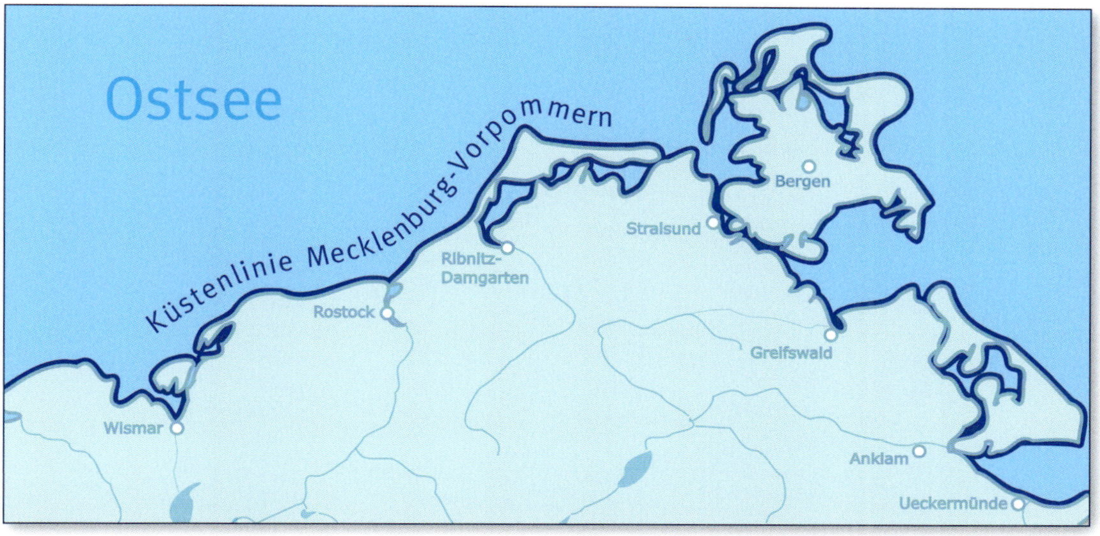

Ostseekarte mit Küstenlinie MV

Mecklenburg-Vorpommerns Nordgrenze wird vollständig durch die Ostsee gebildet. Die daraus entstandene Küstenlinie ist rund 1700 km lang. Davon entfallen nur 350 Kilometer an die so markanten Außenküsten, die unmittelbar an die offene See grenzen. Den weitaus größeren Anteil nehmen einige Buchten und vor allem die stark gegliederte Bodden- und Haffküste Vorpommerns ein.

Der abwechslungsreiche Küstenverlauf beginnt an der Landesgrenze zu Schleswig-Holstein und umfasst ,im Westen als sogenannte »Innere Küstengewässer« das Salzhaff und die Wismarbucht. Danach verläuft die Küste relativ gleichmäßig und gesäumt von wunderschönen Stränden bis zum Fischland östlich von Warnemünde. Dort schließen sich dann die Boddengewässer mit ihrem strukturreichen Küstenverlauf an. Im Osten endet die deutsche Ostseeküste auf der Insel Usedom. Zwischen Rügen und Usedom finden wir als weitere Bestandteile der pommerschen Küstengewässer den Strelasund, der die Insel Rügen vom Festland trennt. Dort fließt auch der Peenestrom zwischen dem Festland und der Insel Usedom. Und wir haben dort das Achterwasser sowie den deutschen Anteil des Stettiner Haffs.

Für die Angelinteressenten gesellt sich die beeindruckende Aussicht auf vielfältige Möglichkeiten hinzu, die uns die Ostsee bietet und die ich nachfolgend – aufsteigend nach Schwierigkeitsgrad – beschreiben werde:

Mit allen Wassern – Hochseeangeln
Süß und salzig – Boddenangeln
Wellen am Strand – Brandungsangeln

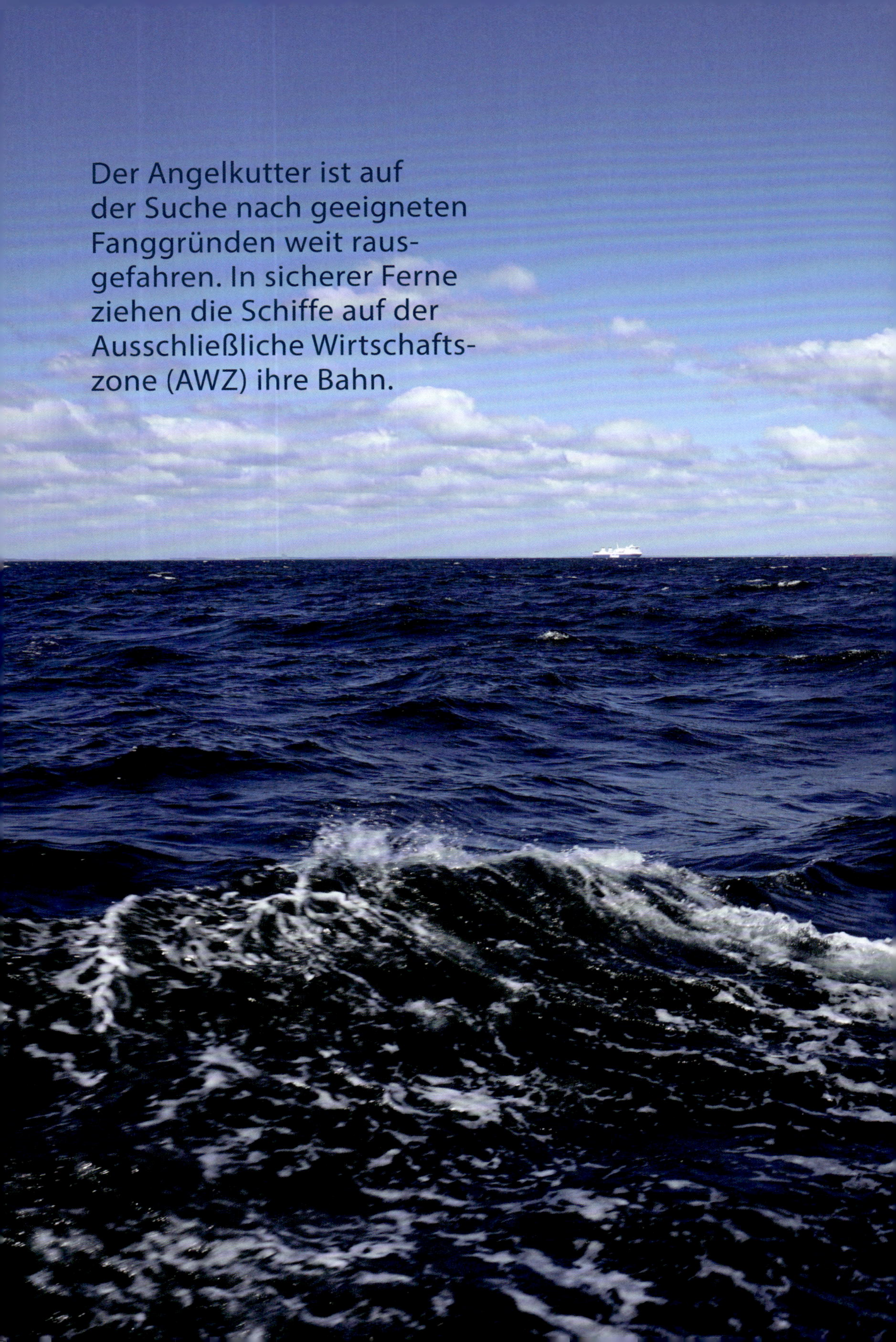

Der Angelkutter ist auf der Suche nach geeigneten Fanggründen weit rausgefahren. In sicherer Ferne ziehen die Schiffe auf der Ausschließliche Wirtschaftszone (AWZ) ihre Bahn.

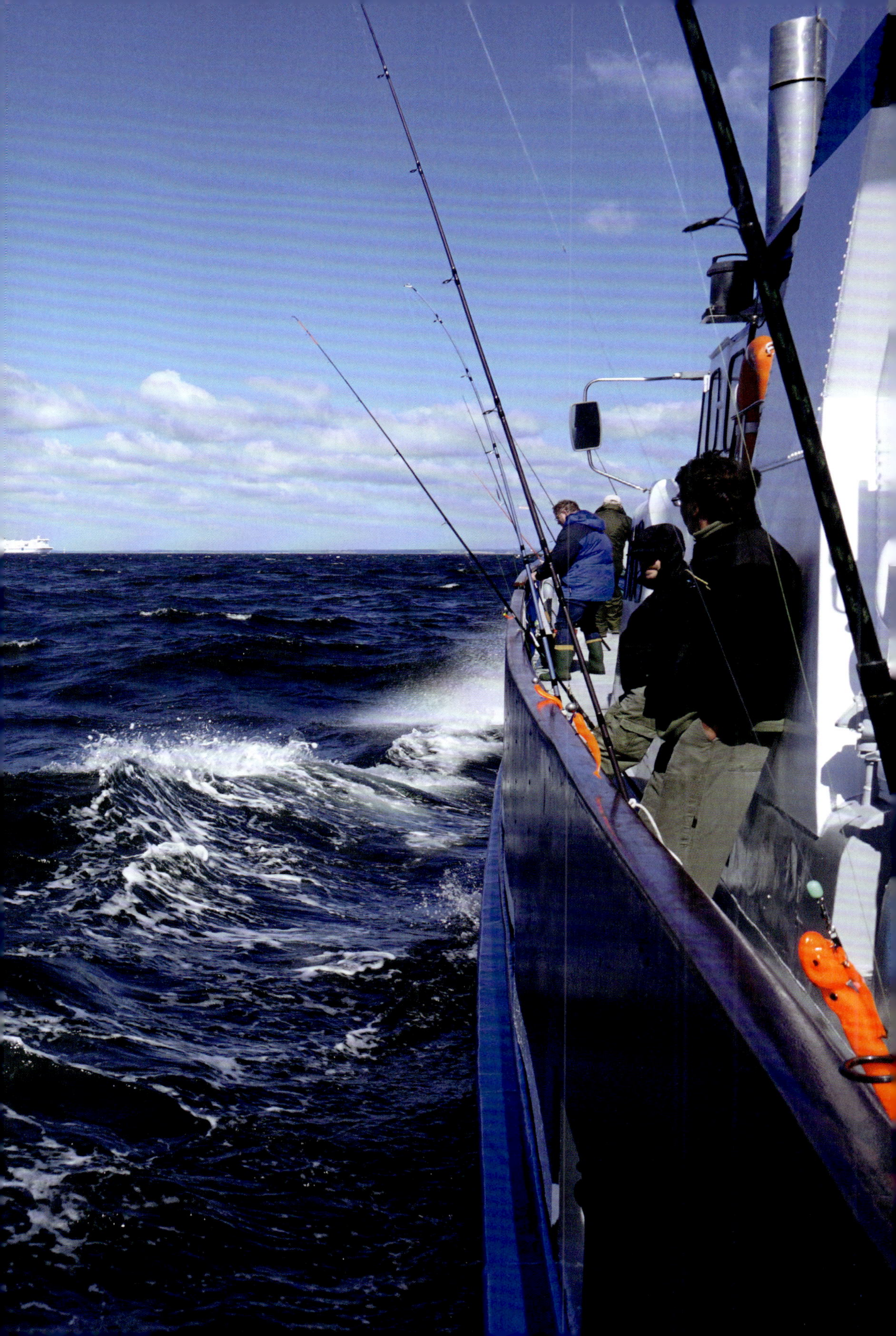

Mit allen Wassern – Hochseeangeln

Wie es die Überschrift bereits sagt, wollen wir uns auf die offene See hinausbegeben, und das ist nur mit einem Wasserfahrzeug möglich. Das kann ein Boot aus Privatbesitz oder ein Mietobjekt aus einer Verleihstation sein, in beiden Fällen am besten geführt von einem Angel-Guide. Dem Neuling auf der Ostsee sei unbedingt ein Angelkutter empfohlen, sozusagen ein Rund-um-Sorglos-Paket. Neben dem passenden Angelgerät zum Ausleihen werden hier auch Essen und Getränke angeboten. Angesichts einer Dauer der Touren auf See in der Regel von acht Stunden ist auf den Kuttern auch eine Toilette vorhanden. Diese sollte allerdings mit Rücksicht auf die anderen Personen an Bord nicht bei eventuell aufkommender Seekrankheit benutzt werden. Das Erleichtern ist bitte unbedingt auf der Leeseite – das heißt auf der dem Wind abgewandten Seite – über die Reling zu erledigen.

Bei der Ostsee ist eines klar – zwischen den Fischen befindet sich jeweils eine ordentliche Menge Wasser. Das macht das Angeln auf eigene Faust nicht einfach. Die Angelkutter sind mit der erforderlichen Technik ausgerüstet, um »fischträchtige« Areale auf der recht großen Wasserfläche aufzuspüren. Die Kapitäne kennen ihre Reviere über die Jahre. Sie bringen den willigen Angler also treffsicher zu den Fischen.

Auf hoher See

Wie läuft nun eine solche Hochsee-Angeltour ab? Die meisten Angelkutter in MV haben von ihren Liegeplätzen relativ lange Anfahrtswege bis in die Fanggebiete zurückzulegen. Darüber muss aber niemand an Bord ungeduldig werden. Bereits dieser Teil der Tour ist immer wieder ein Erlebnis. Begegnungen mit anderen Schiffen und das Panorama der umgebenden Landschaft sorgen dauerhaft für Abwechslung. Einen geradezu fantastischen Anblick bietet die Fahrt der Angelkutter vom Hafen Sassnitz in das Seegebiet vor dem Kap Arkona. Jeder Wanderer auf dem Weg zum Königstuhl würde vor Neid erblassen, wenn er sein Objekt der Begierde von See aus betrachten könnte. Und das völlig gefahrlos ohne Küstenabbrüche. Ein Erlebnis der besonderen Art wartet auf den, der eine Kuttertour vom Hafen Barhöft antritt.

Von dort aus werden die Seegebiete im Norden von Hiddensee oder vor der Westküste der Insel Rügen angesteuert. Die

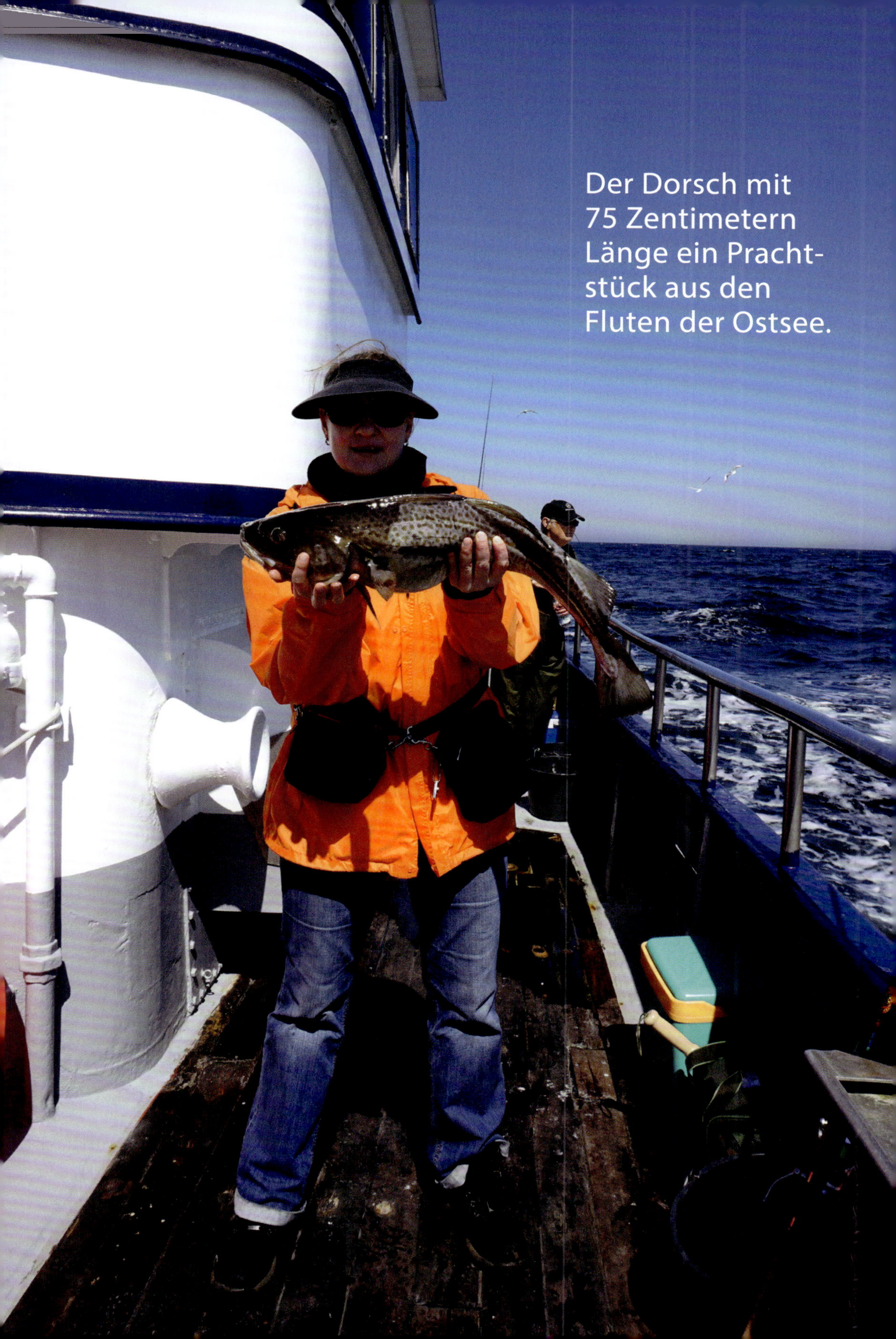

Der Dorsch mit 75 Zentimetern Länge ein Prachtstück aus den Fluten der Ostsee.

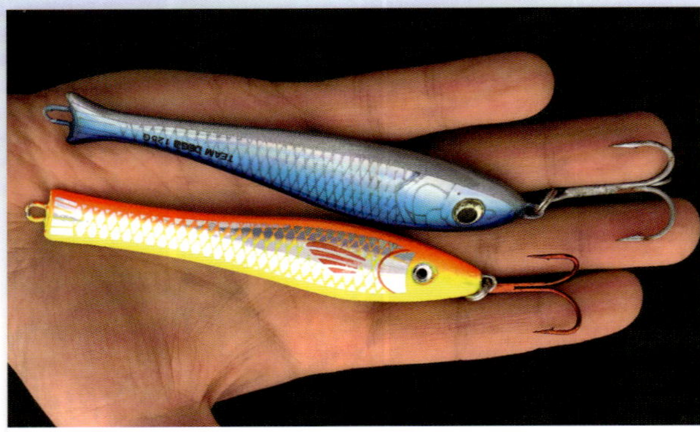

An der dazu verwendeten Angel ist ein künstlicher Köder aus Metall in Fischform – der Pilker – angebracht. Alternativ zum Pilker kann auch ein Gummifisch mit einem entsprechend beschwerten Haken eingesetzt werden.

Schiffe passieren dabei das Südende der Insel Hiddensee, den Gellen. Dieser sogenannte Sandhaken misst an der breitesten Stelle 500 Meter und schaut nur wenige Meter aus dem Wasser heraus. Vor allem in den Wintermonaten ist diese Zone dicht an dicht mit Kormoranen besetzt, die von dort zum Fischfang starten und nach der Rückkehr ihr Gefieder trocknen. Dazwischen ist ab und an ein deutlich größerer Vogel zu sehen – der Seeadler. Da er an dieser Stelle selbst keine Fische fangen kann – er ist nicht wie der Kormoran in der Lage, nach Fischen zu tauchen – versucht er, dem Kormoran einen noch nicht geschluckten Fisch abzujagen. Wenn ihm das lange nicht gelingt, greift er sich auch einmal den ganzen Kormoran, ein urwüchsiges Schauspiel der Natur. Leider gibt es noch zu wenig Seeadler.
Hat das Schiff nach längerer Fahrt eine erfolgreich erscheinende Stelle erreicht, wird der Kutter gestoppt und das Signal zum Angeln ertönt.

Pilker in der Drift

Die typische Angelmethode auf See ist das Pilkangeln vom driftenden Schiff. Das heißt, das Schiff treibt im bewegten Ostseewasser mit der Strömung und den Wellen. Bei solchen Stops, es gibt bei jeder Tour mehrere, werden die Köder ausgeworfen und die Fische zum Anbeißen animiert. Der Köder wird entweder unmittelbar an der Bordwand zum Meeresgrund heruntergelassen, sofern das Schiff vom Köder wegtreibt (das ist die Abdrift auf der Luvseite – also der dem Wind zugewandten). Auf der dem Wind abgewandten Seite (die Andrift- oder Leeseite) ist es erforderlich, den Köder möglichst weit auszuwerfen, damit das Schiff nicht über den abgesenkten Köder hinwegtreibt. Ist der Köder am Grund angekommen, wird er auf der Abdriftseite einfach mit kleinen Zupfern hin-

»Schwarzfahrer« an Bord. Die Blaumeise ruht sich auf ihrem langen Weg übers Ostseewasser auf der Angelrolle aus.

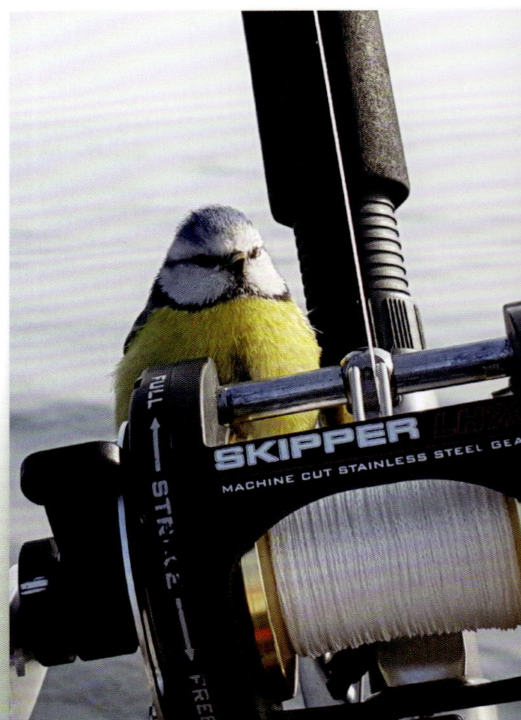

ter dem driftenden Schiff hergezogen. Dabei sollte aber stets der Kontakt mit dem Meeresboden beibehalten werden und nicht verloren gehen.
Auf der Andriftseite ist mehr oder weniger zügiges Einholen des Köders angesagt, bis er auf der Höhe der Bordwand angekommen ist. Spätestens jetzt muss der Köder zügig hochgezogen werden, um nicht unter das treibende Schiff zu geraten. Sonst gibt es ordentliche Verwicklungen und Knüpperfitz mit den Anglern auf der Luvseite bis hin zu Köderverlusten am muschelbewachsenen Schiffsboden. Das relativ gleichförmige Auf- und Abbewegen des Köders wird dabei plötzlich und sehr vehement gestoppt. Irgendetwas hält regelrecht am Meeresboden fest. Spüren wir eine rumpelnde oder nickende Bewegung, hat ein Fisch unseren Köder geschnappt. Wir haben den ersten Dorsch an der Angel! Ist nach dem Festhalten des Köders am Meeresgrund kein Leben zu spüren, handelt es sich um den sehr ungeliebten »Hänger« an einem mehr oder weniger widerspenstigen Objekt. Manchmal lässt sich der Köder aus dem Hindernis unbeschadet lösen. Wenn nicht, freut sich der Angelgerätehändler.

Dorsch im Fokus

Beim geschilderten Pilkangeln in Grundnähe ist der Dorsch der Zielfisch schlechthin. Diesen begehrten Speisefisch können wir das ganze Jahr überfangen. Er nimmt seine Nahrung fast ausschließlich vom Boden oder in Bodennähe auf.

Deshalb ist die beim Angeln, wie zuvor beschriebene, Orientierung auf eine bodennahe Führung des Köders auch so wichtig. Hat der Fisch den vermeintlichen Happen an der Angel mit seinem Maul erfasst, so ist er bestrebt, in Bodennähe zu bleiben. Jetzt muss der Angler seine Muskeln spielen lassen und den Fisch mit pumpenden Bewegungen der Angel an die Wasseroberfläche bringen. Bei diesem Pumpen wird der Fisch durch Anheben der Angelrute ein Stück nach oben gezogen und beim Absenken der Rute die so gewonnene Angelschnur auf die Rolle gewickelt. Nicht empfehlenswert ist es, den Fisch bei stets straff gehaltener Angelschnur mithilfe der Rolle ähnlich einer Lastenwinde hochzukurbeln. Eine solche Gewalttat übersteht das Getriebe der Rolle nicht lange. Etwas schwerere Fische – und die gibt es immer noch in der Ostsee – lassen sich auf diese Weise überhaupt nicht vom Boden abheben. Ist der Fisch an der Oberfläche, steht sicherlich ein freundlicher Helfer mit einem

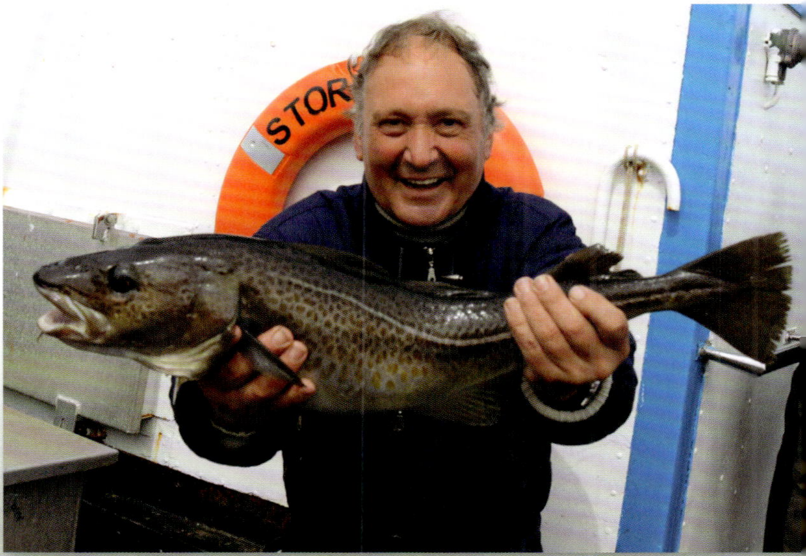
Dorsch – beliebter Angelfisch aus der Ostsee.

Tipp

Solche Kühlelemente können gekaufte Kühlpads sein. Versierte Angler frieren sich im Eisfach aber auch durchaus einfach Wasserflaschen ein und nutzen diese zur Kühlung.
Dem totalen Neuling auf See werden sicherlich die anderen Angler an Bord bei all den aufgeführten Handgriffen mit Rat und Tat zur Seite stehen. Die Freude über einen geangelten Fisch teilen die Petrijünger miteinander und packen beim Anlanden auch gern gemeinsam zu.

großen Kescher bereit, um den Fang an Bord zu heben. Ein sachkundiger Blick – der Fisch hat das erforderliche Mindestmaß. Wer diese Routine nicht hat, muss abmessen. Wer das Bandmaß nicht dabei hat, dem helfen die Finger. Die Handspanne eines Erwachsenen beträgt ca. 20 cm. Zwei Spannen lang sind dann 40 cm, damit sind wir beim Dorsch schon sicher im grünen Bereich. Nun den Fisch mit einem kräftigen Schlagholz betäuben und erst dann den Haken entfernen. Anschließend den Fisch per Herzstich oder Kehlschnitt töten und möglichst kühl lagern. Dazu werden an Bord der Angelkutter entsprechende Behälter vorgehalten, die mit einem feuchten Tuch abgedeckt werden sollten. Die Verdunstungskälte sorgt für die gewünschte Kühlung. In den Sommermonaten empfiehlt sich das Mitführen einer Kühlbox mit entsprechenden Kühlelementen.
So, den ersten Dorsch hätten wir. Weitere können folgen, allerdings nicht in unbegrenzter Zahl. Seit einigen Jahren ist für den Dorsch von der EU eine Tagesfangbegrenzung – das sogenannte Baglimit – festgelegt. Eine Information darüber, wie viele Dorsche entnommen werden dürfen, ist der Angelberechtigung zu entnehmen. Auch jeder Kapitän hat die aktuellen Zahlen parat und achtet auf deren Einhaltung. Leider geht auch ein noch so schöner Angeltag auf See einmal dem Ende zu und der Kutter tritt die Heimfahrt an. In deren Verlauf werden in der Regel die gefangenen Fische bereits zumindest von ihren Innereien befreit, einige Versierte filetieren ihre Fische auch gleich. Dazu gibt es Schlachtplätze an Bord, eingehängte Holzbretter und fließendes Wasser zumeist aus einem Schlauch.
Die entstehenden Abfälle werden über Bord geworfen und in kürzester Zeit setzt ein ungewöhnliches Spektakel ein. Möwen tauchen in Heerscharen auf. Obwohl die vorher kilometerweit nirgends zu sehen waren, begleiten sie plötzlich das Schiff. Die stürzen sich nun mit unglaublichen Flugkunststücken, getrieben von Fresslust auf die Fischreste und versuchen möglichst viel davon zu erhaschen. Streit um die besten Stücke bleibt dabei nicht aus. Auch das ist für jeden an Bord ein aufregendes Erlebnis. Dazugehört auch manchmal ein besonderer Gruß der Möwen ...

Hier geht mehr – Wittling

Neben Dorschen sind in der Ostsee noch andere Fischarten vom Kutter aus zu fangen. Beispielsweise der Wittling, ebenfalls ein dorschartiger Fisch. Im Gegensatz zum Dorsch gibt es für den Wittling keine Fangbegrenzung und auch kein Mindestmaß. Allerdings sollte beim Lösen des Fisches vom Haken wenigstens Kopf und Schwanzflosse aus der Hand herausschauen, sonst hat man wirklich keine Freude an der Zubereitung. Das Angelgerät sollte für den

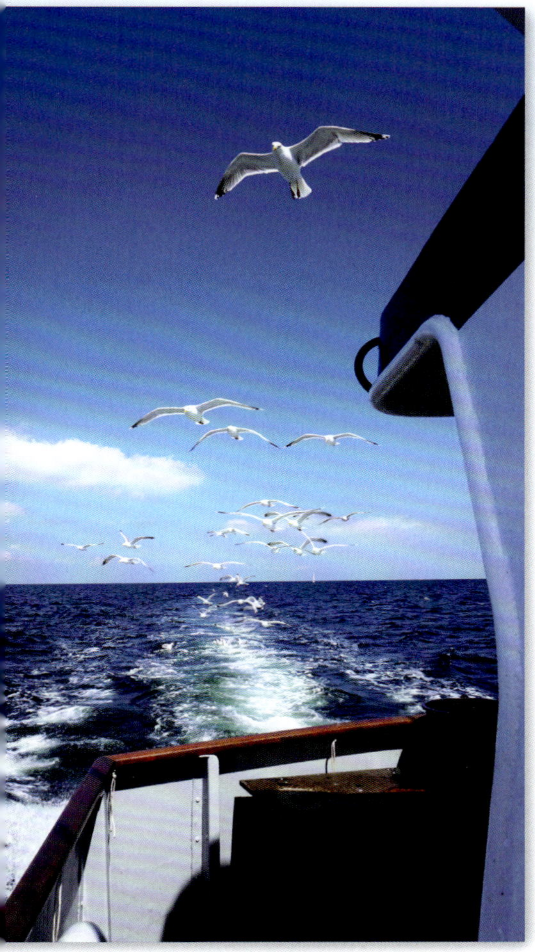

Der letzte Köder ist geworfen, die Angel eingepackt, da starten die Möwen mit Pfützchen auf der Zunge ihren Verfolgungsflug. Gleich werden Fische geputzt.

Fang des deutlich kleineren Fisches gegenüber dem Dorsch eine Veränderung erfahren. Der bisher an der Angel für den Dorsch angebrachte Pilker wird sicherlich eine Nummer zu groß sein für den Wittling. Deshalb ist mindestens an der Angelschnur oberhalb des Pilkers ein sogenannter Beifänger in Form eines kleinen Twisters aus Gummi anzubringen, möglichst in einem knalligen Rot. Das mag der Wittling besonders gern. Alternativ kann für den Wittlingsfang auch ein Herings-Paternoster eingesetzt werden, das man für alle Fälle immer mitführen sollte. Womit wir bei einer weiteren interessanten Fischart der Ostsee angelangt sind, dem Hering. Der wird allerdings vom Kutter nur gelegentlich als Beifang im Frühjahr und im Herbst gefangen. Unsere Kutterkapitäne haben diesen Fisch wegen der vielen Schuppen nicht gern an Bord. Mit dem Angeln auf Hering werden wir uns etwas ausführlicher an andere Stelle beschäftigen.

Die Schöne

Eine Fischart, ebenfalls vom Kutter und zumeist nur als Beifang zu erwischen, ist die Makrele. Für deren Fang kann gleichfalls das bereits bekannte Herings-Paternoster benutzt werden. Zu empfehlen ist

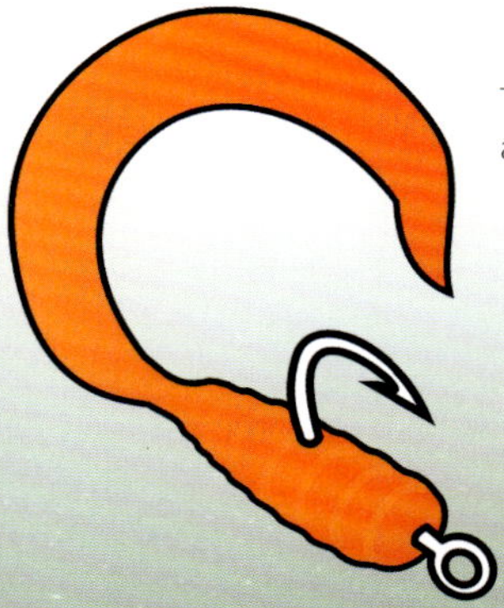

Twister – beliebt als Beifänger.

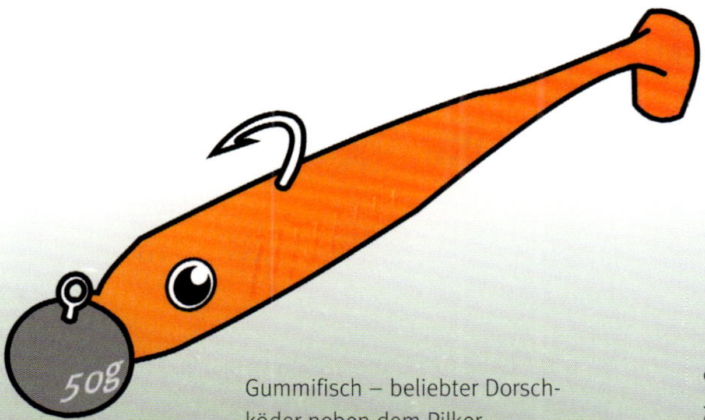

Gummifisch – beliebter Dorschköder neben dem Pilker.

in allen bisher genannten Fällen eine etwas kräftigere Ausführung, um vor Überraschungen sicher zu sein. Eine solche ist beispielsweise bereits die Makrele, die trotz ihrer relativ geringen Größe dem Angler einen erheblichen Widerstand bietet. Im Gegensatz zum Dorsch ist die Makrele, ähnlich dem Hering, nur saisonbedingt vor unserer Küste zu fangen, und zwar in den Sommermonaten. Der Fang von Heringen

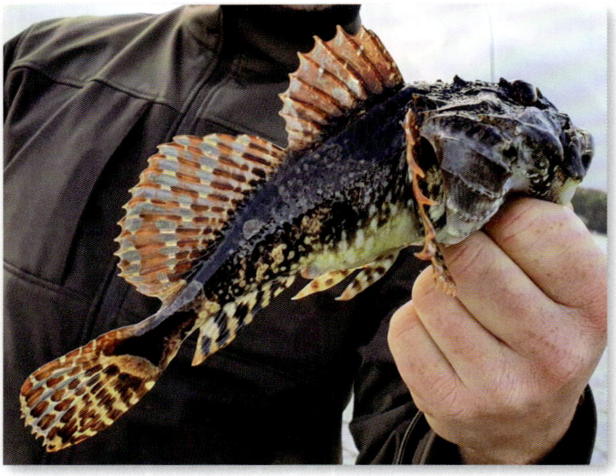

Ein Exot in der Ostsee. Auch ein Seeskorpion schnappt sich durchaus den Köder.

und Makrelen erfordert eine etwas andere Köderführung, als wir sie bei Dorsch und Wittling angewendet haben. Heringe und Makrelen halten sich nicht ständig in Grundnähe auf, sondern in höheren Wasserschichten. Deshalb lässt man zwar die Köder nach dem Einwurf ebenfalls zum Grund sinken, holt jedoch beim Heben und Senken der Montage gleichzeitig stetig die Angelschnur ein. Auf diese Weise wird das Wasser vom Grund bis an die Oberfläche nach Hering bzw. Makrele abgesucht. Mit etwas Glück erwischt man dabei sogar einen Köhler – auch Seelachs genannt. Seit einigen Jahren taucht diese Art vor unserer Küste auf. Leider ist auf das Erscheinen der Makrele nicht immer Verlass. Hier müssen Auskünfte von Insidern zu Rate gezogen werden. Die sind in den regionalen Angelgeräte-Geschäften zu finden. Dort laufen die Informationen einer Vielzahl von Anglern zusammen.

Lang, schlank, schnell

Ein weiterer Saisongast, auf den mehr Verlass ist als auf die Makrele, ist der Hornhecht. Diese Art taucht mit schöner Regelmäßigkeit vor unserer Küste auf, und zwar in der Zeit der Rapsblüte. Auch das Angeln auf Hornhecht wird nach meiner Erfahrung nicht gezielt von Angelkuttern aus betrieben. Hier kommen die kleineren Boote zum Einsatz und sogar das Angeln vom Strand aus kann sehr erfolgreich sein. Als Köder werden sehr schlanke, leichte Blinker oberflächennah geführt. Als ausgesprochen erfolgreich hat sich beim Angeln auf Hornhecht der Einsatz eines kleinen Fischfetzens an einer mit einer Pose bestückten Montage erwiesen. Das Ausgangsmaterial für die Köder sind vor allem fettreiche Fische wie Makrele oder Hering geeignet, absolut ungeeignet ist in jedem Fall Dorsch. Übrigens verweilen manche Exemplare des Hornhechts auch sehr lange vor unserer Küste. Mein stattlichstes Exemplar – 80 Zentimeter lang und so dick wie mein Handgelenk – habe ich im Monat September vor Warnemünde gefangen.

Augenblicke aus dem Sand

Die Palette der Fischarten der Ostsee wird abgerundet mit den Plattfischen. Hier wollen wir uns vor allem auf die Scholle und die Flunder konzentrieren. Beide Arten leben am Meeresboden, graben sich in

den Sand, so dass nur noch die Augen herausgucken. So warten sie auf Beute. Die Namen gebenden »Flunder flachen« Fische sind aus unterschiedlicher Sicht für uns Angler von großem Interesse. So sind sie sowohl vom Boot als auch vom Ufer regelmäßig zu fangen. Beide Arten sind äußerst wohlschmeckende Speisefische und die Bestände beider Arten sind in der Ostsee – im Unterschied zu Dorsch und Hering – gegenwärtig nicht gefährdet. Für Brandungs- und Bootsangler sind die »Platten« eine begehrte Beute. Das Angeln vom Kutter auf diese Fische ist bei uns in MV noch etwas in den Kinderschuhen im Gegensatz zu Schleswig-Holstein. Dort gehören Kuttertouren auf Plattfische oder Butt, wie sie da auch gern genannt werden, seit Ewigkeiten zum Standard des Hochseeangelns.
Ein entscheidender Grund für die Zurückhaltung der Angler in MV bezüglich des Plattfischfangs vom Kutter besteht in der Notwendigkeit des speziellen Ködereinsatzes. Kutterangeln ist in MV traditionell ein Angeln mit künstlichen Ködern. Damit fängt man Plattfische jedoch höchstens einmal aus Versehen. Für den erfolgreichen Plattfischfang sind natürliche Köder ein absolutes Muss, ganz oben steht dabei der Wattwurm. Diese Tierchen kann man mit Ortskenntnis und etwas Körpereinsatz selbst aus dem Meeresboden ausbuddeln. Bequemer ist es jedoch, sie im Angelladen zu kaufen. In Spitzenzeiten des Bedarfs geht es jedoch selbst hier nicht ohne Vorbestellung und die Haltbarkeit der Würmer ist sehr begrenzt. Für den Einsatz der Naturköder sind spezielle Hakensysteme erforderlich, die vom Kutter zum Meeresboden herabgelassen und unter Ausnutzung der Drift mitgeschleppt werden. In jüngster Zeit haben sich dafür Systeme mit dem sog. Buttlöffel durchgesetzt. Damit das Angeln in der Drift auch von der Leeseite der Kutter ohne Komplikationen ausgeübt werden kann, ist für den Buttlöffel ein

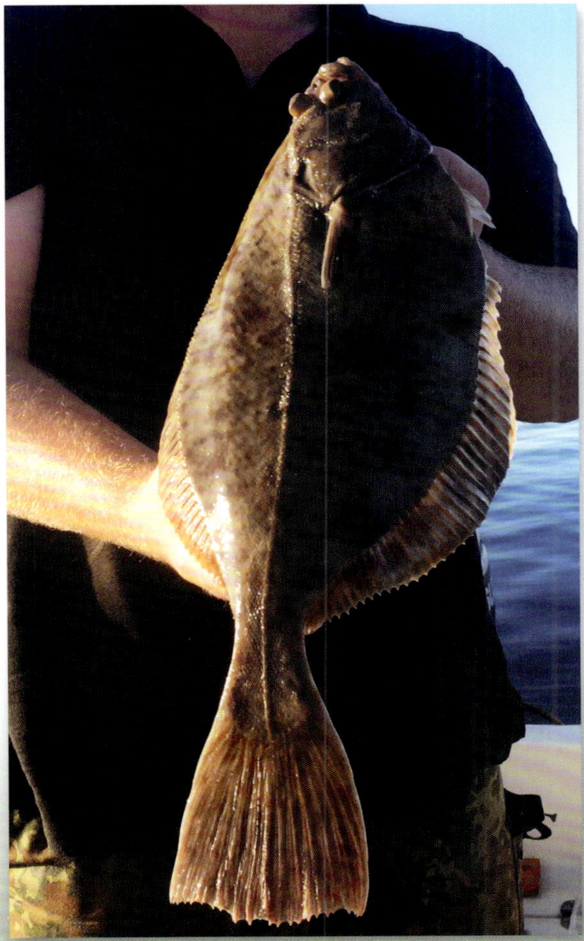

Eine stattliche Flunder. Sie liegt gern auf dem sandigen Grund der Ostsee.

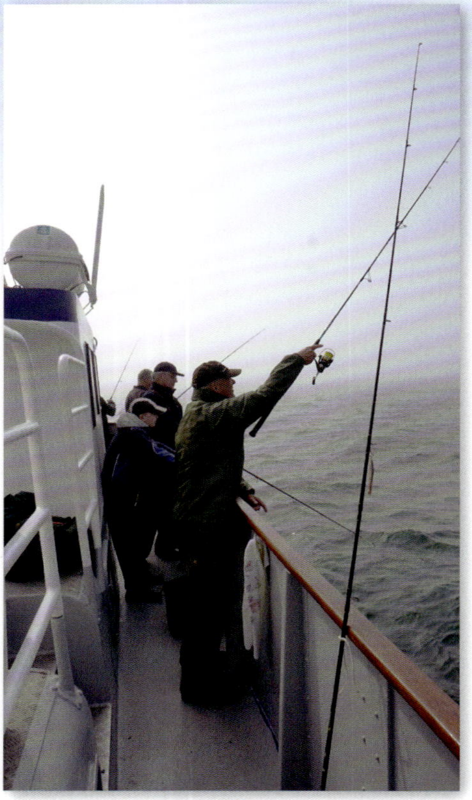

Seenebel über die Ostsee. Die Sonne hebt bald den hellgrauen Vorhang.

Mindestgewicht von 80 g zu empfehlen. Leichtere Montagen treiben zu weit unter dem Schiff hindurch. Das führt dann zu Verhedderungen mit den Anglern, die auf der Luvseite ihre Montagen einsetzen. Bereits unter den bisherigen Bedingungen der letzten Jahre bezüglich der Einhaltung einer Tagesfangbegrenzung für den Dorsch (Hinweis auf verschärftes Baglimit ab 2022, siehe »Kasten«) hatten sich einige Schiffsführer alternativ auf den Fang von Plattfischen eingestellt und den Anglern empfohlen, sich mit entsprechenden Ködern und Montagen zu versorgen.
Als Ersatz für Wattwürmer sind auch Tauwürmer geeignet, wovon ich mich unlängst überzeugen konnte. Ferner können als Köder zum Plattfischfang auch kleine Fischfetzen eingesetzt werden, die aus fetthaltigen Fischen wie Hering oder Makrele zu schneiden sind. Für das Aufziehen von Würmern auf die Haken sollte unbedingt eine Ködernadel verwendet werden (beim Einkauf der Würmer gleich mit erwerben).

Anleitung Wattwurm

Aufködern des Wattwurms mittels Ködernadel:
Wattwurm auf Ködernadel ziehen, Ködernadel auf den Haken setzen und Wattwurm auf den Haken schieben.

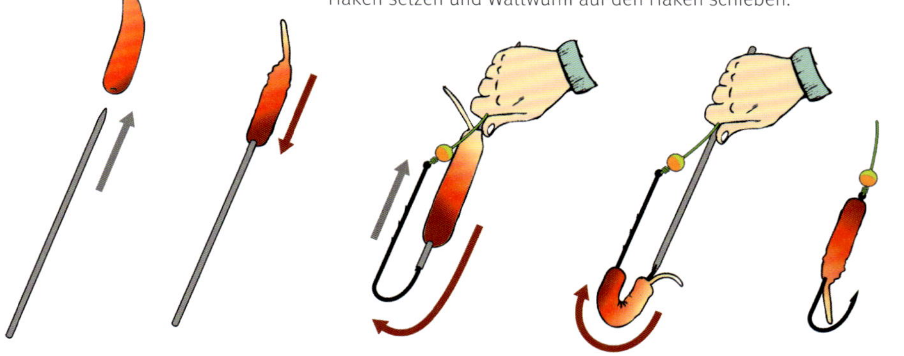

Ohne Kutter geht auch

Das Thema Hochseeangeln wäre unvollständig ohne einige Hinweise zum Angeln von kleinen Motorbooten. Hier reicht die Palette vom Kajütboot bis zum motorgetriebenen Schlauchboot. Gerade ein Schlauchboot kann ein sehr seetüchtiges Wasserfahrzeug sein, allerdings erst von einer gewissen Größe an und mit einem festen Boden. Manchmal sind jedoch abenteuerliche Modelle im Einsatz, denen ich mich nicht einmal auf einem Dorfteich anvertrauen würde. Also, Finger weg davon und auf Mitfahrgelegenheit bei Bootsbesitzern oder auf Leihboote mit oder ohne Guide setzen.

Das Hochseeangeln vom Boot bietet gegenüber dem Kutterangeln einige Vorteile. So können mit kleineren Booten auch Bereiche mit geringerer Wassertiefe befahren werden. Die sind für die Kutter mit deutlich mehr Tiefgang natürlich tabu. Das ist zu bestimmten Jahreszeiten von Vorteil. Näheres dazu unter „Brandungsangeln«. Andererseits sind kleine Boote naturgemäß nicht so seetüchtig wie ein Kutter. Deshalb sollten gerade Neulinge auf der Ostsee bei der Planung von eigenständigen Angeltouren raus auf die See sehr genaue Informationen über Wind und Wellen einholen. Bei Mitfahrten wird diese Aufgabe verantwortungsvoll von den Bootsführern übernommen.

Vorteil eines Kutters. Hier ist gut Platz für die Versorgung des Fangs. Fische werden ausgenommen und filetiert. Immer dabei – Möwen, die auf Fischreste lauern.

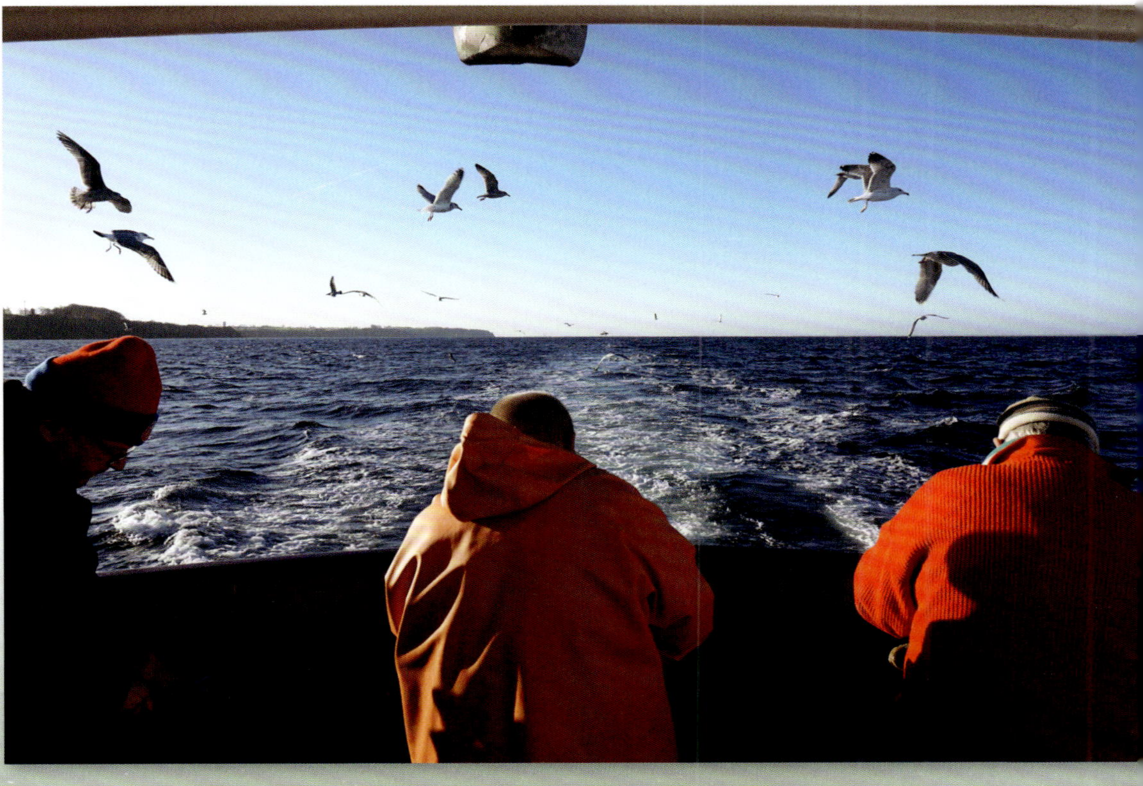

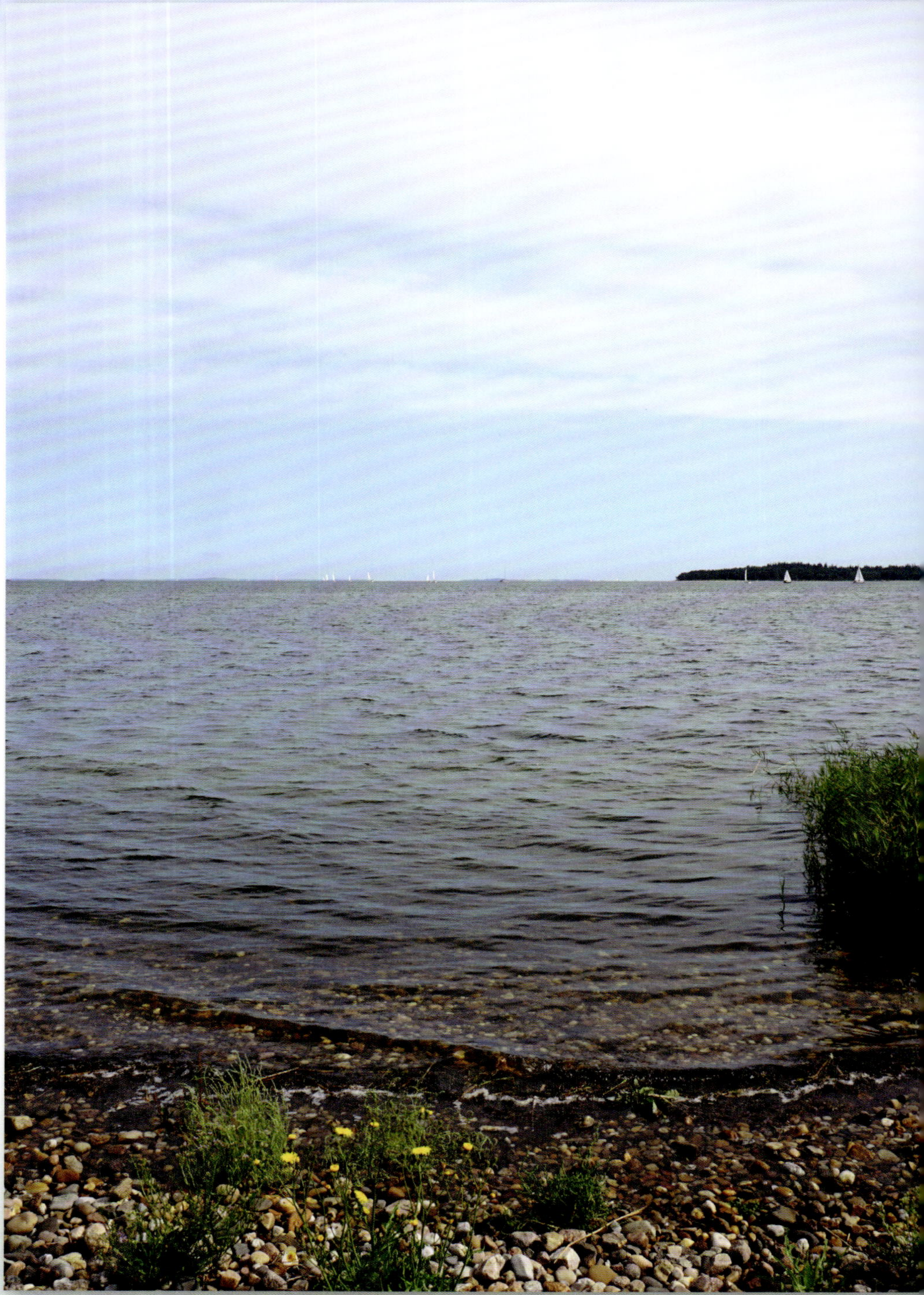

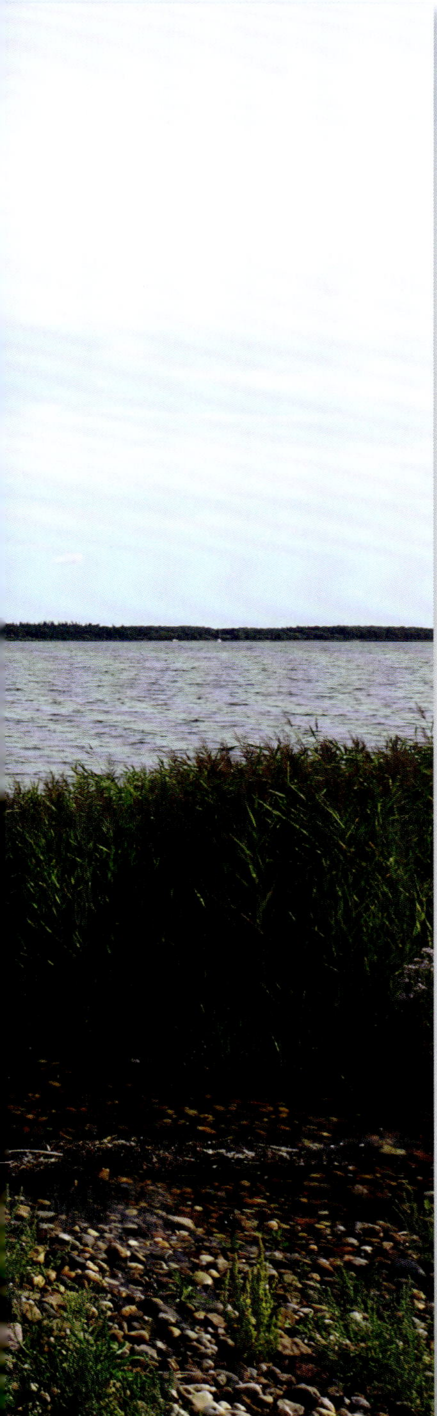

Süß und salzig – Boddenangeln

Mit dem Begriff Bodden werden die flachen Meeresbuchten der Ostsee an der Küste MVs bezeichnet. Sie haben sich seit der letzten Eiszeit gebildet und sind auch heute noch durch Strandverlagerungsprozesse ständigen Veränderungen unterworfen. Die Bodden erstrecken sich von Ribnitz-Damgarten im Westen bis hin zur deutsch-polnischen Grenze, wobei sie in dem östlichen Teil als Haff bezeichnet werden. Das sind insgesamt rund 1600 Kilometer Bodden- und Haffküsten, inklusive Inseln und Halbinseln. Im Zentrum dieses gewaltigen Gebietes liegt die Insel Rügen, die praktisch vollständig von Bodden umgeben ist. Die Gesamtheit der Boddengewässer wird zur besseren Übersicht in folgende Areale gegliedert:

1 | Darß-Zingster Boddenkette mit Saaler Bodden, Koppelstrom, Bodstedter Bodden, Barther Bodden, und Grabow

2 | West-Rügener Bodden mit Kubitzer Bodden, Schaproder Bodden, Udarser Wiek und Vitter Bodden

3 | Nord-Rügener Bodden mit Wieker Bodden, Breetzer Bodden, Breeger Bodden, Lebbiner Bodden, Großem und Kleinem Jasmunder Bodden und Rassower Strom

4 | Greifswalder Bodden mit Rügischem Bodden, Hagenscher Wiek und Dänischer Wiek

5 | Peenestrom mit Achterwasser und Krumminer Wiek

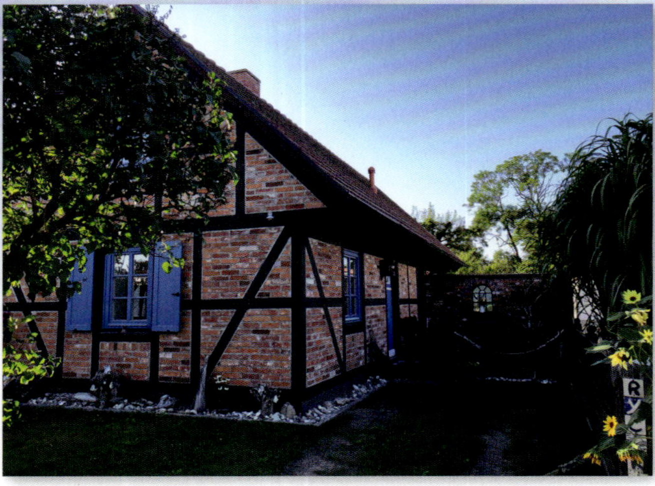

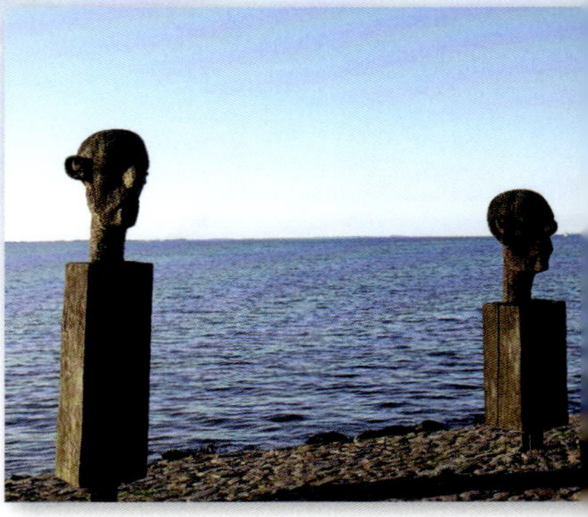

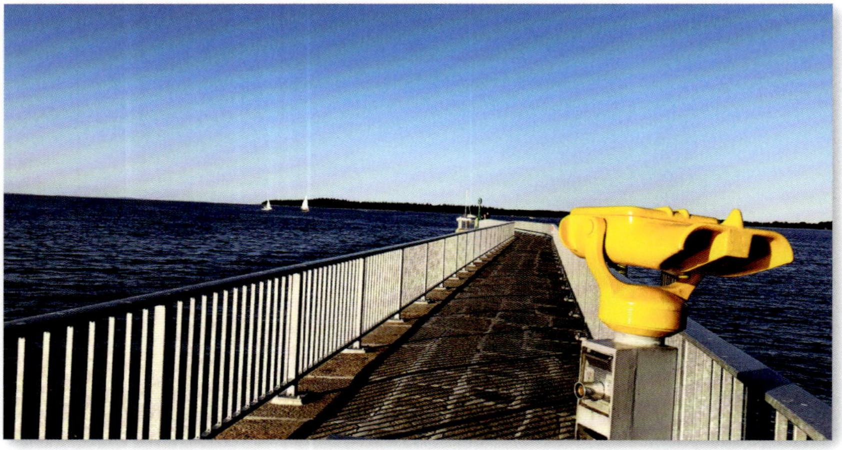

Ryk und Greifswalder Bodden. In Wieck gibt es kleine Fischerkaten, Hafenflair und den Blick aufs Wasser. Spaziergänge bieten sich an wie auch ausgedehnte Angeltouren.

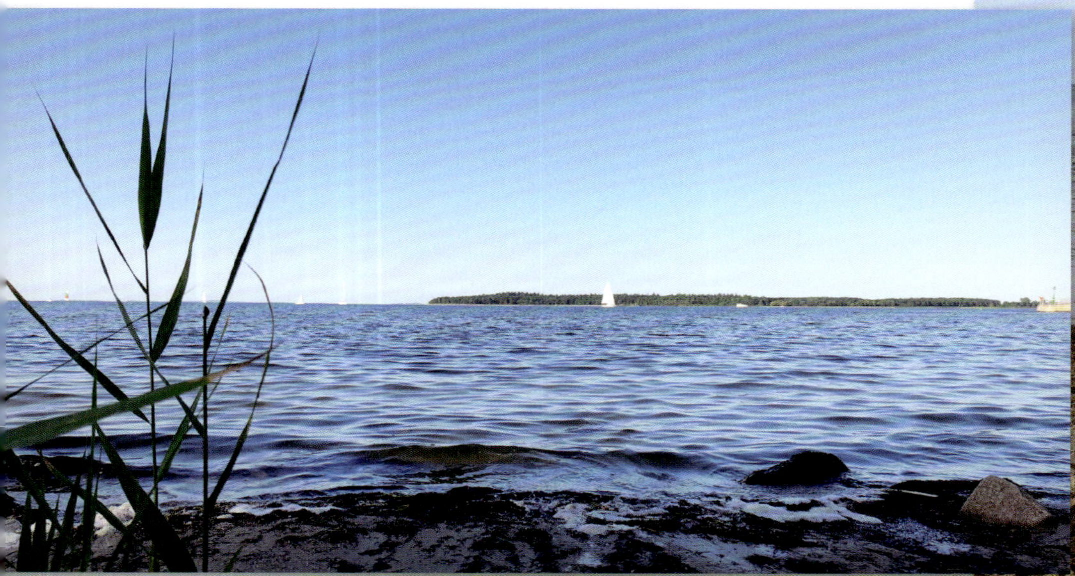

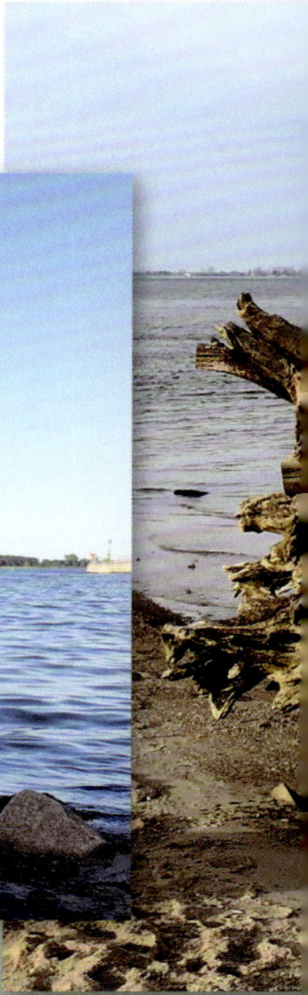

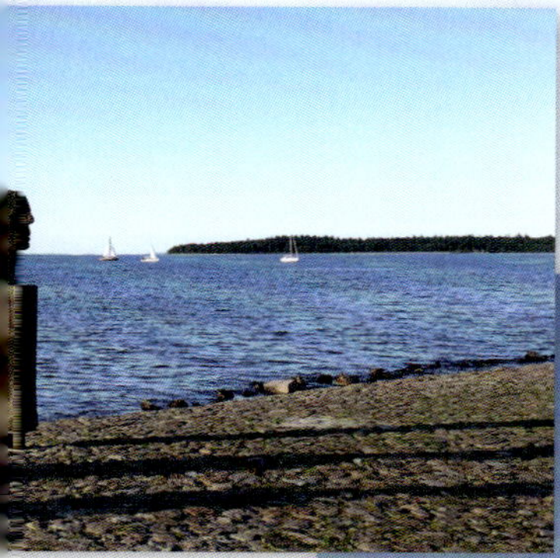

Boote schaukeln in der Abendsonne im Greifswalder Stadthafen in Wieck.

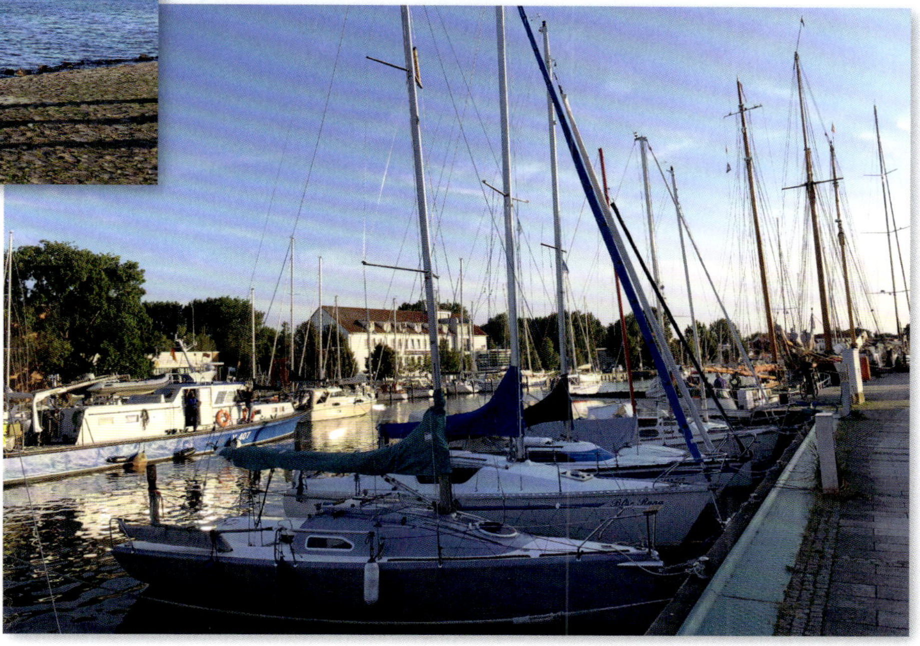

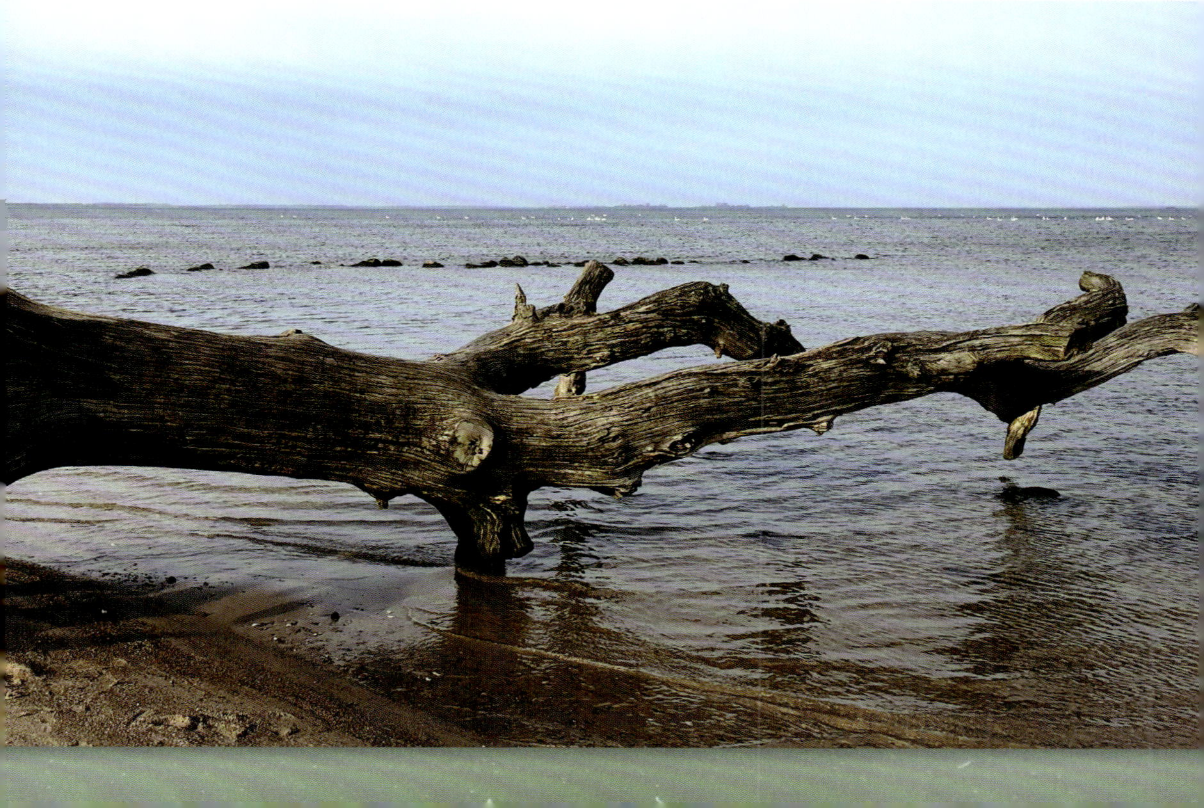

Würziges Wasser

Eine Besonderheit der Bodden ist, dass Süßwasser- und Salzwasserarten zusammen oder in unmittelbarer Nähe vorkommen. So sind die wesentlichen Fischarten solche, die wir auch in den Binnengewässern vorfinden: Hechte, Barsche, Zander, Bleie, Plötze und Aale. Daneben ist im Peenestrom, im Greifswalder Bodden und in den Gewässern zwischen Hiddensee und Rügen nahezu durchgängig die Flunder zu Hause. Unterhalb der Südspitze von Hiddensee liegt mit dem Flunderngrund sogar ein ausgedehntes Laichgebiet dieser Fische. Je nach Eindringen von salzhaltigem Wasser aus der Ostsee kommt es in einigen Boddenbereichen beim Angeln auf Hecht zum Fang von Dorschen.

Die zum größten Teil flachen Boddengewässer sind die Kinderstube vieler Fische. Im Frühjahr ziehen jedes Jahr riesige Heringsschwärme in die Bodden zum Laichen. Diese und die ebenfalls in großer Zahl vorkommenden Weißfische wie Bleie und Plötze sind Nahrungsgrundlage für die großen Räuber Hecht und Zander. Wenn die Heringe weg sind, kommen die Hornhechte und machen die Bodden für einige Wochen zum Eldorado für Angler, die diesem Fisch gern nachstellen.

Die weiten, angrenzenden Schilflandschaften der Boddengewässer sind auch ideale Brut- und Rastgebiete für seltene Vogelarten. An geeigneten Orten haben Seeadler ihre Horste und starten von dort ihre Beutezüge über die ausgedehnten Wasserflächen. In den ruhigen Buchten rasten unzählige Wildgänse und Tausende von Enten und Schwänen suchen nach Nahrung. Das Angeln in dieser naturbelassenen Landschaft ist ein Privileg, das es zu bewahren gilt. Dafür muss der Angler durch sein Verhalten einen Beitrag zum Schutz der Natur leisten.

An der Hafenkante in Wieck sitzen die Petrijünger und holen sich den köstlichen Fisch fangfrisch in die heimische Küche.

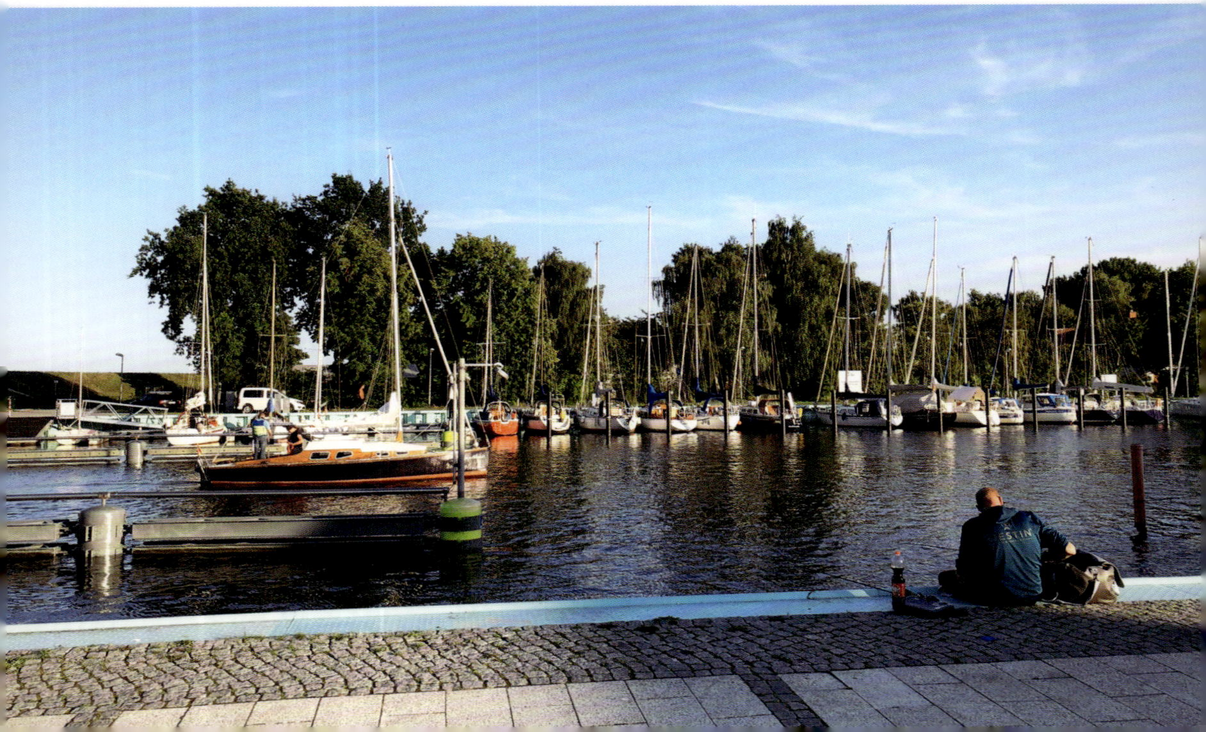

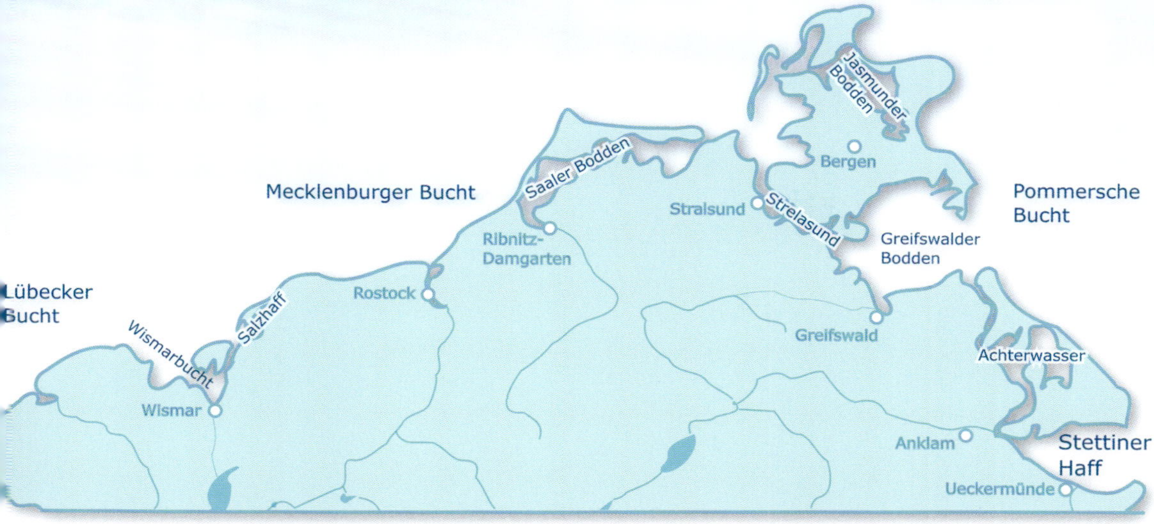

Karte mit den größten Boddenbereichen in MV.

Augen auf in der Gesetzesflut

Grundlage für die Nutzung in Schutzgebieten sind neben der Küstenfischereiverordnung (KüFVO) die regionalen Naturschutzverordnungen und die Seeschifffahrtsordnung. Die KüFVO regelt zum einen die Mindestmaße, Fangbegrenzungen und Schonzeiten bestimmter Fischarten sowie Fischschongebiete und Laichschonbezirke. In Fischschongebieten ist jegliche Fischerei entweder ganzjährig oder zeitlich befristet verboten, in Laichschonbezirken jährlich in der Zeit vom 1. April bis 31. Mai.
Die regionalen Naturschutzverordnungen und die Seeschifffahrtsordnung geben Auskunft zum Verhalten auf dem Wasser, z. B. Angaben über Befahrensverbote und erlaubte Fahrgeschwindigkeiten auf den verschiedenen Gewässerbereichen.
Angesichts dieser Fülle gesetzlicher Bestimmungen fällt nicht nur dem Neuling die Orientierung schwer. Für einen Einstieg in all diese Regularien steht sehr aussagekräftiges Informationsmaterial zur Verfügung. Unter www.lallf.de/fischerei/informationsmaterial sind beispielsweise folgende Flyer kostenlos zugängig: Angeln im Nationalpark Vorpommersche Boddenlandschaft und Angeln im nördlichen Greifswalder Bodden. Darin ist gut kommentiertes Kartenmaterial enthalten. Eine andere Möglichkeit der Information bietet das Material der Freiwillige Vereinbarung Naturschutz, Wassersport und Angeln im Greifswalder Bodden und Strelasund, das an markanten Stellen am Greifswalder Bodden in Form Schautafeln installiert ist. Allein der Blick auf all diese Materialien garantiert noch nicht die Umsetzung all ihrer Aussagen in der Praxis auf dem Wasser. Aus diesem Grund wird dem Neuling auf den Boddengewässern die Dienstleistung eines der zahlreichen Guides der Region empfohlen. Der »Selbstversuch« kann recht unangenehm und teuer werden. Auf den Boddengewässern wird regelmäßig kontrolliert und die Beamten belassen es in der Regel nicht bei Ermahnungen. Genug der Schadensbegrenzung«, jetzt wollen wir endlich aufs Wasser und Fische fangen.

Dreimal H – Hering · Hornhecht · Hecht

Jahresauftakt

Das erste Highlight des Jahres bietet uns der Hering. Er kommt oft schon im Januar in den Bodden. Die Konzentration zu großen Schwärmen in Vorbereitung auf den Laichprozess erfordert jedoch eine Wassertemperatur von mindestens sieben Grad Celsius, und die ist meist nicht vor Ende März zu erwarten. Deshalb ist der Monat April eine erfolgversprechende Zeit für den

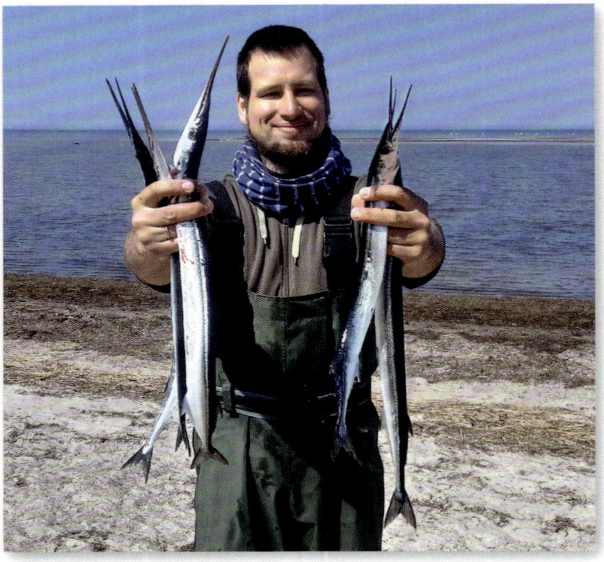

Hornhecht – der schlanke mit den grünen Gräten.

Heringsfang in den Boddengewässern. Wir wählen den Hotspot Strelasund. Ein Boot haben wir uns rechtzeitig gesichert und fahren mit einem Insider in die Nähe der Fahrrinne. Nach einer gewissen Zeit der Suche haben wir auch einen geeigneten Platz gefunden, um unseren Anker herabzulassen, wir sind nämlich nicht die einzigen auf dem Wasser. Die Angeln mit dem Heringspaternoster an der monofilen Hauptschnur werden ausgeworfen, der flache Heringssenker als Beschwerung lässt die gestreckte Montage langsam zum Grund sinken.

Dabei achten wir auf jegliche Regung an der Rute. Das geringste Zittern an der Rutenspitze signalisiert uns den Anbiss eines Herings, oft schon vor dem Auftreffen der Montage auf dem Grund. Vorsichtig und langsam wird die Montage eingeholt. Oft beißen unterwegs noch weitere Heringe an den freien Haken des Paternosters an, so dass im Idealfall tatsächlich bis zu sechs Heringe an unserer Angel hängen. Die müssen nun über Bord gehoben und möglichst in einem entsprechen aufnahmefähigen Behälter abgelegt werden. Ansonsten haben wir nach dem Angeln noch ordentlich zu tun, um das Boot von Heringsschuppen zu befreien. Selbstverständlich sind die gefangenen Heringe sofort nach jedem Einholen tierschutzgerecht zu töten. Dazu erhalten sie mit einem entsprechenden Schlagholz einen ausreichend kräftigen Schlag auf den Kopf kurz hinter den Augen und danach einen Kehlschnitt zum Ausbluten. Die verwendeten Werkzeuge sollten den Proportionen der Heringe entsprechen. Als Schlagholz eignet sich z. B. ein kleiner Hammerstiel aus dem Baumarkt. Das verwendete Messer ist so klein wie möglich zu wählen. Ein Küchenmesser vom Typ Gemüsemesser mit gerader Schneide ist bestens geeignet. Mein bevorzugter Behälter zum Aufbewahren der Heringe ist ein ladenneuer Farbeimer mit 15 Liter Fassungsvermögen. Da passen die von mir avisierten 100 Heringe bequem hinein. Nein, nein, das ist kein Druckfehler! Ein Fang von 100 Heringen pro Person und Angeltag ist durchaus realistisch. So manch versierter Heringsangler wird bei dieser Ansage nur müde lächeln. Mir reicht ein solcher Fang, denke ich doch auch noch an die Arbeit, die zu Hause bei der Verwertung auf mich wartet. Die lohnt sich aber immer, denn es gibt wohl kaum einen Fisch, der sich vielseitiger verwenden ließe als der Hering. Von unseren Salaten aus selbstgemachtem Matjes schwärmt so manche(r). Das Angeln auf den Hering ist nicht nur im Bereich der Boddengewässer möglich, sondern entlang der gesamten Ostseeküste von MV. Traditionelle Fangplätze sind der Hafen in Wismar sowie der Stadthafen in Rostock einschließlich der gesamten Unterwarnow. In den Häfen werden die Heringe von den Kaikanten und Molen aus gefangen. Gleiches gilt auch für den Hafen Stralsund.

Wenn der Raps blüht

Nach den Heringen kommen die Hornfische, auch hier wieder bevorzugt in die Boddengewässer. Die Hauptfangzeit für den Hornfisch in den Bodden ist der Monat Mai. Tatsächlich soll er sich immer dann zeigen, wenn der Raps zu blühen beginnt. Das ist zumeist im Wonnemonat der Fall. Wer also im April nicht zum Heringsfang kommen durfte oder konnte, der hat jetzt die Chance, Hornfisch satt zu fangen. Gebraten und auch geräuchert schmeckt der Fisch sehr gut. Während meiner Dienstjahre an der Uni Rostock gab es ihn zur Hornfischzeit öfter zum Mittagessen. Wegen seiner grünen Gräten – an denen einige sogar Anstoß nehmen – lässt er sich sehr bequem verspeisen, denn die Gräten sind gut zu sehen!

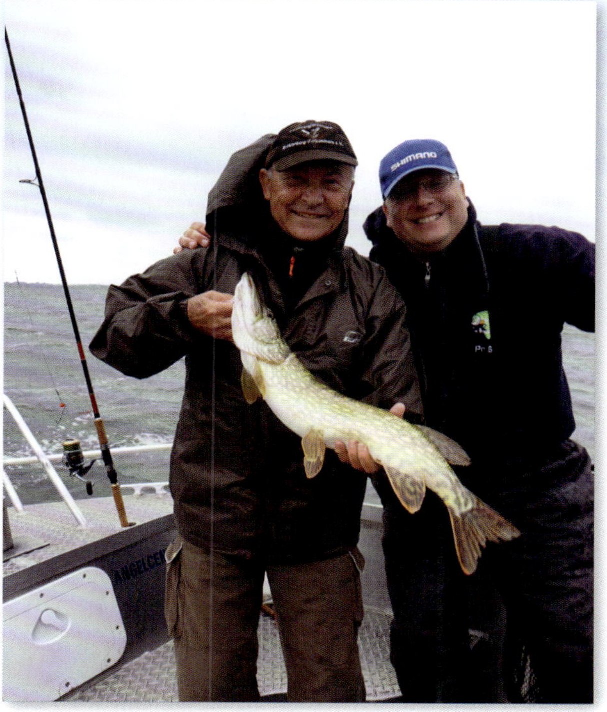

Der Zielfisch Bodden-Hecht.

DER Zielfisch

So gut Hering und Hornfisch auch schmecken mögen und so viele man davon auch fangen kann – Hauptziel eines jeden Anglers, den es an oder auf die Boddengewässer zieht, ist der Hecht. Ein wesentlicher Grund dafür ist die stattliche Größe, die diese Art in den Bodden in relativ kurzer Zeit wegen des üppigen Nahrungsangebotes erreichen kann.
Während viele Angler vom Ein-Meter-Hecht träumen, hat der Boddenangler seine Messlatte mindestens 20 cm höher gelegt. Deshalb bereiten wir uns jetzt auf den Hechtfang vor. Inzwischen ist es Juni, eine gute Zeit für den Hechtfang im Bodden. Früher erlaubte uns die Hechtschonzeit keinen anderen Start in die Saison. Andererseits hat der Hecht sich nach der Laichzeit konditionell bestens erholt, sicherlich auch durch eine reichliche Anzahl von He-

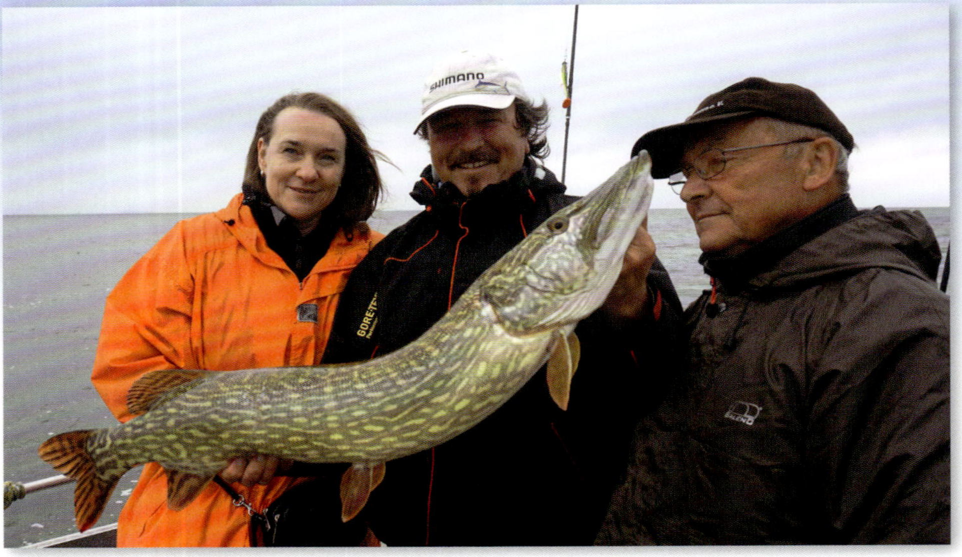

Hecht vor Barhöft gefangen.

ringen, die er erwischen konnte. Außerdem sind die Laichschonreviere wieder freigegeben, so dass uns viele interessante Fangplätze zur Auswahl stehen.

Im Jahreslauf immer wieder neue Ziele

Im weiteren Verlauf des Jahres gestaltet sich der Hechtfang in den Sommermonaten zunehmend schwieriger. Dafür können gute Fänge von Barschen gelingen, und das ganz entspannt. Ein erfahrener Angler aus Greifswald hat mir anvertraut, dass er seine größten Barsche in den Sommermonaten mit der wurmbestückten Posenangel gefangen hat. Er hofft aber immer noch auf das Knacken der Zwei-Kilo-Marke. Wenn es dann beim gemütlichen Dahindösen im Boot plötzlich um einen herum an der Wasseroberfläche zu schmatzen beginnt, sollte man vorbereitet sein. Eine mit kleinem Spinner oder Blinker bestückte Rute griffbereit im Boot mitzuführen ist die richtige Wahl. Damit können die jagenden Barsche gezielt angeworfen werden. Sie stürzen sich auf alles, was sich bewegt und diese Barsche bringen gut 300 bis 500 g pro Stück auf die Waage. Die Hochzeit des An-

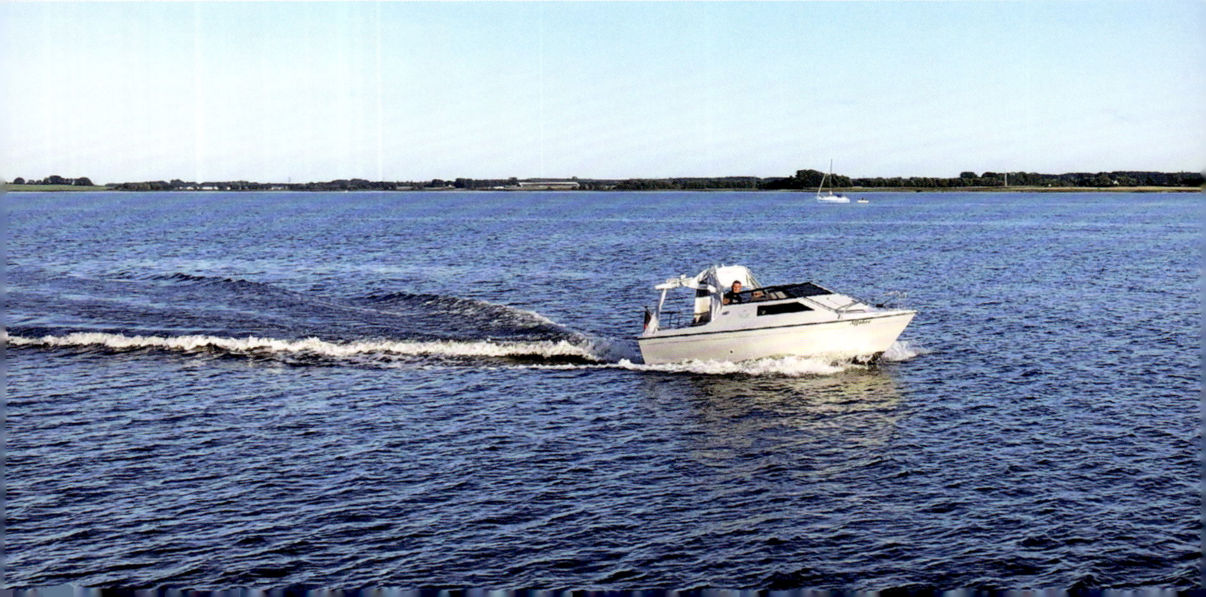

gelns auf Hecht, Barsch und Zander liegt, wie auch in den Binnengewässern, in den Herbst- und Wintermonaten. Das ist dann aber auch die Zeit der wetterfesten Angelprofis und nicht unbedingt des Neulings in der Branche. Wenn er es sich aber zutraut kann der erste Große das Ergebnis sein.

Sehr viel Fisch in sehr viel Wasser

Die bisher geschilderten Erlebnisse beim Angeln auf dem Bodden zeigen vor allem eins: Die Gewässer weisen ein stattliches Fischaufkommen auf. Das Problem besteht darin, die gewünschten Exemplare auf den riesigen Wasserflächen aufzuspüren, und das setzt die Benutzung von Booten voraus. Es geht aber auch ohne Boot. Auch an den Boddengewässern gibt es Stellen, die vom Ufer aus erfolgreich beangelt werden können. Einige davon sind bereits im Zusammenhang mit dem Heringsangeln genannt worden. Das sind z. B. die verschiedenen Häfen, die vor allem in den Herbst- und Wintermonaten einen guten Fang von Barschen und auch Zandern versprechen. Da einige dieser Reviere als Winterlager ausgewiesen sind, gelten für die Zeit vom 1. November bis 31. März des Folgejahres besondere Regelungen, die penibel einzuhalten sind. Eine weitere Möglichkeit zum Fischfang, die im Sommer erfolgreich sein kann, ist das Watangeln. Dazu sollte unbedingt auch eine Wathose mit wärmender Unterbekleidung angelegt werden, selbst in den Sommermonaten bei schönster Badewassertemperatur. Eine Erkältung von Nieren und Blase muss nicht sein. Mit der Wathose erreicht man recht unkompliziert die Zonen vor dem Schilfgürtel und damit die Flachwasserbereiche mit Krautbewuchs, in denen die Hechte auf Beute lauern, und das sind nicht nur kleine. Die Wahl des Köders muss natürlich diesen Bedingungen angepasst werden, denn die krautfreie Wasserzone beträgt häufig nur ca. 30 cm bis zur Oberfläche. Dafür sind relativ kleine Gummifische auf Einfachhaken bestens geeignet. Dass der Hecht in diesen Bereichen auch auf kleine Beutetiere aus ist, zeigt die Untersuchung des Mageninhalts gefangener Exemplare, worin bis zu 30 Stichlinge aufgefunden wurden. Abschließen noch einige weitere Hinweise zum Watangeln. Zum Einstieg in das Wasser sind schilffreie Stellen am Ufer zu nutzen, denn »vor dem Schilfgürtel« bedeutet nicht »durch den Schilfgürtel« – der ist ein schützenswertes Biotop. Zum anderen ist beim Watangeln äußerste Vorsicht geboten, denn auch Flachwasserbereiche können unerwartete Senken aufweisen, und eine vollgelaufene Wathose kann lebensgefährlich sein. Die Verwendung eines Watstocks zum Abtasten des Untergrundes in unbekanntem Terrain ist kein Zeichen fortgeschrittenen Alters. Zur Vorsicht gehört auch, nicht allein zum Watangeln aufzubrechen oder zumindest eine Person über sein Vorhaben ausreichend zu informieren.

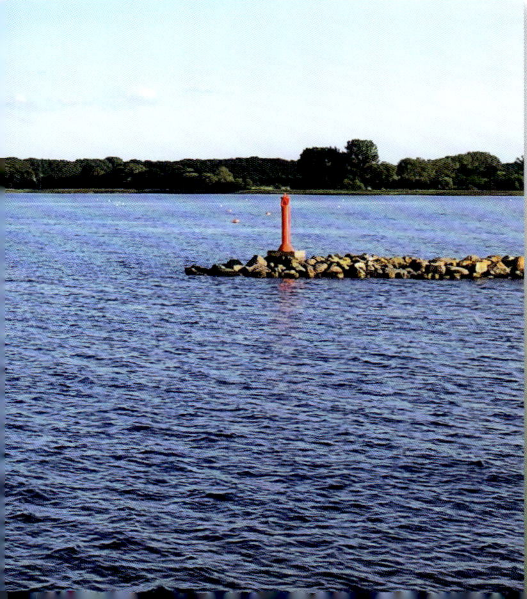

Motorboot in eiliger Fahrt auf dem Greifswalder Bodden.

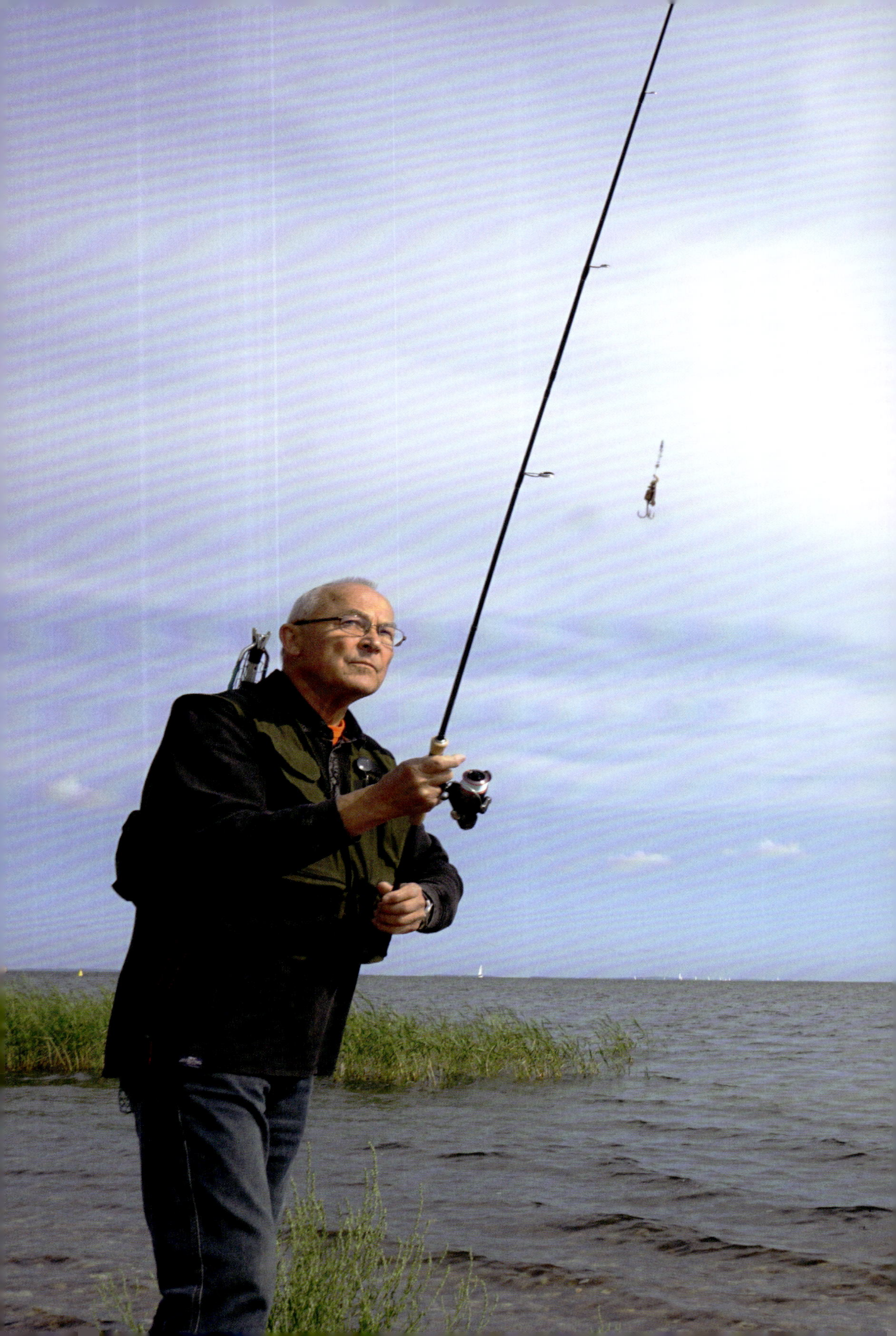

Hinweise und Tipps Boddenangeln

Zum Abschluss einige grundsätzliche Hinweise und nützliche Tipps. Am Anfang steht die Sicherheit des Anglers. Voraussetzung ist der persönliche Schutz durch geeigneter Kleidung gegen Wind, Regen und starke Sonneneinstrahlung.

Ein alter Rüganer sagte mal: »Auf Rügen herrscht an 300 Tagen im Jahr Wind und an 50 Tagen Sturm«. Das reduziert natürlich nicht die Anzahl der Angeltage auf 15 im Jahr. Im Gegenteil, völlige Flaute ist nicht die beste Voraussetzung. Optimal ist ein leichter bis mäßiger Wind bis Stärke 3. Das Aufsuchen eines Angelreviers, das im Windschatten höherer Küstenabschnitte liegt, kann unseren Angeltag retten. Zur Vorbereitung einer Angeltour auf den Bodden gehört unbedingt das Einholen zuverlässiger Informationen über die Wetterentwicklung. Das Internet bietet dazu verschiedene Möglichkeiten (Wassersport-Wetter), die aktuell sind, denn rasche Wetterveränderungen sind zu erwarten. Spätestens bei plötzlich zunehmendem Wind sind die mitgeführten Rettungsmittel anzulegen. Für Kinder empfiehlt sich das bei jedem Wetter schon mit Beginn einer Ausfahrt. Bei aufkommender Gewitterneigung ist die Angeltour umgehend abzubrechen, im Notfall ist der nächstgelegene Hafen oder eine geeignete Stelle am Ufer anzusteuern.

Die Boddengewässer weisen neben dem guten Fischbestand auch einen reichlichen Pflanzenwuchs auf. Davon treiben oft losgelöste Teile in zum Teil erheblichen Mengen an der Wasseroberfläche. Davon haben wir beim Spinnangeln ständig etwas an den Haken hängen, was ihre Fängigkeit stark einschränkt. Um diesen unerwünschten Effekt etwas zu mildern, sollten wir bemüht sein, unseren Köder in den krautfreien Rinnen parallel zur Driftrichtung des Krautes zu präsentieren. Dadurch bleibt der Köder zumindest für eine gewisse Zeit frei. Nicht ratsam ist es, in solchen Situationen, den Köder quer oder diagonal zur Drift zu führen. Ein weiterer Trick, mit dem man das treibende Kraut etwas bändigen kann: Ein »Krautvorfach« von 1 bis 1,5 m Länge aus Monofil an beiden Enden mit einem Wirbel versehen. Am oberen Ende, das mit der Hauptschnur verbunden wird, ist ein nicht zu kleiner Drillingshaken eingehängt, von dem die Spitzen abgekniffen worden sind. Das untere Ende wird wie gewohnt mit bissfestem Vorfach und Köder vervollständigt. Beim Umgang mit dieser Montage wird das treibende Kraut vom Drillingshaken aufgehalten, sodass der Köder am Ende der Montage eine gewisse Zeit frei im Wasser spielen kann. Das unmittelbar darüber hängende Kraut stört offenbar die Hechte kaum, wovon ich mich persönlich überzeugen konnte. Die Länge des gesamten Vorfachs ist an die Rutenlänge anzupassen, denn das Vorfach bildet in voller Länge das Pendel vor dem Wurf. Ein Krautvorfach von 1,5 m Länge würde mindestens eine 3-Meter-Rute verlangen, beim Angeln vom Boot heute eher ungewöhnlich.

Wellen am Strand – Brandungsangeln

In diesem Kapitel stelle ich Möglichkeiten vor, wie die im Vergleich zu Binnengewässern riesigen Wasserflächen der Ostsee auch vom Ufer bzw. vom Strand aus erfolgreich beangelt werden können.
Die Angelmethoden können dabei vom Strand aus mit Blick auf das Agieren des Anglers unterteilt werden in Ansitzangeln und Wanderangeln. Wie die Begriffswahl erkennen lässt, verharrt der Angler beim Ansitzangeln zumeist während der gesamten Angelzeit an einer Stelle am Strand. Dagegen wird der Wanderangler während eines Angeltages mehr oder weniger häufige Wechsel seines Angelplatzes vornehmen. Da beide Methoden mit recht unterschiedlichen Geräten und Ködern ausgeübt werden, will ich diese im Folgenden getrennt erläutern.

Erster Streich Ansitzangeln

Das Ansitzangeln ist das eigentliche Brandungsangeln. Zielfische sind der Dorsch und die Plattfische. Die kurz genannten Platten werden ausschließlich mit Naturködern gefangen. Gelegentlich geht auch eine Meerforelle an den Haken. Ganz oben auf dieser Naturköder-Liste steht der Wattwurm. In Notzeiten, wenn kein Wattwurm zur Hand ist, kommen auch Fischfetzen oder Garnelen zum Einsatz. Als letzte Rettung tut es auch der gute, alte Tauwurm. Er sollte aber häufiger am Haken erneuert werden. Das Brandungsangeln kann an allen Strandbereichen zwischen Rerik und Usedom ausgeübt werden, die unmittelbar an die offene See grenzen. Nahezu dem

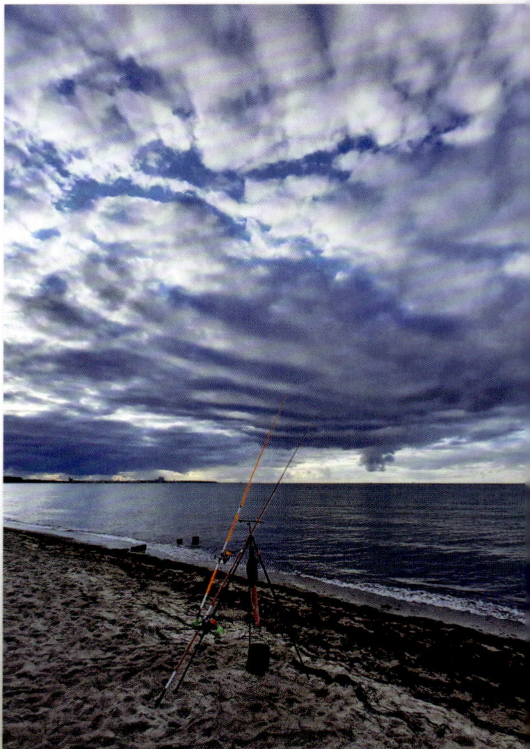

Rutensystem für das Brandungsangeln.
Hier werden die Köder ausgelegt. Dann heißt es warten bis zum Anbiss.

gesamten Küstenbereich ist seeseitig eine Rinne im Meeresboden vorgelagert, die es mit der Wurfangel zu erreichen gilt. Beim sommerlichen Baden in der Ostsee kann diese Rinne von jedem sicheren Schwimmer erkundet werden. Beim Brandungsangeln kommen spezielle Ruten zum Einsatz, mit denen der Angler seine Köder in entsprechender Entfernung vom Ufer platzieren kann. Die gängigen Ruten haben eine Länge von ca. 4,5 m und ein Wurfgewicht bis 200 g. Diese Ruten werden in einem speziellen Ständer am Ufer gehalten. Als Alternative werden auch einzelne Rohre mit entsprechend geformten Spitzen am Strand in den Boden gebohrt. Bei vorwiegend steinigem Untergrund ist das allerdings vergebliche Liebesmühe. Mit diesen Ruten werden spezielle Hakensysteme eines Brandungsvorfachs mithilfe einer Beschwerung in die See ausgeworfen und dort am Grund auch durch die Beschwerung fixiert. Die Methode entspricht im Prinzip dem Grundangeln mit dem Bodenblei, sie ist nur etwas robuster.
Die Beschreibung der typischen Geräte zum Brandungsangeln lässt erahnen: Das ist etwas für Spezialisten. Den Einsteiger in das Angeln an der Küste will ich aber nicht Bangemachen. Er kann mit seiner vertrauten Wurfrute zum Zuge kommen. Dazu verhelfen ihm geeignete Bauwerke an der Küste. Das sind die Seebrücken und Molen sowie für das Angeln zugelassene Hafenbereiche. Dort sind keine extremen Weitwürfe erforderlich. Allerdings gibt es in allen genannten Bereichen geltende Verhaltensmaßregeln, die es zu beachten gilt.

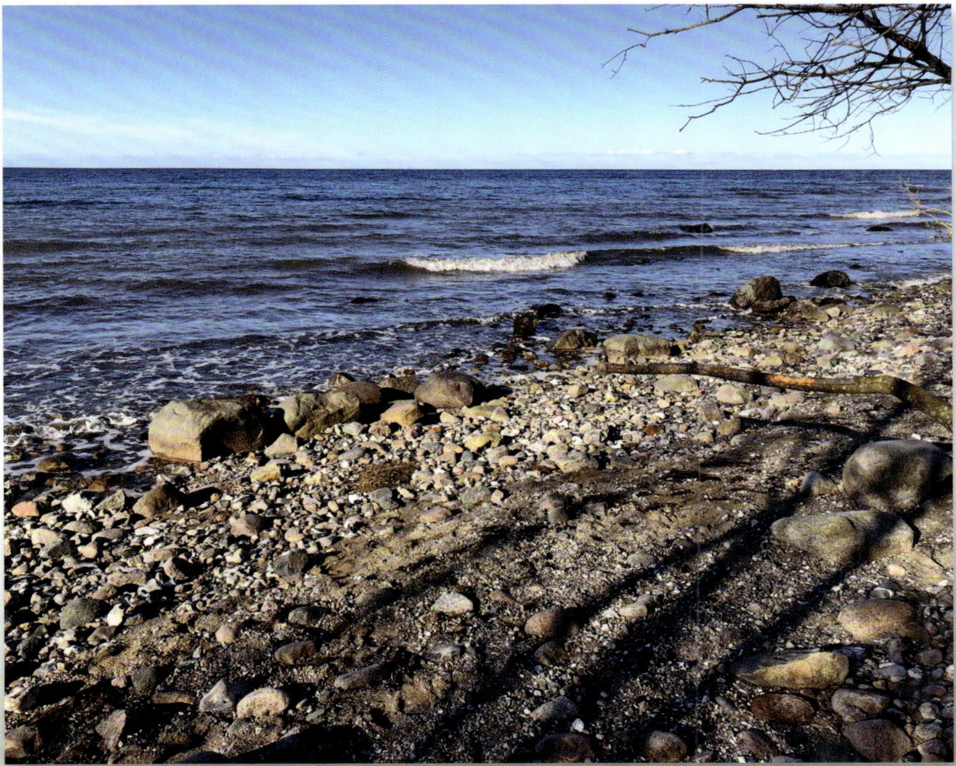

Typischer Küstenbereich für das Brandungsangeln.

So dürfen z. B. Seebrücken zum Angeln erst abends betreten werden. Das ist jedoch kein Nachteil, da insbesondere in der warmen Jahreszeit die Fische ohnehin bevorzugt erst in der Dämmerung oder völligen Dunkelheit die küstennahen Bereiche aufsuchen.

Die Hafeneinfahrt in Warnemünde. Auch hier ist das Angeln erlaubt.

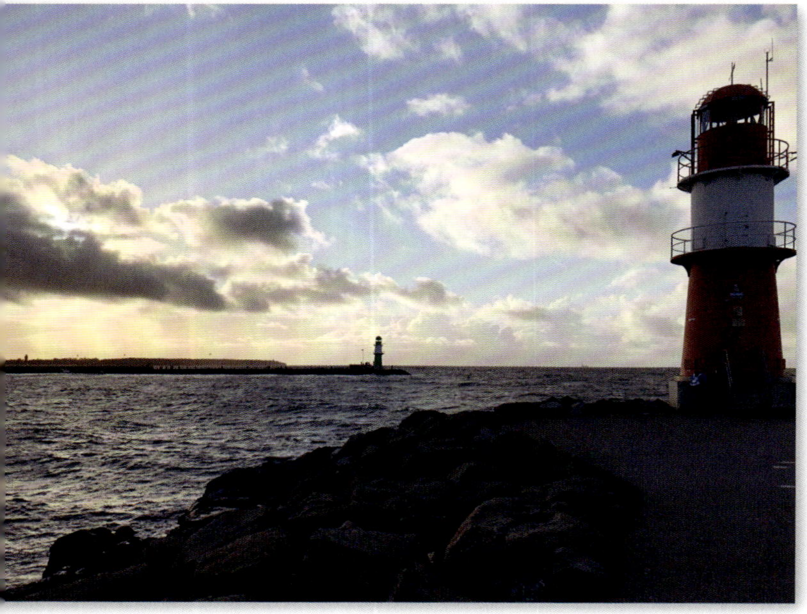

Starten wir einen ersten Versuch mit der Grundangel in der Ostsee. Mit etwas Glück haben wir einen brauchbaren Platz auf einer Seebrücke erwischt, die besten ganz vorn waren leider schon weg. Das Wetter meint es auch gut mit uns. Der Wind hat zum Abend nachgelassen und lässt nur noch leichte Wellen Richtung Strand auflaufen. An unsere Wurfrute montieren wir eine Beschwerung von 60 bis 80 g, mehr können wir ihr nicht zumuten, und davor das Brandungsvorfach mit zwei Haken. Diese werden mit je einem Wattwurm als Köder bestückt. Nun befördern wir das Ganze mit einem vorsichtigen, weichen Wurf in die Ostsee. Hat die Montage den Meeresgrund erreicht, wird die Rute steil gegen das Geländer gelehnt und dort z. B. mit einem Klettband gegen Verrutschen oder Umstürzen fixiert. Die Angelschnur wird soweit eingeholt, dass sie zur Rutenspitze leicht gespannt ist. Der Aufruf zur Vorsicht beim Abwurf hat zwei Gründe. Der erste ist das für unsere Rute ausgewiesene maximale Wurfgewicht von 40 g. Damit lässt sich unsere montierte Beschwerung noch bewältigen, aber mit Gefühl. Der zweite Grund sind unsere Wattwürmer. Wenn die beim Wurf zu flott beschleunigt werden, reißen sie womöglich beim Vorschwung vom Haken ab, ohne dass wir dieses Missgeschick bemerken. Eine Kontrolle der Haken ist angebracht. Sind beide blank, müssen neue Köder auf die Haken. Inzwischen ist die Dämmerung fortgeschritten. Wir benötigen etwas Beleuchtung. Hoffentlich haben wir an eine Lampe gedacht. Am besten ist eine Kopflampe geeignet. Sie lässt uns beide Hände frei. Die Kontrolle eines möglichen Anbisses über die Bewegung der Rutenspitze kennen wir schon, aber wie ist die im Dunklen zu sehen? Wir nutzen ein Knicklicht, das wir mithilfe eines flexiblen Knicklichthalters auf unserer Rutenspitze montiert haben. Damit ist auch der kleinste Zupfer zu erkennen. Wir müssen jedoch noch lernen, die durch den Druck der Wellen auf die Angelschnur hervorgerufenen gleichmäßigen Bewegungen an der Rutenspitze von denen eines Bisses zu unterscheiden. Sicherlich hilft uns ein freundlicher Nachbar dabei und ermuntert uns, die Angel zügig einzuholen. Irgendetwas Lebendiges hängt an unsere Angel und erweist sich beim Heben aus dem Wasser als ein Plattfisch, genauer als Flunder. Im weiteren Verlauf des Abends kommen auch noch zwei dazu. Beim Fang von Plattfischen von den relativ hohen Seebrücken macht uns die Landung auf der Brücke keine Probleme. Die Fische lassen sich noch einigermaßen über das Geländer heben, auch wenn einmal an beiden Haken einer dran ist. Gleiches gilt, wenn sich an unserer Angel anstelle der Plattfische ein kleiner Dorsch vergriffen hat. Etwas schwieriger wird die Landung, falls der Dorsch kein kleiner ist. Da auf den Seebrücken jedoch immer mehrere Angler anwesend sind, ist sicherlich ein Helfer mit einem geeigneten Landegerät dabei, beispielsweise einem langstieligen Gaff oder einem Seilkescher. Im äußersten Notfall kann das Heraufholen eines schwereren Fisches auch Hand über Hand direkt an der monofilen Angelschnur erfolgen. Diese Prozedur muss möglichst stetig und zügig erfolgen. Von Vorteil und zum eigenen Schutz habe ich immer Handschuhe dabei, dann schneidet die Schnur nicht ein. Keine Angst, die Schnur reißt so schnell nicht. Gutes 30er Monofil hat eine Tragkraft von etwa 8 kg und so schwer ist unser Dorsch wohl kaum. Unser erster Versuch ist jedenfalls erfolgreich und ohne Probleme verlaufen.

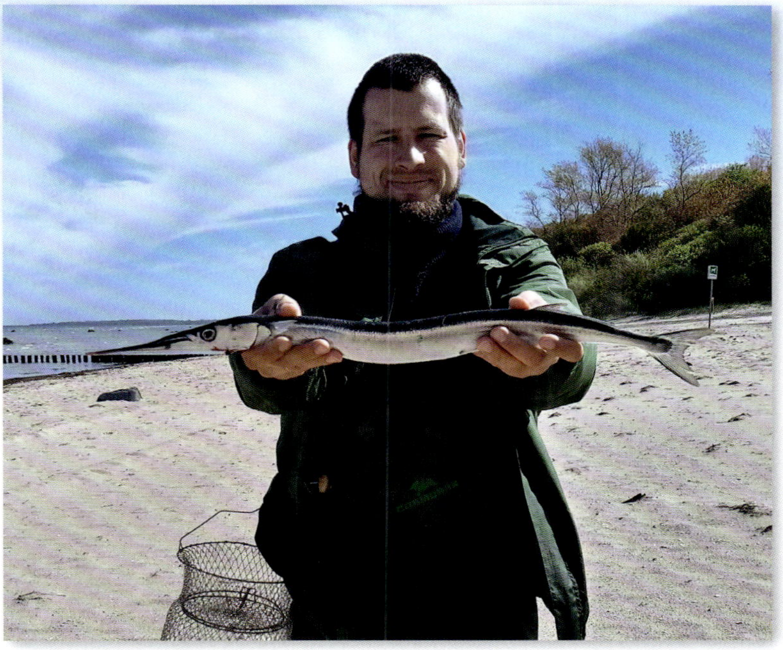

Beim Wanderangeln an der Küste geht so ein schöner Hornhecht an die Angel.

Zweiter Streich Wanderangeln

Wem das Ansitzangeln zu gemächlich ist und wer gern beim Angeln gleichzeitig die als gesund empfohlenen 10 000 Schritte laufen möchte, dem steht die gesamte Meeresküste zum Wanderangeln zur Verfügung. Zum Einsatz kommt hier ausschließlich die Wurfrute, bestückt mit einem künstlichen Köder. Das sind zum einen spezielle schlanke Blinker mit Gewichten zwischen 12 bis 20 g, im Extremfall bis 30 g und zum anderen spezielle Wobbler in den gleichen Gewichtsklassen. Unsere Zielfische sind bei dieser Angelmethode der Dorsch und vor allem die Meerforelle. Das Wechseln des Angelplatzes, also das Wandern, resultiert vor allem aus dem Einsatz der Kunstköder, die im Gegensatz zu Naturködern nicht gerade von den Fischen gesucht werden. Hier sucht der Angler also durch Platzwechsel den Fisch. Das einfache Equipment, eine

Rute und ein paar Kunstköder, lässt diese gewünschte Mobilität auch zu. Andererseits gibt es im gesamten Küstenverlauf auch einige Hotspots. Die sind oft von Insidern für den gesamten Angeltag in der Erwartung belegt, dass irgendwann der gewünschte Fisch vorbeigeschwommen kommt. Solche Stellen werden gern mal durch hartnäckiges Verharren gegen potenzielle Eindringlinge verteidigt. Denen gehen wir mit einem freundlichen »Petri Heil« aus dem Wege. Im Umfeld solcher Hotspots finden wir ausreichend Strecken, die für das Wanderangeln aussichtsreich sind. Der Wanderangler ist wie der Brandungsangler bestrebt, mit seinen Würfen die Rinne mindestens zu erreichen, besser möglichst noch etwas weiter. Dazu steigen viele Angler durchaus mal in die Wathose, mit der sie im Wasser näher an die Rinne herangehen können. Auf die Gefahren beim Waten bin ich an anderer Stelle bereits eingegangen. Nach meiner Erfahrung ist das Hineinwaten in die Ostsee beim Angeln vom Strand aus hier in den meisten Fällen nicht notwendig. Im Gegenteil kann damit der Erfolg beim Angeln sogar verringert werden, da die Fische bei ihrer Nahrungssuche oft erstaunlich dicht an das Ufer herankommen. Dorsche habe ich schon keinen Meter vom Ufer entfernt nach Nahrung jagen sehen, Rücken- und Schwanzflosse ragen dabei aus dem Wasser heraus. Das Hineinwaten ins Wasser ist sinnvoll, wenn es gilt, einen wirklich großen Fisch mit einem Kescher zu landen. Der Fisch bleibt in Ufernähe etwas ruhiger, wenn er noch einige Zentimeter Wasser unter dem Körper hat. Deshalb gehe ich ihm rechtzeitig entgegen. Eine Alternative zur Kescherlandung ist Neudeutsch das sogenannte Beachen. Dabei wird der Fisch unter Ausnutzung der auflaufenden Wellen auf den flachen Strand gezogen. Der Angler sollte bei dieser Methode möglichst einige Meter vom Wasser zurücktreten und die Rute nicht zu steil anheben. Es gehört jedoch angesichts eines großen Fisches

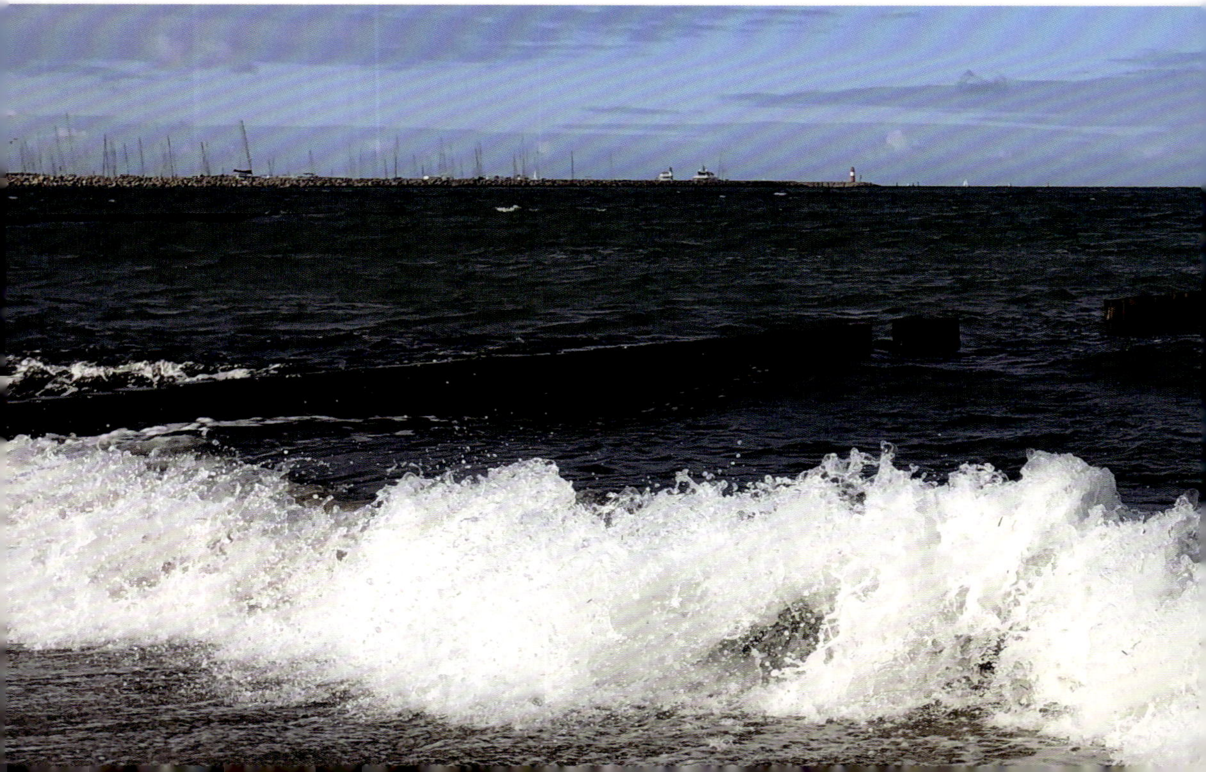

schon eine gehörige Portion Selbstbeherrschung zu diesem Verhalten. Gleichgültig, ob Kescher- oder Strandlandung, blinder Eifer schadet in beiden Fällen. Eine andere Situation bei der ich einige Meter in das Wasser hineinwate ist gegeben, wenn viele Spaziergänger den Strand bevölkern. Auch wenn Waten eigentlich gar nicht angesagt ist, bleibt die Wathose letzten Endes ein guter Schutz gegen Witterungseinflüsse und Spritzwasser am Strand, wenn die See etwas bewegter ist.

Das Wanderangeln ist analog dem Brandungs-Ansitzangeln ebenfalls über das gesamte Jahr möglich. Die Erfolg versprechenden Jahreszeiten sind jedoch das Frühjahr und der Herbst. In den warmen Sommermonaten ziehen sich Dorsch und Meerforelle in die tieferen, kühleren Wasserschichten zurück und die sind mit unseren Würfen vom Strand aus zumeist nicht erreichbar. Gute Aussichten für den Dorschfang vom Strand setzen mit den kühleren Temperaturen ab Monat Oktober ein. Meinen ersten Dorsch vom Strand habe ich mit improvisiertem Gerät während der »Kartoffelferien« Mitte Oktober über relativ flach abfallendem Grund gefangen. Währen dieser Zeit können wir allerdings auch ein Problem bekommen. Anstelle des beabsichtigten Dorsches kann auch eine Meerforelle unseren Köder annehmen. Diese Art hat jedoch vom 15.9. bis 14.12. eines Jahres Schonzeit und muss in dieser Zeit zurückgesetzt werden. Hat sie noch nicht das Mindestmaß von 45 cm sind wir fast erleichtert. Im anderen Fall sehen wir uns sicher mit einem schweren Gewissenskonflikt konfrontiert, den wir auf jeden Fall zugunsten der Kreatur lösen sollten.

Eine Meerforelle in der Brandung gefangen.

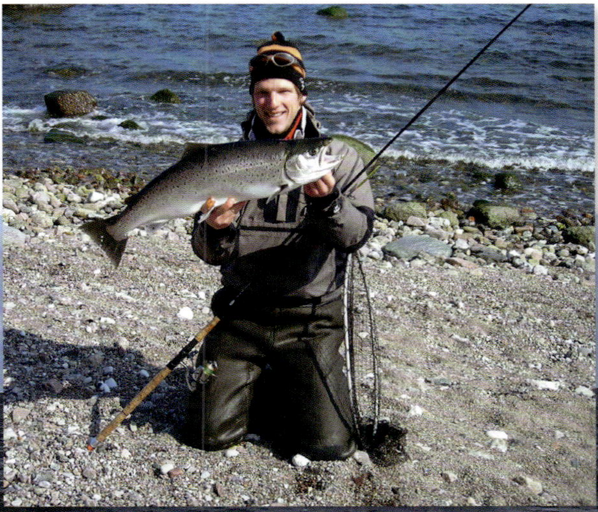

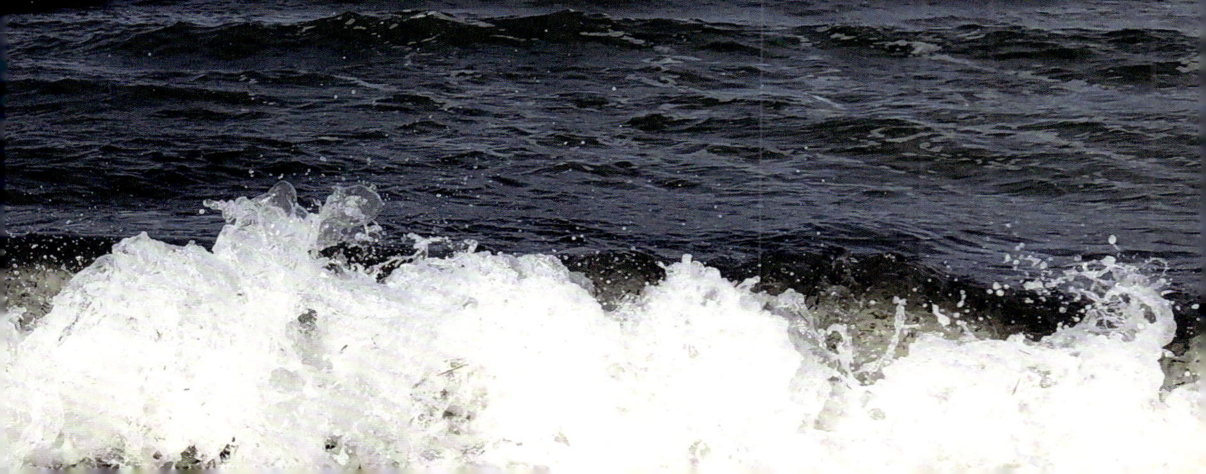

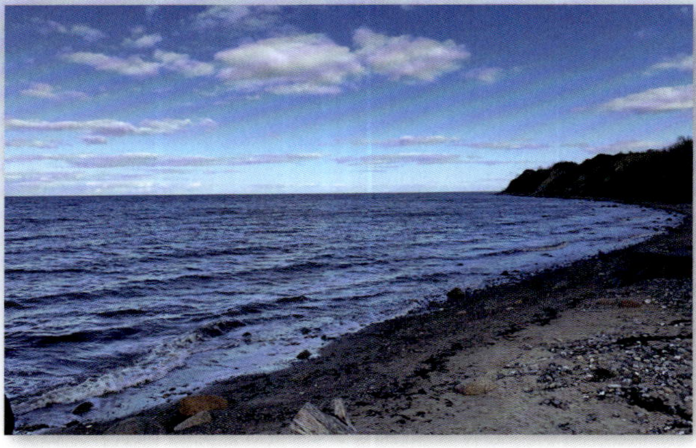

»Kleine Steilhänge« müssen nicht 30 m hoch sein.

Erfolgsfaktoren

Der Erfolg beim Angeln vom Strand aus wird durch einige Faktoren positiv beeinflusst. Das beginnt mit der Auswahl des Strandabschnitts. So sind Bereiche mit Steilküsten in Strandnähe vorteilhaft. Hier genügen oft Höhen von zwei bis drei Meter, es müssen nicht unbedingt 20 bis 30 m sein. Das Geländeprofil an Land setzt sich annähernd auch im Wasser fort. Die gewünschte Rinne verläuft näher am Strand und gewinnt schneller an Tiefe. Von Bedeutung ist weiterhin die Beschaffenheit des Untergrunds. Das Vorhandensein von Steinen und Bodenbewuchs in Form von Algen und Seegras lockt Fische zur Nahrungssuche an. Der Wechsel von bewachsenen und blanken Sandflächen ergibt optisch eine Abwechslung von Hell und Dunkel. Die Angler nennen solche Flächen beschreibend »Leopardengrund«. Den kann man bei einem Spaziergang vom erhöhten Ufer aus erkennen und als potenzielle Angelstrecke vormerken. Wie schon vom Angeln an den Binnengewässern bekannt, beeinflusst auch die Tageszeit den Angelerfolg. Aussichtsreich sind sie Morgen- und Abendstunden, mit steigenden Temperaturen von sehr früh am Morgen bis in die Nacht mit totaler Dunkelheit. Beim nächtlichen Angeln vom Strand greifen wir zu schwarzen Ködern. Die über dem Grund stehenden Fische erkennen diese Köder gegen das Restlicht am Himmel und steigen zu ihm – dem Köder – auf.

Ein letzter und wesentlicher Einflussfaktor auf den Strandangelerfolg sind der Wind und die daraus resultierende Wellenbewegung. Ideal ist leichter bis mäßiger sogenannter auflandiger Wind, also der von See in Richtung Strand weht. Unsere Würfe werden dadurch zwar kürzer, dafür kommen die Fische jedoch näher ans Ufer und suchen im angerübten Wasser nach Nahrung. Wird der Wind stärker, trübt sich auch das Wasser in Ufernähe mehr. Unsere Zielfische Dorsch und Meerforelle mögen das nicht. Solche Bedingungen sind den Brandungsanglern mit ihren größeren Wurfweiten nun willkommen. Eine länger anhaltende, starke Brandung kann jedoch jegliches Angeln vom Strand aus unmöglich machen. Neben der starken Wassertrübung kommen abgerissene Algen und Seegras dazu. Letztere halten sich leider auch bei abflauendem Wind und nachlassender Wassertrübung noch lange treibend im Wasser und lassen uns wegen der ständig aufgesammelten Krautfahnen verzweifeln. Erlösung bringt uns entweder ein Wechsel der Angelstelle oder noch besser des Angeltages. Ein anderes Bild bietet unsere Ostsee bei Wind im Rücken, also dem ablandigen Wind. Das Wasser ist dann in Ufernähe völlig glatt, häufig auch glasklar und unsere Würfe weisen Rekordweiten auf. Allerdings erreichen wir selbst damit die Fische nicht, denn die sind noch weiter draußen. Mit dem ablandigen Wind wird aber auch das wärmere Oberflächenwasser weggetrieben und gegen kühleres Tiefenwasser ausgetauscht. Dieser Effekt kann uns vor allem beim sommerlichen Nachtangeln zu einem Fang verhelfen.

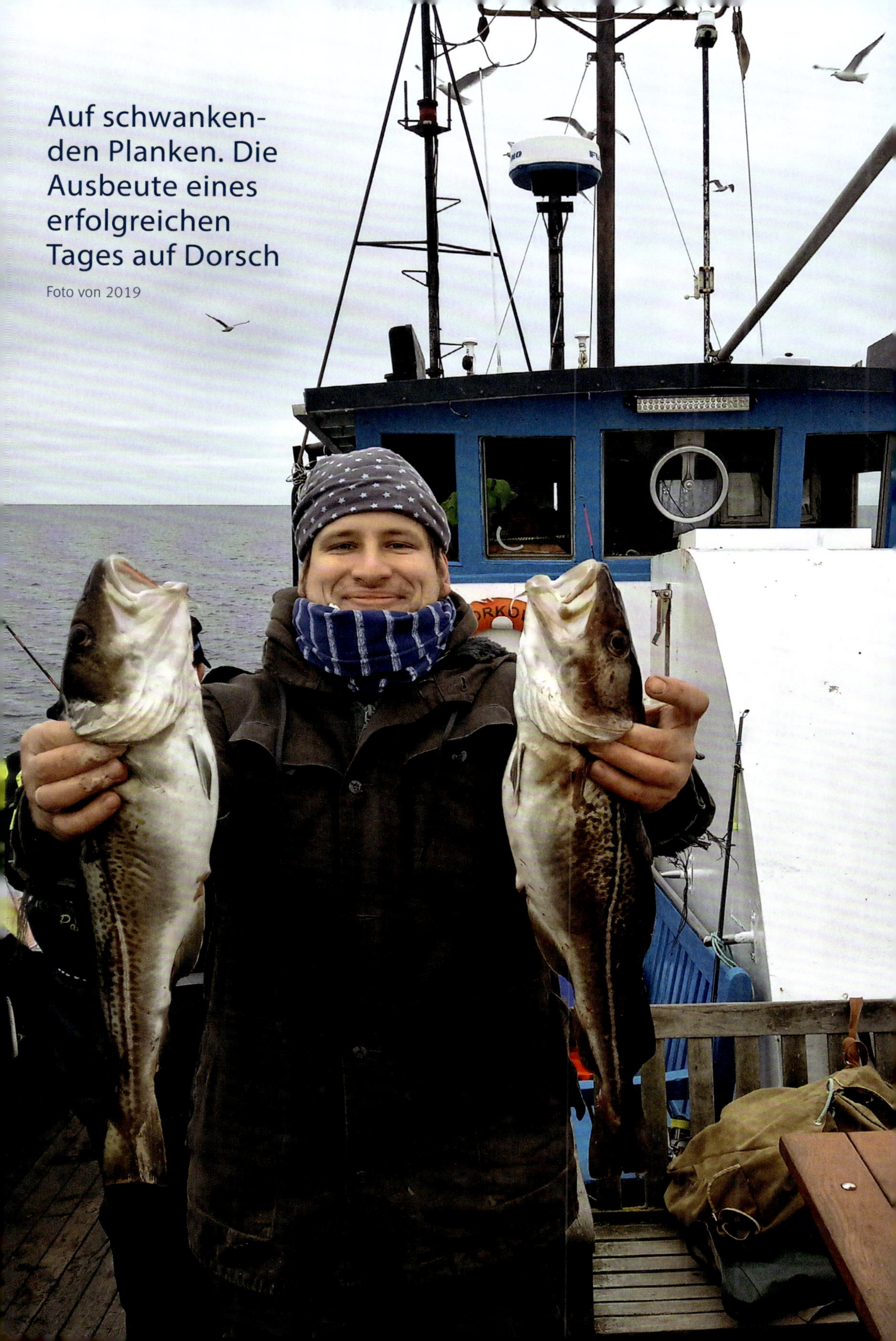

Auf schwanken-
den Planken. Die
Ausbeute eines
erfolgreichen
Tages auf Dorsch

Foto von 2019

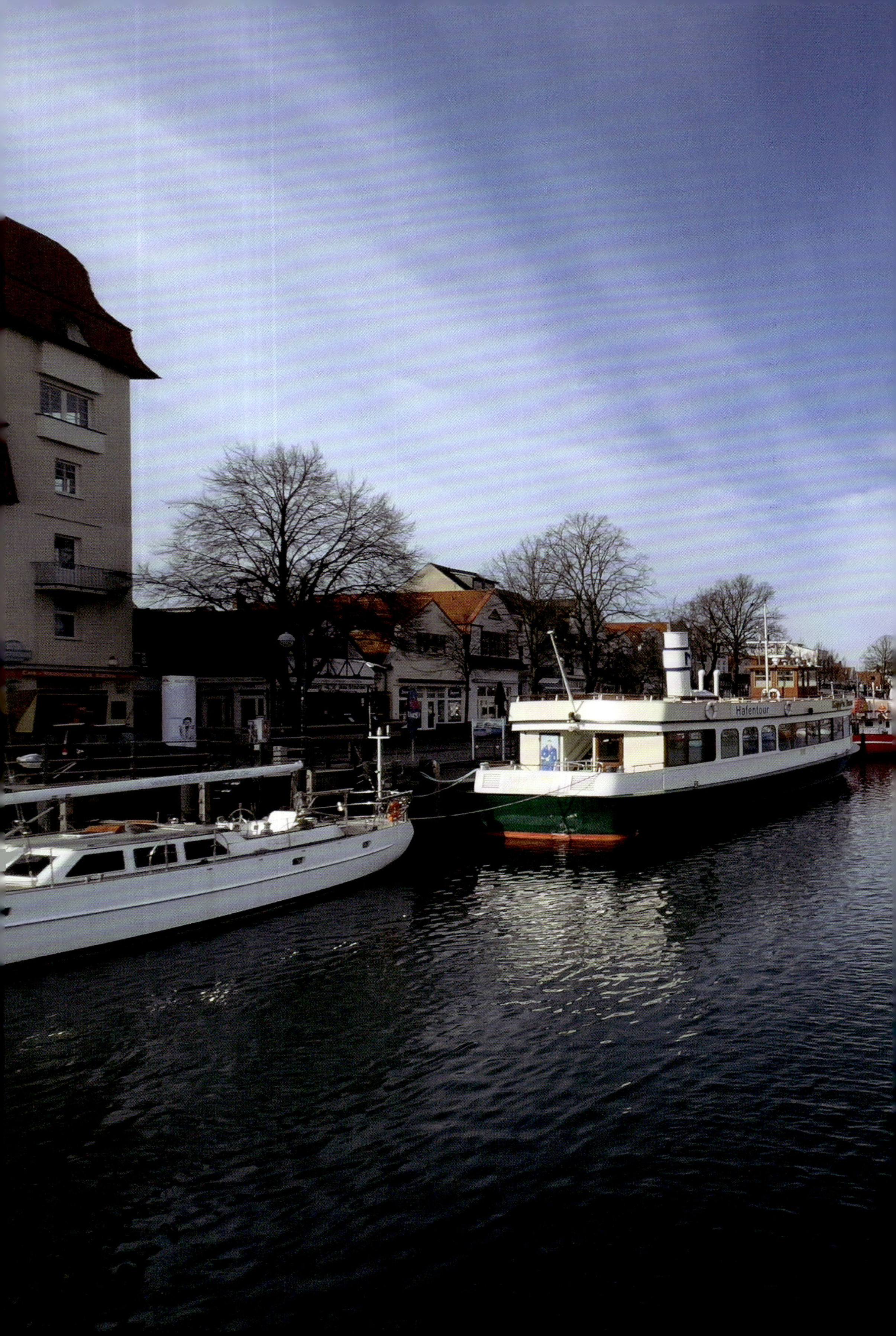
Hafentour

Der Alte Strom in Warnemünde – Touristenmagnet. Urig die schaukelnden Kähne und das Fischbrötchen wird direkt von Bord gereicht.

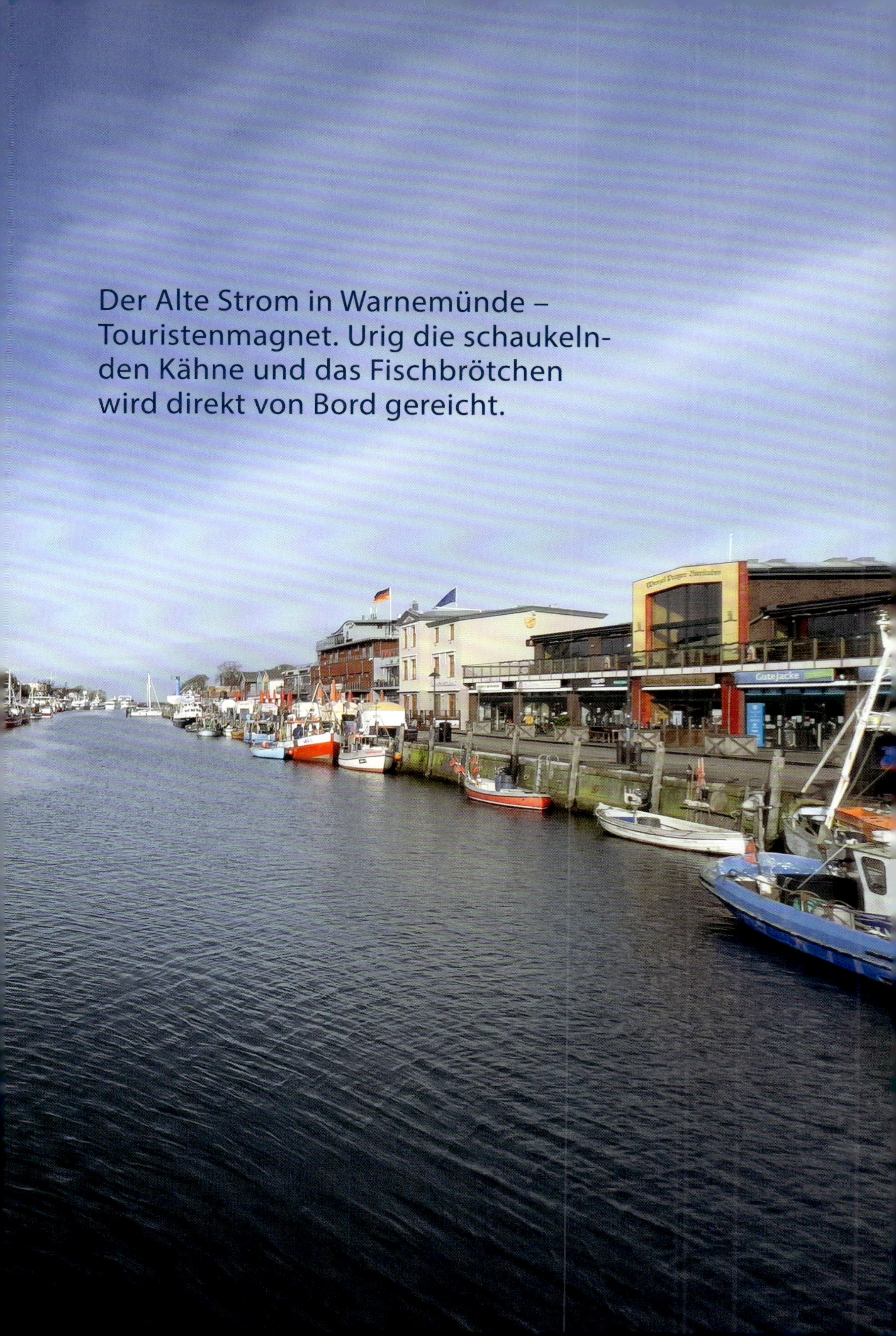

Abgesang – Groß, größer, Ostsee

Sicherheit im Blick beim Angeln

Am Ende des Kapitels »Ostsee« noch einige grundsätzliche und wohlmeinende Worte an alle, die nach dieser Lektüre unbedingt an oder auf der Ostsee angeln möchten.

Die Ostsee ist ein Meer und gar nicht so klein, wie sie manchem anmuten könnte. Denken Sie bei allem, was Sie vorhaben, immer zuerst an ihre eigene Sicherheit und die Ihrer Begleitpersonen, vor allem, wenn es sich um Kinder handelt. Das gilt sowohl für das Angeln von Booten bzw. Kuttern oder auch vom Strand. Es beginnt mit zweckmäßiger Bekleidung gegen Niederschläge oder starke Sonneneinstrahlung. Bei Ausfahrten mit kleinen Booten sind Kindern immer sofort Schwimmwesten anzulegen, egal, wie das Wetter im Augenblick aussieht. Bei aufkommendem Wind und Wellengang sollten das auch Erwachsene rechtzeitig tun. Leider sind jedes Jahr Todesfälle, verursacht durch Leichtsinn zu beklagen. Beim Watangeln in Küstenzonen sollten Sie unbedingt einen Watstock mitführen! Beachten Sie die Schutzbestimmungen für Fischarten und Gebiete mit unterschiedlichen Schutzgraden. Informationsmaterial finden Sie im Service-Teil.

Viel Wasser, viel Fisch

Die riesigen Wasserflächen der Bodden und der offenen Küstengewässer bieten natürlich auch vielen Fischen einen Lebensraum. Das größte Problem für den Angler heißt: Wo halten sich meine Zielfische gerade auf? Das ändert sich je nach Jahreszeit und Wetterverhältnissen ständig. Nützliche Informationen erhalten Sie vor Ort, vor allem dort, wo ständig Angler zusammenkommen und sich austauschen, in Angelgerätegeschäften oder Bootshäfen.

Zum Abschluss noch einmal ein allgemeiner Blick auf das Wetter. Die von vielen für den Urlaub bevorzugte Sommerzeit ist nicht die erfolgversprechendste Angelzeit, und das nicht nur in den Küstengewässern, sondern auch im Binnenland. Deshalb mein Vorschlag: Nutzen Sie Ihren nächsten Sommerurlaub, um sich mit einer Ihnen zusagenden Region für das Angeln in MV vertraut zu machen und kommen dann einmal im Frühjahr oder Herbst wieder. Sie sind gern gesehen und Petrus hält bestimmt eine positive Überraschung für Sie bereit.

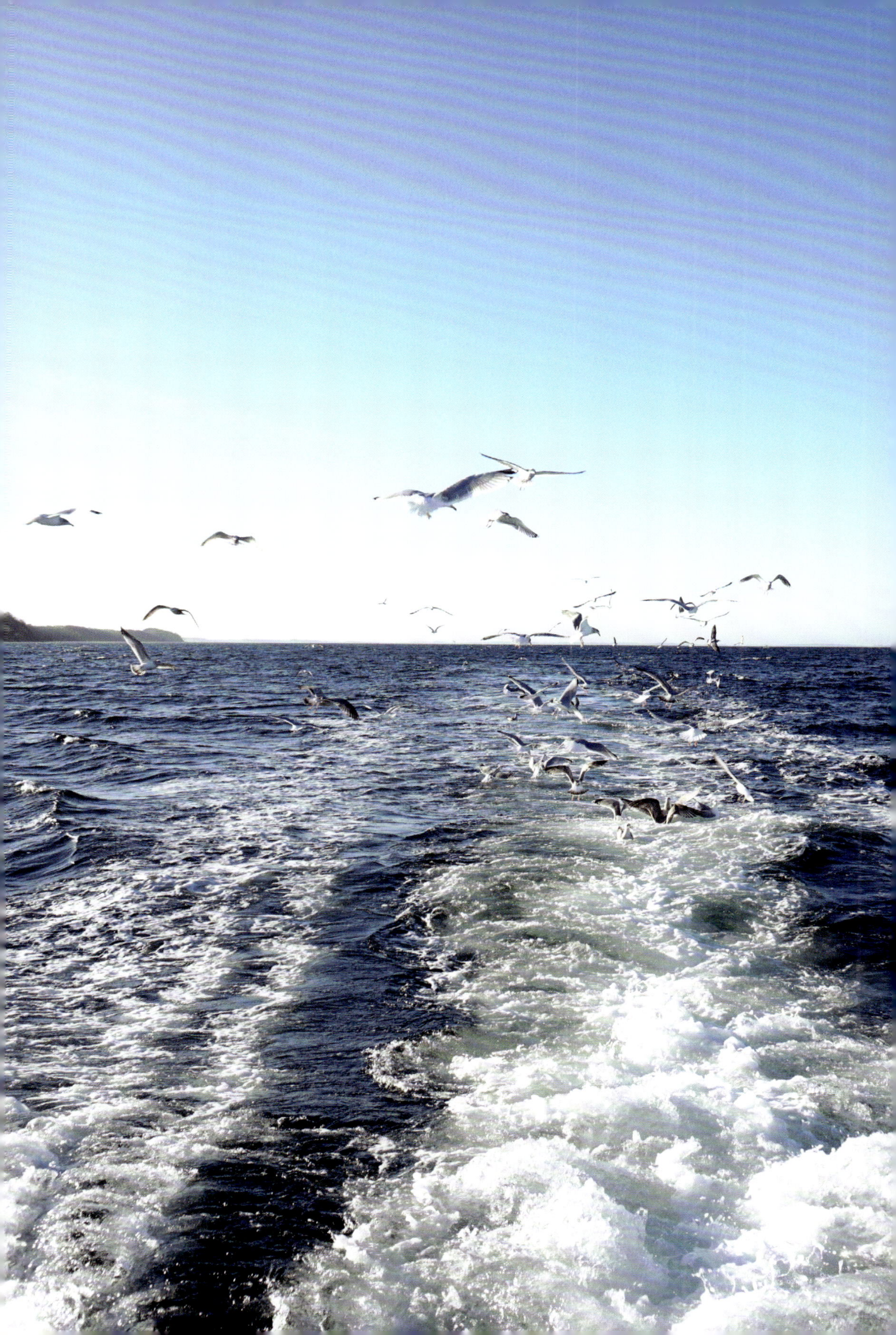

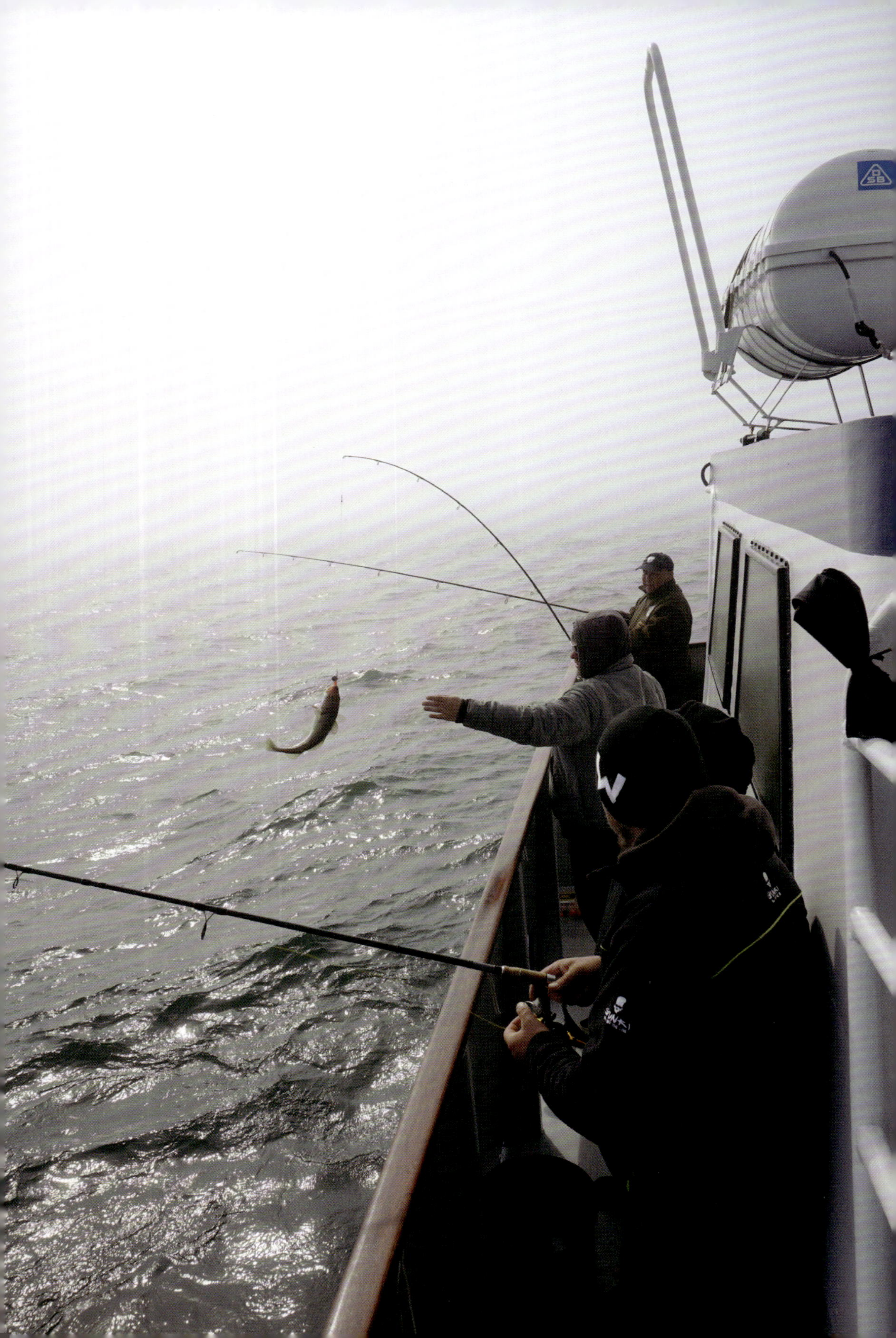

»Baglimit« für den Dorsch

Fangbegrenzung für Fische

Jedem Angler und jeder Anglerin muss bewusst sein, dass Fischbestände nicht unerschöpflich sind. Um dieser Tatsache gerecht zu werden, sind für solche Fischarten, die bevorzugt entnommen werden, Fangbegrenzung je Kalendertag üblich. In MV betrifft das in den Binnen- und Boddengewässern folgende Arten:

- Hecht
- Karpfen
- Zander
- Aal
- Schleie
- Meerforelle
- Bachforelle.

Weitere Arten können regional von den Fischereiberechtigten zusätzlich benannt werden, so beispielsweise Barsch und Maränen. Mit Ausnahme von Lachs und Meerforelle war es in der Vergangenheit nicht üblich, die ausschließlich im Meer lebenden Fischarten mit einer begrenzten Tagesfangmenge – dem sogenannten Baglimit – zu belegen. Deshalb war es sowohl für Angler, aber insbesondere für Betreiber von Angelkuttern nahezu ein Schock, als durch die Fischereiminister der EU-Staaten für das Jahr 2016 erstmals ein Baglimit von 5 Fischen pro Angler pro Tag beim Angeln von Dorschen festgelegt worden ist. Diese Anzahl ist mit Ausnahme des Jahres 2019 – Baglimit 7 Fische – beibehalten worden. Angler und wenige hartgesottene Angelkutterbetreiber hatten sich mit diesem Zustand arrangiert. Da sich jedoch trotz sinkender Fangquoten für die gesamte Fischerei der Dorschbestand der Ostsee in den zurückliegenden fünf Jahren kontinuierlich verschlechtert hat, wurde aktuell für 2022 ein Baglimit von einem Dorsch pro Tag für Angler festgelegt. Ob sich angesichts einer solch radikalen Einschränkung noch Interessenten für eine Ausfahrt mit Angelkuttern finden werden, ist ungewiss. Alternativen bestehen im gezielten Angeln auf Plattfische, Wittling, Hornfisch, Hering und Makrele. Der eine Dorsch wäre dabei ein angenehmer Beifang. Da einige der vorgenannten Arten sich nur saisonal und unregelmäßig vor der Küsten MVs aufhalten, ist ein flexibles Reagieren der Angelkutterbetreiber gefragt. Einige Wenige von ihnen haben bereits ihren Willen bekundet, auch unter den massiv veränderten Bedingungen nicht aufgeben zu wollen.

Ein vollständiges Verschwinden der Angelkutter würde eine spürbare Beeinträchtigung des maritimen Flairs an unserer Küste bedeuten. Auch wenn sich der Dorschbestand in der Ostsee künftig wieder erholen wird – die jetzt stillgelegten Angelkutter kämen nicht zurück.

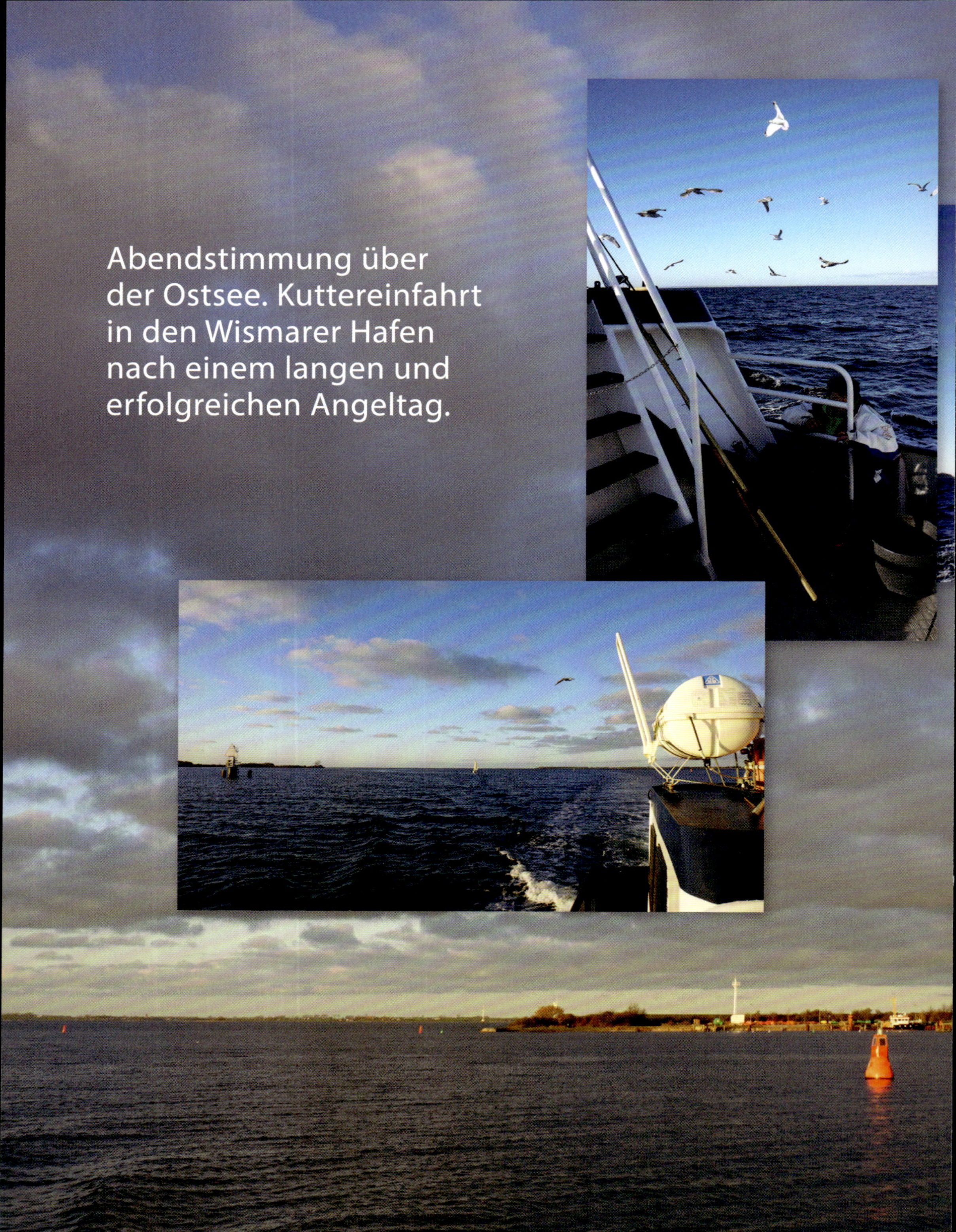

Abendstimmung über der Ostsee. Kuttereinfahrt in den Wismarer Hafen nach einem langen und erfolgreichen Angeltag.

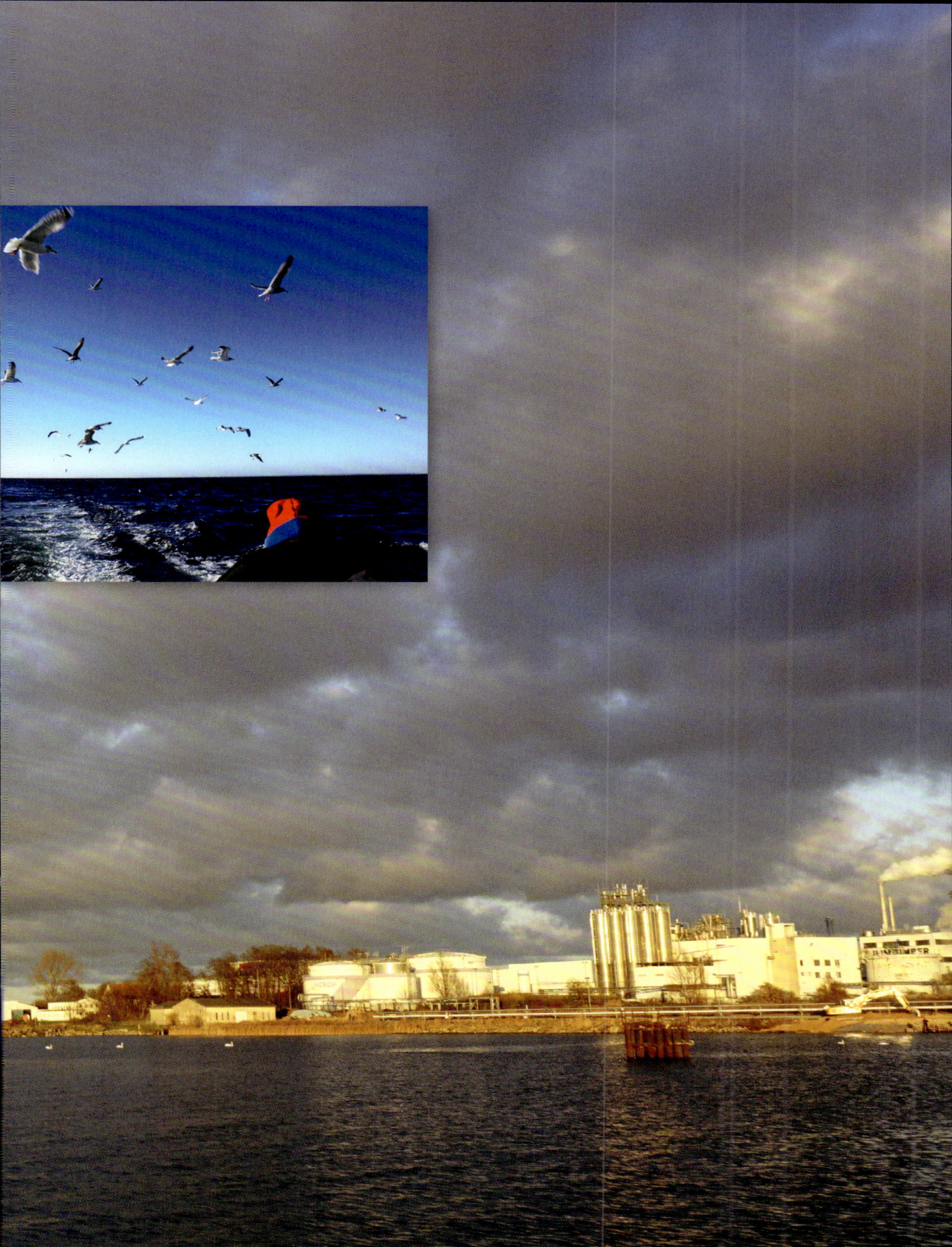

In Mecklenburg-Vorpommern gibt es die unterschiedlichsten Angelgewässer. Das Wasser ist süß, salzig oder sogar beides. Es ist ruhig, bewegt oder fließt. Das bietet für die verschiedensten Fischarten den perfekten Lebensraum. Für alle Anglerinnen und Angler gilt es da, möglichst viel zu wissen, aber auch eine Menge zu beachten.

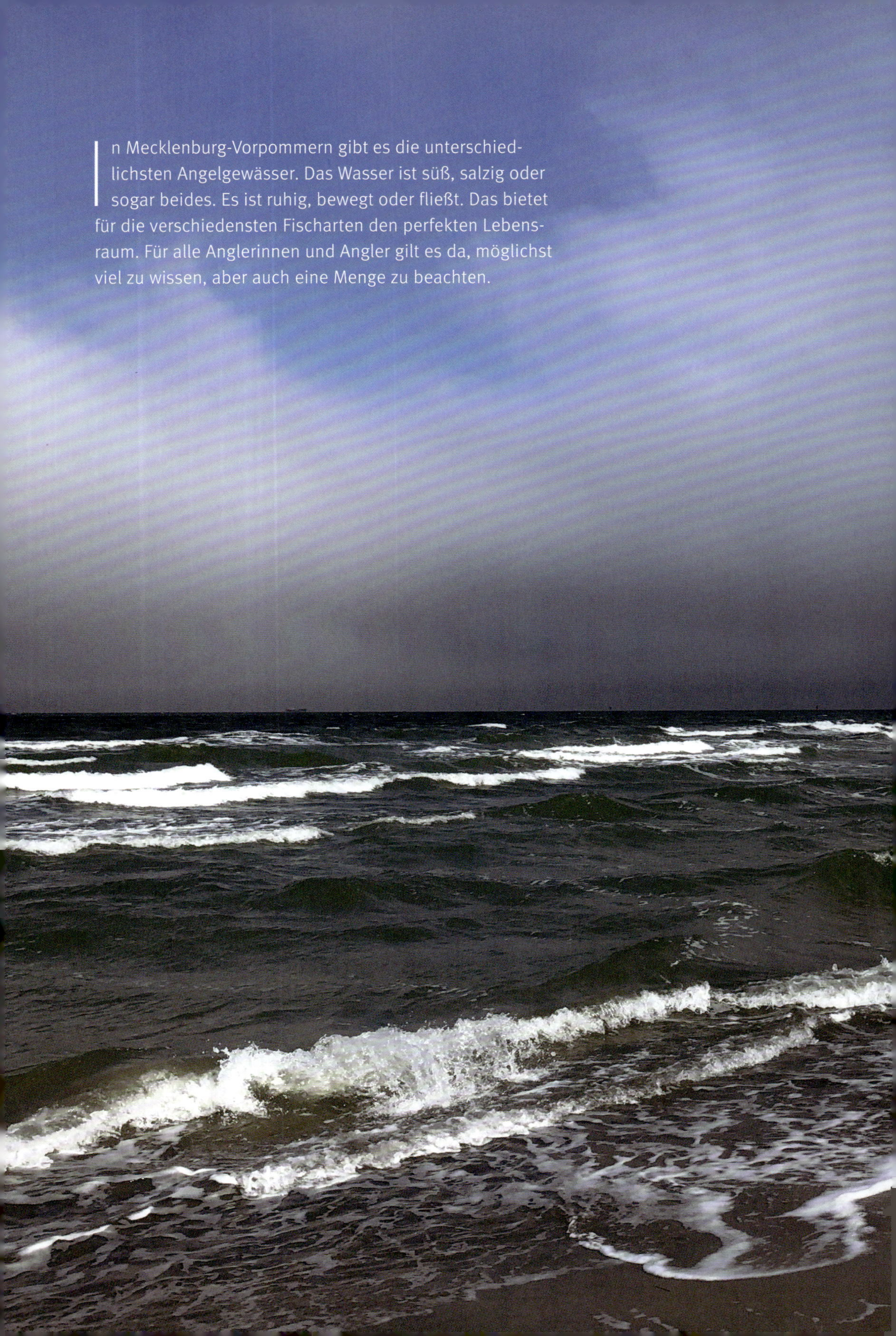

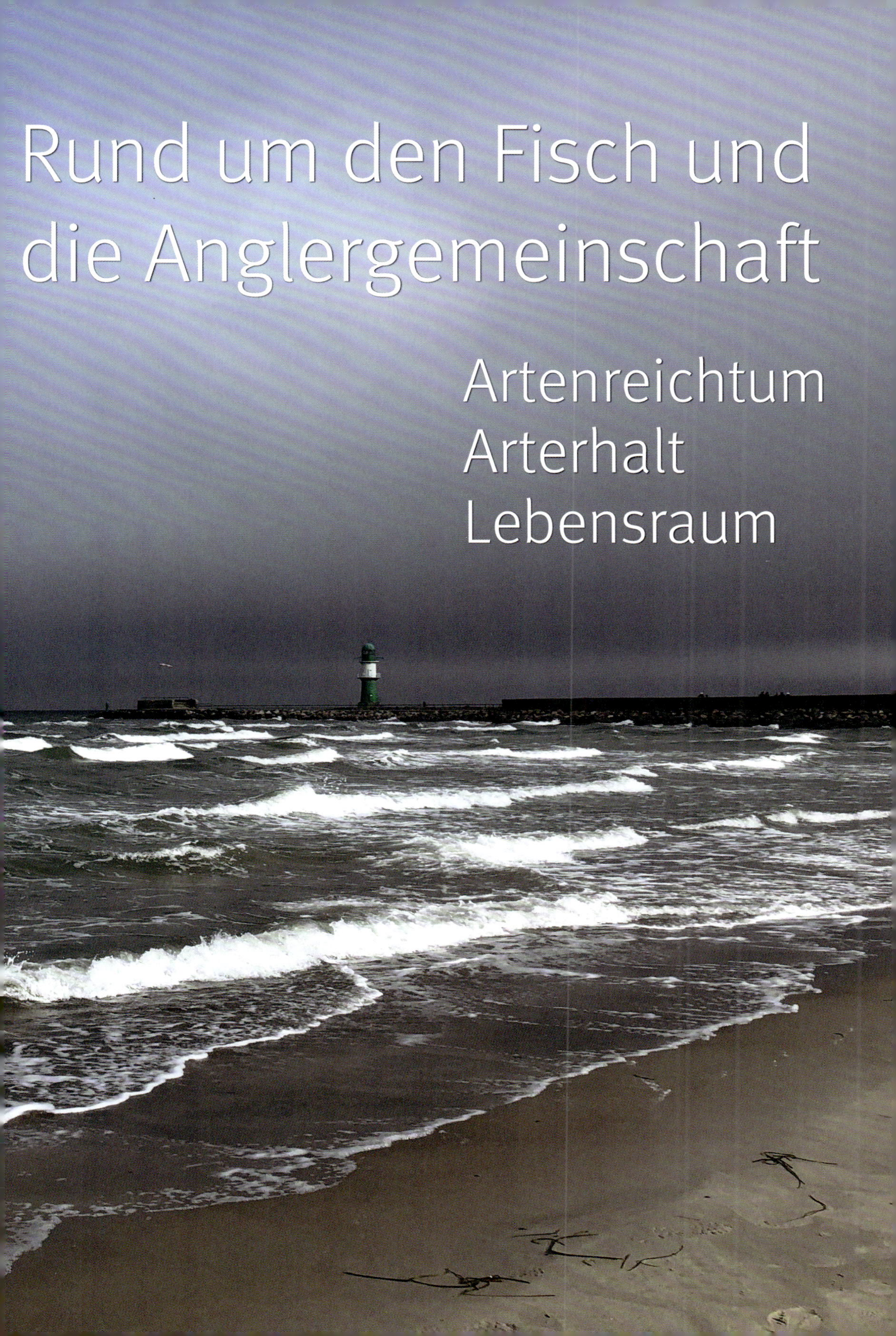
Rund um den Fisch und
die Anglergemeinschaft
Artenreichtum
Arterhalt
Lebensraum

Was da alles schwimmt – Artenvielfalt in MV

Nach der aktuellen Statistik des Landesamtes für Landwirtschaft, Lebensmittelsicherheit und Fischerei (LALLF) MV sind in den Gewässern unseres Bundeslandes 107 Fischarten nachgewiesen. Davon halten sich 53 Arten ständig bis zeitweilig in Binnengewässern auf, 50 Arten leben in der Ostsee und / oder den Boddengewässern und Haffen. Hinzukommen als Irrläufer Mondfisch und Schwertfisch in der Ostsee. Einige Arten typischer Süßwasserfische wie Hecht, Barsch, Zander, Brachsen und Plötz kommen auch ständig in den Bodden und Haffen vor. Die beiden Störarten Baltischer Stör und Atlantischer Stör werden als ausgestorben geführt, es laufen jedoch Wiedereinbürgerungsprogramme durch Besatz mit Jungfischen in Oder und Elbe.

Selten und unterstützt – Ziel Bestandssicherung

Der LAV MV engagiert sich über seine Mitgliedsvereine für den Erhalt der natürlichen Umwelt. Dieses Engagement reicht von der klassischen Naturschutzgebietsbetreuung wie der Pflege von Uferzonen, Baumanpflanzungen im Uferbereich von Gewässern, Reinigung von Fischaufstiegsanlagen, Laichkartierungen von kieslaichenden Fischarten bis hin zu Besatzmaßnahmen mit geschützten und in ihrem Bestand bedrohten Fischarten. Ein besonderes Augenmerk gilt dabei dem Aal.

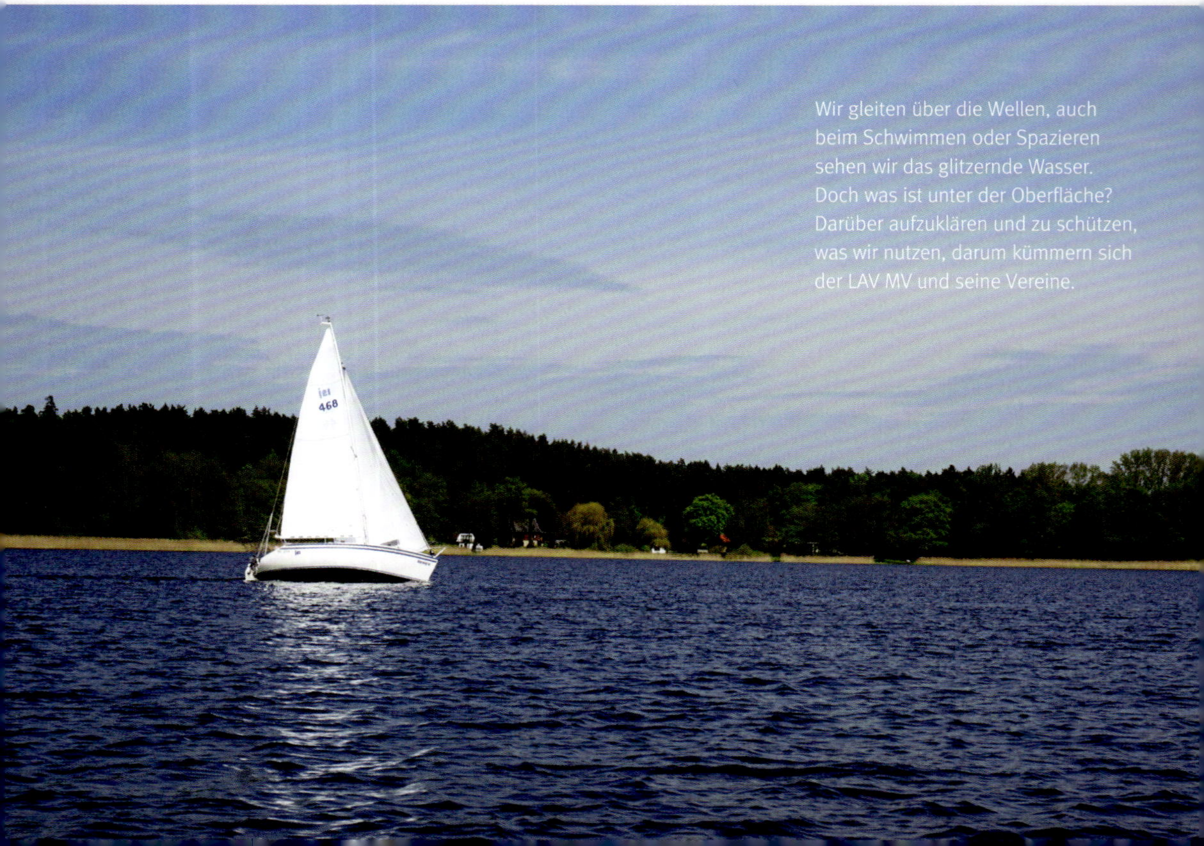

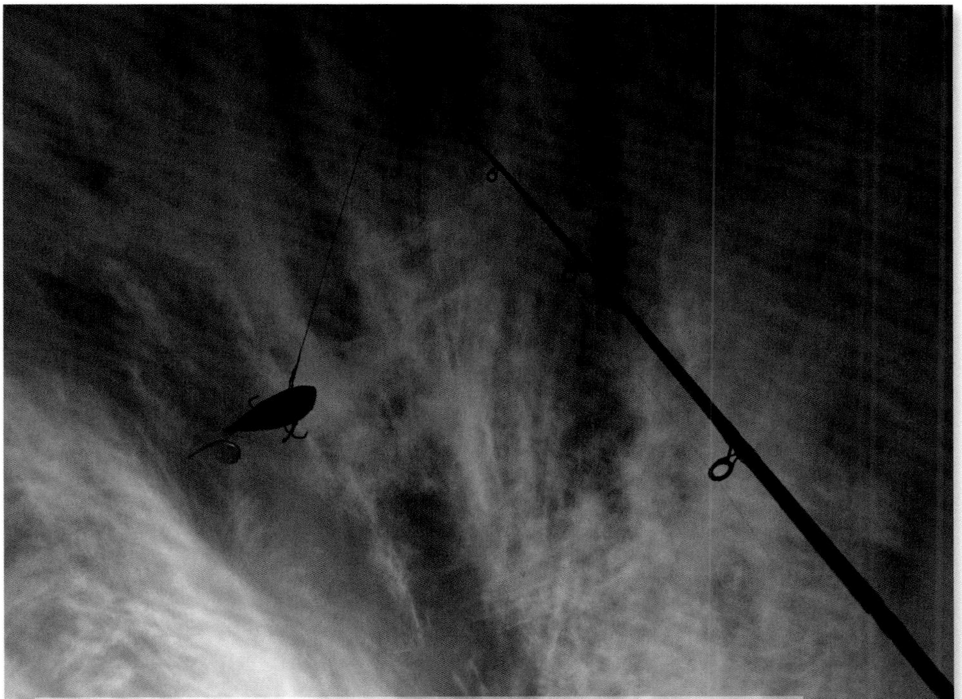

Streng geschützt – Entnehmen verboten

Mit der Binnenfischereiverordnung MV, § 3 gilt für einige Arten ein Fangverbot. Nun ist das mit dem Fangverbot beim Angeln so eine Sache. Der Fisch weiß ja nicht, dass er nicht den Haken schnappen darf. Der Angler sieht nicht, was sich da unter Wasser anpirscht. Das hat der Gesetzgeber auch bedacht und vor der Liste der betroffenen Arten den Satz eingefügt:
»Es ist verboten, sich Fische der folgenden Arten anzueignen:«
Bachneunauge – Barbe – Finte – Flussneunauge – Maifisch – Meeresneunauge – Nase – Nordseeschnäpel – Ostgroppe – Atlantischer Stör – Baltischer Stör – Ziege sowie den Edelkrebs.
Das Angeln ist also nicht verboten, das Entnehmen aber sehr wohl. Also, es ist untersagt, einen der aufgeführten Fische oder den Krebs mitzunehmen. Sollte doch einer an der Angel hängen, dann Hände nass machen, vorsichtig abhaken und unverzüglich zurück ins Wasser mit dem Tier. Zuwiderhandlungen können übrigens sehr teuer werden, der Bußgeldkatalog ist gerade überarbeitet worden. Binnenfischereiverordnung wie auch Bußgeldkatalog finden Sie der LAV-Homepage: https://www.lav-mv.de/gesetzliche-grundlagen/

Der bedrohte Schlängler

Seit Gründung des LAV MV sorgen wir mit umfangreichen Besatzmaßnahmen für die Erhaltung und Stärkung des Bestandes dieser in vielerlei Hinsicht bemerkenswerten Fischart.

Der Lebenszyklus des europäischen Aals ist einmalig unter Fischen. Aale legen im Laufe ihres Lebens zweimal mehrere tausend Kilometer zwischen ihren Aufwuchsgebieten in Seen und Flüssen des europäischen Raums und ihrem Laichgebiet in der Sargassosee vor der Küste Floridas zurück. Von dort driften die sogenannten Weidenblattlarven in einer vermutlich bis zu dreijährigen Reise mit den nordatlantischen Meeresströmungen, hauptsächlich dem Golfstrom, an die Küsten Europas. Diese Larven entwickeln sich zu den noch immer durchsichtigen kleinen Glasaalen und verbleiben in den Küstenregionen oder wandern weiter landeinwärts in die Flüsse und Seen. Die anschließende Aufwuchs- und Fressphase verbringen sie dort als Gelbaal. Nach Erreichen der Geschlechtsreife im Alter von sechs bis zu 30 Jahren wandern sie als Silber- oder Blankaal flussabwärts bis zu ihrem Laichgebiet. Auf dem Weg dorthin vollzieht sich eine körperliche Umgestaltung ohne Nahrungsaufnahme. Nach dem Ablaichen in bis zu 1000 Metern Tiefe sterben die Aale.

In den zurückliegenden 30 Jahren sind die Aalbestände in Europa drastisch zurückgegangen. Die Verbauung der Fließgewässer, u. a. für die Errichtung von Wasserkraftanlagen sowie der massenhafte Fang von Glasaalen zum menschlichen Verzehr haben ihren Beitrag dazu geleistet. Um diesem Trend entgegenzuwirken, ist im Jahre 2007 die EU-Aalverordnung in Kraft getreten. Diese Verordnung definiert den Rahmen für

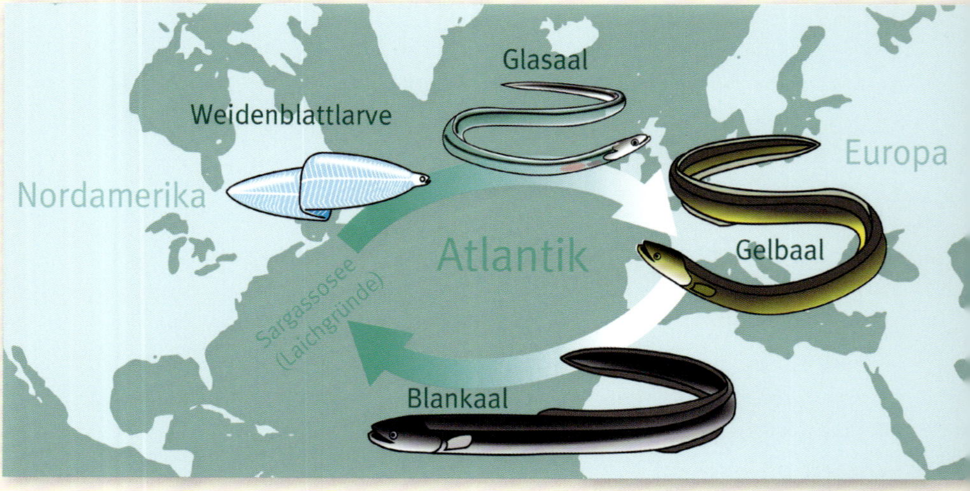

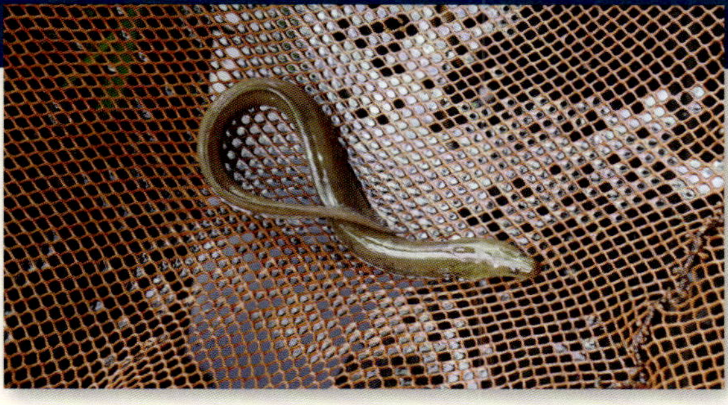

den Schutz und die nachhaltige Nutzung der Aalbestände. Zur Umsetzung hatten alle Mitgliedsstaaten Aal-Managementpläne vorzulegen, in denen eine der wichtigsten Maßnahmen der Aalbesatz ist. Der LAV hat seit seiner Gründung seine Gewässer mit Aalen besetzt mit einem beträchtlichen Anteil seiner für Besatzmaßnahmen vorgesehenen finanziellen Mittel. Seit 2009 fördert das Land MV im Rahmen seines Aalmanagementplanes die Besatzmaßnahmen der Binnenfischerei und der Anglerverbände. Unser Projekt »Rettet den europäischen Aal« ist Bestandteil dieser Maßnahme, innerhalb derer wir seit den 1990er-Jahren jährlich Aale im Wert eines sechsstelligen Eurosumme besetzen. Das war beispielsweise allein im Jahr 2021 ein stattlicher Gesamtbetrag von 140 000 Euro, davon 58 400 Euro vom Land aus Mitteln der EU gefördert. Zur Einwerbung finanzieller Mittel gibt der LAV MV eine Aalaktie [Bild] aus, über die Unternehmen, Vereine und Privatpersonen die Möglichkeit haben, einen Beitrag zur Erhaltung dieser einzigartigen Fischart leisten. Die Einnahmen aus der Aalaktie werden zu 100% für den Ankauf von Satzaalen verwendet.

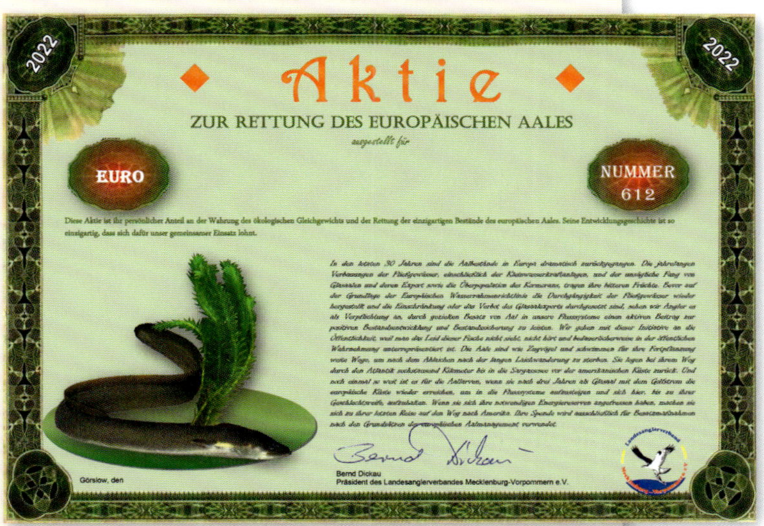

Seit 2011 ist ein positiver Trend beim Glasaalaufkommen an den europäischen Küsten. Im Jahr 2020 berichteten Fischer aus Großbritannien: »Solche Mengen an jungen Aalen haben wir seit über 25 Jahren nicht mehr erlebt.« Ob es sich bei diesem Rekord bereits um die positiven Auswirkungen der Aalmanagementpläne handelt, werden kommende Jahre zeigen. Auf jeden Fall eine erfreuliche Entwicklung, an der wir vom LAV MV als größter Naturschutzverband des Landes sicher einen Anteil haben, und darauf sind wir stolz.

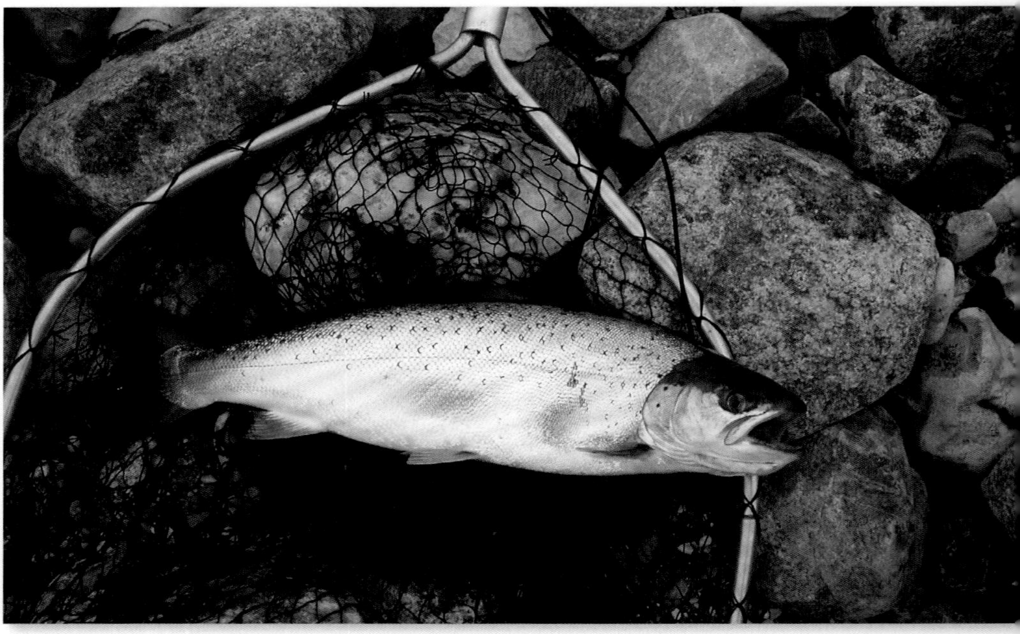

Fisch der tausend Würfe

Eine weitere Fischart, deren Entwicklung uns besonders am Herzen liegt, ist die Meerforelle. Ihre Entwicklung vollzieht sich gegenüber der des Aals genau umgekehrt. Meerforellen laichen in den Oberläufen von Flüssen und in Bächen über beziehungsweise in Kiesbetten, die gut durchströmt sind. Die Brut- und Jungfische verbringen die ersten Lebensjahre in diesen Fließgewässern, um dann ins Meer abzuwandern. Dort wachsen sie relativ schnell bis zur ersten Laichreife heran. In diesem Zustand steigen sie aus dem Meer in der Regel wieder in die Flüsse und Bäche auf in denen sie sich aus dem Laich entwickelt haben. Nach dem Ablaichen im Spätherbst verbleiben die Elterntiere die Wintermonate noch im Fluss und kehren im Frühjahr zurück ins Meer, um zur nächsten Laichzeit erneut in die Flüsse aufzusteigen. Meerforellen wiederholen den Laichaufstieg zumeist bis zu fünf Mal. In einigen Gewässern von MV hat es immer einen Laicheraufstieg gegeben, vor allem im Flusssystem der Warnow, aber auch in einigen kleineren Flüssen und Bächen, die direkt in die Ostsee münden. Auf Grund der stark rückläufigen Bestandsentwicklung der der Meerforelle hat der LAV MV bereits Anfang der 90er Jahre mit einem Wiedereinbürgerungsprogramm für die Meerforelle begonnen. Gemeinsam mit Fachleuten des Vereins »Fisch und Umwelt« wurde als Referenzgewässer der Hellbach mit seinem Zufluss, dem Panzower Bach, ausgewählt, der heute mit den jährlichen Zahlen an aufsteigenden Laichern einen vorderen Platz einnimmt. Darauf aufbauend wurde durch das Land MV eine flächendeckende Besatzstrategie entwickelt. Seit dem Jahr 2000 sind verschiedene Fließgewässer in MV jährlich mit insgesamt gut 500 000 Meerforellen-Brütlingen besetzt worden. Darunter waren auch etliche Bäche mit einem sogenannten Initialbesatz. Sie wurden also ohne vorher nachgewiesene Meerforellen-Vorkommen besetzt.

Fische auf dem Teller Kulinarische Tipps und Tricks

Fische fangen ist der Auftakt – Fische verwerten kommt danach und das fällt nicht jedem wirklich leicht. Viele Fische geraten gar nicht erst auf den Teller, geschweige denn in die Speisekarten renommierter Restaurants. Das ist schade, denn wir verrufen oft Fisch, der köstlich schmeckt. Einige spezielle Problemfälle wollen wir uns jetzt vornehmen und, wenn möglich, gern mit Vorurteilen aufräumen.

Fisch ist Slowfood – die Grätenreichen

Was genau hält eigentlich viele Menschen generell davon ab, Fisch zu essen? Die Gräten! Selbst Fischesser bevorzugen nur Arten mit wenigen Gräten. Dabei sind einige Bestandteile des Skeletts unsere Knochenfische keine Gräten, sondern Knochen. Einige davon werden sogar von Anglern landläufig als Gräten bezeichnet, so beispielsweise die Wirbelsäule als »Mittelgräte« und die Rippen als »Bauchgräten«. Beides stört zumindest die Liebhaber von Fischgerichten nicht. Aber auch unter denen bevorzugen viele solche Fischarten, die wenige Gräten haben.

Gräten arm – Gräten reich

Bis auf den Aal besitzen alle unsere Süßwasserfische sogenannte Zwischenmuskelgräten, auch Fleischgräten genannt. Die liegen die ohne feste Verbindung zu Skelettteilen lose im Muskelgewebe liegen. Je nach Anzahl dieser echten Gräten werden Fischarten eingestuft. Demnach nennen wir beispielsweise grätenarm Barsche, Zander und alle Salmoniden oder auch Lachsartige und grätenreich alle Cypriniden also Karpfenartige sowie den Hecht. Diese Skalierung gründet sich jedoch vorwiegend auf eine subjektive Wahrnehmung. Praktisch verzehren leidenschaftliche Fischkonsumenten den Hering in allen Zubereitungsarten, ob mariniert, geräuchert, gebraten oder sauer eingelegt. Von Plötzen hingegen lassen sie die Finger »wegen der vielen Gräten«. Dabei hat der Hering nachweislich 50% mehr Gräten als der Plötz. Selbst der grätenreichste Süßwasserfisch, der Rapfen, hat weniger Gräten als ein Hering.

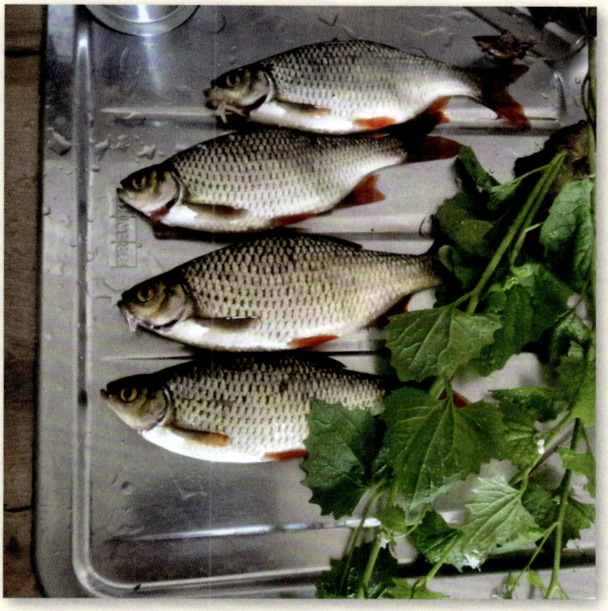

Rotfedern – küchenfertig vorbereitet.

Wo liegt das Problem? Es beginnt mit der Zubereitung. Wir haben etliche gut handspannlange, also etwa 20 cm lange Plötze gefangen. Die werden geschuppt, ausgenommen, der wird Kopf abgetrennt. Jetzt werden sie, wie der Hering, scharf gebraten und schön heiß, direkt aus der Pfanne serviert. Nach dem einfachen Entfernen der Flossen, der Wirbelsäule und der Rippen kann das Fischfleisch mit den darin verbliebenen Gräten verspeist werden. Diese Gräten sind durch das kräftige Erhitzen so spröde geworden, dass sie beim Kauen mühelos brechen und keine weiteren Probleme bereiten. Bei sehr kleinen Exemplaren können sogar die Flossen mitgegessen werden. Waren die Fische etwas größer oder sind nach dem Braten nicht gleich alle verzehrt worden, bleiben die Gräten etwas elastischer. Dann ist das sauer Einlegen der gebratenen Fische zu empfehlen. Darin werden die Gräten so weich, dass sie ebenfalls beim Verzehr nicht hinderlich sind.

Geheimtipp

Ein »Geheimtipp« für große Plötzen, also ab 30 cm, ist das Räuchern der Fische. Diese müssen beim Verzehr jedoch akribisch von den Gräten befreit werden, die sich im Rückenfleisch über die gesamte Körperlänge sowie im unteren Schwanzteil befinden. Das zwingt zur Entschleunigung beim Essen. Wer schon einmal einen Räucherhering oder Bückling gegessen hat, kennt die Prozedur. Besonders Pingelige bereiten auf diese Weise sogar geräucherte Sprotten vor.

Die Ungeliebten – Weißfische

Der Terminus Weißfische umfasst im Sprachgebrauch verschiedene, meist silbrig-weiß gefärbte Arten der Karpfenfische zusammen. Der wohl bekannteste kleine Vertreter daraus– der Plötz – wurde im

Brachsen, auch »Schwiegermutterfisch«. Weißfisch hat viele Gräten – dieser hier strotzt davon.

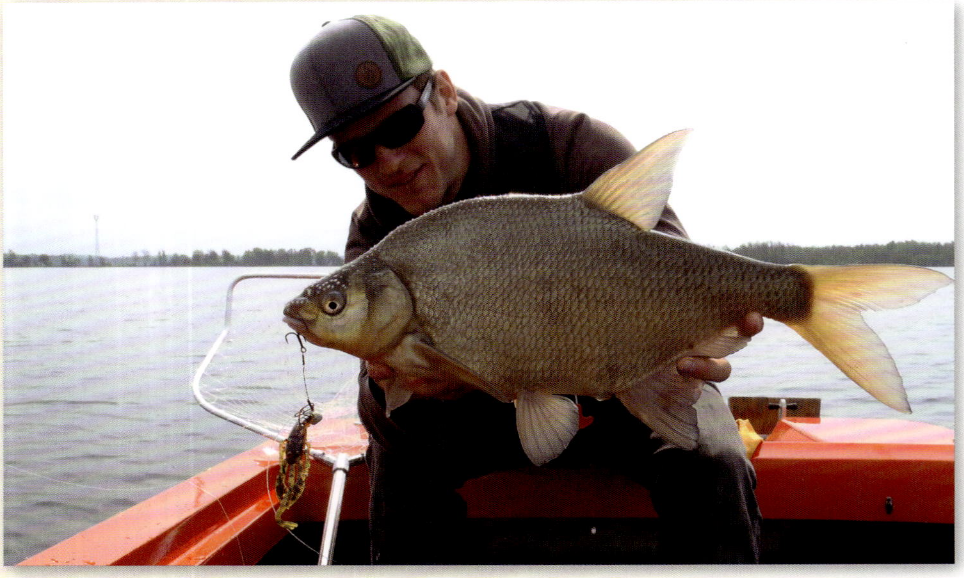

vorigen Abschnitt bereits vorgestellt. Ebenfalls zu den Kleinen gehören Rotfeder und Ukelei. Weitere Arten der Weißfische, die teilweise zu stattlichen Exemplaren heranwachsen können, sind Güster, Döbel, Aland, Brachsen und Rapfen. Sie alle weisen in der aufgeführten Reihenfolge eine steigende Anzahl von Gräten auf, die sie auf der Beliebtheitsskala der Speisefische sinken lassen.

Je größer desto weniger »stachlig«

Etwas kompensiert wird diese Tendenz der geringen Beliebtheit mit zunehmender Größe der Fische. Die Anzahl der Gräten je Fischart ist unabhängig von ihrer Größe annähernd gleich. Damit sind die Gräten jedoch bei der Zubereitung beziehungsweise beim Verzehr besser erkennbar. Leider ist die Anzahl der Gräten nicht das Einzige, das die Verwertung der Fische beeinflusst. Die Gräten haben, abhängig von der Fischart auch unterschiedliche Formen. Die einfachste darunter ist eine einfache, unverzweigte Gräte. Ihr folgt mit einer einfachen Verzweigung die sogenannte Y-Gräte, getoppt von mehrfach verzweigten Formen, die an ihren Enden regelrecht kleine Büschel ausbilden. Aber nicht abschrecken lassen – mit genügend Zeit und Gelassenheit allein bei der Vor- und Zubereitung der Fische gibt es beim Verzehr nahezu kein Problem. Wie mit kleinen Weißfischen verfahren werden kann, wurde am Beispiel Plötz bereits demonstriert. Arten, von denen in der Regel größere Exemplare gefangen werden, wie Döbel, Aland oder auch große Güster, werden geschuppt, ausgenommen und danach Filets geschnitten, aus denen die Rippen entfernt werden.

Weiterverarbeitung

Für die Weiterverarbeitung ergeben sich folgende Möglichkeiten:

- Die Filets quer in etwa 1 cm breite Streifen schneiden und diese frittieren.
- Die Filets auf die Hautseite legen und das Fleisch in Abständen von 3 bis 5 mm einschneiden, ohne dabei die Haut zu durchtrennen. Das vorbereitete Filet zuerst auf der Fleischseite und dann auf der Hautseite scharf braten.
- Zur Vorbereitung von Fischsuppen die Filets häuten, in mundgerechte Stücke schneiden und im Gewürzsud erhitzen, aber nicht kochen. Die Fischstücke dabei im Auge behalten, sie platzen leicht auf und geben den Sitz von Gräten frei. In diesem Zustand die Fischstücke aus dem Sud schöpfen, abkühlen lassen und dann von Gräten befreien. Die Fischstücke in den Suppenansatz als Einlage zurückgeben.
- Die radikale Methode für alle Fischarten mit Gräten, die immer funktioniert: Das gehäutete Filet grob würfeln und mit einem Fleischwolf zu einer Farce verarbeiten. Daraus, je nach Bundesland Klopse / Frikadellen / Buletten / Fischkleessschn / Fischpflanzerl herstellen.
  Problem für den Urlauber: Wer führt in seinem Gepäck immer einen Fleischwolf mit?

Brachsen – der Schwiegermutterfisch

Besonders die kleinen Brachsen bis zu einem Kilo machen echt Freude mit ihren vielen Gräten, sie sind etwas pieksig – deshalb auch der kleine Seitenhieb zur Schwiegermutter. Wie mit diesen grätenreichen Brachsen umgegangen werden kann wurde in diesem Kapitel eingangs bereits ausgeführt.

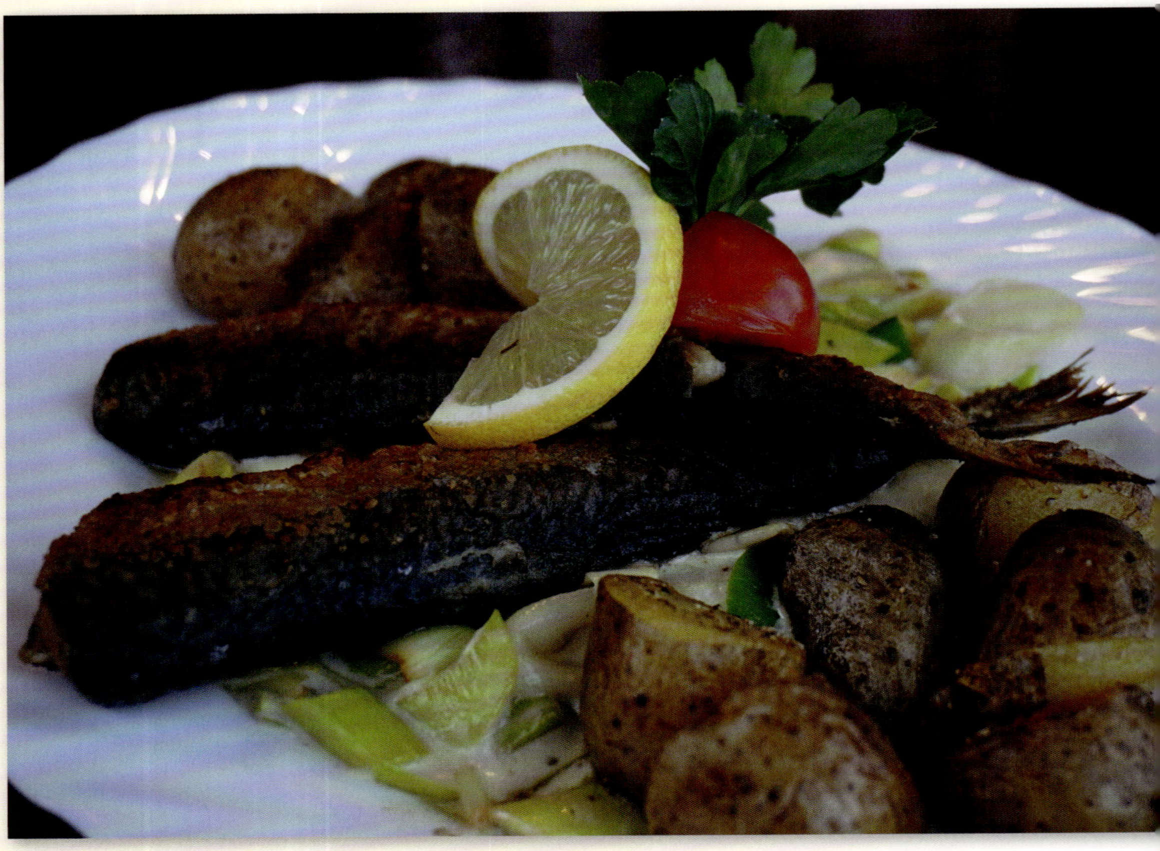

Hier geht was
Backen – Braten – Filetieren – Räuchern

So etwa ab 3 kg stimmt das Verhältnis von Grätenzahl und Fleischausbeute. Brachsen dieses Kalibers sind durchaus für eine Zubereitung als ganzer Fisch geeignet. Beim Verzehr ist wieder Geduld angesagt, aber die Gräten sind bei der Größe und dem Abstand zwischen ihnen gut erkennbar. Ein besonderer Genuss sind geräucherte Brachsen. Der Zugang zu dieser Verarbeitung ist sicherlich nicht jedem Urlauber möglich. Deshalb ist im Ofen gebackener Brachsen eine Alternative. Gut ausgestattete Ferienunterkünfte verfügen meist auch über einen Backofen. Bei meiner Recherche über verschiedene Varianten für gebackenen Brachsen zeigten die Begleitbilder häufig keine Brachsen, sondern ersatzweise Doraden. Dieser Fisch aus dem Mittelmeer ähnelt dem Brachsen in seiner Körperform und hinsichtlich der Gräten ist die Dorade ebenfalls ein Nadelkissen. Wer also diesen Fisch schon einmal gegessen hat, kann sich ohne Vorbehalt einem ganzen Brachsen auf dem Teller zuwenden. Alternativ zur Zubereitung als ganzer Fisch kann der Brachsen auch filetiert werden. Dazu wird eine besondere Schnittführung empfohlen, die ich bei Angelfreunden am Rhein kennengelernt habe. Brachsen haben am Ansatz zur Wirbelsäule sehr starke und festsitzende Rippen, die sich sehr schwer abtrennen lassen, und das nicht erst bei großen Exemplaren. Deshalb wird wie üblich hinter dem Kopf beginnend das

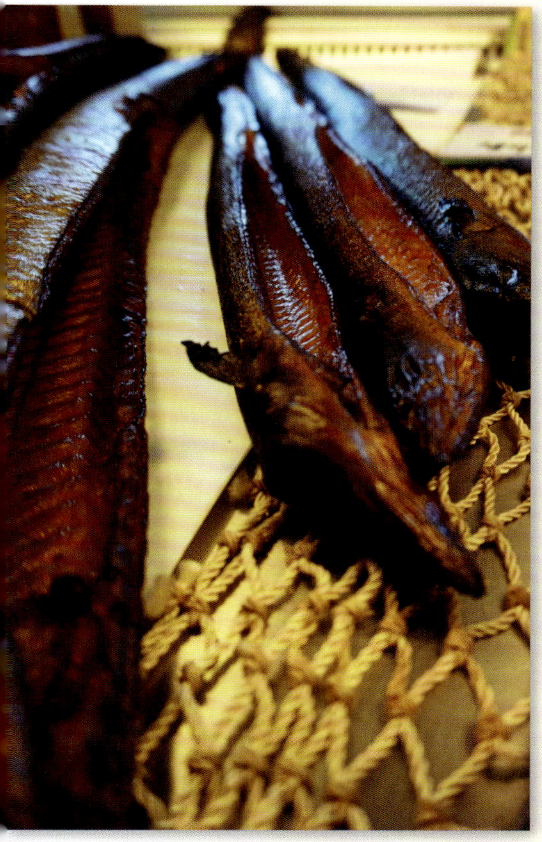

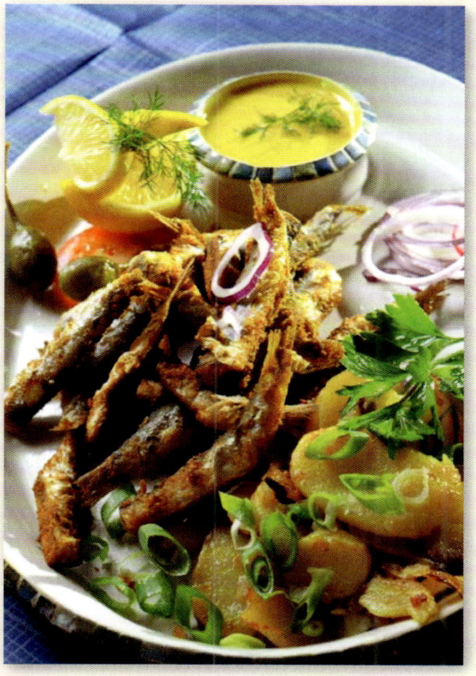

Fische köstlich bereitet:
links Hering gebraten, Mitte Aal geräuchert,
rechts Pfannensprott frittiert, unten Karpfen gebacken.

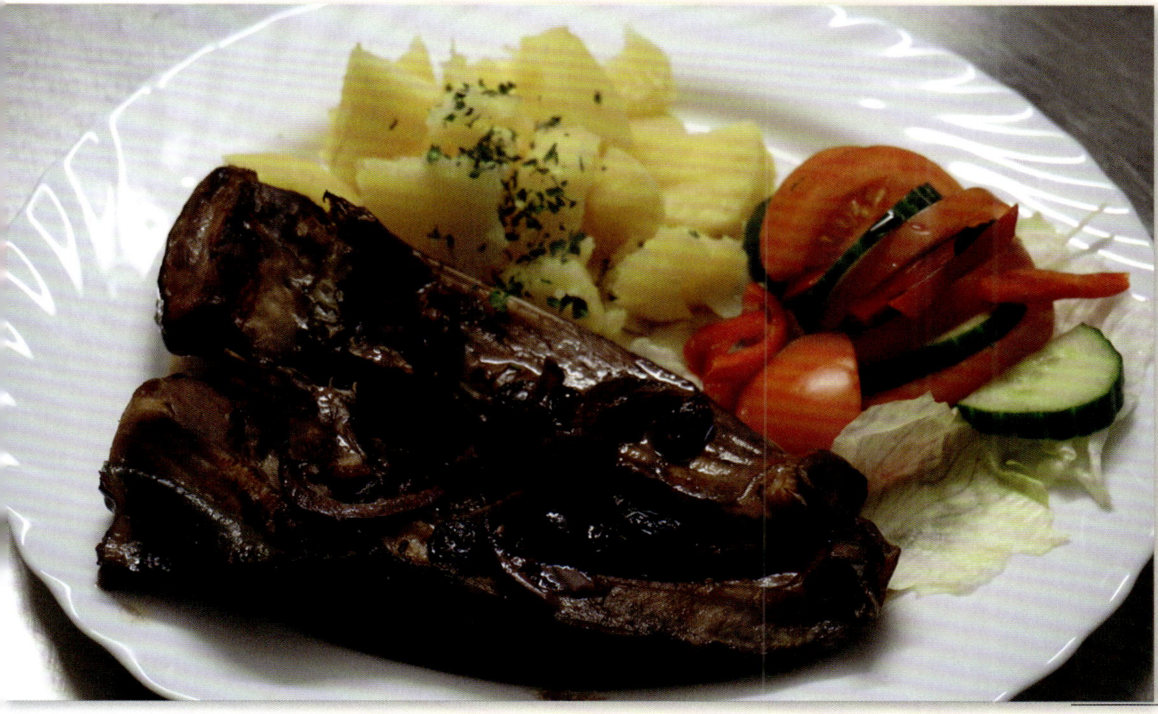

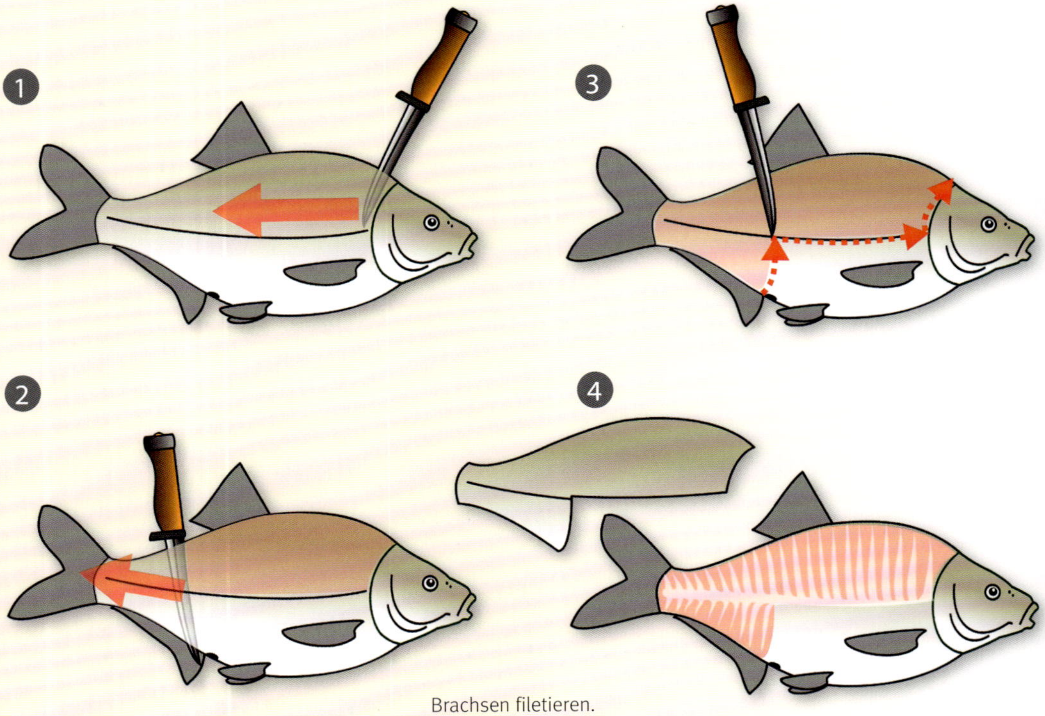

Brachsen filetieren.
Beschreibung im Text.

Rückenfleisch von oben nur bis zur Wirbelsäule gelöst, bis die Messerklinge am Ende der Bauchhöhle angelangt ist. Dort wird sie nach unten bis zum Ansatz der Afterflosse geführt und das Fleisch des Schwanzstückes abgelöst. Abschließend wird das noch anhaftende Rückenstück mit einem Schnitt entlang der Wirbelsäule abgetrennt und so ein durchgehendes Filet, allerdings ohne Bauchlappen, gewonnen.
Anlässlich eines Besuches der AQUA-FISCH in Friedrichshafen habe ich derart gewonnene und frittierte Filets vom Brachsen serviert bekommen – delicious! Die Filets waren vor dem Frittieren durch einen Grätenschneider entschärft worden. Die gleiche Prozedur kann und sollte auch mit dem Messer durchgeführt werden. Das erfordert lediglich etwas mehr Zeit.

Entenmaul und Schuppenkleid – der Hecht

Durch das gesamte Buch begleitet uns der Hecht, und das nicht zufällig. Der Hecht ist für Angler an den Gewässern von MV einer der begehrtesten Fische. Er ist ein starker Kämpfer an der Angel und wegen seines weißen, festen und fettfreien Fleisches auch ein begehrtes Objekt in der Küche. Die Vorbehalte bezüglich seiner Gräten sind hoffentlich durch die bisherige Lektüre bereits abgebaut worden. Wir wissen inzwischen, wie wir mit den Gräten fertig werden können. Bezüglich der Anzahl seiner Gräten liegt der Hecht im Mittelfeld, Seite an Seite mit Schlei, Karpfen und Plötz. Zum Vergleich mit den Cypriniden, also den Karpfenartigen, hat der Hecht relativ unkomplizierte, einfach verzweigte

und glatte Gräten, die sich leicht entfernen lassen. Mit zunehmender Größe der Hechte wird das immer einfacher. Für die Zubereitung zum Verzehr wird der Hecht wie jeder andere Fisch auch geschuppt, ausgenommen und gewaschen. Zum Abschluss dieser Schritte empfehle ich, den Hecht mit einer kräftigen Bürste unter fließendem Wasser zu bearbeiten, bis die Haut fast weiß ist. Dadurch verliert der Hecht etwas von seinem etwas strengen »Raubtiergeschmack«. Wer aber gerade dieses Aroma mag, verzichtet auf die Bearbeitung. Hechte mit einem Gewicht bis zu 2,5 kg lassen sich noch gut im Ganzen im Backofen zubereiten. Von größeren Hechten können quer zur Wuchsrichtung gut 2 bis 3 cm dicke Scheiben geschnitten und wie ein Kotelett gebraten werden. Alternativ ist das Schneiden von Filets angebracht. Auch hierfür ein Tipp, den ich Rudolf Kroboth, dem ersten Fischkoch des DDR-Fernsehens in den 1970er-Jahren entlocken konnte: Nachdem beide Filets vom Hecht geschnitten wurden, sollte der untere Streifen des Bauchfleisches entfernt werden. Die Breite wird so gewählt, dass die Brust- und Bauchflossen mit weggeschnitten werden. Dieser Teil des Filets hat ebenfalls ein etwas strenges Aroma und wird deshalb für den Fischfond verwendet. Hechtfilet wird bei uns in großen Stücken im Ofen gebacken. Aus dem Abbrand bereitet meine Frau eine Soße, an der kein Mensch beim separaten Servieren als Suppe eine Herkunft von Fisch erkennen würde. Die Gräten während des Essens aus den gebackenen Filetstücken zu entfernen, ist ein Kinderspiel.
Wer nach diesen Ausführungen noch das Gesicht verzieht bei der Aussicht auf ein Hechtessen, dem ist nicht zu helfen, gleichgültig, ob er Angler ist oder nicht. Wie immer geht das Probieren über Studierenen.

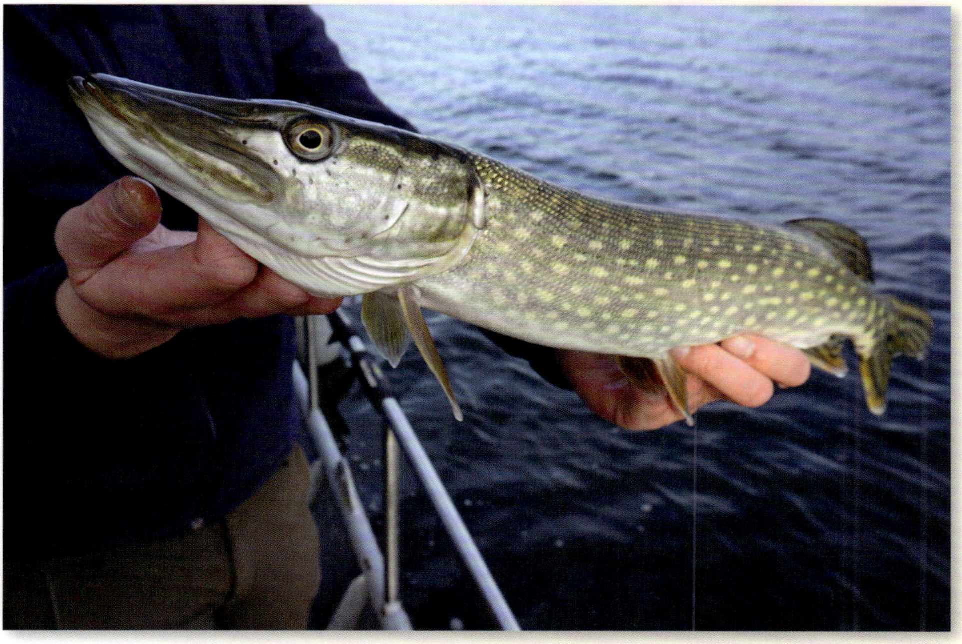

Der Hecht – ein starker Kämpfer an der Angel.

Der Landesanglerverband MV e.V.

Der Verband wurde 1990 gegründet, um die Angelfischerei sowie das Gemeinschafts- und Vereinsleben zu fördern, einen wesentlichen Beitrag zum Schutz der Natur und Umwelt zu leisten sowie die Zusammenarbeit mit staatlichen Organen, Ämtern, Institutionen in allen Belangen des Angelns im Binnenland und auf See zu stärken.

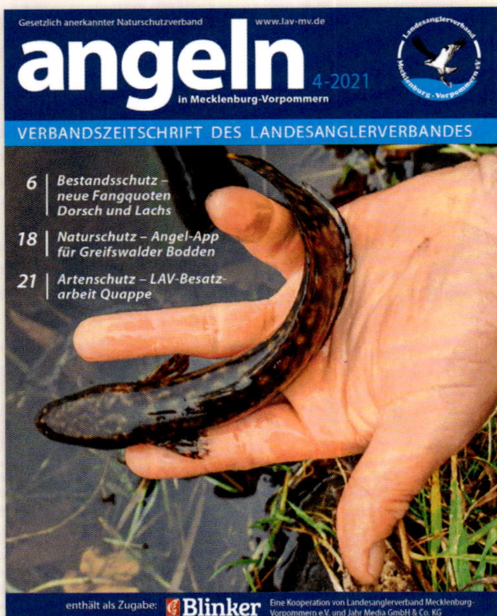

Die Verbandszeitschrift des LAV MV – sie erreicht die Mitglieder vierteljährlich kostenlos.

Der LAV MV e.V. organisiert 45 000 Mitglieder in seinen mehr als 600 Vereinen und ist damit einer der drei größten Verbände in Mecklenburg-Vorpommern. Zudem ist er der größte gesetzlich anerkannte Naturschutzverband des Landes MV.

Vornehmliches Anliegen des LAV MV e.V. sind der Natur-, Umwelt- und Artenschutz, die Hege und Pflege der Fischbestände in ihren natürlichen Systemen im Interesse der Allgemeinheit, auch im Sinne der Landschaftspflege und der Freunde des Angelns.

In diesem Sinne regt der Verband seine Mitglieder zu einer aktiven Betätigung in der Natur im Interesse der Allgemeinheit an und fördert ihre satzungsgemäße gemeinnützige Tätigkeit. Dabei leisten seine Anglerinnen und Angler mehr als eine viertel Million gemeinnützige Arbeitsstunden. Diese so wichtige Arbeit ist bei diesem großen Umfang landesweit zu sehen.

Besonders wichtig ist uns die Förderung der Kinder und Jugendlichen.

Hierbei geht es nicht allein um die Gewinnung des Verbandsnachwuchses sondern auch um die Heranbildung von Naturliebe, Wertschätzung, Respekt untereinander und das unter der Prämisse der nachhaltigen Nutzung unserer empfindlichen Ressourcen. Einmal mehr ist in diesen Tagen, in denen die Zukunft unseres Zusammenlebens auf dem Prüfstand steht und in vielen Bereichen klar einer Korrektur bedarf, der Gedanke der Nachhaltigkeit im LAV MV e.V. prägend und vielseitig anwendbar:

Wir schützen was wir nutzen.

Die tiefe Liebe zur Natur und die Achtung vor der Kreatur vermitteln wir im Projekt ANGELNmachtSCHULE. Dieses Aushängeschild des LAV MV e.V. dient der vielseitigen praktischen Bildung unsrer Kinder zusätzlich zum Unterricht in ihren Schulen. So helfen wir dabei, Erwachsene heranzuziehen, die ihre Umwelt begreifen und bewusst mitgestalten können. Das ist praktische Arbeit für den Erhalt unserer Umwelt und damit unser Anteil zum so wichtigen Schutz der Natur.

Der LAV MV e.V. arbeitet nach dem Solidarprinzip.

Also jeder leistet seinen Anteil, monetär wie über ehrenamtliche Arbeitskraft und für alle Mitglieder erwächst daraus ein Nutzen, der kaum messbar ist in seinem Umfang. Die Gemeinschaft verbindet über alle Generationen und alle Bereiche unseres gesellschaftlichen Lebens sind im Verband abgebildet.

Mecklenburg-Vorpommern ist das Land herrlichster Angelreviere. Vom kleinsten Bach bis zum Meer gibt es hier alles, was das Herz begehrt.

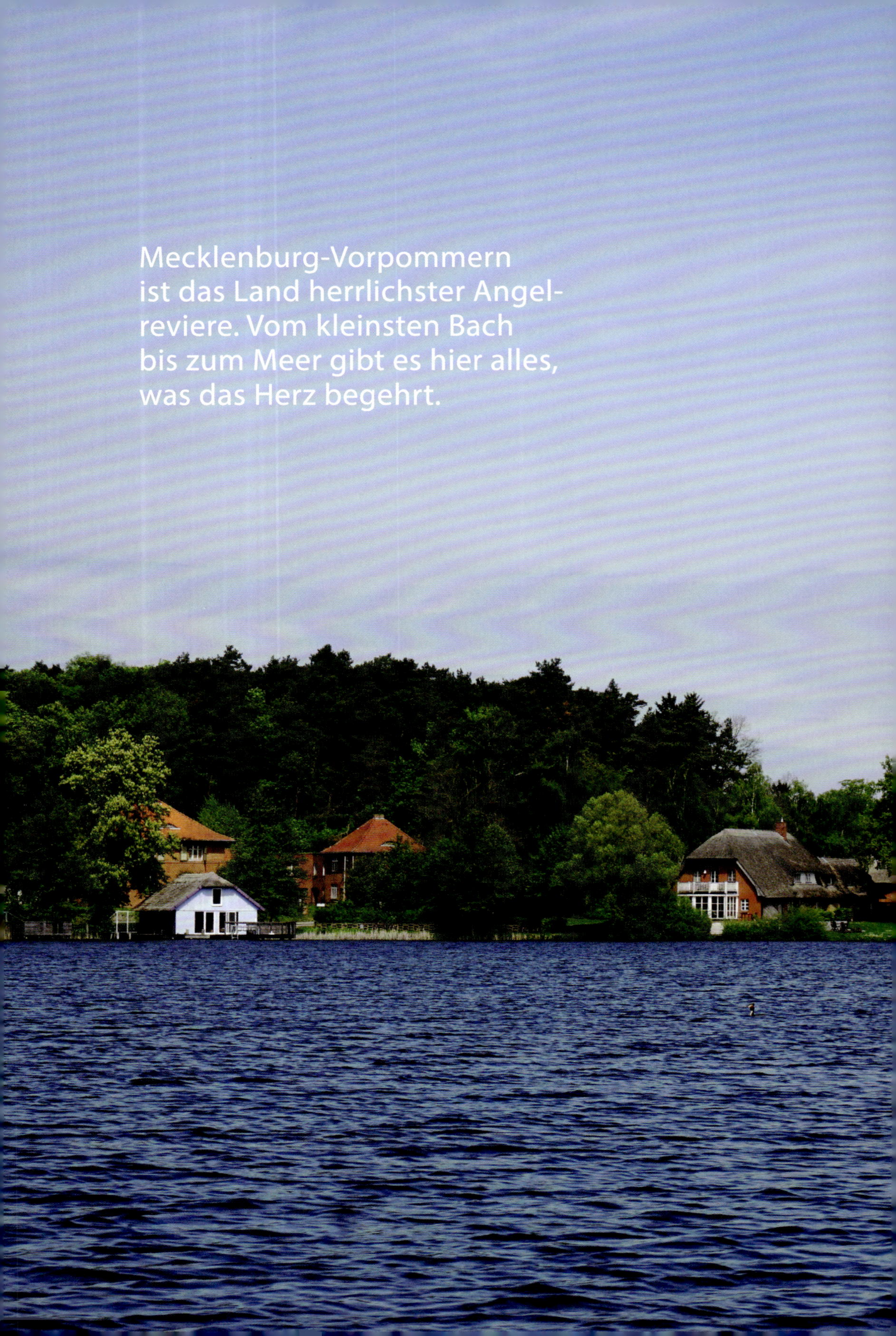

Digitales Gewässerverzeichnis des LAV MV

Im digitalen Gewässerverzeichnis finden Sie Gewässer, die im Eigentum des Landesanglerverbands Mecklenburg-Vorpommern e.V. sind, die von diesem gepachtet sind oder für welche der LAV MV e.V. mit dem Pächter eine Vereinbarung zum Beangeln abgeschlossen hat. Über das Verzeichnis sind die Gewässer in einem Kartenausschnitt zweifelsfrei lokalisierbar. Für viele Gewässer sind Tiefenkarten verfügbar.

Das digitale Gewässerverzeichnis ist tagaktuell und zu finden unter LINK: www.lav.de/gewässerverzeichnis/

Die hier erfassten Gewässer sind auch in einem gedruckten Verzeichnis aufgeführt. Die Broschüre ist zum Preis von 2 € im Shop oder auch direkt in der Geschäftsstelle des LAV MV e.V. erhältlich und wird jährlich neu aufgelegt.

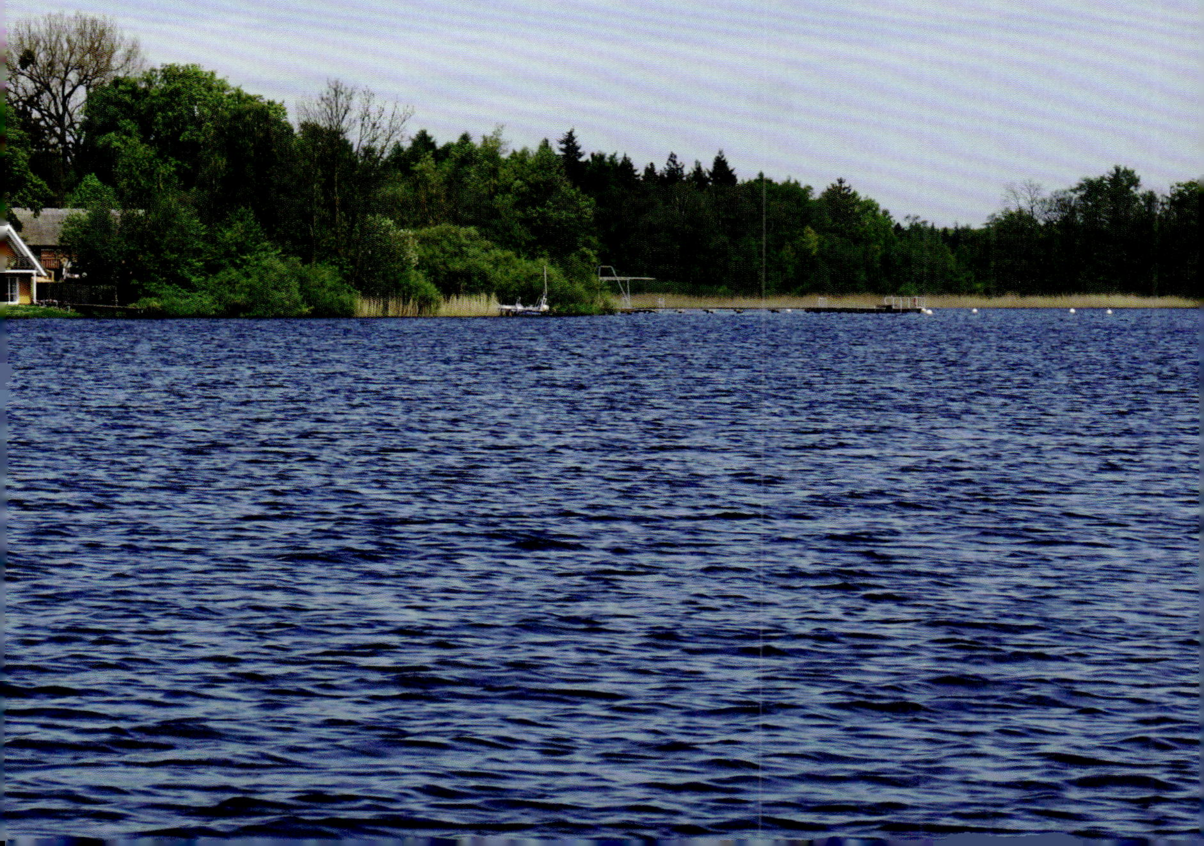

Thünen-Institut Studie
Macht Angeln glücklich?

»Macht Angeln glücklich?«
»Na klar«, lautet die einhellige Antwort, die von jenen kommt, die Angeln gehen. Da gibt es keine zwei Meinungen. Es ist die Verbindung mit der Natur, die so entspannend wirkt, den Alltagstrubel vergessen macht. Am Wasser zu sitzen, den Köder führen, die Wasserbewegung beobachten hat etwas Meditatives. Wer das Angeln selbst noch nicht erlebt hat, kann es vergleichen mit diesem inneren Gefühl von Ruhe, Aufgeräumtheit und dieser wohligen Sicherheit, zum großen Ganzen zu gehören, wie wir es vom Blick ins Lagerfeuer kennen. Allein oder mit anderen zusammen ins Feuerchen gucken – so fühlt es sich an, allein oder mit anderen gemeinsam auf das Wasser rausblicken und warten, die Angeln in der Hand. Dann immer wieder gleiche Bewegungen vollführen: auswerfen, einholen, auswerfen, einholen.
Das Ziel ist bei vielen ein bisschen unterschiedlich. Es gibt da die Gelegenheitsangler, die Kochtopfangler, die mit dem Jagdfieber, hoffentlich beißt ein großer Fisch an und auch die, die sagen, das muss gar nicht, es ist einfach schön, draußen zu sein. So richtig. Bei jedem Wetter. Bei jedem! Ich hätte selbst nicht gedacht, dass ich bei Frost morgens mit einem Kutter rausfahre, sechs Stunden an Bord stehe und stundenlang auswerfe, einhole, auswerfe, einhole.
Es ist kalt aber gut auszuhalten, es ist nicht langweilig und wird es auch nicht. Die Angler sagen: »Es gibt kein schlechtes Wetter, es gibt nur die falsche Kleidung.« Raus in die Natur – es ist großartig – für Alte und Junge, für Männer und Frauen und Kinder.

Anglerglück und Fisch im Blick

Nun hat die Frage natürlich auch noch einen tieferen Sinn für die Gesellschaft und den zu beschreiben, sucht das Thünen-Institut für Ostseefischerei. Die Wissenschaftler*innen, die sich mit dieser Frage auseinandersetzen, möchten ein besseres Verständnis für die Nutzung, die Ökologie und den Zustand der Fischbestände erreichen, die für alle Angelfischer*innen wichtig sind. Außerdem will es auch ermitteln, wie groß die sozioökonomische Bedeutung

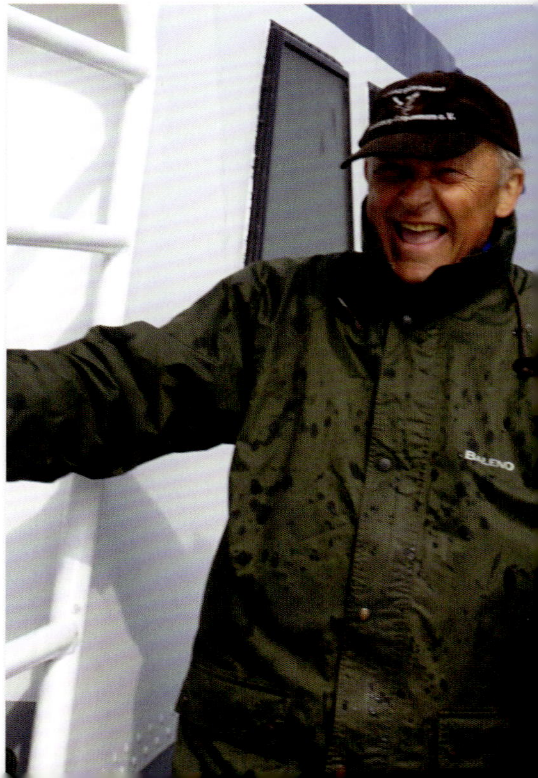

speziell des Meeresangelns ist. Um das zu erreichen, startete das Institut im Jahr 2020 im Rahmen des Deutschen Meeresangelprogramms (DMAP) ein großangelegtes Projekt: Mehr als 150 000 Haushalte in Deutschland werden zufällig und anonym per Telefon befragt. Damit ist die Studie die größte dieser Art in Europa und eine der größten weltweit.

Fragen »Gehen Sie angeln?«, »Was macht für Sie den Reiz des Angelns aus?«, »Wie oft gehen Sie angeln?« und natürlich vor allem »Macht Angeln glücklich?« sollen in diesem Rahmen Aufschluss geben. Die Wissenschaftler*innen wollen das Angelverhalten analysieren. Das Team sucht zudem Erkenntnisse darüber, wie sich das Management der Fischbestände verbessern lässt, wie die nachhaltige Freizeitfischerei gefördert und die Rolle des Angelns in der Gesellschaft als beschrieben werden kann. Angeln ist ein bedeutender Wirtschaftsfaktor. Das zeigte bereits eine erste Studie aus den Jahren 2014 / 15. Seinerzeit waren 50 000 Haushalte befragt worden. Schon da kamen interessante Ergebnisse zutage. So ließ diese Studie auf etwa 200 000 Meeresangler in Deutschland schließen, die es auf 1,8 Millionen Angeltage allein an Nord- und Ostsee sowie unseren Bodden bringen. Ruhe und Entspannung waren die wichtigsten Motive beim ihren Angelausflügen.

Und noch zwei Zahlen für ganz Deutschland. Erste Zahl: 6,64 Millionen Menschen gehen (Quelle Statista 2021) mindestens einmal im Jahr angeln, also fast jeder Zehnte über 14 Jahren in Deutschland. Zählen wir die Kinder dazu, sind es noch mehr. Und zum Wirtschaftsfaktor Angeln die zweite Zahl: 6,4 Milliarden Euro Umsatz (Quelle: Arlinghaus 2004) beträgt der ökonomische Gesamtnutzen der Angelfischerei in Deutschland. Dazu gehören Kosten für die Ausrüstung, die Unterkünfte in Wassernähe, auch die Hotels und Boote, die genutzt werden. Also, Angeln tut unserer Wirtschaft gut.

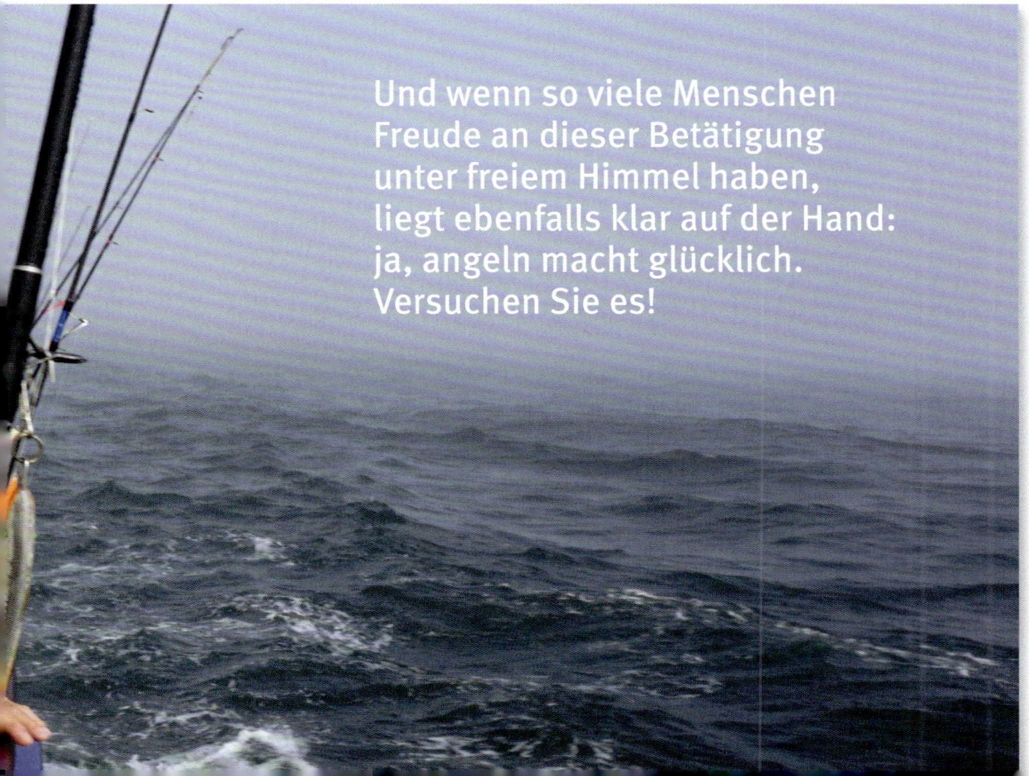

Aktion des LAV MV »Größter Fisch des Jahres«

Angeln ist spannend. Wirklich. Das liegt daran, dass nie sicher ist, ob und was für ein Fisch den angebotenen Köder schnappt. Wer erlebt hat, wie es sich anfühlt, einen wirklich stattlichen Flossenträger aus den Fluten anzulanden, weiß, dass das etwas ganz Besonderes ist. Jeder ist in diesem Moment stolz und glücklich über seinen Fang. Und dann wird drüber geredet. Wie hat das geklappt, mit welchem Köder, bei welchem Wetter, mit welcher Angelrute. Bis hin zu der Glücksmütze, die ab dem Tag immer mit in der Angeltasche steckt oder der Glücksköder, der rausgeholt wird, wenn nichts beißt, und der es dann endlich schafft. Und darüber reden sie dann, die ach so schweigsamen Anglerinnen und Angler. Von wegen. Da werden selbst Sprachbarrieren überwunden, mit Händen und Füßen verständigen sich Menschen, die nicht dieselbe Sprache erlernt haben. Und da ist es auch völlig egal, ob Alt und Jung sonst manchmal aneinander vorbeireden. Plötzlich klappt's mit dem Austausch.

Fisch-Vergleich

Wer am oder auf dem Gewässer das große Los gezogen, also den dicksten Fisch geangelt hat, ist ein Glückspilz und bekommt die Aufmerksamkeit der anderen Petrijünger. Petri Heil! wird gegrüßt und Petri Dank! geantwortet und dann geht's los mit dem Anglerlatein. Unter anderem deshalb gibt es solche Aktionen wie den »Größten Fisch des Jahres«. Seit mehr als einem Jahrzehnt führen Landesanglerverband und Ostseezeitung diese Gemeinschaftsaktion zusammen durch. Jahr für Jahr melden Anglerinnen und Angler ihre besonderen Fänge. Sie sind stolz auf ihre Erfolge und sie reden darüber.

Daten im Detail

Das ist nicht nur eine sehr gute Möglichkeit, Menschen miteinander ins Gespräch zu bringen. Diese Listen, die vom LAV MV geführt werden, sind beispielsweise für Wissenschaftler*innen sehr interessant, ermöglichen sie ihnen einen breiteren Blick unter die Wasseroberfläche. So können sie sonst zwar gut Einzelstichproben nehmen oder Studien durchführen, aber ein guter Querschnitt ergibt sich eher aus einer großen und zufällig erworbenen Menge. Der Fangort ist neben Größe und Gewicht immer ein wichtiger Parameter, der abgefragt wird. An den Fangmeldungen lässt sich gut erkennen, welche Tiere, wo in MV leben, wie groß sie so werden können, wie schwer, also sind sie gut genährt oder kommen nur kleine und unterentwickelte Exemplare zu Tage. Daraus lassen sich durchaus Rückschlüsse auf die Fischarten und Bestände nehmen. Aus diesen Gründen gibt es einen regen Austausch und eine Zusammenarbeit mit dem Thünen-Institut, dem Landesamtes für Landwirtschaft, Lebensmittel-

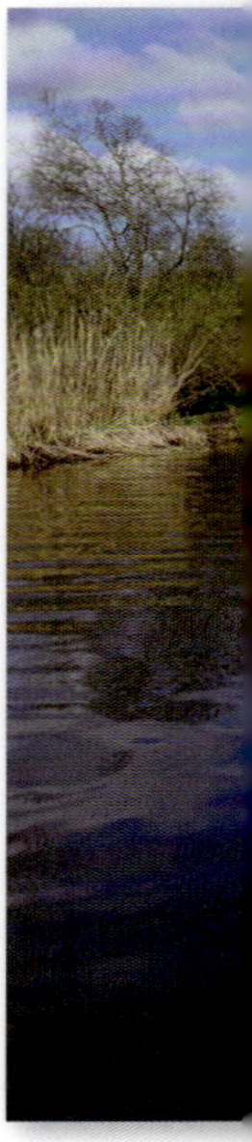

sicherheit und Fischerei (LALLF) und anderen am Angeln und den Ergebnissen interessierten Einrichtungen im Land. Auch beim »Projekt Boddenhecht« sind Mitglieder des LAV MV mit an Bord. Das Team um Robert Arlinghaus, Professor für Integratives Fischereimanagement an der Humboldt-Universität zu Berlin, erstellt einen Management-Plan für die Fischart Hecht für unsere Boddengewässer. Bei der Erhebung der Datenmengen, die gebraucht werden, sind auch die Petrijünger aufgerufen, Fänge zu melden und so wichtige Hintergrundinformationen zu geben.
Die Angler*innen sind die Praktiker*innen an und auf den Gewässern. Sie sind landesweit, an jedem noch so kleinen Teich unterwegs, soweit beangelbar. Das alles spricht also für den Erfolg solcher Aktion wie »Größter Fisch des Jahres« und auch dafür, dass es nicht allein Freude am Austausch über gelungene Fänge ist, sondern auch Erkenntnisgewinn. Und damit allen ein kräftiges Petri heil! weiterhin.

Und wenn ein sehr dicker, langer oder besonderer Fisch anbeißt – bitte melden! LINK: https://www.lav-mv.de/aktion-groesster-fisch/

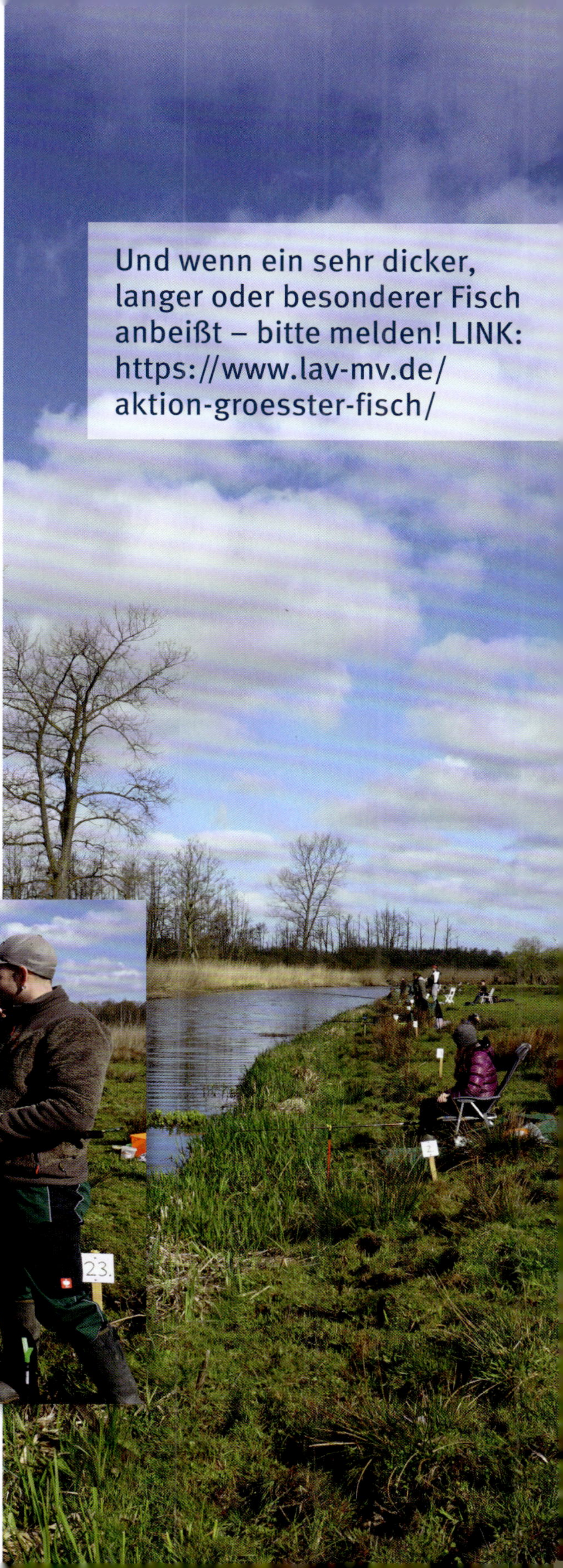

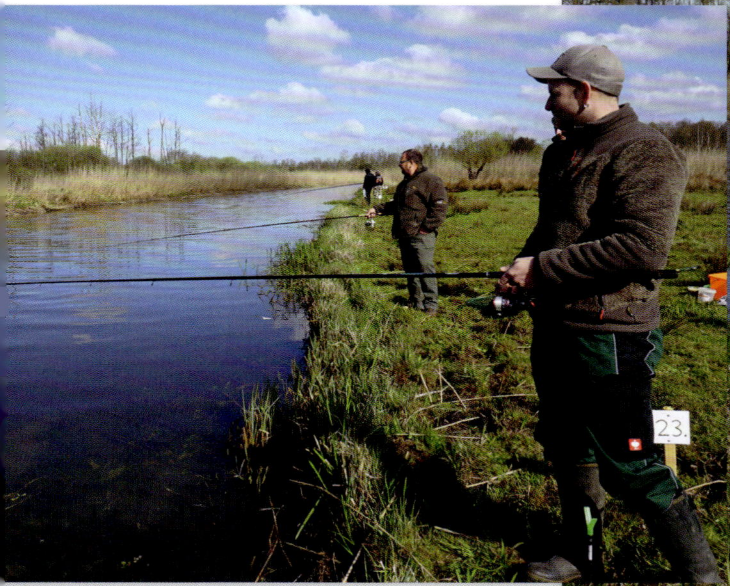

Nachtangeln

Am Ende des Kapitels 5 hieß es, der Sommer sei nicht die beste Zeit zum Angeln. Um auch dem Wärme liebenden Urlauber doch noch zu einen Angelerfolg zu verhelfen, hier ein Tipp: Versuchen Sie es einmal mit Nachtangeln. Einige begehrte Fischarten sind in der wärmeren Jahreszeit erst in der Dunkelheit aktiv.

Nachtaktiv

Welche der begehrten Fischarten sind es, die in der wärmeren Jahreszeit vor allem in der Dunkelheit aktiv werden? Der klassische Zielfisch für das Nachtangeln ist und bleibt, hoffentlich noch lange, der Aal. Er verlässt nach Einbruch der Dunkelheit sein Versteck am Gewässergrund und begibt sich auf Nahrungssuche. Bewährte Köder sind Würmer in ordentlichen Portionen sowie Fische, getötet, oder Fischfetzen. Als Zufallsfang kann statt des erwarteten Aals bei entsprechendem Vorkommen auch ein Wels am Haken hängen. Für die Landung eines solchen Fangs ist gerade bei Nacht jede Hilfe willkommen. Denn die Tiere können gut und gern so lang wie ein Mensch und auch so schwer sein. Das ist dann ein echter Fang des Lebens!
Ein weiterer beliebter Fisch für das Nachtangeln ist der Zander. Er sucht am Tage dunkle Unterstände, bevorzugt in größerer Wassertiefe. Nachts begibt er sich dann auch in flache Gewässerbereiche auf Beutezug. Tote Köderfische oder Fetzenköder sollen den Zander zum Anbiss verleiten. Auch hier ist der Wels als Beifang möglich. Für das Nachtangeln attraktiv ist auch der Karpfen. Für seinen Fang kommen als konventionelle Köder gekochte Kartoffel, Teigklümpchen, Mais und sogar einige Hundefuttersorten zum Einsatz. Bei den Karpfenspezialisten sind diese Köderarten jedoch durch sogenannte Boilies abgelöst worden. Das sind Teigkugeln, die bei ihrer Herstellung mit einer harten Schale versehen werden. Dadurch können sie von anderen Fischen nicht »angeknabbert« werden. Außer von großen Karpfen sind Boilies evtl. auch von großen Brachsen zu bewältigen. Zum Umgang mit Boilies, speziell ihrer Anbringung am Haken, sollte der Rat bzw. die Unterweisung eines Insiders eingeholt werden. Gleiches wird für ein angemessenes Anfüttern an der vorgesehenen Angelstelle empfohlen, die zum erfolgreichen Angeln auf Karpfen unerlässlich ist.

Recht und Ordnung

Bevor Sie sich auf diese ungewohnte Weise um den Schlaf bringen wollen, sind einige Voraussetzungen und Besonderheiten für das Nachtangeln zu berücksichtigen. Als erstes gilt zu klären, ob an dem vorgesehenen Gewässer das Nachtangeln überhaupt gestattet ist. Die fischereirechtlichen Voraussetzungen dazu sind in aktuell allen Bundesländern grundsätzlich gegeben. Dem jeweiligen Inhaber des Fischereirechts eines Gewässers ist jedoch vorbehalten, das Nachtangeln zu untersagen oder für dessen Ausübung eine zusätzliche Gebühr zu erheben.

Nachtgepäck

Die Ausrüstung für das Nachtangeln sollte mindestens um eine Lampe ergänzt werden, um sich am Angelplatz zurechtzufinden. Empfohlen wird eine Kopflampe, sie lässt beide Hände frei. Für das bevorzugt ausgeübte Ansitzangeln bei Nacht sind ein Stuhl, eine Matte oder sogar eine Liege zu empfehlen, um die doch recht langen untätigen Wartezeiten erträglich zu machen. Zumindest für die ersten Versuche wird das Nachtangeln in Gesellschaft von Gleichgesinnten empfohlen. Dabei sollte jedoch unnötiges Herumlaufen sowie Lichtschein in Ufernähe vermieden werden. Fische, die nachts ufernahe Gewässerbereiche aufsuchen wollen, werden sonst gestört. Das Unterhalten von Feuerstellen jeglicher Art verbietet sich ohnehin. Trotz der oft langen Zeiten der Untätigkeit ist jede Anglerin und jeder Angler verpflichtet, auch oder gerade bei Nacht Ihr / sein ausgelegtes Fanggerät ständig zu beobachten. Geeignete Hilfsmittel dabei sind optische oder akustische Bissanzeiger wie z.B. Knicklichter und Aalglöckchen. Neuerdings stehen auch elektronische Bissanzeiger zur Verfügung, die bevorzugt von Karpfenanglern eingesetzt werden.

Binnen wie buten

Das Nachtangeln wird auch an der Küste erfolgreich ausgeübt, und das sowohl als Ansitzangeln mit Naturködern als auch als Wanderangeln mit künstlichen Ködern. Beides lesen Sie ausführlich im Kapitel »Brandungsangeln«.

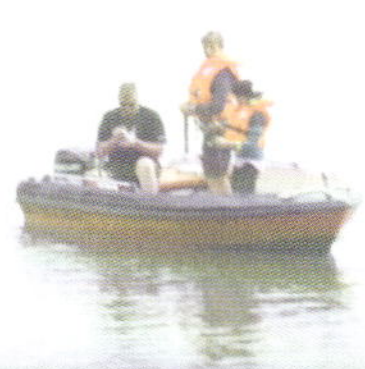

Beißlust und Beißzeiten

Die aufgeführten Fischarten zeigen über den Verlauf der Nacht ein unterschiedliches Beißverhalten. So gehen Aal und Zander erfahrungsgemäß von Beginn der Dunkelheit an bis Mitternacht an die Angel. Karpfen und auch Schleie sind bevorzugt in der Zeit vor Sonnenaufgang aktiv auf Nahrungssuche. Mit diesem Wissen ausgerüstet besteht die Chance, sich bei den ersten Versuchen zum Nachtangeln nicht die gesamte Nachtzeit um die Ohren zu schlagen. Wer also beispielsweise bis etwa 1:00 Uhr nachts keinen Aal oder Zander an der Angel hatte, kann mit einigermaßen ruhigem Gewissen ins Bett gehen. Der Karpfenangler hat es schon etwas schwerer. Der müsste gegen Mitternacht aufstehen, um die morgendliche Beißzeit nicht zu verpassen. Außerdem: Keine Regel ohne Ausnahme, und daran halten sich vor allem die Karpfenspezialisten. Sie verbringen gleich mindestens ein verlängertes Wochenende durchgängig am Gewässer und führen dazu auch den nötigen Hausstand mit. So hat jeder Mensch seinen Vogel und Angelbesessene einen ganz besonderen.

ANGELN*macht*SCHULE

Projekt des LAV MV für Ganztagsschulen

Dieses Ganztagsschulangebot für Schülerinnen und Schüler der 5. und 6. Klassen wurde eigens vom LAV MV entwickelt, dazu Lehrmaterial erstellt, erprobt und betreut. Das LAV-Projekt unterstützen die Ministerien für Bildung sowie Landwirtschaft und Umweltschutz und es begleiten zudem die UNI Rostock sowie das Thünen-Institut. Das Material für den Unterricht wird zielgerichtet auf die Bedürfnisse von Mädchen und Jungen ausgerichtet und vermittelt ihnen umfangreiches Wissen. Die fünf Inhaltsschwerpunkte sind:

5 Inhaltsschwerpunkte

Allgemeine Fischkunde
Bau der Fische mit inneren und äußeren Organen

Spezielle Fischkunde
einheimische Fischarten und ihre spezielle Lebensweise

Gewässerkunde
die verschiedenen Ökosysteme unserer Flüsse, Seen und der Ostsee

Gerätekunde
Grundausrüstung, Angeltechniken und Montagen

Rechtskunde
Gesetzesgrundlagen des Angelns, der Fischhege und waidgerechtem Umgang

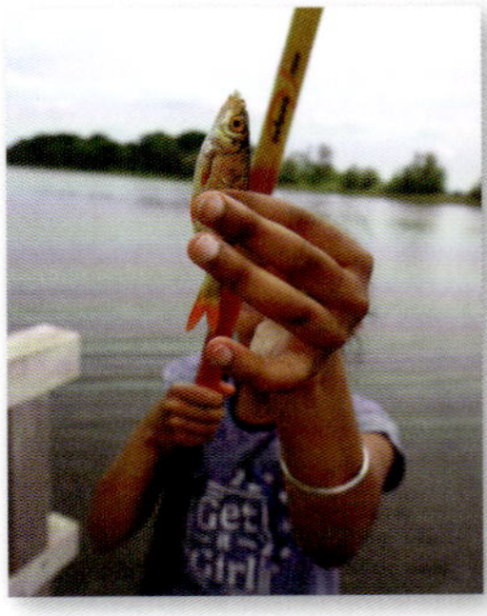

Diese Themen orientieren sich an der Fischereischeinprüfung in MV. Die Schülerinnen und Schüler wählen den Zusatzunterricht, der wie eine AG angeboten wird, wenn sie das Thema interessiert und sie Lust darauf haben, zu angeln. Anfangs über ein halbes Schuljahr ist der Plan inzwischen zu einem Ganzjahresangebot geworden. Der Fischereischein kann im Anschluss an das Unterrichtsjahr erworben werden.
Der Unterricht ist komplett auf die Bedürfnisse der Kinder ausgerichtet und unterstützt ihr Unterrichtswissen in Biologie und Geografie. Die Kinder erhalten Bildmaterialen, arbeiten mit Fischpräparaten, lernen den Umgang mit Mikroskopen, montieren und benutzen Angelausrüstung. Die umfangreichen Praxisteile untermauern die vermittelte Theorie und hinterlassen auf mehreren Ebenen der Kognition, also im komplexen System von Wahrnehmung und Erkenntnis, bleibende Eindrücke. Die Kinder erarbeiten sich die Theorie in kleinen Gruppen und helfen sich gegenseitig. Vorsagen erlaubt, sogar erbeten! Auf Info-Schnitzeljagden erlaufen sich die jungen Naturerkunder*innen ihr Wissen. Das Ausprobieren und Testen der theoretischen Erkenntnisse ist der wichtigste Ansatz dieses Lehrkonzeptes. Sobald die Grundlagen sitzen, geht es hinaus aus dem Schulge-

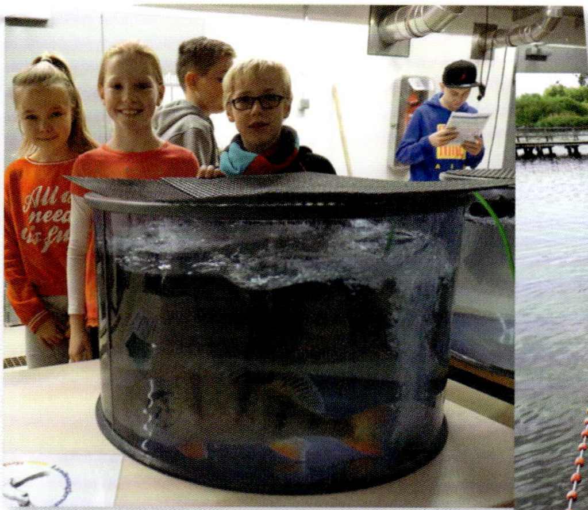

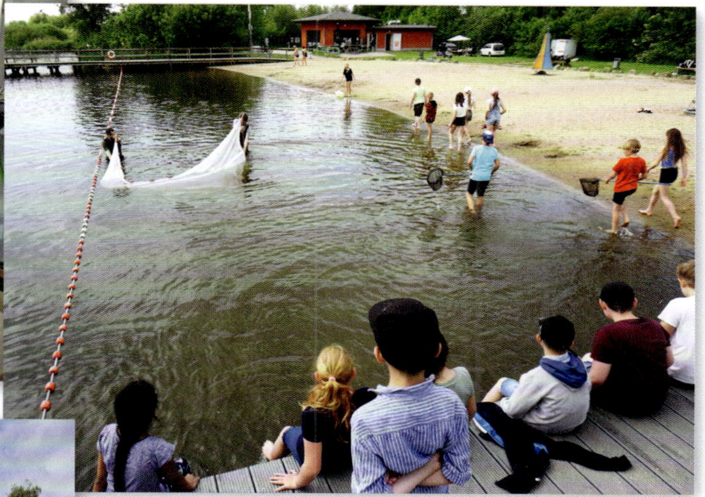

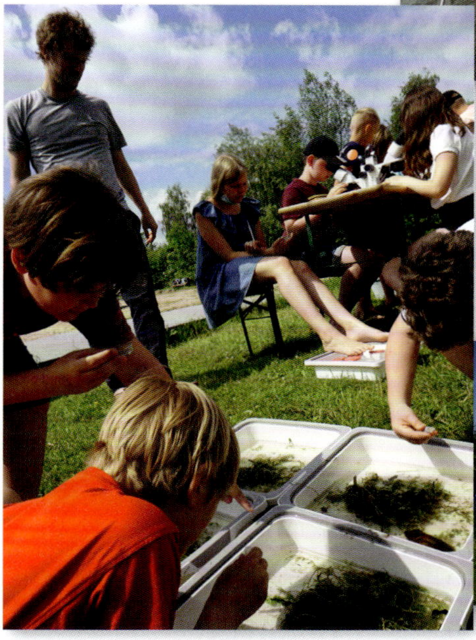

Besuch im Zoo

Der Wolgaster Tierpark ist Anlaufpunkt für Familien und Schulklassen. Grund: hier kannste was lernen! Perfekter Ort für die Jugendarbeit des LAV und das Lehr-Projekt ANGELNmachtSCHULE. Inzwischen entsteht hier eine »Peene«. Im Aquapavillon, gemeinsam erbaut von LAV und dem Tierpark, wird das Ökosystem des großen Flusses veranschaulicht.

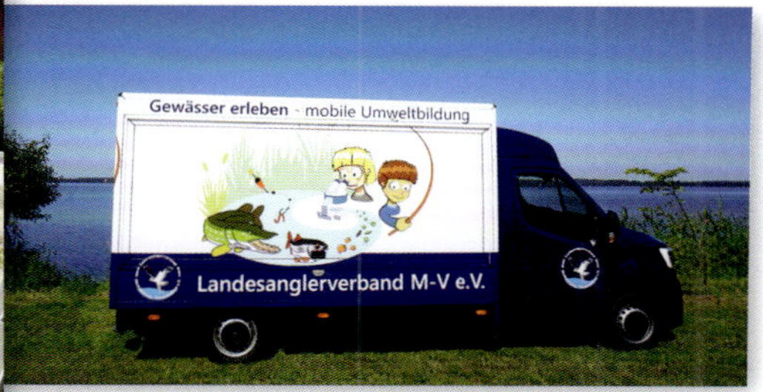

bäude an das nächstgelegene Gewässer. Im Land der Seen, Flüsse und des Meeres ein Leichtes. Am Gewässerrand angeln die Schülerinnen und Schüler und erleben so hautnah die Natur.
Das Projekt des Landesanglerverbandes MV startete mit einer Pilotphase zum Test des entstandenen Lehrmaterials in den ersten zwei Schulen, am 26. Februar 2019 in Hagenow, am 28. Februar 2019 in Satow. Im Jahr 2021 ging das komplexe Unterrichtsmaterial dann erstmals in Druck.

Inzwischen wird AmS an verschiedenen Schulen in MV als Zusatzunterricht vermittelt. Es gibt zudem Partner, die ebenfalls unser Projekt unterstützen. Solche Kooperationen bringen uns unseren Zielen gemeinsam näher. Wir wollen und müssen in unseren Kindern die Liebe zur Natur wecken. Denn sie werden schützen, was sie kennengelernt haben und auch selbst nachhaltig nutzen wollen. Die Nachfragen sind so groß, dass ganz klar ist: dies ist ein Erfolgskonzept!

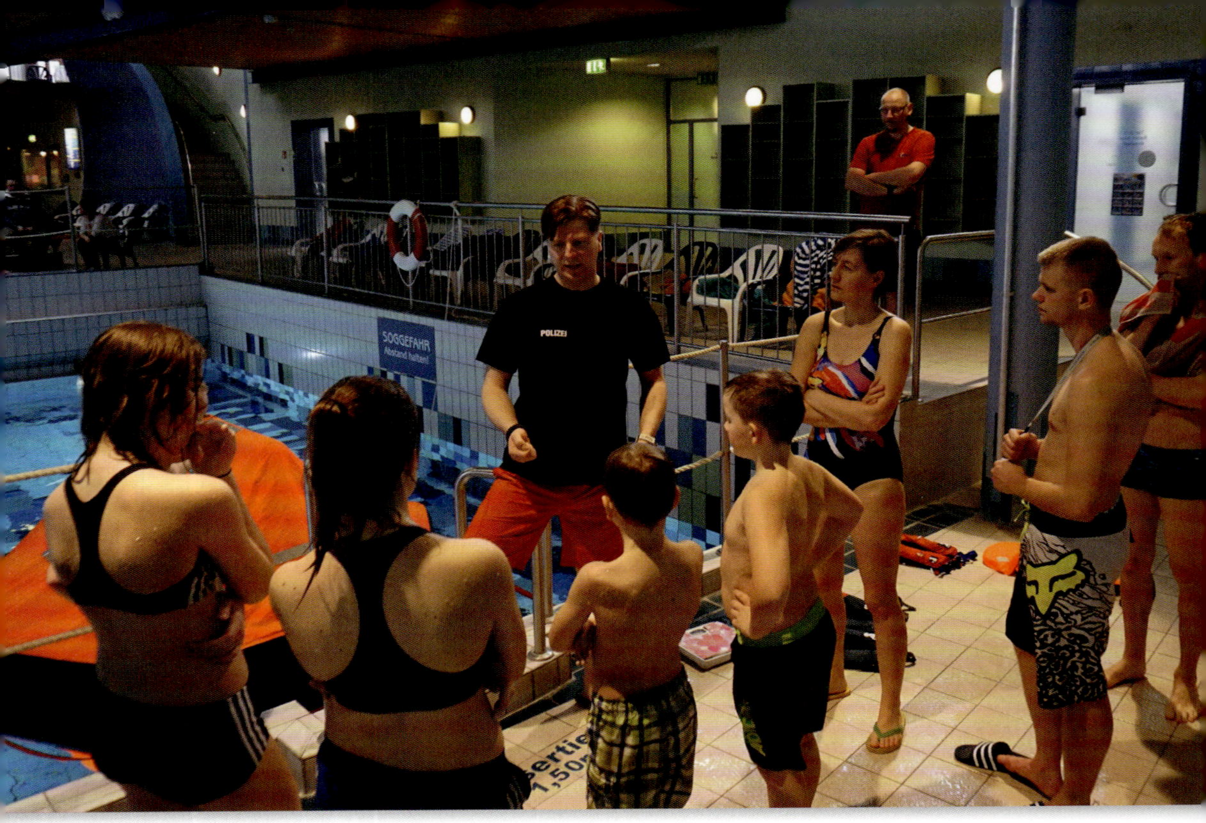

»Skippies fit gemacht«

So heißt das Sicherheitstraining für LAV-Anglerkinder. Der Landesanglerverband MV und die Wasserschutzpolizei MV schulen gemeinsam Kinder und Jugendliche mit speziellem Training. Seit vielen Jahren gibt es diese praktische Ausbildung für den Anglernachwuchs im Alter zwischen 10 und 14 Jahren. Unsere Jüngsten sind beim Angeln immer dicht am Wasser und sehr häufig auf Booten unterwegs. In den Sommermonaten gibt es immer wieder traurige Nachrichten über Menschen aller Altersgruppen, die verunfallen. So waren beispielsweise im Jahr 2016 10 Unfälle mit Todesfolge zu beklagen, sechs Badeunfälle, vier Sportbootunfälle. Und im langen und sehr heißen Supersommer 2018 gab es einen traurigen Rekord. In den Binnen- und Küstengewässern in MV ertranken allein 25 Menschen beim Baden.

Der LAV MV setzt deshalb verstärkt auf Vorsorgemaßnahmen, um seine Kinder bestmöglich zu schützen und auf Jahr für Jahr auf die Saison vorzubereiten. Bei dem sehr beliebten »Skippie-Training« machen unsere Kinder lebenswichtige Erfahrungen. Praxisnah trainieren Profis der Wasserschutzpolizei mit ihnen lebensrettende Reaktionen, damit die Kinder diese im Ernstfall abrufen können. Wie sieht die Praxis aus? Der LAV bekommt bei diesen Aktionen Unterstützung von Schwimmbädern im Land. Je nachdem, woher die Kinder kommen, stehen beispielsweise die Boddentherme in Ribnitz-Damgarten, die Greifswalder Therme oder auch das Won-

Wo: Boddentherme in Ribnitz-Damgarten und der Grafeifswalder Therme das Wonnemar in Wismar.

Was: Die Kinder trainieren das Überbordgehen in Shirt und Hose mit nachfolgender Rettung. Sie erleben, wenn sich beim Sturz ins Wasser die Schwimmweste aufbläst. Der Knall am Ohr ist laut. Die Sicherheitsweste dreht den Träger auf den Rücken und hält den Kopf über Wasser. Die Rettungsweste ist ein Muss. Alle Kinder des LAV tragen stets eine Weste an Bord von Booten!«

Warum diese Westen Leben retten können, erproben die Jüngsten hier. Drei Stationen absolvieren sie. Beeindruckend. Und im Wellenbecken wartet die Rettungsinsel. Jedes Kind muss sie im bewegten Wasser umdrehen, sich ganz allein an Bord hangeln. Sichtlich erleichtert fallen sie ins Innere und staunen, wie schwierig es ist. Hier im Spaßbad ist die Luft warm, das Wasser angenehm. Die Realität bei Bootstouren sieht rauer aus. Umso wichtiger, die Kinder zu sensibilisieren.

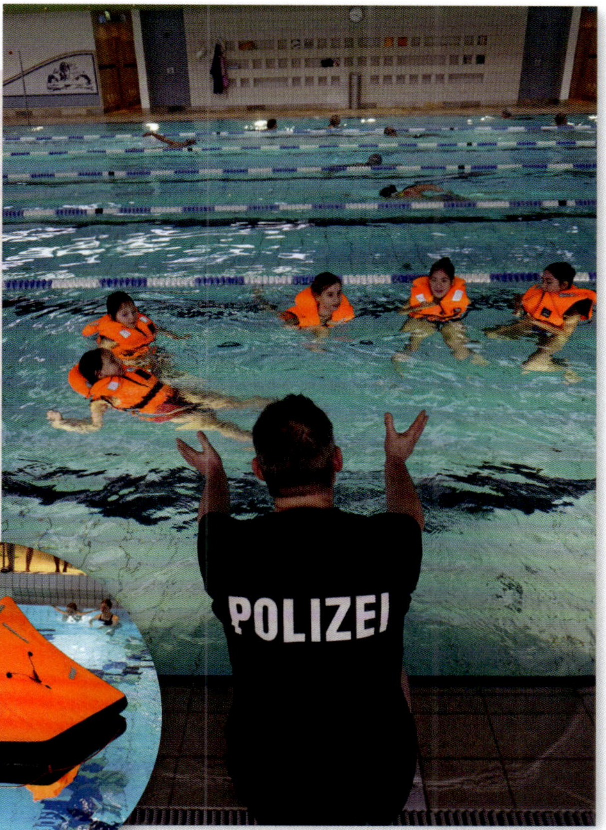

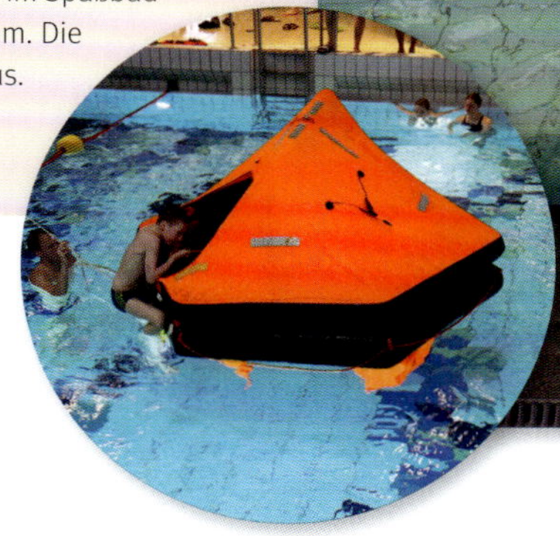

nemar in Wismar zur Verfügung. Die Betreuer der Angelvereine kommen früh morgens mit ihren Jüngsten. Die Kollegen der Wasserschutzpolizei sind dann schon da und haben ihre drei Stationen aufgebaut. »Mann über Bord«. Die Kinder trainieren in Shirt und Hose über Bord zu gehen mit nachfolgender Rettung. Mit dem »Lebensretter Schwimmweste« erleben sie das Gefühl, wenn sich beim simulierten Sturz ins Wasser die Schwimmweste mit lautem Knall aufbläst, die Weste den Träger sicher auf den Rücken dreht und die Nase über Wasser bringt.

»Rettungsinsel« – Unsere Nachwuchsangler müssen die Rettungsinsel erst einmal in Position bringen, jeder einzelne richtet das Riesenteil im Wasser auf und muss dann einsteigen. Die Kinder staunen immer, wie unglaublich schwierig es ist, selbst im sicheren Schwimmbad so ein Rettungsfloß zu handhaben.

Dieses praktische Training macht den Kindern immer Freude und lehrt sie so viel. Es ist einfach die beste Vorbereitung auf mögliche Gefahrensituationen, die hier im geschützten Raum gemeistert werden. Ziel ist, für echte gefahren gewappnet zu sein und so die Zahl an Unfällen beim Baden und Bootfahren zu senken. Wassersportler müssen Sicherheitsregeln und Rettungsmaßnahmen kennen. Unsere Kinder müssen für mögliche Gefahren sensibilisiert, wach gemacht werden und Rettungsmaßnahmen müssen geübt werden. So erhöhen wir gemeinsam die Sicherheit.

LAV-Tag der Gewässerpflege

Der Landesanglerverband MV ruft jährlich zum »Tag der Gewässerpflege« auf. Rund 45.000 Anglerinnen und Angler starten damit ihre Ganzjahres-Naturschutzarbeit. Dieser Tag der Gewässerpflege ist landesweit Startschuss für jährlich insgesamt eine viertel Million Stunden gemeinnütziger Arbeit der organisierten Mitglieder des LAV MV, dem größten Naturschutzverband des Landes. Bei Biotoppflege- und Fischhegearbeiten setzen die Petrijünger landauf landab sichtbare Zeichen. Von Junganglern bis alten Hasen an der Angel packen alle an und reinigen Gewässer, befreien Ufer vom Wintermüll, sammeln Unrat an unseren Ostseestränden. Generationsübergreifend nutzen Petrijünger die Natur nachhaltig. Sie setzen landesweit ihre Kräfte ein, um Gewässer zu pflegen und sie nach dem Winter für Erholungsuchende wieder zugängig zu machen. Zahlreiche Aktionen finden an diesem Start-Tag zeitgleich statt. Von da an geht es dann im Jahr in Eigenregie der Vereine und Regionalverbände weiter mit Arbeitseinsätzen.

Die Seen, Flüsse und die Ostsee mit ihrer herrlichen Küste sind Anglern seit Generationen wichtige Gewässer, die sie gemeinsam schützen, erhalten und weiterhin genießen wollen. Danach richten wir unser Wirken als landesweit größter Naturschutz-

Großaktion »Pflege der Peene« in Hansestadt Demmin im Jahr 2020

Anglerinnen und Angler aus und um Demmin, des LAV-Präsidiums und der Görslower LAV-Geschäftsstelle wurden an der Penne im Bereich der Hansestadt gemeinsam aktiv. Beräumt und gepflegt wurde das Peene-Ufer auf 10 Kilometern Länge im Naturschutzgebietsbereich der Hansestadt Demmin. In diesem Gebiet wird Abfall, Sperrmüll beräumt und Weiden werden beschnitten. Die Hansestadt Demmin unterstützte die Aktion und organisierte die gesamte Müllabfuhr wird über Stadtwerke Demmin.

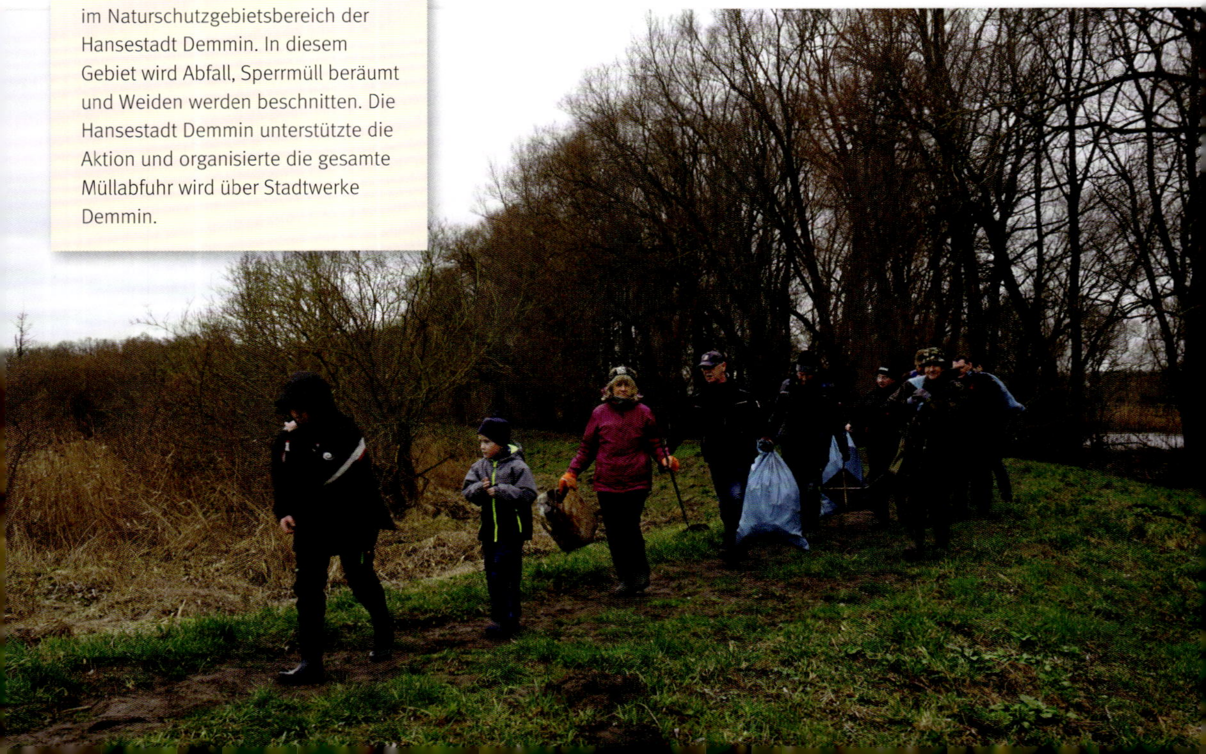

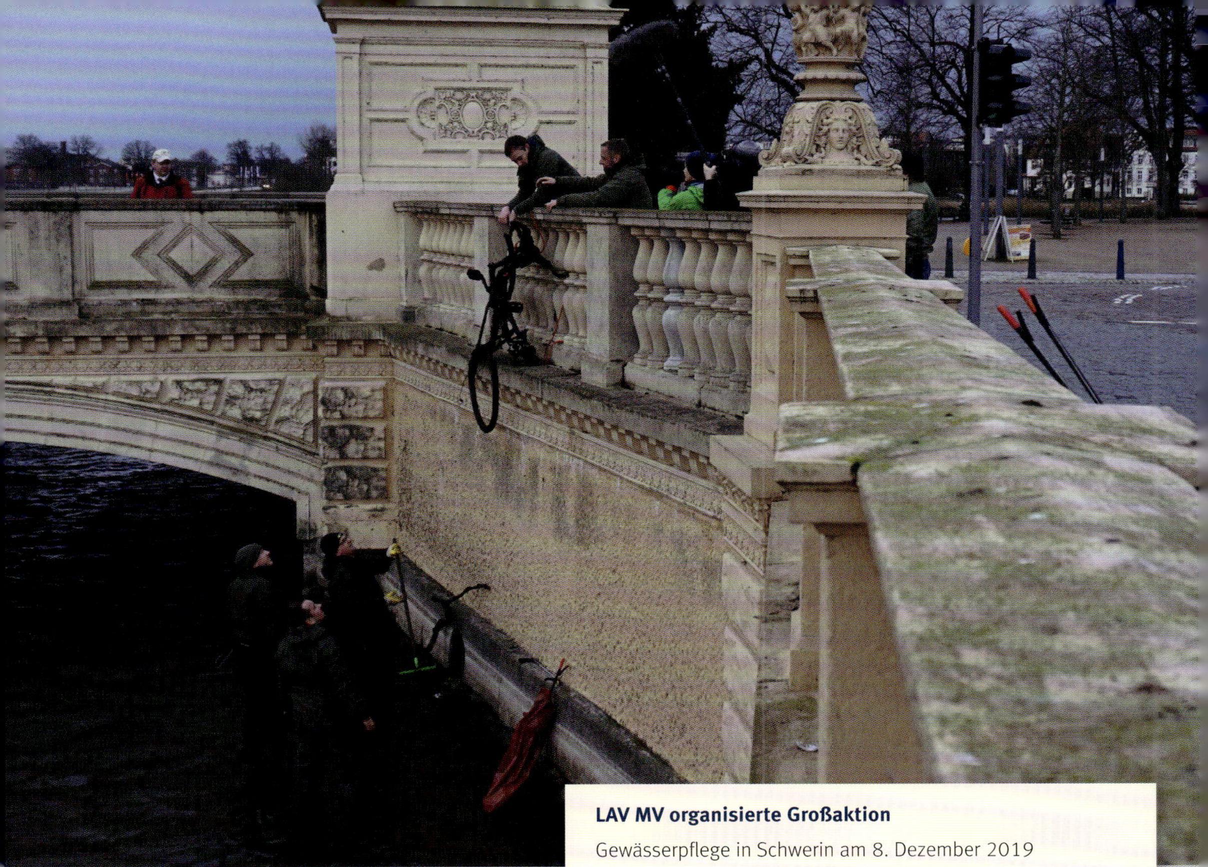

LAV MV organisierte Großaktion

Gewässerpflege in Schwerin am 8. Dezember 2019

Unter dem Motto »Müllsammeln statt Einkaufsstress«. Die Seen hatten durch den superheißen Sommer in dem Jahr den niedrigsten Wasserstand seit Jahren. Schwerins Bürger beklagten große Mengen Unrats, die nun sichtbar wurden. Uralter Müll lag zum Greifen nah. Das nutzen Anglerinnen und Angler der Schweriner LAV-Vereine gemeinsam mit der Naturschutzstation Zippendorf und der Stadt Schwerin und packten am 2. Adventswochenende beherzt zu.

verband. Die Mitgliedschaft verpflichtet jeden Organisierten zu gemeinnütziger Arbeit. Zu großen Teilen besitzen die Vereine eigene oder überantwortete LAV-Gewässer, die sie ganzjährlich betreuen. Diese Gewässer bilden den Pool an beangelbaren Seen, Teichen, Flussabschnitten, Bächen in MV. Für Mitglieder stehen sie landesweit zur Verfügung. Welche das sind, zeigt das LAV-Gewässerverezeichnis, LINK: www.lav-mv.de/gewaesserverzeichnis/

Betreut werden aber auch Gewässer, die nicht zu diesem Pool gehören oder an denen die Angel ausgeworfen werden kann. Das gehört zu unserem Verständnis der Gemeinnützigkeit dazu, dass trotzdem Hand angelegt wird, wo es nötig ist. Die Ziele ihrer Arbeit legen die Vereine Jahr für Jahr dementsprechend nach Bedarf fest.

So wird der Ostseestrand genauso beackert wie der Burgsee vorm Schweriner Schloss oder Teile der Peene in der Stadt Demmin, wie unsere Fotos zeigen.

Es ist Anglerinnen und Anglern ein Bedürfnis, die Natur, die Existenzgrundlage für Flora und Fauna, also auch für unsere so begehrten Fische, zu pflegen, zu erhalten. Wir schützen was wir nutzen. Der Mensch ist Teil der Natur und muss es bleiben.

SCHUTZ DURCH NUTZEN ist das LAV-Motto.

LAV-Projekt zum Schutz des Europäischen Aals

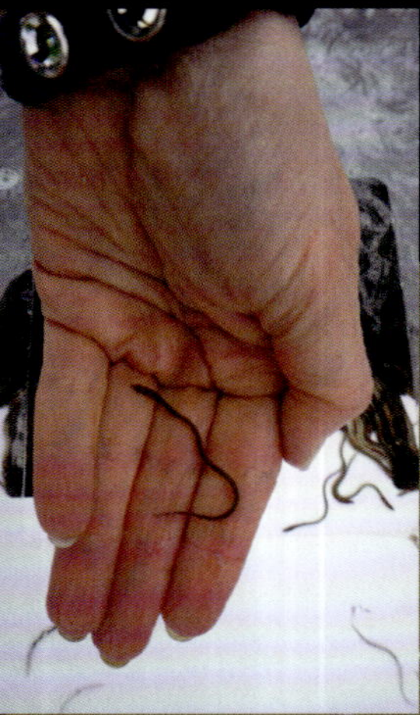

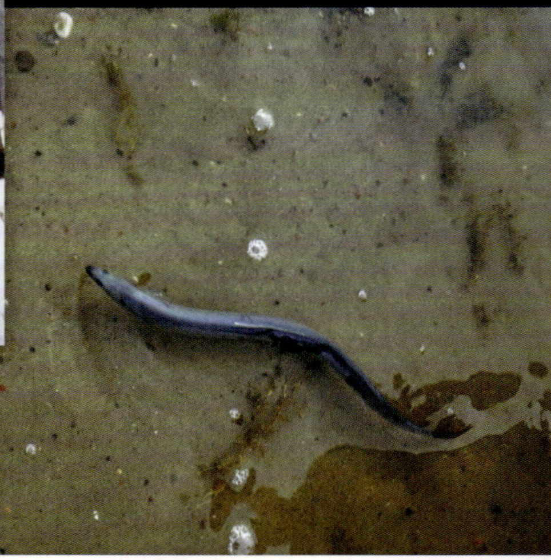

Der Weg der Aale

Mit dem Golfstrom gelangen winzige Glasaale, leichter als ein Gramm, aus der Sargassosee an die Atlantikküste Europas. Vor Spanien, Frankreich, England werden sie gefischt und dann in Holland auf Aalfarmen aufgezogen. Über den Handelsweg gelangen sie nach Deutschland, werden hier eingekauft und in hiesige Gewässer eingesetzt. Diese weiten Wege schaffen diese Tiere ohne Hilfe nur sehr schwer und in geringer Population hierher. Deshalb werden sie seit über 25 Jahren durch LAV-Besatzaktionen unterstützt. So bleibt diese Art in Mecklenburg-Vorpommern erhalten, hat ein breites Spektrum an Gewässern europaweit zur Verfügung, selbst wenn Havarien oder Naturgewalten in einigen Gebieten lebensbedrohlich werden, können sie in anderen weiter existieren. Das ist praktischer Artenschutz, dem hat sich der Landesanglerverband MV verschrieben. Weitere Informationen zur Aalaktie stehen unter diesem LINK: www.lav-mv.de/aal-aktie/

LAV-Aalbesatz:

Seit mehr als 25 Jahren besetzt der Landesanglerverband Aale, jährlich im Wert von mehr als 100.000 Euro. Ein Teil der aufgebrachten Gesamtsumme wird über EU-Mittel finanziert. Der LAV MV bietet zudem Vereinen, Regionalverbänden wie auch Privatpersonen oder Geschäftskunden die Möglichkeit, Aalaktien zu erwerben. Mit diesen Aalaktie kann jeder seinen Anteil zum Artenschutz leisten. Das Geld für die Aalaktie wird in ihrer finanziellen Aufwendung zu 100 % in den Kauf von Jungtieren eingebracht. Die Aale aus dem Spendenerlös kommen zumeist im Mai hier an, wiegen dann etwa sieben Gramm, sind kräftig, stabil und munter. In großen Bassins werden sie zu geeigneten Seen gefahren und dort eingesetzt. Da verbringen sie ihr Aalleben meist gute zehn bis sogar dreißig Jahre lang.

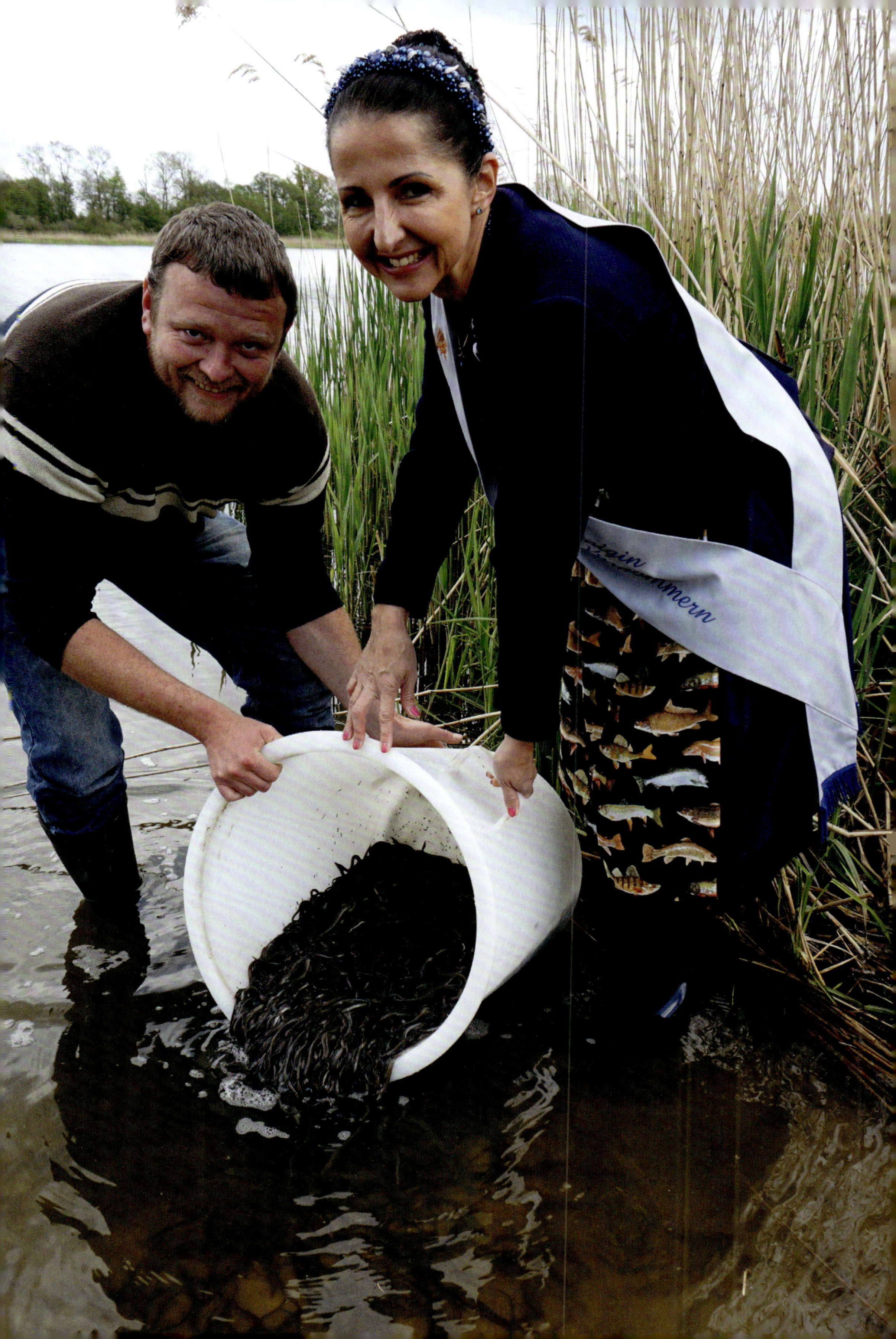

LAV-Naturschutzarbeit

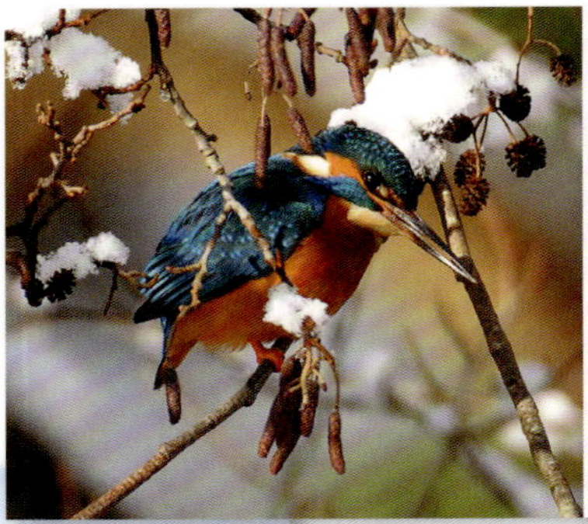

Eisvogel

Der seltene Vogel brütet an naturnahen Gewässern mit reichem Kleinfischbestand. Er braucht Ansitzmöglichkeiten, von denen aus er Beute ausmachen kann und steil abfallende Ufer, um seine beeindruckenden Brutröhren zu graben. Genau daran mangelt es an den oft von Menschenhand befestigten Ufern.

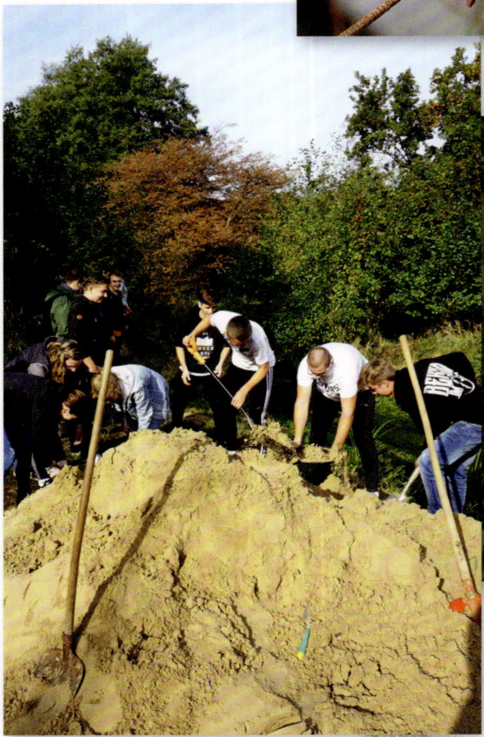

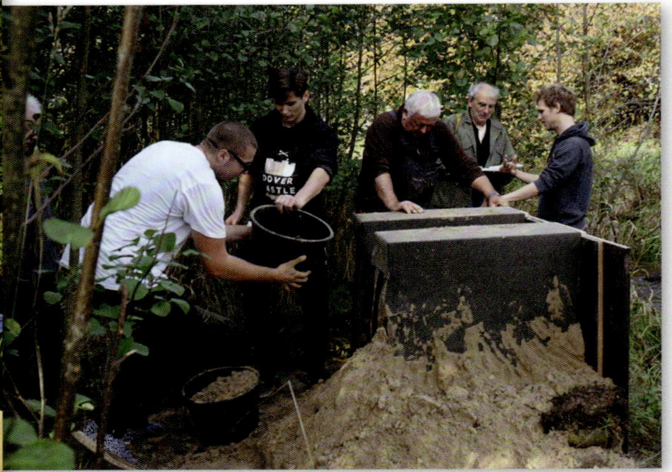

So wie hier in Demmin das Eisvogelprojekt von Anglerinnen und Anglern umgesetzt wird, gibt es viele weitere Einsätze für unsere Fauna des Landes MV, auch der, die außerhalb des Wassers zu Hause ist.

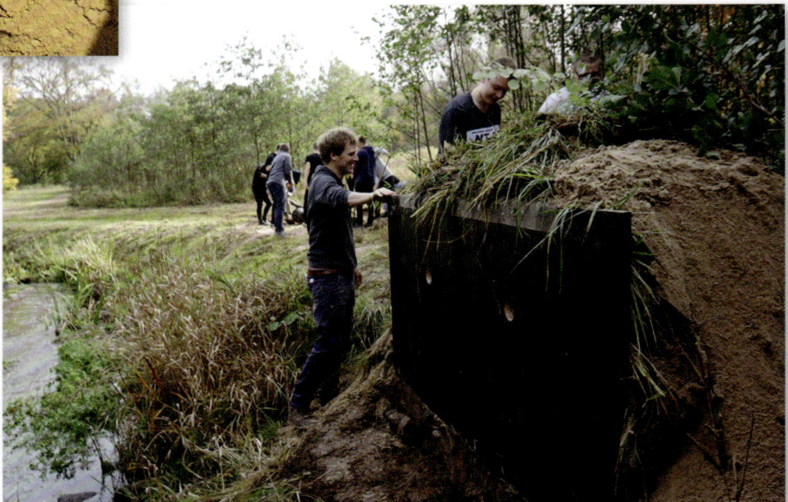

Aquapavillon

Das Gemeinschaftsprojekt von LAV MV und Tierpark Wolgast.

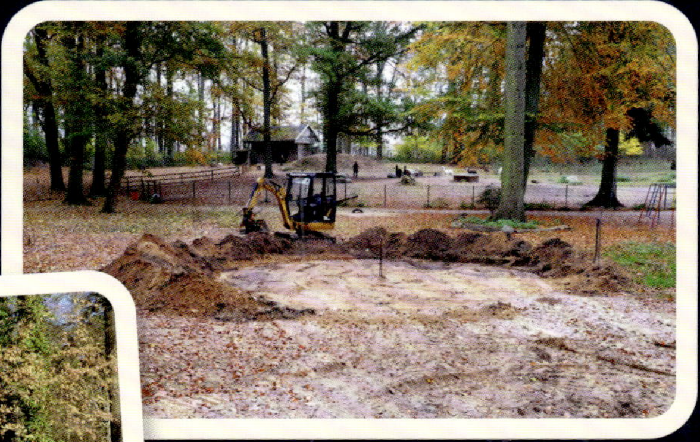

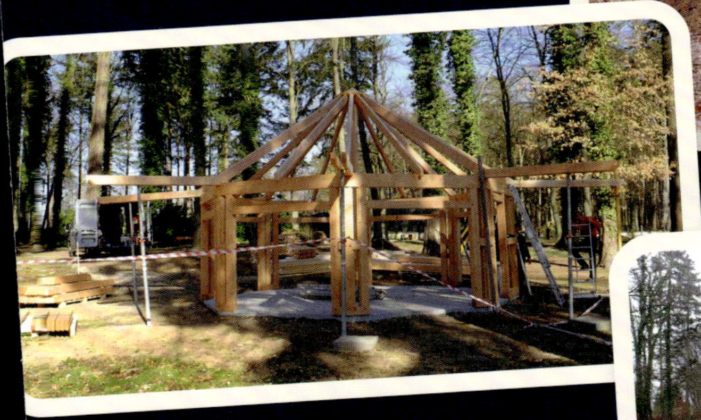

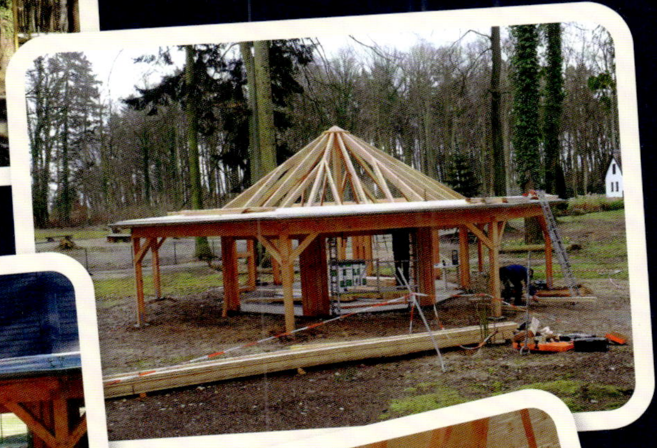

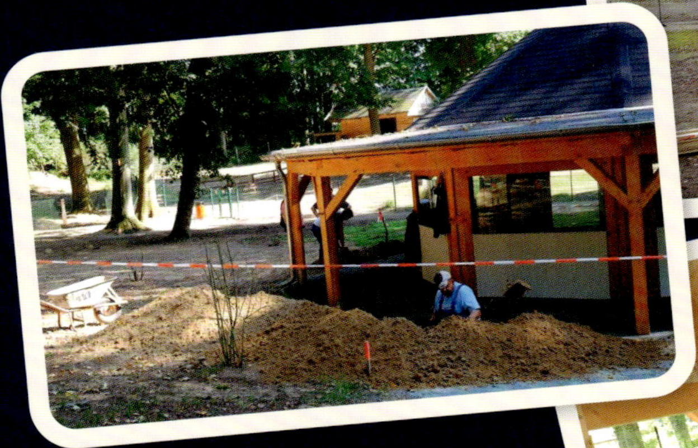

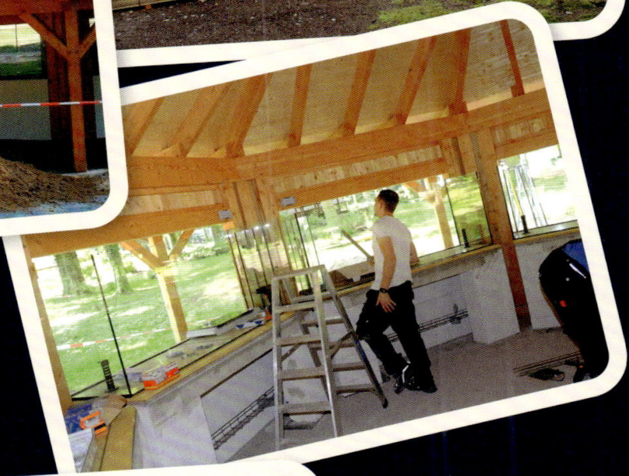

Besuch im Zoo

Der Wolgaster Tierpark ist Anlaufpunkt für Familien und Schulklassen. Grund: hier kannste was lernen! Perfekter Ort für die Jugendarbeit des LAV MV und das Lehr-Projekt ANGELNmachtSCHULE. Inzwischen entsteht hier eine »Peene«.

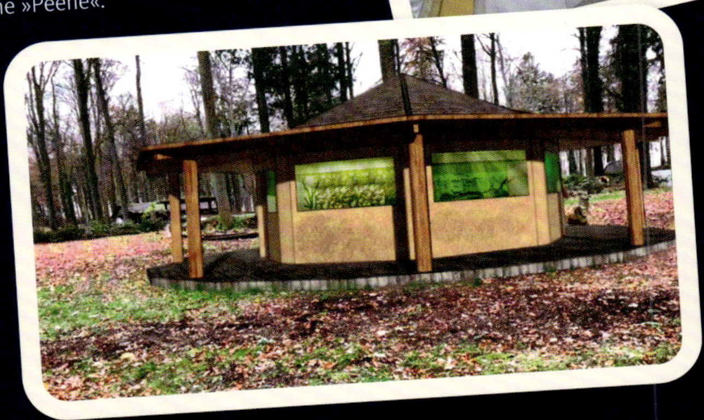

Blick ins Wasser

Im Aquapavillon, gemeinsam erbaut von LAV MV und dem Tierpark, wird das Ökosystem des großen Flusses veranschaulicht. In fünf Aquarien werden verschiedene Flussabschnitte und ihre Wasserbewohner gezeigt.

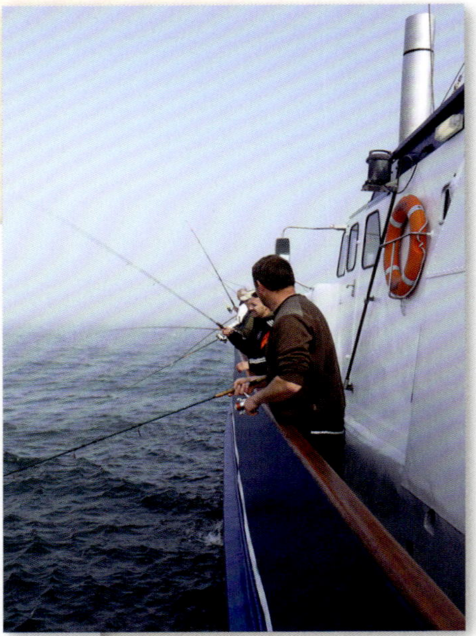

Gewässerverzeichnis MV

Hrsg.: Fischereischutzverein MV e.V.
Preis: 6,00 € (+ 1,55 € bei Versand)
aus dem Inhalt:

- Kartenteil mit detaillierten Angaben zu Befahrens- und Angelregelungen im NP Vorpommersche Boddenlandschaft und Lage der Binnengewässer in MV
- Gewässerverzeichnisse zu Küstengewässern, Fließgewässern und stehenden Gewässern mit Angaben zu den Fischereiberechtigten
- Verzeichnis der Ausgabestellen für Angelerlaubnisse
- Verzeichnisse der Fischereiberechtigten
- Verzeichnisse der Seebrücken und Bauwerke an der Küste (Angelmöglichkeiten)
- Verzeichnis von Campingplätzen in MV
- Verzeichnis der Naturschutzgebiete und Nationalparks

Ausgabestelle:
Landesamt für Landwirtschaft, Lebensmittelsicherheit und Fischerei MV
Thierfelderstr. 18
18059 Rostock

Flyer

- **Angeln in MV**
- **Angeln im NP Vorpommersche Boddenlandschaft**
- **Angeln im nördlichen Greifswalder Bodden**

Die kostenlosen Downloads finden Sie hier:
www.lav.de/gewässerverzeichnis/

Die wichtigsten Websites

Landesamt für Landwirtschaft, Lebensmittelsicherheit und Fischerei – LALLF
– MV www.lallf/fischerei/informationsmaterial/

Topographisches Kartenmaterial über Angelgewässer und Uferangelstellen im Naturpark.
– www.naturpark-flusslandschaft-peenetal.de

Digitales Gewässerverzeichnis des LAV MV e.V.
nähere Angaben siehe Abs. 6.3.2.
– www.auf-nach-mv.de/
Hier findet man:

- Angelreviere
- Standorte von Angelkuttern an der Küste von MV
- Unterkünfte für Angler

... und mehr!

Urlaubsangler

www.urlaubsangler.de

Hier finden Sie Infos zu:

Reviere / Seen: Ostsee

Bodden – Seenplatte – Angeln in Brandenburg

- Angel-Infos: Rechtliches – Angel-Methoden – Angelkarten
- Angel-Urlaub: Angelobjekte – Angelreviere
- Angelservice: Kutter – Guides – etc.

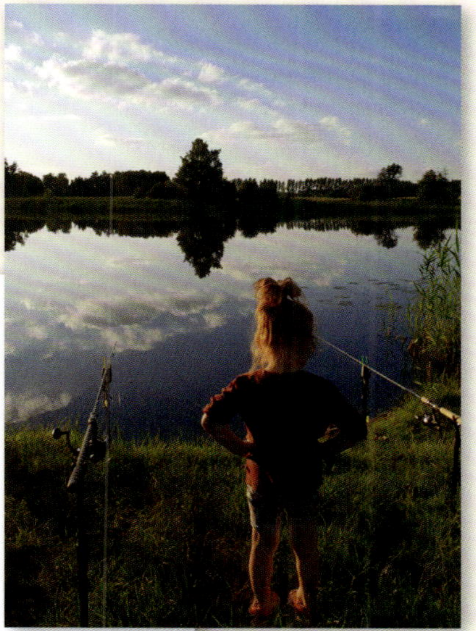

Fischereirecht

Broschüre
Preis: 4,00 € (+ 1,55 € bei Versand)
mit Kartenteil »Küstengewässer MV«, »NP Vorpommersche Boddenlandschaft«, »Unterwarnow / Breitling«

Ausgabestelle:
Landesamt für Landwirtschaft, Lebensmittelsicherheit und Fischerei MV
Thierfelderstr. 18
18059 Rostock

Bildnachweis

Archiv LAV: S. 154, 155, 165, 166, 170, 218, 222
Prof. Dr. Karl-Heinz Brillowski: S. 6, 7, 12, 13, 30, 38/39, 40/41
Gisela Brillowski: S. 8, 9
Peter Rinow: S. 9
Christoph Wittek: S. 164, 173, 192
Dr. Kilian Neubert: S. 51, 95, 174/175, 194
Holger Jonas, Salmoniden- und Gewässerschutz e.V.: S. 70, 74/75
Knut Schramm: S. 69, 76 (Biberbissspuren), 78, 79, 80/81, 84/85, 87
Wolf-Peter Polzin: S. 218 (Eisvogel)
Mirko Daus: S. 219
Mario Voigt: S. 106, 111, 112, 113, 150
Marian Thürmer (Drohnenfotografie): S. 37, 48/49, 60/61 (Schweriner See), 71, 88/89, 126, 127, 133/34, 136, 140/141
Jens Kühn: S. 178/79

Karten und Grafiken: © Christoph Wittek

Alle weiteren Aufnahmen stammen von **Claudia Thürmer.**

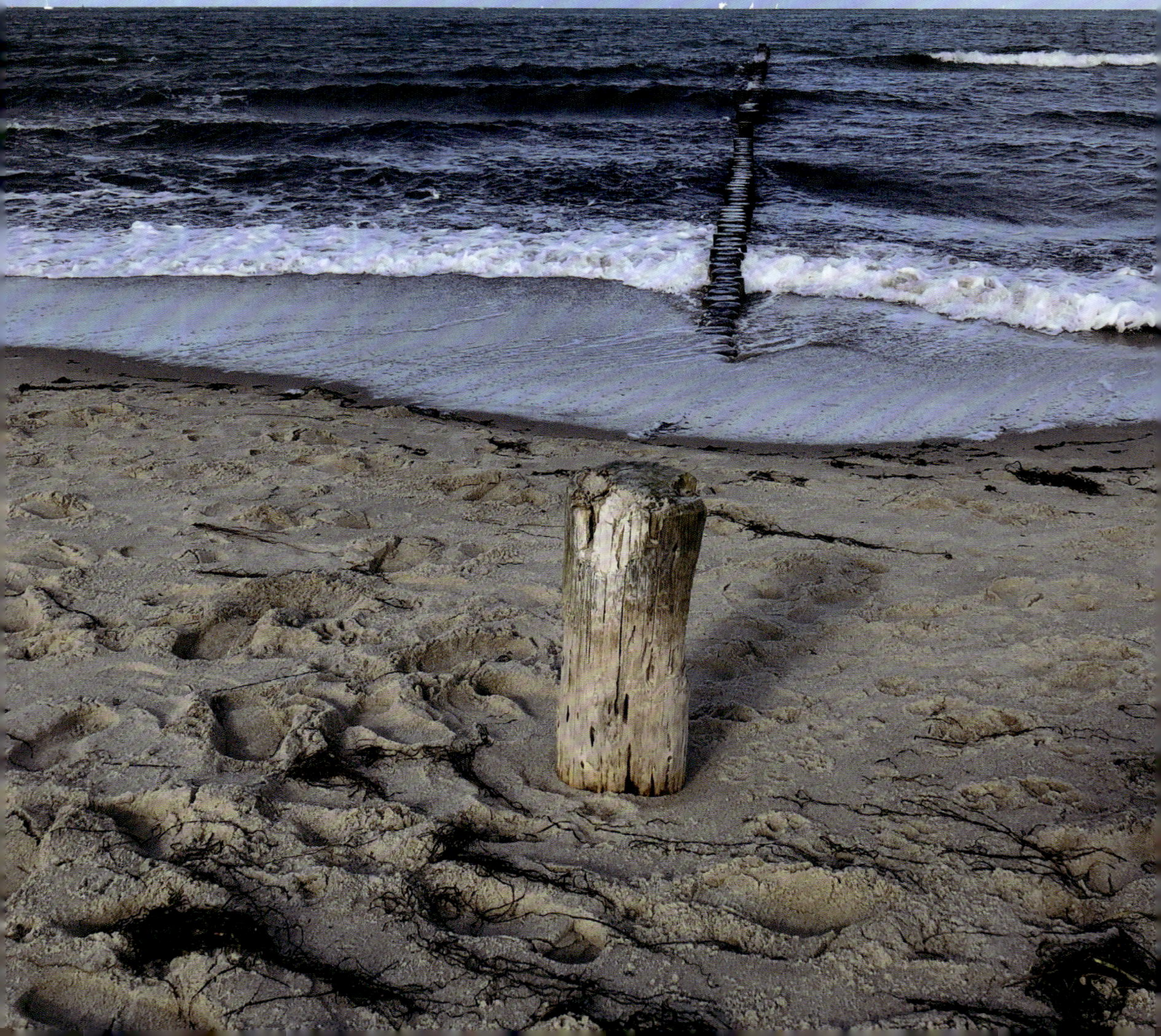

Notizen

Impressum

Liebe Leserin, lieber Leser, wie hat Ihnen die Lektüre gefallen? Wir freuen uns über Ihre Bewertung im Internet!

Die Deutsche Nationalbibliothek verzeichnet diese Publikation in der Deutschen Nationalbibliografie, detaillierte bibliografische Daten sind im Internet über http: // dnb.de abrufbar.

Lagerstraße 7 | 18055 Rostock
1. Auflage 2022

Herstellung: Hinstorff Verlag GmbH
Fotografien: Claudia Thürmer
Lektorat: Andrea Struck
Druck und Bindung: optimal media GmbH
Printed in Germany

ISBN 978-3-356-02395-4